大教育书馆
ESSENTIAL EDUCATION SERIES

U1002331

大教育书馆
ESSENTIAL EDUCATION SERIES

学前教育专业大学教材丛书

主　编　虞永平
副主编　顾荣芳　许卓娅

XUEQIANJIAOYUSHEHUIXUE

江蘇鳳凰教育出版社
Phoenix Education Publishing, Ltd

学前教育社会学

王海英 著

图书在版编目（CIP）数据

学前教育社会学/王海英著. —南京：江苏凤凰教育出版社，2009.6（2016.6 重印）

学前教育专业大学教材

ISBN 978-7-5343-9072-2

Ⅰ.学… Ⅱ.王… Ⅲ.学前教育-教育社会学-高等学校-教材 Ⅳ.G610

中国版本图书馆 CIP 数据核字（2009）第 103589 号

书　　名	学前教育社会学
作　　者	王海英
责任编辑	芮丽娇
出版发行	凤凰出版传媒股份有限公司 江苏凤凰教育出版社（南京市湖南路 1 号 A 楼 邮编 210009）
苏教网址	http://www.1088.com.cn
照　　排	南京前锦排版服务有限公司
印　　刷	江苏凤凰通达印刷有限公司（电话 025-57572528）
厂　　址	南京市六合区冶山镇（邮编 211523）
开　　本	787mm×1092mm 1/16
印　　张	30.5
插　　页	2
字　　数	434 000
版　　次	2009 年 6 月第 1 版 2016 年 6 月第 2 次印刷
书　　号	ISBN 978-7-5343-9072-2
定　　价	46.00 元
网店地址	http://jsfhjycbs.tmall.com
新浪微博	http://e.weibo.com/jsfhjy
邮购电话	025-85406265,025-85400774，短信 02585420909
盗版举报	025-83658579

苏教版图书若有印装错误可向承印厂调换

提供盗版线索者给予重奖

目 录

前言:社会学视野中的学前教育研究/001

第一部分 学前教育社会学学科概论

第一章 学前教育社会学学科概论/003

第一节 学前教育社会学的学科性质/004

一、学前教育社会学的内涵界定/005

二、学前教育社会学的学科性质/006

三、学前教育社会学的研究取向/008

第二节 学前教育社会学的问题域/012

一、宏观的问题域/012

二、中观的问题域/017

三、微观的问题域/020

第三节 学前教育社会学的功能/022

一、学前教育社会学的理论功能/023

二、学前教育社会学的实践功能/026

第四节 学前教育社会学的方法论与方法/027

一、学前教育社会学的方法论/027

二、学前教育社会学的方法/030

第二部分 学前教育的社会背景

第二章 学前教育的社会场域/035

第一节 社会结构与学前教育/035

一、经济因素与学前教育/036
二、政治制度与学前教育/043
三、文化观念与学前教育/048
四、人口结构与学前教育/053
第二节　社会变迁与学前教育/060
一、机构变迁中的学前教育/061
二、家庭变迁中的学前教育/066
三、社区变迁中的学前教育/071
第三节　社会网络与学前教育/078
一、纵向关系与学前教育/078
二、横向关系与学前教育/085

第三章　学前教育的社会功能/100
第一节　学前教育社会功能的争论/101
一、功能的性质争论/101
二、功能的强度争论/103
第二节　学前教育的显性社会功能/104
一、儿童:次级社会化/105
二、家庭:双重解放/108
三、社会:文明化进程/110
第三节　学前教育的隐性社会功能/113
一、儿童:再生产/113
二、家庭:秩序重构/115
三、社会:有机与内聚/117

第四章　学前教育政策与法规/121
第一节　学前教育政策与法规的现状分析/123
一、现实状况/124

二、现实类型/126
第二节　学前教育政策与法规的内容分析/132
一、作为话语的政策/132
二、作为文本的政策/136
第三节　学前教育政策与法规的过程分析/141
一、政策与法规的制定过程/141
二、政策与法规的执行过程/143
三、政策与法规的实施效果/147

第三部分　学前教育的组织制度

第五章　幼儿园:人生的第一个正式组织/151
第一节　幼儿园的社会变迁/152
一、西方幼儿园的社会变迁/152
二、中国幼儿园的社会变迁/154
第二节　幼儿园的社会属性/157
一、幼儿园的组织面孔/157
二、幼儿园的组织结构/165
三、幼儿园的组织资源/168
四、幼儿园的组织文化/170
第三节　幼儿园的组织运作/176
一、幼儿园的组织管理/176
二、幼儿园的组织变革/182

第六章　班级:次级社会化的场所/185
第一节　幼儿园班级的社会属性/186
一、班级的社会性质/186
二、班级的社会结构/190
三、班级的社会功能/194

第二节　幼儿园班级的社会氛围/196
一、班级社会记忆/197
二、班级生活中的语言与修辞/198
三、班级舆论/201
四、班级取向/202
第三节　幼儿园班级的社会建构/204
一、班级的社会基础/205
二、班级的建构逻辑/206
三、班级生活中的互动/208
四、幼儿对班级生活的影响/212

第七章　幼儿园制度:做一个守秩序的孩子/214
第一节　幼儿园班级的常规/215
一、常规的诞生/215
二、常规的制定/216
三、常规的效果/218
四、幼儿与常规的互动/220
第二节　幼儿园生活制度/221
一、生活作息制度/222
二、卫生保健制度/223
第三节　幼儿园中的奖励与惩罚/224
一、奖励/225
二、惩罚/226

第四部分　学前教育的社会角色

第八章　儿童与儿童社会/231
第一节　童年是一种社会现象/232
一、童年有一个特殊的结构形态/233

二、作用于童年的社会力量/244
三、儿童是自己童年的建构者之一/247
第二节　儿童是一个社群/248
一、儿童是一个社会性的独立存在/249
二、儿童与儿童社会/250
第三节　“我是谁”与“谁是我”/259
一、“我是谁”/260
二、“谁是我”/264
第四节　再造儿童/267
一、再造儿童/268
二、再造儿童观/272

第九章　教师与教师社会/275
第一节　幼儿教师是一种特殊的社会现象/276
一、模糊化的社会角色/276
二、“陌生人”的文化生存/281
三、有限的社会地位/285
第二节　教师社会/287
一、教师社会的基本特性/288
二、教师社会舆论/291
三、教师社会结构/292
第三节　社会支持与教师解放/295
一、给予社会支持/295
二、解放教师/299
第四节　教师与幼儿：一种非对称性关系/300
一、师幼关系的社会特性/301
二、师幼关系的社会演变/303
三、师幼关系的呈现方式/306

第十章　家长及家长社群/310
第一节　家长的社会属性/311
一、家长的社会角色/311
二、家长的社会生存/315
三、家长的权利/320
第二节　家长社群/321
一、家长社群的形成/321
二、家长社群的分层/322
三、家长社群的类型/323
第三节　家园关系与亲师关系/327
一、家园关系/328
二、亲师关系/330

第五部分　学前教育的社会文化

第十一章　幼儿园课程:一种文化再生产/337
第一节　幼儿园课程的历史变迁/338
一、短时段的“事件”分析/339
二、中时段的“态势”分析/342
三、长时段的“结构”分析/346
第二节　幼儿园课程的现实状态/348
一、幼儿园课程的社会特性/349
二、幼儿园课程的基本类型/352
三、幼儿园课程的运作状态/356
四、幼儿园课程的文化品质/357
第三节　幼儿园课程的内容与实施/359
一、课程内容与社会控制/359
二、课程内容与社会差异/362
三、课程的实施/367

第六部分　学前教育的社会活动

第十二章　课堂社会：幼儿园集体教学活动/373
第一节　教学活动的时空逻辑/374
一、教学活动的时间逻辑/375
二、教学活动的空间建构/376
三、教学活动中的空间位移/378
第二节　集体教学活动的互动结构/380
一、互动类型/381
二、互动过程/385
第三节　教学活动中的社会行为/387
一、教师的社会行为/388
二、儿童的社会行为/391

第十三章　游戏社会：幼儿园游戏活动/395
第一节　幼儿游戏与社会背景/396
一、幼儿游戏与社会文化/397
二、幼儿游戏与社会经济/399
第二节　幼儿游戏角色与规则/400
一、幼儿游戏的类型/401
二、幼儿游戏角色/403
三、幼儿游戏规则/407
四、幼儿游戏的结构/410
第三节　幼儿游戏中的象征资本/411
一、象征资本的内涵/411
二、象征资本的类型/412
三、象征资本的运作/419
第四节　幼儿玩具的社会学分析/423

一、幼儿玩具的演变/424
二、谁需要玩具/425
三、玩具的社会功能/428

第十四章　日常社会:幼儿园生活活动/432
第一节　幼儿园中的时空交织/433
一、空间的隐喻/433
二、时间逻辑/438
第二节　幼儿园生活内容/439
一、日常生活仪式/439
二、六一节/441
三、健康实践/443
第三节　幼儿园中的身体实践/444
一、幼儿身体的社会属性/445
二、幼儿身体的社会建构/448

结语:学前教育社会学的“为”与“不为”/456

附录/459
参考文献/461
致谢/466

前言:社会学视野中的学前教育研究

社会学的任务,就是揭示构成社会宇宙的各种不同的社会世界中那些掩藏得最深的结构,同时揭示那些确保这些结构得以再生产或转化的机制。

——布迪厄:《实践与反思》

从教育与社会的关系来看,学前教育与社会的关系一直是密切而复杂的。在中国学前教育的发展历程中,社会历史的沧桑变化在学前教育的发展上留下了深深的印记,学前教育被社会历史的潮流被动地裹挟着前进,无论是学前教育在整个学制系统中的地位合法化、课程内容的变更、幼儿教师称谓的变化,还是办园方针、培养目标等都充满了社会历史的烙印。追溯学前教育的发展历程,学前教育自主发展的主动性是相当欠缺的,它不由自主地在历史的起起落落中沉浮、跳跃。

回望学前教育的百年历程,回望学前教育学学科建制的过程,我们发现,学前教育与社会发展的关系还没有受到足够的重视。学前卫生学、学前心理学和学前教育学从不同层面丰富和完善了学前教育学的学科理论建构,为实现学前教育的发展目标作出了应有的贡献。但是,相对于家庭而言,学前教育——机构化的学前教育是儿童人生进入社会的第一步,是实现社会化的重要起点。从以往的理论研究来看,对"幼儿社会化"的过程和机制、学前教育与社会之间的关系研究是不充分的。运用社会学的视野来研究学前教育中的问题与现象也许是对学前教育理论建构的一个重要补充，本书便致力于在此方面做一点开拓。

前言部分主要着力解决三个问题：一、什么是社会学的研究视野。二、社会学的研究视野与学前教育的关系。三、本书的主要内容。

一、什么是社会学的研究视野

要弄清社会学的研究视野，首先要弄清什么是社会学。简单地说，社会学便是研究社会的学问，它与人们的常识最近，但又明显不同。对“社会”的认识，不同的学者有不同的说法。涂尔干认为社会是一个先在的、结构性的、类似有机体的实体。韦伯认为，社会是由个体的行动所不断结构与型塑起来的。而齐美尔则认为，社会是由相互间有多重关系的单个的人所构成的一个复杂的网络，社会不过就是对因相互作用而联系起来的一群人的称呼。在吉登斯看来，社会学是一门形而上与形而下、理想主义与现实批判、丰富的想象力与严谨的实证性、人文情怀与科学精神相融合的学科，是一门“令人着迷而欲罢不能”①的学科。

作为一门学科，社会学有其独特的学术魅力，有着从宏观到微观不同的社会功能。从最广泛的角度来说，社会学的研究与学习有助于我们了解社会结构的变迁历程、变迁机制对学前教育的影响，形成我们看待学前教育问题时的结构化意识与结构化眼光。从中观角度来看，社会学有助于我们了解我们所生存和研究的教育组织、机构，洞察其中错综复杂的关系，形成一种复杂的、关系化的看问题的视角。而从最微观的角度，即社会学的自我启蒙功能来看，它有助于我们理解和分析作为社会现象的学前教育、作为社会设置的幼儿园，以及作为社会存在的教师、家长和儿童的社会行动，其心智结构与社会结构之间的对应关系，从而更好地分析学前教育何以成为今天的样子，何以采取这样的行动方式。

在笔者看来，社会学的研究视野便是用社会学思想和社会学技术来

① 吉登斯著，赵旭东等译：《社会学》(第4版)，北京大学出版社，2003年版，第1页。

关注社会问题时所获得的“学科之眼”①、“社会学精神”和“社会学想象力”。这里涉及五个核心概念。

(一) 社会学思想

社会学思想可谓源远流长、博大精深。简单地说,社会学思想可分为两个主要时期,即早期的经典的社会学思想和更近期的社会学思想。

1. 经典的社会学思想

经典的社会学思想通常包括三大派:实证社会学、解释社会学和批判理论。这三大学派理论取向迥异,一直有着广泛的争论与辩论,为社会学的后来发展提供了宝贵的思想资源。

(1) 以涂尔干为代表的实证社会学

社会学在取得合法学科地位的初期,一直强调取法自然科学,强调要像研究自然现象一样研究社会现象,强调研究对象的可观察性和研究结果的可证实性。在社会学学科地位合法化的过程中,有三位思想家作出了重要贡献:孔德、斯宾塞和涂尔干。一般认为,社会学的最早倡立者是法国思想家孔德,他一生致力于建立一门能够解释社会世界规律的、关于社会的科学。他相信物理学或化学用严格的科学方法研究物质世界,同样,社会学也应该采用类似手段研究社会。孔德之后的英国思想家斯宾塞也认为社会与自然生物有机体之间存在许多相似之处,完全可以用分析生物有机体的那些概念、原理和方法来分析人类社会。他从社会有机体和社会进化的思想出发,对社会的结构和社会的变迁过程作了细致的描述和分析。

涂尔干继承了孔德和斯宾塞的思想,主张要像科学家研究自然一样,客观地研究社会生活,他的著名的社会学第一原则就是“把社会现象当做事物来研究”②。他认为社会现象具有三方面的基本特性,即客观性、集

① “学科之眼”这一核心表述是吴康宁教授在其《社会学视野中的教育》一文中首先提出,他认为,社会学的“学科之眼”是“社会平等”,经济学的“学科之眼”是“利润”,政治学的“学科之眼”是“权力”。用不同的“学科之眼”去看待教育现象,看到的是教育现象的不同层面。参见吴康宁:《社会学视野中的教育》,载《教育研究与实验》2006年第4期。

② 迪尔凯姆著,胡伟译:《社会学方法的规则》,华夏出版社,1999年版,第13页。

体性和强制性。他认为，我们必须将社会现象看做是社会本身的现象，是呈现在我们面前的外部事物，必须摆脱我们自己对它们的主观意识，把它们当做与自己无关的外部事物来研究。他主张解释社会现象的基本方法就是用一种社会现象来解释另外一种社会现象。在《社会学方法的规则》一书中，涂尔干对观察、分析、解释、检验社会现象的方法进行了具体的考察，确定了一套切实可行的社会学实证研究方法。

作为一个学派，实证主义有一个共同的假设，即社会是自然的一部分，人类的知识具有统一性。他们都强调社会超越于个人，秩序、等级制、道德社会、精神权力、群体优于个人。社会越分工，人与人之间越依赖。①

（2）解释社会学

与实证主义的研究取向相反，解释社会学根本否认自然过程与社会过程的一致性假设，认为两者之间有着根本的不同。自然过程的主体是无意识的物质，只是被动地适应环境，而社会过程的主体则是有意识的个人，他能确定情境，并赋予自己和别人的行动以意义。

所以，解释学取向的社会学创立者——韦伯更多地关注社会行动，而不是实证义者所关注的社会结构。他认为社会现实从根本上说是由人们和他们的有意义的社会行动构成的，社会学的对象不是脱离实际个人行动的抽象的社会结构，而是人本身有意义的社会行动。人们通常将实证主义社会学称为“社会唯实论”，而将韦伯的解释学取向称为“社会唯名论”。韦伯甚至有一句极端的说法，他认为所谓社会，就是用来称谓一群人的名称而已。

他认为人类的动机和理念是变革背后的动因，思想、价值和信念具有推动转变发生的力量。社会的结构是由行动之间复杂的相互影响形塑的。社会学的工作正是要去理解这些行动背后的意义。②

（3）批判理论

批判理论是经典社会学思想中的重要力量。从方法论上来看，早期

---

① 刘易斯·A.科瑟著，石人译：《社会学思想名家——历史背景和社会背景下的思想》，中国社会科学出版社，1990年版，第25页。

② 马克斯·韦伯著，韩水法译：《社会科学方法论》，中央编译出版社，2002年版，第5页。

批判理论家们既反对实证主义的那一套方法,也反对解释学的方法,认为这两个学派都是把社会现象当做孤立的事实来加以考察和分析。而批判理论家们主张用辩证的"总体分析"方法来考察和分析社会现象,强调纵横的历史深度和广度,主张将社会现象置于社会的与历史的总体过程当中,从它们在社会的与历史的总体过程当中所具有的地位与作用来确定它们的性质,考察它们的产生、变化和发展。

2. 近期的社会学思想

任何社会学思想都是社会学家对特定社会环境思考的结果,随着社会的变迁和时代的发展,理论工作者的观点也会发生变化。按照美国社会史学家乔纳森·特纳的观点,社会学历史上主要有七大学派,即功能主义理论、进化理论、冲突理论、交换理论、互动理论、结构理论和批判理论。这里根据其在教育研究与分析中的运用,主要介绍以下几种:

(1) 功能主义理论

功能主义学派是社会学思想中的一个重要流派,其体系相对完整,思想相对统一。功能主义认为社会是一个复杂体系,它的各个组成部分协同工作产生了稳定和团结。功能主义者通常用有机体来类比社会,认为整个社会就像人体的各个部分一样是协同工作的。为了研究身体的某一个器官,不是单单去研究这个器官本身,而是要去研究和说明它是如何与身体的其他部分相联系的。

功能主义者强调社会结构对于个体的制约作用,忽视甚至否定个体的能动作用,认为个体的行为都是社会结构制约的产物。功能主义强调道德共识对于维护社会的稳定和秩序的重要意义,认为结构与功能是相互依存的,具备某种结构就会实现某种功能,秩序、整合、稳定、平衡是社会的常态,因此而言,失范、犯罪、冲突则是不正常的社会现象。

(2) 冲突理论

冲突理论发端于马克思、齐美尔的社会学,其主要代表人物有米尔斯、达伦多夫、科塞等。冲突论明确反对功能主义对均衡、稳定的强调,主张冲突是社会的常态，不平等、权力争夺是普遍现象。冲突论把社会看做是由追求各自利益的不同的利益群体组成的，社会强势群体与社会弱势群体之间总是处于一种紧张状态。与功能主义的“共识”相反，冲突论强调社会结构的强制性、社会过程的冲突性和社会变迁的普遍性。

(3) 互动理论

与冲突论和功能主义关注宏观社会结构对个体的影响相反，互动论则较多地关注个人行为与人际互动这个层次，注重人际互动的主观方面、社会行动和互动的意义，集中分析了个体是如何行动或调整自我以适应彼此和社会的，强调人与人之间的符号互动对于个人人格与社会结构形成的重要作用。美国社会学家布鲁默是公认的创始人，他主张人们之间的符号沟通过程是社会过程的基础和实质，个体行动与社会结构都是人们之间符号互动的产物。

(4) 综合取向

社会学的思想一直是在冲突与竞争中向前发展的，从其诞生以来就不乏综合的努力，如帕森斯对韦伯和涂尔干思想的综合，但当下社会学理论的综合更多呈现出一种“多元综合”的取向，如吉登斯的“结构化理论”和布迪厄的“反思社会学”。

吉登斯认为，社会学家一直在批评的个人与社会、宏观与微观、主观与客观并不构成什么二元论，都只是一种“双重性”，即它们双方是相互包含的。在吉登斯看来，所谓“结构”不是如功能主义所认为的一个“事物”，也不是解释学所说的“虚拟”，它是一种“不断卷入到社会系统的再生产过程之中的规则和资源”。结构不仅对人的行动具有制约作用，而且也是行动得以进行的前提与中介，它既有制约性又赋予行动者以主动性。①

布迪厄的的反思社会学则从关系思维的角度努力去消解社会学理论中的各种对立，他的一些核心概念，如实践、结构、资本、场域、惯习等都是这种努力的结果。布迪厄不仅尝试消解各种二元对立，而且在其与社会

① 吉登斯著，李康、李猛译：《社会的构成》，生活·读书·新知三联书店，1998年版，第79页。

现象的不断互动中,他的社会学研究视野又发生了一系列的“认识移置”[①]:从学院式的社会学到社会学眼光的社会学,从结构到场域,从规范和规则到策略和惯习,从利益和理性到幻象和实践感,从语言和文化到符号权力,从超验的科学理性观念到历史主义的科学理性观念等。在这样的“移置”过程中,原来的概念的内涵越来越丰富,社会学的魅力通过这些概念而不断得到彰显。

(二) 社会学技术

社会学技术主要指社会学的研究方法与方法论。如果把社会学研究大致分为四大类:调查研究、分析研究、实验研究和实地研究的话,那么,社会学的研究可大致划归为两种方法论取向,即以调查研究、实验研究和分析研究为代表的定量研究方式,和以实地研究为代表的定性研究方式。因此,具体的社会学研究技术大体可有四种主要研究方法,即调查研究法、实验研究法、分析研究法和实地研究法。

(三) “学科之眼”

所谓社会学的“学科之眼”是从比较的意义上分析得出的,也是借助社会学思想和社会学技术,分析、研究社会问题时所获得的一种看问题的独特方式。在吴康宁看来,社会学的“学科之眼”是关注社会平等,这是从政治学、经济学视角来看待教育现象时所很少关注的方面。“学科之眼”的获得使社会学研究者在关注教育问题时常常看到教育现象中具有社会差异的层面,并力图揭示形成这种社会差异、社会不平等的社会机制。

(四) 社会学精神

社会学有着一种独特的精神品质,包括社会批判与社会建构的学科意识、直面现实与关注弱势群体的理想主义情怀、富有想象力与价值中立的科学气质等[②]。社会学的精神品质是由社会学的学科使命、学科意识、学科理想、学科理论、学科范式及学科规范构成的,它是学科的灵魂,学科

① 布迪厄、华康德著,李猛、李康译:《实践与反思——反思社会学导引》,中央编译出版社,1998年版,第8—9页。

② 杨建华:《论社会学的精神品格》,载《浙江学刊》2007年第2期。

发展的支撑，也是学科走向成熟和繁荣的标志。

（五）社会学想象力

用米尔斯的话来说，社会学是一门需要想象力的学科，社会学的研究也是一个不断培养想象力的过程。所谓社会学的想象力，即是一种将“个人困扰”和“公众议题”[①]关联起来的联通能力与“由此及彼”“化生为熟”“化熟为生”的想象能力。借助社会学的想象力，米德看到了“主我”与“客我”之间的关系，韦伯发现了新教伦理与资本主义精神，布迪厄洞察到了个体的心智结构与其所处的社会结构之间的契合，而福柯极富魅力地展现了知识与权力之间的相互勾连。

吉登斯以一杯咖啡的故事最好地说明了社会学的想象力的重要，他认为：

首先，咖啡并不只是一种让人精神焕发的东西。作为日常社会生活的一部分，咖啡还具有象征价值。第二，咖啡含有咖啡因，而咖啡因是一种毒品，大多数社会并不容许人们吸毒。第三，喝一杯咖啡使一个人卷入到全球一系列复杂的社会与经济关系中。第四，咖啡也变成了一种政治。第五，喝一杯咖啡的行为隐含了某种社会和经济发展史。[②]

总之，社会学的想象力使我们看到，一些看起来是个体的事情，当把它放到一定的社会经济背景中去的时候，却成为社会学的现象。社会学视野是一种特殊的思维方式，它是从整体结构而不是从单个的行为者或单个的行为出发。用社会学的方法来思考意味着研究者要通过分析人类相互依赖的多重关系网络来理解人类的处境。[③] 用社会学的方式进行思考会使我们变得日益敏感、好奇，使我们不仅仅关注“眼前”，更乐于转向“背后”。社会学思维是一种力量，一种抗固化的力量。虽然这种力量不具备权力，但具有“自我疗治”、“自我解放”的能力。

---

① 米尔斯著，陈强译：《社会学的想象力》，生活·读书·新知三联书店，2001年版，第6页。
② 邱泽奇：《社会学是什么》，北京大学出版社，2002年版，第56页。
③ 齐格蒙特·鲍曼著，高华等译：《通过社会学去思考》，社会科学文献出版社，2002年版，第15页。

二、社会学的研究视野与学前教育的关系

说到底，社会学的研究视野是一种看问题的眼光，它有助于我们在研究学前教育中的问题与现象时能关注到问题的"社会层面"，如，分析某一问题呈现的"社会表现"而非"个体表现"、"个别现象"，揭示产生这一问题的"社会根源"和"社会机制"而非"个别原因"或"个别机制"。无论是微观、中观还是宏观领域内的学前教育问题与现象，当我们有了一种关注"社会层面"的研究视野时，我们就不会只关注问题本身，而会更多地将此一问题或现象放置于一个更宏观、更复杂的关系背景中，在动态的、关系的、历史的、比较的视野中分析学前教育中的各种现象。

与其他教育学科相比，学前教育学的学科建制相对较晚，理论还不够完善，社会学视野的加入会在某种程度上拓展学前教育学的学科开放度，增进其与其他领域的融合与借鉴。而且最为重要的是，学前教育的实践一直与社会各种力量存在着复杂的关联，如何从学理上厘清这些关系，使学前教育工作者发展起一种"转向背后"、"关注关系"的洞察力，借鉴社会学的分析视野是必不可少的。

三、本书的主要内容

本书是尝试运用社会学的分析视野来解读、分析、研究学前教育中的各种问题与现象的一个小小结晶，主要包括六大块的内容：学前教育社会学的学科概论、学前教育的社会背景、学前教育的组织制度、学前教育中的社会角色、学前教育的社会文化、学前教育的社会活动。

1. 学前教育社会学学科概论

学前教育社会学是社会学的子学科之一，也是学前教育学的基础理论学科之一。学前教育社会学是运用社会学的研究方法与研究视野来描述学前教育中的问题与现象，揭示学前教育与宏观、中观以及微观社会的复杂关联，阐明学前教育对社会的深刻的依附性与滞后的效益性。

学前教育社会学的学科论重在阐明学前教育社会学作为一个独立的

学科的可能性，学前教育社会学的学科性质、研究取向、独特的问题域、研究方法等。

2. 学前教育的社会背景

发展学前教育并不只是教育系统内部的事，它与社会的各种要素之间有复杂的关联，社会的经济、政治、文化、人口、政策环境等都会影响到学前教育的发展状态。在所有的教育阶段中，学前教育与社会的关系是最复杂的，它几乎深深地依赖于社会的外部环境和政策背景。关注学前教育，理解学前教育内部发生的各种问题与现象，只停留在教育系统内部是不够的。学前教育中的问题大多首先是一个社会问题，其次才是一个教育问题，只有把学前教育的外部环境理顺了，学前教育才能真正得到健康发展。本部分包括三章内容，包括学前教育的社会场域、学前教育的社会功能以及学前教育政策与法规。

3. 学前教育的组织制度

学前教育的组织制度是保障学前教育目标得以顺利实现的重要条件，本部分关注学前教育的组织背景、制度背景，试图阐明幼儿园、班级、制度的社会属性、社会建构。与家庭、社区不同，幼儿园是对幼儿进行公共学前教育的重要机构，是幼儿加入的第一个正式组织，是一种重要的社会建制。幼儿园班级是类初级群体、类生活单元，是对幼儿进行次级社会化的重要场所，是一个真正的“儿童社区”。幼儿园的各项制度则是对幼儿进行学前教育，促进幼儿社会化的重要力量，它使幼儿成为一个有秩序的孩子。

4. 学前教育的社会角色

任何角色都具有某种社会规定性，与其他场域中的角色不同，学前教育中的社会角色涉及三个方面的主体，即儿童、教师与家长。与以往的教育社会学内容不同，关于儿童、教师与家长的分析，本部分重点关注了社群的概念，即较多地突出了儿童社群、教师社群和家长社群，揭示儿童社会、教师社会、家长社会的生存状态、社会结构。

5. 学前教育的社会文化

学前教育中的社会文化主要指幼儿园课程。本部分梳理了幼儿园课程的社会变迁历史,探讨了幼儿园课程的文化属性、文化品质与社会实施。

6. 学前教育的社会活动

学前教育中的主要活动则包括三部分的内容,即集体教学活动、游戏活动和生活活动,反映的是幼儿在幼儿园生活中的三重社会,即课堂社会、游戏社会和日常生活社会。集体教学活动是中国文化语境中特殊的活动内容,是对幼儿进行知识启蒙的重要形式,本章重点分析了课堂社会的时空结构、互动结构与师幼双方的社会行为。游戏活动部分关注了幼儿游戏与社会文化、经济因素之间的关联,分析了幼儿游戏的规则、角色、象征资本和玩具。笔者认为,游戏是幼儿连接自己与他人,获得社会自我感,成为社团成员的一种途径。生活活动是幼儿在园活动的主要内容之一,本章主要关注了生活活动的时空交织、主要内容和幼儿园中的身体实践。幼儿社会化的过程正是在平淡而绵延的日常生活过程中"被发现"和"被创造"的。

第一部分　学前教育社会学学科概论

学前教育社会学是社会学的子学科之一，也是学前教育学的基础理论学科之一。学前教育社会学是运用社会学的研究方法与研究视野来描述学前教育中的问题与现象，揭示学前教育与宏观、中观以及微观社会的复杂关联，阐明学前教育对社会的深刻的依附性与滞后的效益性。

学前教育社会学的学科概论重在阐明学前教育社会学作为一个独立的学科的可能性，学前教育社会学的学科性质、研究取向、独特的问题域、研究方法等。

第一章 学前教育社会学学科概论

应该牢记的是，社会学和社会理论的最初浮现，是对当时的社会—政治和经济跃升的一种反应。

——巴特:《二十世纪的社会理论》

“社会学”一词为法国实证主义哲学家、社会学家孔德首创。“社会学”在法语中为 sociologie，前半部分 socio 来自拉丁语 societas，意为社会，后半部分 logie 来自拉丁语 logos，意为概念、学说、学问，两部分合在一起，词源学上的意义是关于社会的学说。1838 年 10 月，孔德的《实证哲学教程》第 4 卷出版。他在书中首次使用“社会学”这一概念，提出要建立社会学这样一门独立的学科，这一事件标志着社会学的诞生。

社会学的诞生并不是偶然的，它是特定社会条件和社会背景的产物。围绕经典社会学的出现背景，大多学者的分析都十分一致。美国社会学家约翰逊认为，社会学的产生动力来自两个方面：其一是“前所未有的复杂的社会变迁”；其二是这种变迁获得了来自知识界的有意关注，因为正是“急剧的社会变迁……有可能提高人们自觉地反复思考社会形式的程度”[1]。英

① 约翰逊著，南开大学社会学系译：《社会学理论》，国际文化出版公司，1988 年版，第 18 页。

国社会学家安东尼·吉登斯也认为，社会学是剧烈的社会变迁或现代性出现的直接后果之一，而“这些变迁的核心就是18和19世纪欧洲发生的‘两次大革命’”[①]，即法国的政治革命和英国的产业革命。因此，欧洲社会学不过是对因工业文明和民主政治而导致的旧制度的崩溃所产生的秩序问题的种种反应而已。

社会学的诞生是社会变迁的结果，也是人们的心智结构应对复杂社会变迁的一种自然反应。从孔德算起，社会学的研究也已经跨越两个多世纪，当下的社会学更是日渐成熟与完善，对复杂社会生活越来越具有解释力。作为基础教育根基阶段的学前教育，在我国的教育体制内一直处于一种边缘的位置，身份不明，地位不清，与社会生活的关系复杂而繁琐，以往的学前教育学的研究又多建立在学科的立场上，站在学前教育的内部来研究学前教育。而实际上，学前教育要想有所发展不是先研究与解决其内部的问题，如课程、老师、儿童观等，而是要意识到学前教育与当下社会的复杂关联，站在社会的立场、历史的脉络上来审视学前教育。当学前教育在社会系统中的问题解决了以后，研究与探讨学前教育的内部问题才有可能，否则内部问题很难得到实质性解决。

第一节
学前教育社会学的学科性质

学前教育从其诞生那一刻起一直面临着“双重边缘化”的困境。在很多人眼里，“学前教育”不是“教育”，而首先是“学前”，即入学前的“前教育”、“前准备”。

从学前教育发展的历史来看，学前教育的生存与发展是缺乏自主性的，有时甚至是“依附性”很强的，社会生活中的任何改革都会影响到学前

① Giddens, A., *Sociology: A Brief but Critical Introduction*, London: Macmillan Pr. Ltd., 1982, p. 46.

教育的发展。从这个意义上来说，学前教育特别需要一个生态的环境，宏观上享有国家的制度保障、财政支持，不再随经济、政治、文化的波动而波动。中观上，学前教育需要理顺其组织机制，横向上实现幼儿园与小学、家庭和社区的良性互动，纵向上实现归口管理，而不是多头参与。而微观上，则达成教师与幼儿、幼儿与幼儿、教师与教师之间的和谐关系，利用课程发展幼儿，提升教师。学前教育社会学承担着这样的学科使命，首先要面向现实呈现学前教育的复杂生态，同时更要努力去揭示影响学前教育的各种力量、机制与权力，建构起适合学前教育发展的生态环境，推动学前教育整体事业的发展。

一、学前教育社会学的内涵界定

如上所述，学前教育社会学承担着一定的学科使命，担当着“祛魅”、“除蔽”和“建构”的社会期待。同时，与其母学科社会学一样，学前教育社会学也是一门实践性、经验性很强的学科，需要研究者具有直面学前教育现实的勇气、力量与想象力。学前教育社会学更多的是来描述学前教育是什么，为什么是这个样子，它是如何成为这个样子的。学前教育社会学会更多地与人类学、文化学、历史学、谱系学、政治学及经济学相关，学前教育社会学也追求一种社会理想，追求一种理想的学前教育，但学前教育社会学首先去做的是描述现实、分析现实。因此，从这个意义上来说，学前教育社会学远离哲学，不是远离哲学的精神，而是远离哲学的研究范式。

然而，什么是学前教育社会学，如何给其一个相对合理的界定？作为社会学的微小单元，学前教育社会学是运用社会学的研究方法与研究视野来描述学前教育中的问题与现象，揭示学前教育与宏观、中观以及微观社会的复杂关联，阐明学前教育对社会的深刻的依附性与滞后的效益性。在宏观的学前教育与社会的关系上，笔者秉持的是一种结构主义取向，即强调学前教育的生存与发展受到社会各种要素的结构性制约，这也是在学前教育的发展历史上不断得到证明的法则。在中观与微观的学前教育组织与学前教育中的个体问题上，笔者秉持的则是一种生成结构主义取向，即在呈现社会结构对幼儿园、班级、教师、儿童的制约的同时，突显组织和个体对社会结构性制约的反抗、改造和突围，凸显韦伯所说的行动的意义和吉登斯所示明的行动者的力量。

学前教育社会学的分析工具和精神力量都源于其母学科社会学，因此，社会学的精神品质、社会学的想象力、社会学的学科之眼、社会学的核心概念都会成为学前教育社会学的重要特征。但是，学前教育作为社会学研究的一个问题域也有其自身的特殊性，寻找其独特的问题域、核心概念、描述策略正是学前教育社会学的努力方向。

二、学前教育社会学的学科性质

综观社会学的发展史，其地位发生过如下的变化：从"自然科学研究的一个新领域"、"百科全书式的社会学"、"社会科学中的一门科学"、"剩余社会科学"[1]再到"综合学科和边缘学科的新领域"。伴随着社会学学科地位的变化，其学科性质也在随之发生变化。学前教育社会学是一门特殊的学科，其学科地位还处于一种非常不明朗的状态，这里尝试着对其作一简单的界定。

1. 作为社会学的子学科

将学前教育社会学看做是社会学的子学科主要有两点理由：一方面，正如前文所说，学前教育社会学更多地是借用社会学的方法与视野来探讨学前教育中的问题与现象，其理论滋养与研究范式基本来自于社会学的供给，对社会学有着深深的依赖，其研究方法的拓展、理论与核心概念的解释力都有赖于社会学自身的发展。另一方面，学前教育与社会的关系最近，它深深地依附于社会，而社会学中对社会的结构、制度、变迁的研

① 一些学者认为，在政治学、经济学等社会科学成为独立的学科之后，留在社会学领域里的只剩了些不太受人问津的、不太重要的社会制度，比如家庭、婚姻、教育、生育制度、宗教制度等。也就是说，社会学研究的只是其他学科不研究的问题，他们讥称社会学为"剩余社会科学"。

究成果有助于学前教育更好地与社会进行互动，争取自身发展的独立空间。

2. 作为学前教育学的基础理论学科

在社会科学与教育科学的学科体系中，学前教育学的学科地位一直是比较吊诡的，虽然学前教育学的合法学科地位是教育学的二级学科，但在大多数社会科学工作者眼里，学前教育通常被称为“小儿科”，轻慢的态度在言辞的表达上显露无疑。人们之所以对学前教育学有这样一种判断，主要是认为学前教育学缺乏理论基础，鲜有自己独特的理论架构、方法论体系和核心概念。

学前教育社会学虽然是借用社会学的方法与视野来研究学前教育问题，但并不是用“普罗克拉斯蒂的铁床”①来硬套，而是试图在运用社会学的方法与视野时创造出对学前教育问题进行解释的独特的核心概念，因此，社会学的方法与社会学的概念在研究学前教育的问题过程中必然要经历一个转换，一个再创造，其最终目的是要形成学前教育社会学，而不要去检验社会学的方法与概念的合理性。

与学前教育学的其他基础理论学科，如学前教育学、学前心理学一样，学前教育社会学力图为学前教育的发展提供更丰富的理论滋养、更开阔的研究视野，引导学前教育工作者关注学前教育的社会背景、社会资源，从而更好地推进学前教育事业的发展。

3. 作为事实学科

在社会学的历史中，社会学几乎从其诞生一开始就是一门事实性学科，孔德的所谓实证哲学也就是对社会事实的研究，强调要像自然科学研究自然现象一样来研究社会现象。涂尔干所确立的社会学第一原则就是“将社会现象当事物来研究”②。运用涂尔干的“社会学方法”的首要原

① 普罗克拉斯蒂是希腊神话中的一个强盗，开了一家旅馆，但是房客都是被绑架来的。他把旅客捉到旅馆后，便将其缚在床上，然后或砍其脚，或将其拉长，以适合其床的大小。床成了唯一的尺度。这里泛指将学前教育中的经验事实削足适履地塞进某一社会学理论或模式之中。

② 涂尔干著，胡伟译：《社会学方法的规则》，华夏出版社，1999年版，第26页。

则，必须在从主观上对世界作实践领悟的分析之前，要系统地摒弃各种先入之见。这样做的原因就在于，行动者的观点会随其在客观的社会空间中所占据的位置的不同而发生根本的变化。[①]

然而，学前教育社会学不是纯粹的社会学，而是关涉教育，因此，在教育社会学的历史上一直就有"事实学科论"、"规范学科论"与"事实与规范兼有学科论"的争论。[②] 笔者持有一种事实学科论的主张，以为学前教育社会学的学科使命便是描述学前教育中的社会事实，揭示事实背后的社会力量、社会根源与社会机制。当然，在这样一种描述与揭示中，也不可避免地会以社会学知识为武器来试图解决学前教育中的实际问题，提供解决问题的政策与建议。

三、学前教育社会学的研究取向

与社会学一样，学前教育社会学奉行的总的研究取向是事实分析、价值中立和价值关联。具体说来，学前教育社会学的研究取向主要包括以下几种。

1. 事实分析取向

如前所述，学前教育社会学的学科性质是事实学科，其根本的任务在于认识与分析学前教育中的各种社会问题与社会现象，揭示学前教育对社会背景、社会环境的依赖。作为一门事实学科，学前教育社会学奉行事实呈现、事实解读、事实判断与事实分析，其立论与分析的根基来自于学前教育的现实，而非学前教育的理想。事实分析的取向是涂尔干所确立的社会学第一原则，也是核心的社会学精神，它实现的是社会学的"除蔽"与"祛魅"功能，力图将笼罩在学前教育现实中的各种遮蔽物移开，看到其背后隐藏的力量。

一般说来，奉行事实判断的社会学分析关涉前后相连的三个阶段：第

① 布迪厄、华康德著，李猛、李康译：《实践与反思——反思社会学导引》，中央编译出版社，1998年版，第11页。

② 吴康宁：《教育社会学》，人民教育出版社，1998年版，第9—12页。

一是研究的起始阶段，研究者选择什么样的研究论题要以事实为取向，即不以自己的个人兴趣或某个未经科学论证的理论为出发点，而是要关注社会的结构性问题，将个人兴趣与公众议题结合起来，同时，不以某个先在的社会学理论为套子，而要抛弃一切前见，直面现实。第二是研究的展开阶段，即研究者如何收集资料，如何与所要研究的问题进行互动，如何形成相应的判断等。奉行事实取向的社会学研究要求研究者要摒弃自己的情感特质与特定的思想倾向性，以客观与中立的方式面对问题。如在研究深圳的公办园改制问题时，研究者在收集资料与开展访谈时要努力使自己不受"改制好"与"改制不好"的价值判断的影响，而是要悬置起自己的价值判断，关注改革者与被改革者的表达与行动，分析其表达与行动所呈现的理由与借口，使自己成为一个"局外人"。在这一点上，置身于问题情境中的研究者是很难做到的，但这也正是体现一个社会学研究者的学术品质之处。研究过程重在"记录"而非"介入"，重在"分析"、"揭示"而非"建构"、"解决"。第三是研究的结束与呈现阶段，事实取向的研究其目的不在于最终告诉别人"如何做"，而是重在呈现"事情是这样的"、"为什么是这样的"。

很明显，事实取向的研究关注描述问题、分析问题，而且在描述与分析问题的过程中侧重的是某一问题的社会层面。社会学可以对学前教育中的某一问题的社会层面进行非常宏观的结构性呈现与分析，也可以对其进行非常细致入微的互动分析，前者是一种结构社会学的视角，后者则是一种互动论视角。但不管是哪种视角，事实取向的社会学研究绝不关注问题的心理或哲学层面，对教育现象与教育问题进行事实层面的有深度的分析与揭示是社会学孜孜以求的目标。

2. 整体与综合取向

自涂尔干以来，社会学一直有一种努力方向，即将社会现象当"事物"、当"实在"来研究，所以后来涂尔干的社会学称为"社会唯实论"，与韦伯所主张的"社会唯名论"相对。社会唯实论强调社会学研究工作的整体性与综合性倾向。

所谓整体取向表现在两方面：一方面，它把社会作为一个整体、一个独立的基本单位，研究社会的结构、制度、变动过程及变动中出现的各种社会问题；另一方面，它也具体地研究社会的各个部分，如幼儿园、家庭、社区、政府，但对这些部分的研究不同于其他具体社会科学，仅局限于这部分的研究——研究这部分在整体社会及其变动中所处的地位、所起的作用，研究这部分与其他部分的相互联系与影响，目的是为了认识社会整体或从社会整体上把握某种社会现象。

所谓综合取向表现在两个方面：第一，研究视角的综合性。即在研究学前教育时不是站在学前教育系统内来研究学前教育，把学前教育中的问题仅仅看成是个“学前教育问题”或“教育问题”，而是站在教育系统内，甚至社会系统内来纵观全局，从学前教育与其他社会现象和问题的相互联系中去把握和认识，将学前教育中的问题首先看成是一个“社会问题”，运用涂尔干所说的“用一种社会现象来解释和分析另一种社会现象”。例如，研究公办园转制问题，不是仅仅将其看做是一个“要不要取消公办园”问题，而是要将公办园转制问题置于广阔的社会改革背景中，分析幼儿园与政府、社会力量之间的关系以及其历史的传承，揭示改革所力图建立的幼儿园与政府、市场之间的社会新秩序，因为任何改革都是一个关系重建、秩序重构、利益重新分配的过程。第二，研究方法的综合性。社会学在研究社会的过程中不仅创造了一整套具有自己特色的研究方法，而且非常注意吸收其他学科的研究方法，其中也包括自然科学的研究方法。这就使社会学研究具有方法上的明显的综合性，真正做到了定量分析与定性分析相结合，静态分析与动态分析相结合，结构分析与过程分析相结合，宏观分析与微观分析相结合。

3. 关系与群体取向

社会学是以社会关系和社会行为作为研究社会的基本单位的。社会中的各种关系和社会行为之所以被作为社会学的基本研究单位，因为它们是构成社会、社会中各种现象的基本要素。社会就是各种社会关系和社会行为的结合体。在学前教育中，涉及多种层次的关系。从宏观来说，涉及学前教育与社会政治、经济、文化、人口等方面的关系；从中观来说，涉及幼儿园与家庭、社区、政府等其他各级社会组织之间的关系；从微观来说，涉及幼儿与教师、幼儿与幼儿、教师与教师、教师与家长、教师与课程等方面的关系。研究学前教育，不分析这里的多重关系几乎是不可能的。

除了研究不同主体、不同事物之间的关系之外，社会学的研究还会特别关注群体的内部构成、群体与群体之间的差异。在本书中，对于儿童社会、教师社会以及家长社会的分析正是这种取向的出发点。事实上，社会学就是某种意义上的"群学"。

4. 结构与行动互动取向

在社会学的历史上，一直存在着结构主义与建构主义、唯名论与唯实论的争论，争论的焦点在于社会是先在的，还是个人是先在的。其实，从结构主义与建构主义的思想渊源来看，无论是哪种理论都有其适宜的社会背景和思想土壤，不同的社会问题需要不同的研究视角，有时也需要两种视角的综合。如公办园转制，较多的是特定社会制度、社会结构制约的结果，只有用结构主义的视角才能将其分析得更深刻；有些问题，如幼儿社会化，则是结构与行动互动的结果，儿童一方面受社会文化的影响，一方面要采取主动的方式来接纳与认同社会文化；而有些问题，如青少年同伴亚文化、儿童同伴群体则较多的是行动者主动参与、主动选择的结果，必须采用建构主义的分析视角。

结构的视角与行动的视角在实际问题的分析中往往是相互补充，有时甚至是相辅相成的，吉登斯所提出的"结构化理论"正是这两种视角的综合，他认为一方面结构制约了个体的行动，而另一方面个体的行动又创造了新的社会结构，结构与行动一直演绎着的是"控制的辩证法"。

5. 现实与历史同构取向

社会学的原理与方法运用于学前教育有两大目的：一是描述，一是分析。"描述"面向的是学前教育中的现实本身，是要说清"是什么"，而"分析"则要兼及"为什么"与"怎么样"。要想说清"是什么"、"为什么"，不仅仅是要说清当下"是什么"、"为什么"，还要能够说清在历史发展的不同阶段"是什么”、“为什么”,如“幼儿园曾经是什么”、“幼儿园为什么曾经是这个样子”。

因此,要想描述“幼儿园是什么”就不得不关注到“幼儿园曾经是什么”、“幼儿园为什么曾经是这个样子”,理清幼儿园这一学前教育社会机构在不同社会历史条件下的角色、地位,在历史发展和社会变迁的整体脉络和长期背景中去考察。所以,涂尔干说社会学就是比较社会学,布迪厄说社会学就是历史社会学。这种说法是很有道理的,社会学分析很难离开比较的方法和历史的方法。

第二节
学前教育社会学的问题域

在学科合法地位的获得过程中,研究对象的独特性与确定性是非常重要的一个方面。对于学前教育社会学而言,其核心的研究对象是幼儿社会化,包括动态与静态两个层面。然而要想阐释清楚幼儿的社会化过程和社会化状态,又不能不研究幼儿社会化的背景、幼儿社会化的整体社会环境以及在幼儿社会化中的重要他人,如教师、家长、同伴等。鉴于这几个方面的相对模糊性,这里不以有相对明确界线的研究对象来加以描述,而换之以范畴较广、包含性较大、具有边界渗透性的问题域,从宏观、中观和微观三个层面来探讨影响幼儿社会化的问题域。问题域正是社会学整体与综合思维的一种反映。

一、宏观的问题域

在社会学家布迪厄看来,社会学的任务,就是“揭示构成社会宇宙的各种不同的社会世界中那些掩藏得最深的结构,同时揭示那些确保这些结构得以再生产或转化的机制”①。所谓结构,主要指社会结构,是指“一

① 布迪厄、华康德著,李猛、李康译:《实践与反思——反思社会学导引》,中央编译出版社,1998年版,第6页。

套相对稳定的和模式化的社会单位”。教育中的结构强调其构成性的含义，即从构成的角度去整理教育活动。从社会结构的视角来看，学前教育社会学的宏观问题域主要是关注学前教育与社会结构之间的关系。主要的研究问题涉及以下几个方面。

1. 学前教育的双重属性

宏观社会对学前教育的结构性制约典型地表现在学前教育的双重属性上。所谓学前教育的双重属性是指学前教育具有教育性和福利性。教育性是指学前教育要遵循儿童的身心发展规律，促进儿童和谐人格的形成；福利性则指学前教育要解决家长的后顾之忧，为家长参加工作和社会主义建设提供便利。学前教育的教育性与福利性的双重特性是学前教育与教育系统、社会系统建立的一种关系秩序。

在不同的社会发展时期，学前教育的双重属性一直是有所偏重的，有时学前教育更突出其教育特性，有时学前教育更突出其福利特性。学前教育属性的变化很大程度上受制于社会经济的发展程度和人们对学前教育的社会期待。一般而言，在学前教育的不同阶段，如托儿所阶段更侧重的是其福利性，而在幼儿园阶段，则更侧重其教育性。

然而，对学前教育的教育性和福利性的形成过程需要加以历史的梳理，追问为什么恰恰在学前阶段要求幼儿园来承担教育性与福利性的双重属性？学前教育，或者说机构化的学前教育其诞生的社会条件是什么？幼儿园最初是为谁服务的？在体现学前教育与社会的关系上，学前教育的福利性更具有社会学意义。

从历史的角度来看，中国幼儿园在诞生初期基本上是为富裕阶层、有闲阶层服务的，抗战时期为抗日将士服务，新中国成立后成了国企、事业单位职工的福利，现在我国绝大部分幼儿园的福利对象则越来越多元。从对“谁的福利”这一追问来看，学前教育的福利性从来也不是面向所有阶层、所有家庭的，因此，所谓学前教育的福利性一直也就是“部分人的福利”，不管这个部分人是属于“特权阶层”还是“特殊阶层”。

此外，明显的是，原来学前教育的福利性更多是由政府补贴实现的，又是为一部分人服务的。而当下的学前教育的福利性则变得有些混淆，因为政府对学前教育的投入越来越少，市场和社会占据的份额越来越大，福利的享有主体与福利的分担主体越来越不一致。

从世界范围来看，世界上最早的幼儿学校是欧文为解决其工厂职工的后顾之忧而设立的，是为了解放劳动力，适应社会大生产的需要。而当下的美国政府进行"尽早开端计划"只是为了履行其举办公立幼儿教育机构的义务。在西方历史上，从来也没有所谓的双重属性之说，双重属性牢牢地扎根在中国的土壤上。

2. 幼儿教育社会化

"幼儿教育社会化"典型地反映了特定时期"幼儿教育"与"社会"之间的宏观关系，这一政策具有中国特色，也是基于中国国情提出的一项发展幼儿教育的政策与方向。"幼儿教育社会化"①原指幼儿教育从家庭转移到社会，即从由家庭完成对幼儿的教育之责转由社会托幼机构对幼儿进行教育的过程，即幼儿教育权部分从家庭转移至社会、政府。

作为一个政策，这一提法最早出现于1979年《中共中央、国务院转发〈全国托幼工作会议纪要〉的通知》中，其中提及，"随着生产的发展和国民经济管理体制的改革，生活服务事业将逐步向社会化的方向发展，托幼事业社会化也是必然趋势。有条件的省、市、自治区可以选择一些市、区对托儿所、幼儿园全面规划，合理布局，进行托幼组织社会化的试点，取得经验"。后来在1995年的《国家教委、国家计委、民政部、建设部、国家经贸委、全国总工会、全国妇联关于企业办幼儿园的若干意见》中又强调："坚持依靠社会力量发展幼儿教育的方针……积极稳妥地推进幼儿教育逐步走向社会化。"而在1997年《全国幼儿教育事业"九五"发展目标实施意见》中再次重申："幼儿教育既是教育事业，又具有福利性和公益性的特点。随着经济体制改革的深化，应积极稳妥地进行幼儿园办园体制改革，进一步明确各级政府的责任，探索适应社会主义市场经济的办园模式和

① 蔡迎旗：《幼儿教育社会化政策的解析》，载《学前教育研究》2005年第1期。

内部管理机制，逐步推进幼儿教育社会化。”

很明显，这一政策伴随着我国改革开放的整个历程，它发端于我国的改革开放初期，强化于改革开放的深化期，是国企改革和社会福利制度改革的直接后果。在原来的计划体制下，作为“总体性社会”设计者的国家实行“企业办社会”的“单位化”政策，幼儿教育附属于国有企业、事业单位等各个部门。改革后，国家重新调整了其与国有企业、事业单位等各部门之间的关系，幼儿教育也被迫与企业、事业单位、政府和市场之间重新协调，建立起新的生存秩序。

在“幼儿教育社会化”这一政策提出以前，在举办学前教育的问题上，国家一直提倡“两条腿走路”的方针，实行政府和社会共同承担的原则。随着社会主义市场经济体制的逐步确立，“幼儿教育社会化”成为一个替代性的政策，政府与社会在举办学前教育方面不再是平分秋色，而是各有侧重，政府重在保障公平，保障所有幼儿受教育权的实现。市场则重在效率，保障家长对不同层次幼儿教育的选择权的实现。然而实际上，各地地方政府在实施这一政策的过程中有很大的误读，有的将“幼儿教育社会化”理解为“幼儿教育市场化”，完全放弃政府的保障公平的责任，将政府举办的公办园、中心园全部推向社会，或出售，或股份化，或民营化。

3. 地方负责、分级管理

“地方负责，分级管理”反映的是幼儿教育的管理体制，同时也规定了学前教育与中央、地方各级政府之间的社会关系，也就是说，在学前教育上，地方政府是举办者、责任人，地方政府的观念意识、财力能力等“地方性知识”会直接影响一方学前教育的发展水平。这样一种管理格局和中国各地的极不均衡性最终导致了学前教育的“地方性色彩”。

在中央与地方政府的关系上，名义上，中央政府及其教育职能部门能够制定面向全国的法律法规，是一个“立法者”的角色，但由于财权、事权的地方性，地方政府在执行中央政策的时候往往要经过“本土化改造”，这也就导致地方政府在执行政策的过程中通常都会演变为实际意义上的“立法者”。同时，由于事权的地方性，中央政府并没有积极的调控政策，也没有在全国范围内均衡配置各种学前教育资源，这就导致了全国学前教育发展极不均衡的状态，尤其是在城乡之间、东部地区和西部地区之间。

4.“童年的消逝”

尼尔·波兹曼认为，童年是一种社会现象，是社会发展到一定阶段才出现的社会现象，童年并没有伴随着人类社会的诞生而诞生，它之所以存在、之所以消逝都是有一定的社会原因的。如果遭遇适宜的社会条件和生存土壤，童年就会生长，反之，则会消逝。在原始社会，人类并没有童年，在中世纪，由于“没有识字文化，没有教育的观念，没有羞耻的概念”[①]，童年也不存在。童年的概念是文艺复兴时期的伟大发明。童年作为一种社会结构和心理条件大约在16世纪产生，经过不断提炼、培育，延伸到当下社会，最初的童年定义是通过进学校上学来加以定义的，培育这个概念的也主要是中产阶级。在一段时期内，“男生”甚至成为“童年”的同义词。[②]

童年是一种社会产物，是一种特殊的社会结构，在不同的社会背景中，童年被赋予不同的意义。“童年的消逝”反映的是儿童与社会之间关系的失谐。对于儿童而言，社会是一种先在性的存在，具有自然而然的强制力与约束力，儿童会不由自主地受到其所生存的社会世界的影响，建构与社会环境之间的一种相融性关系。当儿童年龄很小的时候，儿童对环境和社会是没有选择能力的，他更多的是接受、吸纳与认同，将自己打造成一个“社会我”。然而随着年龄的增长和社会经验的增加，儿童的行动能力和反抗能力都得到发展，儿童也会尝试建构起自己与社会之间的新关系。

然而，在结构的约束与行动的能动方面，儿童的行动力还是较弱的。环境危机，特别是大量的不适宜信息的包围，一定会在催熟着儿童的同

① 尼尔·波兹曼著，吴燕莛译：《童年的消逝》，广西师范大学出版社，2004年版，第25页。
② 尼尔·波兹曼著，吴燕莛译：《童年的消逝》，广西师范大学出版社，2004年版，第61页。

时，又消灭着儿童。儿童就像一个“被抛”的存在，在社会这个汪洋大海中随波逐流。当下儿童所生存的社会，媒介信息越来越丰富，传播手段也越来越快捷，如果没有一个“防火墙”，儿童世界的一切都会随着媒体的入侵而变形。当童年消逝，儿童不再存在，作为对立面的成人也会消逝，因为童年消逝的同时也意味着成年的消逝。所以避免童年消逝，不是儿童是否行动的问题，而是社会如何改造的问题。

二、中观的问题域

与中小学教育紧密地依赖国家不同，学前教育处于社会的大背景中，社会生活中的各种变化都会引起学前教育领域一系列关系与秩序的重建。当学前教育与外部社会之间处于一种连续动荡的关系状态中时，学前教育的不稳定性就可想而知，学前教育工作者就很难集中注意力钻研课程、教学等更微观、更实在的东西。学前教育的社会依赖性使其在与各种社会力量的周旋中，能量不断地被消耗。学前教育的宏观社会环境如此，中观的组织环境也大致相当。学前教育社会学所要关心的中观的问题域主要包括一系列的组织现象和组织关系。

1. 学前班：一种特殊学前教育机构

“学前班”的出现不是偶然的，它是社会政治经济发展到一定阶段的产物，是中国城乡二元社会格局以及“城市偏向”政策[①]在学前教育上的典型反映，也是国家进行宏观调控、化解城乡矛盾与资源配置不均的结果。从一定层面上来看，学前班的出现是为解决幼儿园数量的稀少与老百姓入学愿望强烈之间的供需矛盾的，是社会经济迅速发展，迫切需要提高入园率的辅助措施。学前班的最初设立主要是为了满足农村地区及城市边缘人口的受教育需要。

---

① 《政务院关于改革学制的决定》(1951)规定：实施幼儿教育的组织为幼儿园。幼儿园收三足岁到七足岁的幼儿，使他们的身心在入小学前获得健全的发育。幼儿园应在有条件的城市中首先设立，然后逐步推广。《教育部关于大力培养小学教师和幼儿园教养员的指示》(1956)要求：幼儿师范学校和初级幼儿师范学校的毕业生，首先能基本上供应大、中城市，工矿区幼儿园和一般地区示范性幼儿园所需要的教养员。

"学前班"从根本上来说是服务于"学后",是为入小学作准备的。它考虑问题的出发点不是幼儿当下的发展需要,而是着眼于将来,因此,学前班多附设于小学,使学前班从一开始就具有了一种"附属"的身份和"向谁看齐"的标准,这种设置导致了在学前班操作中的"小学化"倾向。幼儿不是接受了一年学前教育,而是多接受了一年小学教育。

2. 示范园:学前教育机构的社会分层

与示范小学、示范中学一样,示范园是机构化学前教育系统中的特殊现象,是中国教育制度中的一种独有建制,是中国实施有差异政策在学前教育领域内的表现。一般而言,示范园享有特殊的权利与义务。所谓示范通常是指在执行国家法律法规、教育政策方面的示范,在遵循教育规律促进幼儿身心和谐发展方面的示范,在卫生保健内部管理方面的示范,在科研教研家园工作方面的示范等。为了完成示范的任务,示范园也拥有一些特殊的权利,如财政拨款的优先、荣誉奖赏的优先、教师培训的优先、招生政策的优先等。当然,与此权利相对应,示范园也承担一些义务,带动片区内的所有幼儿园共同发展等。

示范园建制的出现在中国有一个诞生与发展的过程。最早关于举办示范园的说法源自于1956年的《教育部、卫生部、内务部关于托儿所幼儿园几个问题的联合通知》,在通知中首次提到"卫生、教育行政部门应办好几个托儿所和幼儿园使它们起示范作用"。后来这个政策就被继承下来,成为各级地方政府发展学前教育的重点。应该说,一开始示范园的权利与义务基本是对等的,但由于示范园数量的稀少,示范园制度在实际的运行过程中慢慢地演变成特权阶层的专利,幼儿进入示范园的门坎越来越高,家长的社会地位的高低和社会资本的多寡逐渐成为能否入园的一个主要标准,严重背离了国家举办示范园的初衷,"示范"越来越变成"失范"。

3. 家园关系:学前教育中的主要组织关系

对于学前教育而言,幼儿园与家庭之间的关系是幼儿园整体工作中较重要的一环,有的幼儿园甚至将家园关系的建构作为幼儿园的重中之重。在幼儿园诞生初期,幼儿园的主要工作是辅助家庭教养幼儿,后来,幼儿园慢慢演化成养育幼儿的专业机构，其与家庭所建立起来的关系也就发生了变化——从辅助性的家园关系逐渐地发展为指导性的家园关系、服务性的家园关系和合作性的家园关系。

推动家园关系发生变化的社会力量是什么？家庭和幼儿园在促进幼儿发展的过程中分别发挥了什么样的作用？这都是研究家园关系所需要深入探讨的问题。家庭和幼儿园作为学前教育生态系统中的微系统，其关系的和谐与否直接会影响幼儿的发展。而且，家园关系并不仅仅是一种局部的关系，它是学前教育整个关系系统的一种缩影。当幼儿园的整体社会生存条件处于一种良性状态时，家园微系统也会相对和谐，而整体社会的动荡不安、观念冲突也会通过家庭影响到幼儿园，或者通过幼儿园影响到家庭。在深圳 22 家公办园集体罢课的抗议事件中，将近10 000名幼儿无学可上，这就必然会涉及将近10 000个家庭，使整体社会秩序、家园关系受到冲击。

学前教育是所有教育中最缺少自主性，因此也是最具依附性的，社会的失序会以各种方式影响到幼儿园的日常生活，最终影响到幼儿。

4. 常规：社会制度的浓缩

幼儿园的常规是一个极有探索空间的中观层面的制度问题，这也是幼儿园最不同于家庭的所在。与家庭不同，幼儿园首先是一个制度化的组织空间，而非一个亲缘群体。所谓常规通常是指日常规范，是一系列社会生活的制度在幼儿园日常生活中的再现。幼儿通过加入幼儿园的日常生活，进而加入到社会生活的整体世界中去。幼儿园中的常规只是幼儿人生接触到的社会规范的极小部分，通过加入幼儿园的“类制度化”生活，幼儿成为一个能够在社会生活中遵守规范的公民。

所以，从这个意义上来说，幼儿园常规成为连接幼儿园小世界与社会大世界的桥梁与纽带。然而，幼儿园的各项常规并不是那么容易解读与分析的，其中隐藏了太多的社会期待、社会建制。我们通常说，幼儿园是一种社会设置，那么常规则是保证这种社会设置得以正常运行的砝码。常规越是渗透到幼儿园的日常生活，越是“毛细血管化”，幼儿园生活与社会生活进行无缝对接的可能性就越大。

任何人都不可能不生活在制度和规范中，社会的可能性正是来源于制度的联结，没有制度的保障，社会就会处于失序状态。幼儿园的各项常规建立了幼儿园的日常秩序，但同时也造就了制度化生存的儿童，使儿童从小学会的是服从、认同而非创造、更新。

三、微观的问题域

在分析了宏观、中观领域要探讨的问题后，剩下的几乎所有问题都是微观领域要关注的。学前教育社会学作为一个新的研究领域，已有研究的积累是非常少的，因此，微观社会领域中的每一个方面都存在着巨大的研究空间和探索空间。这里只选择笔者认为最重要的加以呈现，具体的研究还留待后文的展开。

1. 幼儿社会化："主我"与"客我"的较量

"社会化"是教育的最终社会目的，也是学前教育社会学在微观领域最核心的话题。幼儿社会化描述的是幼儿与其生存的社会环境之间的关系，揭示的是社会运用各种机制和力量打造儿童，使儿童从一个自然人成为一个社会人的过程。显而易见的是，幼儿社会化不是一个直线发展的过程，它要经历一系列的工序，其间会有多种力量的博弈与较量，甚至会导致幼儿社会化路线和速率的改变。

齐美尔曾说过，社会化一方面创造着个性，另一方面又是一个拉平、消灭个性的过程。[①] 创造个性是从"质的个人主义"立场来看的，而消灭个性的社会化过程则是从"量的个人主义"立场出发的。所谓"量的个人主义"是由社会关系、社会角色的总和决定的，个体通过社会化被造就成为"客我"。而所谓"质的个人主义"强调个人从未完全融化在社会化的过程中，个人总试图留在社会化之外。因此，质的个人主义认为个人是他自己的伦理的创造者，根据他固有的个人规律而生活，这是一种典型的"主我"。

① 齐美尔著，林荣远译：《社会学：关于社会化形式的研究》，华夏出版社，2002年版，第3页。

社会学中关注幼儿社会化，不仅是关注幼儿个体的社会化历程，更关注关系的社会化历程。幼儿社会化不是一个瞬间片断，而是一个连续不断的过程，各种关系和力量在这个过程中轮番上台，以这样那样的方式影响幼儿社会化的进程。在涂尔干看来，社会是一个先在的存在，因此，社会化的过程就一定是一个适应的过程。而在韦伯、齐美尔看来，社会存在于社会成员通过社会行动进行相互作用的地方，是一个关系结合体，因此，幼儿社会化的过程不只是适应的过程，还存在着幼儿自身力量的参与。幼儿自己对与他人关系、规则的解读与领悟直接影响到幼儿社会化的方式和状态，幼儿在社会化的过程中并不是一个旁观者，而更可能是一个积极的卷入者与行动者。幼儿教育不只是去培养一个适应社会生活的个体，更要着力于一个自主的、具有觉醒意识的公民。

2. 幼儿园课程：文化传播的媒介

在幼儿园，对幼儿的未来真正有影响的不是幼儿园的社会地位，而是实实在在的幼儿园课程。作为一种文化，幼儿园课程是实现社会控制、促进幼儿社会化的主要手段。幼儿园虽然没有像中小学那样有统一的课程标准和教学大纲，也没有严格的审批程序，但幼儿园课程中呈现的知识仍然是经过价值筛选的，是一种“法定性知识”。

目前，幼儿园的课程模式是多元的，不同的价值取向、不同的理论观点纷纷以幼儿园课程为舞台来争夺幼儿教育市场，幼儿园课程在实现文化控制的同时又满足了各方的利益需求。然而，这也就导致了幼儿园课程良莠不齐的状态，课程开发商、专业研究人员、幼儿园举办者、教材出版商因各不同相同的目的聚集到一起，他们的利益诉求都要通过幼儿园课程来实现。幼儿园课程成了一部分人进行谋利的工具，一部分人传播自己价值观的载体，一部分人据以自傲的资本，而孩子的利益和需求则演变为各方实现自己利益的借口。

3. 幼儿园游戏

游戏是幼儿的主要活动，也是幼儿园中的重要教育手段，区别于家庭和社会生活中的游戏，幼儿园游戏具有一定的特殊性，它处于幼儿园这样一个教育空间内，其游戏材料的投放、游戏主题的提供、游戏时间及空间的创设等都或多或少地受到幼儿园园本课程和当下教育内容的影响，即幼儿园的游戏具有不可避免的教育性和引导性。

对于幼儿园的孩子来说，游戏不是一种外在的活动，而是一种生活方式。他们在游戏中学习，在游戏中思考，在游戏中发现世界，游戏成了他们看世界的窗口。

4. 师幼互动

学前教育微观领域中的重要关系是师幼关系，这是一种非亲缘性关系，也是一种非对称性关系，这种关系是学前教育得以存在、教育关系得以建立的根本前提。师幼关系不是一种静态性关系而是一种互动性关系，关系的状态取决于师幼双方在互动过程中对互动情境的界定以及对相互行动、角色的理解。

作为教育场域中的两大基本主体，师幼关系是一种相互指向性关系，教师在这种关系的建立中起着主导的作用。教师往往是规则的提出者、行动的发起者，而幼儿在互动过程中则较多地呈现为被动回应的态势。师幼的这种关系状态是有其深刻的文化背景和社会渊源的，中国历来强调长者为尊，师者为尊，教师的权威在中国文化上具有根深蒂固性。要想在师幼关系中建立起一种抗固化的力量，依靠幼儿或教师的行动反思是有限的，关键在于改造整个社会的文化氛围和人们历久弥坚的价值观。

第三节
学前教育社会学的功能

涂尔干认为，社会学是一门应用性科学，它如果无助于社会现实问题的解决是不可思议的，也是没有存在的必要的。而在吉登斯看来，社会学是一门有着重要实践意义的学科[①]，它可以通过几种方式对社会批评以

① 吉登斯著，赵旭东等译:《社会学》(第4版)，北京大学出版社，2003年版，第19页。

及实际的社会改革作出贡献。首先，社会学可以提高我们对于一套既定社会情境的理解，从而给予我们更好的控制它们的机会。其次，社会学提供了增强我们文化敏感性的手段，从而使得政策的制定可以建立在差异性的文化价值观的基础之上。最后，也许是最重要的一点，就是社会学带来了自我启蒙，为群体和个人提供了更多的机会来改变他们自己的生活状况。

学前教育社会学致力于用社会学的方法与原理来研究学前教育中的问题与现象，关注各种"是什么"与"为什么"，因此，必将在学前教育的理论丰富与实践改善方面有卓越的表现。

一、学前教育社会学的理论功能

无论是学前教育的历史还是现实都表明，学前教育与其所生存的整体社会之间有着丰富的关联，受着来自于社会的各种力量与因素的影响与制约。有了社会学的眼光和社会学的视野，在观察学前教育中的微观互动时，我们就不会将学前教育中的主体仅仅看成一个生物人或心理人，而较多地考虑到其作为"社会人"的需要，考虑其如此行动、如此言说的社会动机、社会原因。所以具体而言，学前教育社会学对于学前教育理论的建构至少具有以下几大功能转变。

1. 关注某一问题的社会层面

在已有的学前教育理论研究中，如学前教育学、儿童发展心理学、儿童哲学等较多地关注学前教育中的微观世界以及个体在微观世界中的表现。经典的学前教育学理论通常包括三大板块：目的论、课程论与活动论。目的论较多地涉及学前教育与儿童的身体、认知、情感、社会性等方面的关系，课程论较多涉及幼儿园课程的变迁、类型、实施和评价，活动论较多地涉及教学、游戏与生活三个方面。从三大论的论述上来看，较多地采用规范论与建构论的教育学视角，仅仅关注"怎么做"的问题。

从"怎么做"出发，教育学的立场规范了很多学前教育中的应然状态，价值引领的成分比较多。引领与价值诉求的取向是教育研究的应有之义，但如果所有的研究都大谈应该如何，而不去关注事实如何、何以可能的话，学前教育的理论研究与实践改造之间的鸿沟就会越来越大，就会制造出更多的无用的理论。

社会学研究视野的加入有助于对学前教育中的诸多问题首先进行事实层面的研究，弄清楚其现实的表现、演变的脉络。对“是什么”的描述，社会学通常的提问方式是“谁的……”与“……是谁”。这里的“谁”不是指个体意义上的张三李四，而是群体意义上的一类人，因为社会学是关于人群的学问。对“谁的……”与“……是谁”的回答通常是要厘清某个社会产品的社会属性、某个研究对象的阶层属性，如对于学前教育中的常规、制度、政策、课程的描述，社会学通常的提问方式是“谁的常规、谁的制度、谁的政策和谁的课程，具有什么样的社会表现”。在这样一种提问方式中，社会学试图搞清某一特定的社会产品对谁有利？或对谁更有利？其真实的人群属性是什么？可以说，这种“谁的”式发问是社会学的一种基本发问。①

可社会学为什么要这样提问，这种提问与“是什么”有何不同？应该说，教育学对“是什么”的发问更多是一种内涵的发问，而社会学对“是什么”的发问更多是一种属性的发问。从社会学的事实取向出发，在任何社会、任何社会的发展阶段都不可能存在着属于所有人的社会产品，任何产品几乎总是属于特定的人群而不是所有人群。而这种“非全体性”在我们的日常生活中几乎总被误以为是“全体性”的，即我们会把为部分人服务的常规看成是为所有人服务的常规，而一旦忽视掉社会产品的部分属性，我们就很难发现社会中的分层分等现象，以“为所有人服务”为“名”行“为部分人服务”之“实”，达到以偏盖全的效果，社会生活中的各种障眼法大概就是如此运作的。

2. 追问某一问题的社会成因

教育学研究关注事物的应然状态，因此不太关心事物存在的原因，即

① 吴康宁：《社会学视野中的教育》，载《教育研究与实验》2005年第2期。

使进行原因分析也比较多地从心理原因、个人原因的角度去分析，如对农村幼儿入园率低下的问题的分析，教育学取向的研究者认为，由于路途遥远和家长对学前教育重要性的忽视，家长倾向于将孩子留在家里导致入园率的低下。社会学取向的分析则较多将注意力集中在导致这一社会现象出现的结构性原因上，如农村义务教育的结构性调整、农民整体受教育水平的低下、国家一直以来执行的城市偏向政策等。

涂尔干在其《社会学方法的规则》中强调，要对某一事物的原因进行分析，必须要用一种社会现象来解释另一种社会现象，从事物的历史演变脉络中寻找原因。他认为有时事物的原因并不在事物本身的进程中，而在于某一问题共变的其他事物中。对事物的原因分析要特别谨慎，防止把事物间的相关关系当成因果关系，导致对事物原因的误读。

社会学视野的介入可以使学前教育迄今为止的原因分析更具有深度感，寻找到影响某一问题的社会根源、社会机制。吴康宁认为，如果哲学是“通向根基”的话，那么社会学则是“转向背后”，也即寻找影响某一问题的背后机制和核心根源。社会学的洞察力与想象力并不在于社会学的描述功能，而在于社会学的分析功能，正是深入问题背后的分析力度使社会学的研究独树一帜。

3. 探索某一问题的社会策略

社会学的主要功能在于描述与分析，如涂尔干对于自杀、齐美尔对于社会化的研究等，他们的主旨不在于寻求避免自杀、促进社会化的举措，而在于将自杀现象、影响社会化的要素揭示出来，即重分析与解释而非建议与建构。传统的社会学研究者认为，解决问题是社会政治家、教育者的事情，社会学研究只止于对问题的分析，尤其是对造成这一现象与问题的社会原因的分析。

社会学对于“只分析不建构”原则的坚守一直也遭到这样那样的质疑，批评者认为这样的社会学是一个无用的、悲观的，甚至是逃脱责任的社会学，其社会良心、社会改造的责任并没有担当起来。所以，当下的社会学研究也在慢慢地发生着改变，也在作一些策略建构的尝试，这种尝试在教育领域最为明显。因为教育是一个价值性的事业，是需要引领和判断的，单纯的事实分析常给人一种冷漠与距离感。所以在本书中，社会学视野的介入也会在某一问题的策略建构上丰富原有的理论资源。但需要说明的是，社会学的策略建构仍然是基于事实而非价值的，不是告诉别人应该怎么做，而是提出可行的途径，即这里所说的“何以可能”[①]。

二、学前教育社会学的实践功能

学前教育社会学对教育实践的影响不是通过指导如何做来实现的，前面提及，社会学几乎不提建议与策略，社会学只热衷于描述与分析。社会学的介入对实践的最大影响莫过于主体观念的改变，尤其是通过“怎么看”、“看什么”来实现。原来实践工作者观察儿童的游戏主要是看他们怎么玩，如何协商，如何展开，以决定自己何时介入，是否要介入。有了社会学的视角，教师可以更多地思考孩子为什么选择一类角色而放弃另一类角色，与这样一群伙伴游戏而不与另外一群伙伴游戏，开展这样的游戏情节而不进入那样的游戏情节，从而分析儿童的游戏与儿童的生活、儿童的家庭背景、儿童自身在班级中的社会地位之间的关系等。

笔者曾经关注过幼儿园游戏区域的设置与材料的投放，发现很多幼儿园的娃娃家都只提供一个娃娃，且材质上有较大的差异。这样一种材料投放方式也许是老师对现代家庭结构的一种反映，但过于关注游戏与生活之间的对应往往会使幼儿觉得幼儿园里没有游戏，他们只一心想着放学后或某个活动的间隙可以自主开展的游戏。

教育实践具有一种紧迫性，它需要实践感而非反思意识。社会学视角的介入会不断地影响教师的实践感，提高教师对教育现场的敏感度和分析把握的能力，从而真正地关注问题的社会层面，并不断地使现实层面与应然场面加以对照。下表是关于幼儿园中特殊行为偏向孩子为什么增

① 高水红:《“谁的?”与“何以可能?”——教育社会学研究的的两种知识学设问》,载《南阳师范学院学报》2004年第10期。

多的一个问题组，当老师能够这样来思考问题时，其实践感及对儿童行为进行辅导的能力一定会大有长进。

表 1.1　社会学视野中的问题组

事实性问题 发生了什么？	自 20 世纪 80 年代后期以来，幼儿园中的具有特殊行为偏向的孩子越来越多。
比较性问题 这种现象具有普遍性吗？	这是一个全球性问题，还是只是发生在中国，或者只是发生在中国的经济发达地区？
发展性问题 这种现象随时间发展了吗？	幼儿的家庭教育方式和幼儿所生存的社会背景随时间发生了什么样的变化？
理论性问题 这种现象的背后原因是什么？	为什么现在的孩子行为偏差问题越来越多了，我们可以用什么因素来解释这种变化？

第四节
学前教育社会学的方法论与方法

在学科群中，社会学之所以能够成为一个独立学科，且对其他学科，如教育学、政治学、文化学产生广泛的影响，主要在于其独特的方法论与方法。没有这些社会学思想与社会学技术，社会学的影响力不会这么大，其分析视角的借鉴与迁移也不会那么广。前面说过，学前教育社会学不是学前教育与社会学的学科复合，而是用社会学的视野来研究学前教育中的问题与现象，因此，社会学是学前教育社会学的母学科，社会学独特的方法论与研究方法也将被学前教育社会学所继承并得到实际运用。

一、学前教育社会学的方法论

社会学方法论是对"如何看待和认识社会现象"、"如何获得可靠的事实"、"如何分析研究、解释事实及检验理论"等问题的认识。一般而言，在社会学诞生初期所选择的方法论与成熟时期所采取的方法论是不一样的。前者主要是一种二元对立的思维方式，如将主体与客体、结构与行动、意图和原因、物质属性和符号表象、社会物理学与社会现象学对立起来。后者则更多地倾向于一种“生成结构主义”。这种生成式的去二元化的思维方式，或生成性思维方式包括一系列的努力，如一种提出问题的方式，一套十分简明的概念工具，一种建构研究对象的程度，以及将在一个研究领域中业已发现的知识转用到另一个领域的程序等。生成结构主义强调社会确实具有一个客观的结构，但同样，社会在根本上也是由具有行动能力的行动者及其“表象与意志”构成的。布迪厄是生成结构主义方法论取向的代表，他认为，一种关于社会的总体性科学，既必须摒弃那种将行动者“打发去度假”的机械结构主义，又必须杜绝目的论个人主义。同时他又认为，一门关于社会的充分完整的科学，必须既包括客观常规，又包括这种客观性的内化过程。① 他提出的一系列概念，如场域、惯习、策略等都是这种方法论取向的反映。

很显然，社会学研究的方法论体系与社会学的理论体系一样并不是一个统一的整体，而是一个四分五裂、相互争论的集合。在社会学方法论思想的发展史上，曾出现过各种不同的名称与取向，如方法论上的一元论与方法论上的关系主义、方法论上的个体主义与方法论上的整体主义、方法论上的情境主义与方法论上的结构主义，实证主义方法论、人文主义方法论、马克思主义方法论等。这里对三种主要的方法论取向作说明。

1. 实证主义方法论

社会学研究中的实证主义方法论肇始于孔德、斯宾塞，成形于涂尔干。孔德倡议建立社会学的初衷，是要建立起一门类似于自然科学那样的关于社会的实证的经验科学，因此，无论是孔德还是斯宾塞，都只是热衷于把自然科学原理、方法推广于社会领域。

自社会学诞生以来，实证主义方法论一直占据着社会研究方法论的主宰地位，其主要观点有：通过具体、客观的观察和经验概括来获得结论，研究过程的可重复性，进行定量研究等②，其中研究结论的客观性和经验

---

① 布迪厄、华康德著，李猛、李康译：《实践与反思——反思社会学导引》，中央编译出版社，1998年版，第10—13页。

② 风笑天：《社会学研究方法》，中国人民大学出版社，2001年版，第6—7页。

概括性是最重要的，其他两个方面都是在这一点的基础上生发开来的。如何才能保证研究结论的客观性，传统的社会学家为此确立了一系列的研究法则，如涂尔干强力主张的社会学原则：将社会现象当事物来研究，用一种社会现象来解释另一种社会现象，在事物分析时摒弃前见，恪守中立等。

实证主义取向的研究较多地表现为研究的程序化、理论的模式化和测量的精确化。① 所谓研究的程序化是指社会学研究要像自然科学那样有严格的操作规程，以分析的视角将社会现象分解为细小的单元，从而使研究过程和研究结论都具有可重复性。理论的模式化是指理论假设和理论模型要建立在客观现象因果规律的基础上，强调研究中变量之间的确定性关系，如涂尔干在对自杀的研究所建立的不同的解释自杀类型的模型。而测量的精确化则强调样本的选择、测量误差的最小化。

实证主义方法论大量地应用于当下社会生活中的大型社会调查，如人口普查、民意测量等。在教育领域更多地用实证主义方法来探讨学前教育与经济、人口等变量之间的关系，这种用数据说话、用事实进行论证的研究方式对于学前教育领域的一系列政策的完善是非常必要的。

2. *解释主义方法论*

与实证主义方法论相对，社会学研究史上还存在着另一种对立的研究范式——解释主义方法论。与实证主义方法论强调客观和中立不同，解释主义认为，社会行动的本质取决于行动者赋予其的主观意义，对于社会行动，只能用“投入理解”的方法去把握，而不能用自然科学的那种只从外部去观察和分析对象的方法来加以考察。韦伯是解释主义方法论的代表。

与实证主义主张采用抽样调查方法进行定量分析和客观解释不同，解释主义方法论关注如下几个重要问题：一是社会学家如何去认识社会，即用“理解”的方法；二是社会学家应采取何种态度，即“价值关联”的原

① 杨昌勇、郑淮：《教育社会学》，广东人民出版社，2005年版，第31页。

则；三是社会科学应采用普遍适用的方法，如理想类型；四是研究社会的着眼点是“社会行动”而非“社会结构”。①

3. 马克思主义方法论

在社会科学领域，马克思主义方法论的核心是历史唯物主义，它比之于实证主义方法论过于强调客观现实，比之于解释主义方法论过于强调理解、行动更具有科学性。具体来说，马克思主义方法论有以下一些基本观点。

首先，马克思主义认为，历史的主体是现实的人，研究任何社会现象离不开对具体历史条件的分析。其次，人是现实社会关系的总和，人所具有的社会特征和人的活动始终取决于当时的社会条件，必须将社会科学的研究放到关系背景中来加以考察。最后，社会历史是一个自然历史过程，受客观规律支配，是不以人的意志为转移的。

在社会学的经典流派中，马克思主义是后来的批判理论的思想渊源。批判理论家们主张以辩证的“总体分析”②方法来观察和分析社会现实，即将社会现象置于社会的与历史的总体过程当中，从它们在社会的与历史的总体过程当中所具有的地位与作用来确定它们的性质、意义，来考察它们的产生、变化和发展。批判理论的基本特征是强调社会理论的批判性质，强调理论和理论家在改造、变革现实社会中的重要作用，反对那种旨在维护、修补现存社会结构的研究。

二、学前教育社会学的方法

社会学研究是对社会生活作系统的观察，目的是要发掘和了解所观察的事物。与其他社会科学不同，社会学是一门经验科学。社会学研究者在研究社会的时候通常采用不同的研究方法，在巴比看来，社会学的研究主要包括五类：实验研究、调查研究、实地研究、非介入性研究和评估研

① 韦伯著，韩水法、莫茜译：《社会科学方法论》，中央编译出版社，2002 年版，中译序。
② 谢立中：《西方社会学名著提要》，江西人民出版社，2001 年版，第 8 页。

究;在风笑天看来,社会学的研究主要包括四类:调查研究、实验研究、文献研究和实地研究[①]。对于特别缺乏学科自主性的学前教育而言,特别需要社会学的方法与视野,因为研究方法是人们认识、改造世界所应用的方式和手段。学前教育社会学并没有自己独立的研究方法,它更多采用的是社会学的研究方法。

1. 实验研究法

实验研究主要是用来探索和证明两个变量之间的因果关系,最传统的实验法涉及:自变量与因变量、前测与后测、实验组与对照组。实验法是所有社会科学方法中对控制要求最严格的方法,适合于解释,而不适于描述,特别适合于范围有限、界定明确的概念与假设。如著名的霍桑实验、班杜拉的观察学习实验等。

在观察学习实验中,班杜拉以"充气娃娃"为刺激物考察儿童在不同范型与榜样影响下行为的改变过程,尤其是儿童的攻击性行为的习得与消退。具体地说,儿童通过观察习得的行为,也许会直接地表现出来,但也可能并不表现出来。儿童在观察学习后没有表现出行为,并不意味着他们没有学习到行为。只要外部条件和内部动机相适应,习得而未表现的行为就会表现出来。班杜拉的实验还表明,攻击性行为不仅可以从现实的成人那儿学到,也能从电影、电视的人物形象身上习得,甚至还能从卡通形象身上习得。研究发现,卡通形象对儿童的影响丝毫也不比现实人物弱。

2. 调查研究法

调查研究是社会科学领域最常用的方法,有时甚至就成为社会学方法本身,它适用于各种描述性、解释性或探索性问题的研究,应用面特别广。一般说来,调查研究指的是一种采用问卷或结构式访谈的方法,系统地、直接地从一个取自某种社会群体的样本那里收集资料,并通过对资料的统计分析来认识社会现象、揭示复杂关系的研究方式。调查的类型可

① 风笑天:《社会学研究方法》,中国人民大学出版社,2001年版,第8页。

以根据不同的目的、方式、角度和层次分为：诊断性调查、预测性调查、分析性调查、实地调查、问卷调查等。

3. 内容分析法

内容分析法是对各种媒介所承载的信息进行系统分析，主要用于考察社会事实。① 如对学前教育史上的政策法规、幼儿园教材的内容、幼儿教师的博客、反思日记、幼儿成长手册、家园联系簿、儿童读物等进行文本分析，发现其中蕴含的结构性要素、复杂的关系、隐藏的观念等。内容分析法特别关注的经典问题是，"谁说了什么，对谁说，为什么这样说，产生什么影响"等。

4. 网络分析法

网络分析法是用于描述和测量行动者之间的关系或通过这些关系流动的各种有形或无形的信息、资源的一种有效方法。在社会学中，网络研究通常有两种视角：第一，将网络视为一种分析工具，凭借这种工具可以理清行动者之间、行动者与其环境之间的关系；第二，将网络视为由行动者之间的关系所构成的社会结构，此时关系本身成为研究的对象。② 但在实际研究中这两种视角通常难以截然分开，两者你中有我、我中有你的局面往往使网络研究既全面深入又错综复杂，网络分析就是典型。自人类学家巴内斯首次使用"社会网络"的概念来分析挪威某渔村的社会结构以来，社会网络分析被视为是研究社会结构的最简单明朗、最具有说服力的研究视角之一。主要用于分析与探讨儿童同伴小群体、教师同位群、家长同位群、社会圈以及幼儿园组织内部的网络等。

---

① 艾尔·巴比著，邱泽奇译：《社会研究方法（上）》（第8版），华夏出版社，2000年版，第392页。

② 张存刚等：《社会网络分析——一种重要的社会学研究方法》，载《甘肃社会科学》2004年第2期。

第二部分　学前教育的社会背景

发展学前教育并不只是教育系统内部的事，它与社会的各种要素之间有复杂的关联，社会的经济、政治、文化、人口、政策环境等都会影响到学前教育的发展状态。关注学前教育，理解学前教育内部发生的各种问题与现象，只停留在教育系统内部是不够的。学前教育的问题大多首先是一个社会问题，其次才是一个教育问题，只有把学前教育的外部环境理顺了，学前教育才能真正得到健康发展。

当下学前教育在发展过程中面临的一系列困境，如入园率低、收费高、教师流失、小学化、卖园等，从根本上来说是体制性困境，不是简单地进行学前教育内部的改革就能见效的。本部分包括三章内容，包括学前教育的社会场域、学前教育的社会功能以及学前教育政策与法规。

第二章 学前教育的社会场域

德性需要一定的闲适。没有自由所需的社会条件,就谈不上什么自由的德性。……没有自主性的社会条件,就没有自主性。

——布迪厄:《实践与反思》

从系统论的角度来看,教育自身构成了一个系统,教育这个系统又置身于社会这个大系统中,认识学前教育必须分析其所生存的整体社会背景,探讨学前教育与教育系统内其他阶段的教育之间的关系,更要研究学前教育与社会的政治、经济、文化和人口要素的关联,从而更好地为学前教育的发展定位,开拓学前教育发展的新空间。而且,学前教育还是社会公共服务体系的一个重要组成部分,因此,学前教育体系的建立和发展,绝不能仅仅体现教育规律,还必须体现一个社会对学前教育的基本定位,反映社会各个阶层对学前教育的需求,反映现实社会经济条件对学前教育的约束。

第一节 社会结构与学前教育

"社会是如何构成的?"这是社会学从诞生以来就一直在研究与关注

的问题，功能主义认为社会是“结构”的，且社会结构是先在的；解释学派认为社会是“结构化”的，是行动者行动的结果。后来的学者大多综合这两种观点，认为社会既是结构的，对个体的行为起制约与强制的作用；同时，社会又是能动地构成的，是通过行动者的相互作用、主动选择而形成的。任何社会现象都发生在这样一个既具有结构性又在结构化的社会结构中，学前教育作为一种社会现象既受到来自社会的结构性力量的影响，又能结构化地反作用于社会，在本章，笔者主要探讨社会结构是如何制约与影响学前教育的发展的。

所谓社会结构指的是我们生活的社会情境，不但包括随机发生的形形色色的事件或行动，而且包括通过特别鲜明的方法结构化了的、成形的事件与行动。[①] 人类社会永远处在结构的过程中。既然社会是结构性的，那么就可以对社会进行分解与组合，通常的分解方式是将社会整体分解成政治、经济、文化等方面，因此，这里延用传统的划分方法，从经济结构、政治制度、文化观念与人口结构四个维度来探讨不同维度对学前教育的制约。

一、经济因素与学前教育

“经济”这一词来源于希腊语，其意思为“管理一个家庭的人”。在本书中，经济是指社会生产关系的总和，指人们在物质资料生产过程中结成的，与一定的社会生产力相适应的生产关系的总和或社会经济制度。在所有社会要素中，经济因素对学前教育的影响是巨大的，包括经济发展水平、经济格局和经济体制三个方面。国家在不同时期的经济发展水平直接影响到学前教育的规模、水平，经济格局也会在较大程度上导致学前教育发展的地区差异与不均衡，而经济体制的不断深化改革则使学前教育不得不从依附走向独立。

1. 经济发展水平对学前教育的影响

经济是教育发展的物质基础，经济不仅为教育发展提供了物质基础，

① 吉登斯著，赵旭东等译：《社会学》(第4版)，北京大学出版社，2003年版，第4页。

而且也给教育提出了客观需求。无论什么时代，兴办学前教育，总要有一定的经济条件，如人力、物力和财力等资源，而所有这些都须以经济的发展为前提。经济水平对学前教育的影响表现在幼儿园数量、经费获得与入园率等方面。

首先，从经济水平对幼儿园数量的影响来看。自新中国成立以来，幼儿园的数量基本呈上升状态，其中，教育部门举办的公立幼儿园呈现的是逐年的渐进式增长，如 1946 年教育部门办园数是 824 所，1956 年是4 538所，1965 年是4 404所，1976 年是11 938所①，1996 年是25 217所。

经济水平对幼儿园规模与数量的影响不仅在中国如此，在其他国家也大体相当，如下表中所反映的日本 1948—2002 年的幼儿园数量，从中可以看出随着经济水平的不断提高，幼儿园的数量也呈逐渐增长状态，只是到了 20 世纪 90 年代后随着婴儿出生率的下降幼儿园数量才稍微有所下降。

表 2.1　日本 1948—2002 年的幼儿园数量

年	1948	1950	1960	1965	1970	1975	1980	1985	1990	1995	2000	2002
园数	1 529	2 100	7 207	8 551	10 796	13 106	14 893	15 220	15 076	14 856	14 451	14 279

其次，从经济水平对幼儿园经费获得的影响来看。经济水平不仅影响着特定时期幼儿园数量的增长，也影响到国家一定时期对幼儿园的经费投入。不同的国家对幼儿园的经费投入政策是有很大的差异的，如北欧的福利国家瑞典在 1990 年前规定在幼儿教育(以下简称幼教)经费中，国家负担 45%，地方政府负担 45%，家长负担 10%，而同为福利国家的挪威则为，国家负担 40%，地方政府负担 30%，家长负担 30%。② 相对于世界其他地区而言，北欧的经济发展水平是非常高的，其实行的是社会民主

① 中华人民共和国教育部计划财务司:《中国教育成就——统计资料(1949—1983)》，人民教育出版社，1984 年版，第 229—230 页。

② 简楚瑛:《幼儿教育与保育的行政与政策》，华东师范大学出版社，2005 年版，第 31 页。

福利制，政府几乎占据了幼教经费来源的70%以上。当然，政府的幼教经费不完全是投入到幼儿园中的，还有大量的是投入到开放学前教育机构、家庭式托儿所和课后班中。

而在中国，情况则似乎完全相反。根据教育法的规定，我国的教育经费应实现逐年增长，但到目前为止，我国教育经费占国民经济总量的4%还不到，而许多比中国经济发展水平还要弱的发展中国家的支出比例则早已超过了我们。根据教育部的统计资料，1990—2001年，我国幼儿教育经费仅占教育经费总数的1.3%左右，与在园幼儿占全国普通教育总人口数的9%的比例相比，经费的比例过小。除了幼教经费的国家投入有限外，我国还存在着有限经费的投入不均衡问题。他们认为幼教投入大，产出小，经济效益和社会效益都不明显。

再次，从经济水平与学前儿童入园率的关系来看。入园率通常是衡量一个国家和地区学前教育水平的一个重要指标。我国《中国儿童发展纲要（2001—2010年）》规定："大中城市和经济发达地区适龄儿童基本能接受学前3年教育，农村儿童学前1年受教育率有较大提高。"自"八五"以来，我国幼教事业得到快速发展，1995年幼儿入园人数为2 711万人，达到历史最高水平，是1985年的2.34倍。但是从1996年开始，我国幼儿在园人数逐年减少，幼儿园数量、学前班数量在2001年出现大幅度减少。以全国小学招生数为依据计算入园率，全国学前3年幼儿入园率1995年为35.38%，2000年为37.53%，入园率增加了2个百分点，这说明"九五"期间，幼儿入园率的增长呈现平稳态势。①

2. 经济格局对学前教育区域分布的影响

新中国成立初期，中国的经济格局是优先保障城市、保障重工业的发展，所以国家的优质资源，尤其是经费投入主要是面向城市、面向东部基础相对好的地区，导致中国在现代化进程中逐渐形成了一种城市偏向和

---

① 王化敏：《关于幼儿教育事业发展状况的调查报告》，载《早期教育》2003年第5期。

东部偏向的经济发展格局。直到2000年我国才提出了“西部大开发”的战略，而实际上直到2006年，我国才真正免除农业税，经济政策对农村有所倾斜。从学前教育的区域分布来看，经济格局的不平衡造成了农村与城市、东部地区与中西部地区之间的较大差异。

城市偏向导致了一系列后果，在学前教育上最明显的表现便是双重的、城乡有别的学前教育发展目标、办学模式、经费来源等，这就最终导致了城乡之间学前教育在发展规模、速度和质量上的巨大差异。下图比较直观地呈现了1973—2005年城市、县镇、农村幼儿园数量的变化曲线。

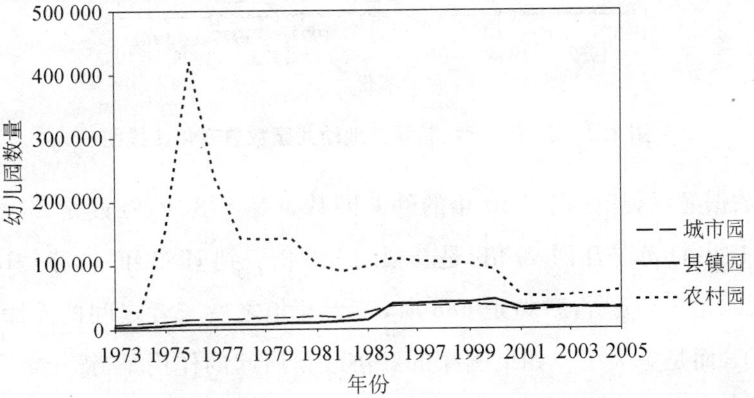

图 2.1　1973—2005 年城市、县镇、农村幼儿园数量的变化曲线图

除去“文化大革命”期间的人为因素影响，城市园与农村园的数量似乎不存在什么差距，但如果按通常的计算方法将县镇园纳入城市园的范畴内的话，那么城市园的数量就远远高于农村园，而且在阅读与解释数据的过程中千万不能忘记一个最基本的事实，那就是中国的大量人口在农村，农村有大量的学前儿童需要入园，而农村幼儿园的数量却严重不足。

此外，我国由于地理环境的因素，各个地区的经济发展十分不平衡，东部沿海地区经济发展基础较好，在建国后又较多地享受了国家的倾斜政策，所以，相对说来学前教育有较好的经济基础作支撑。在全国31个省市自治区中，我们抽取了江苏、江西和新疆①分别作为东、中、西部地区的代表，从下面的曲线图能够看出，由于经济条件的差异性，幼儿园的规模、速度和数量有着较大的差异。

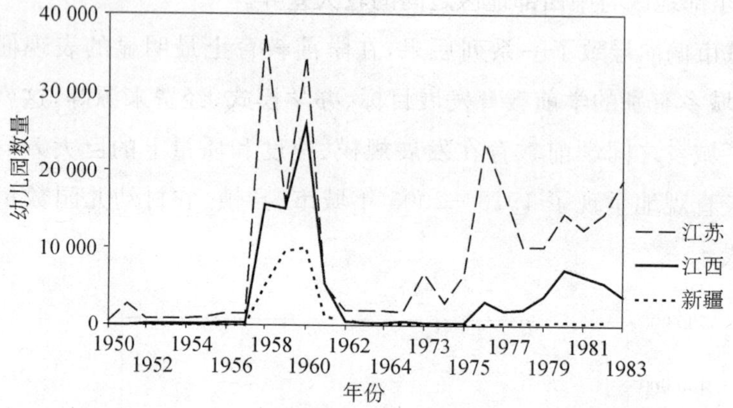

图 2.2　江苏、江西、新疆三地幼儿园数量变化曲线图

数据显示，江苏在 1950 年的幼儿园数量是 573 所，江西是 14 所，新疆是 4 所，江苏是江西 40 倍，是新疆的 143 倍。到 1983 年，江苏是18 720 所，江西是 3 847 所，新疆是 686 所，三十几年之后三者之间的差距不是缩小了，而是更大了。如果国家的经济政策所起的作用是“锦上添花”而非“雪中送炭”时，原本就存在的差距不可能因时间的延续而自然缩小，而只会越来越大，以至于形成无法跨越的鸿沟。所以，当国家的经济存量达到一定程度时，就应该保强扶弱，改善各地的学前教育，促进各地的共同发展。

3. 经济体制与办园体制改革

经济体制也即一个国家的重要的经济制度。新中国成立以来，我国主要实行了计划经济、计划经济体制下的商品经济和社会主义的市场经济三种模式。

① 数据来自于中华人民共和国教育部计划财务司：《中国教育成就——统计资料（1949—1983）》，人民教育出版社，1984 年版，第 360—363 页。

计划经济体制与市场经济体制在经济的运行方式方面有很大的不同，在计划经济体制下，国家垄断所有资源，除了教育、卫生部门办的幼儿园以外，还有由“单位办社会”的方式举办的大量的企业园、事业园，以及公民个人举办的民办园。从下图可以发现，在1953—1957年间民办幼儿园数量是相当有限的，那时我国实行的是计划经济体制，民间力量很少拥有举办学前教育的相关资源，政府对既有民办幼儿园的政策也是收归国有，解除其民营的成分。1978年后，我国实行了改革开放，逐步建立起了以经济建设为中心的社会发展目标，经济生活中不再是计划体制一统天下，民营资本和民间力量开始不断地投资学前教育，促使了幼儿园数量的巨大增长。

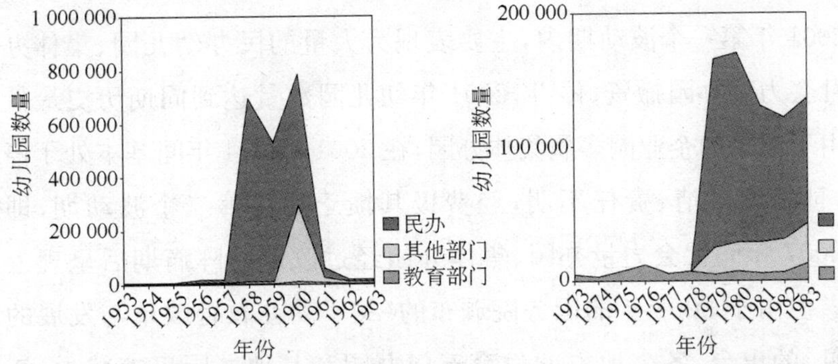

1953—1963年教育部门、其他部门、民办幼儿园数量变化

1973—1983年教育部门、其他部门、民办幼儿园数量变化

图 2.3　教育部门、其他部门、民办幼儿园数量变化图

但是，随着市场经济体制改革的深入，尤其是国有企事业单位的改制，曾经是城市学前教育主力军的企事业单位办园逐步与原单位分离或停办，造成城市幼儿园数量迅速减少。在农村，形势同样不容乐观，因为随着农村义务教育管理体制改革的推进和中小学布局调整，附设在农村小学的幼儿园和学前班也随之停办或合并，大量的农村幼儿因此离开了幼儿园。幼儿园改制所造成的对学前教育的影响可以从图2.4中得到证明。

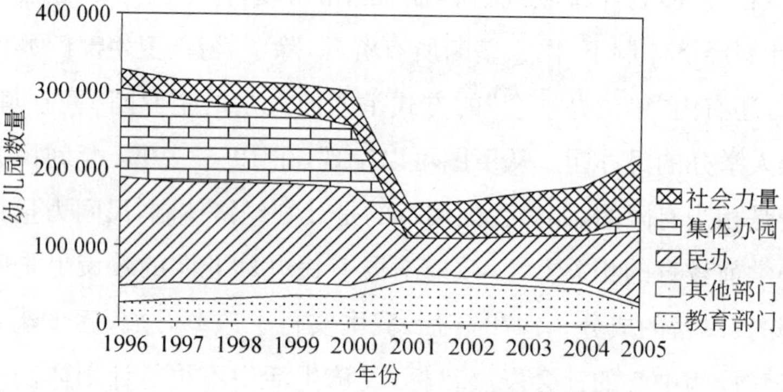

图 2.4　1996—2005 年不同部门办园数量的变化趋势图

从图上可以发现,我国改革进入深化期后的这十几年,学前教育的发展有两个大的波动期,一是 2000—2001 年,一是 2003—2007 年。在 2000—2001 年第一个波动期内,主要表现为大量的民办幼儿园、集体办园以及社会力量办园撤资、停办,2001 年幼儿园数量达到同期历史最低水平。由于原来的企业园多属集体办园,在 2001—2004 年间基本处于停滞状态,且归属不清、责任不明,经费极其馈乏。在第二个波动期,即 2003—2007 年间社会力量办园、集体办园经过改革的阵痛期后呈现上升状态。但由于 2003 年的国务院颁布的《关于幼儿教育改革与发展的指导意见》的出台,各个地方的教育部门办园和其他办园迅速减少,江苏的宿迁甚至将公办园、乡镇中心园全部以或卖、或租、或股的方式强行转制,优质幼儿园的数量大幅度减少,学前教育事业的发展遭受严重挫折。

经济体制的改革迫使原来高依附度的学前教育不断从企业、事业单位中剥离出来,而且,随着市场经济秩序的逐步确立,幼儿教育的财政投资体制也必将从原来的单一的单位供应方式向多元供应方式转换,建立起幼儿教育与市场、政府、社会的新的关系。但是,在当下的转折期中,新的市场秩序和竞争规则还未完全建立,政府仍然必须发挥好监督与调控的功能,保证学前教育优质资源的稳定发展,从改善的角度来投资学前教育。

二、政治制度与学前教育

从词源学上看,"政治"一词起源于希腊文,原指作为物质实体的城市,随着时间的推移,词义扩展为对"各种城市生活的处理,特别是公共事物的管理"①。政治是一种复杂的社会现象,其核心是权力。政治制度与学前教育的关系问题,实际上可以转换为一个国家或政府如何处理其与学前教育的关系问题。各个国家的经验都表明,任何想使学前教育不受政治制约,超然于政治生活之外的观点都是不可行的,政治制度对学前教育的影响是刚性的、不容置疑的。但任何制度都是一体两面的,政治对学前教育既具有刚性制约的一面,又具有积极保护与规范的一面,国家可以通过立法、制定政策、提供经费来保证学前教育事业的稳步发展。

格尔认为,"教育就其本质而言是政治的,它是一种人们所期望的人工制品,而不是一套具有不证自明的价值的程序"②。在社会学家布迪厄看来,教育是传递统治阶层文化价值观与学习扮演适宜的社会角色的场所,是社会再生产的一种工具。③ 政治对学前教育影响可以说无所不包,如谁来举办学前教育,谁有资格接受学前教育,学前教育为谁服务,学前教育的目标、内容等。这里重点探讨政治体制、政府职能定位及意识形态与学前教育的关系。

1. 政治体制与学前教育

所谓政治体制是指根据宪法和法规规定建立起来的一套政权机构,是政治制度的实体部分,拥有最高权力,其主要职能是对社会进行政治管理。④ 不同的国家有不同的政治体制,同一个国家在不同的历史发展时期也会形成不同的政治体制,如中国几千年来的封建社会实行的是中央

① 瞿葆奎主编,陈桂生选编:《教育与社会发展》,人民教育出版社,1989年版,第335页。

② 琼斯著,周浩波、唐晓杰译:《教育政治学》,载《教育与教育学》(瞿葆奎主编),人民教育出版社,1993年版,第873页。

③ 布迪厄、帕森隆著,邢克超译:《再生产:一种教育系统理论的要点》,商务印书馆,2002年版,第64—81页。

④ 杨祖功等:《西方政治制度比较》,世界知识出版社,1992年版,第6页。

集权的政治体制，美国则一直实行地方分权的政治体制，而日本则是既有中央集权又有地方分权的典型。在不同的政治体制框架下，地方政府与中央政府之间的关系有很大的不同，因此，对教育的影响和期待也会有很大的不同，因此形成的教育控制模式也不相同。

在中央集权的体制下，中央与地方的关系是一种垂直的领导与服从的关系，维系这一关系主要通过两种途径，一是将地方政权国家化，一是干预地方一切重要事务。[①] 与这种政治体制相对应，教育领域必然体现出一种刻板统一的特征。如统一的教育主管部门、从中央到地方的垂直的幼教行政管理体制、统一的幼儿园课程标准等。

在地方分权的政治体制下，中央与地方的关系不是严格的上下级关系，也没有全国统一的教育主管部门、垂直的幼教行政管理体制，中央与地方的关系更像是一种平行关系。如美国各个州都在各自的利益基础上为各自幼教事业而谋划，相邻的两个州可能实行着截然相反的幼教政策。这种政治体制导致的学前教育控制模式是无中心的，或者是多中心的，这就为各州的幼教发展留下了特殊的空间，形成了各自的特色。

在中央调控加地方分权的政治体制下，中央与地方的关系较前两种体制复杂，它既不是中央集权下的完全调控，它只能是有限调控，也不是自主分权下的完全自治，它只能是有限自治。所以，在中央与地方之间，权力的格局时刻处于一种张力状态。如日本设有管理全国教育行政的最高机构文部省，它既对地方公共团体和地方教育委员会有指挥监督权，但其指挥监督又不是无止境的，而是被限制在一定的法律范围内。因此，其职权既不同于法国的教育部，也不同于美国的教育部，而是处于另一种形态。除了文部省履行对学前教育的管理职能外，厚生省也参与学前教育中的托儿所部分的管理。

2. *政府职能定位与学前教育*

教育是一项公益性事业，它需要国家和政府力量的介入，学前教育作

---

① 吴康宁：《教育社会学》，人民教育出版社，1998 年版，第 77 页。

为一种既具教育性又具福利性的准公共产品，其本质属性必然要求政府的重视与投入。然而，在世界范围内，在幼儿照看和教育问题上一直存在着各种争论，争论的焦点主要聚集于政府与家庭和市场的关系上，如政府是否应把发展学前教育当做自己的责任，是否可以把育儿责任推卸给家庭和市场。这里分别从中央政府和地方政府的职能定位来进行讨论。

(1) 中央政府的职能定位

安南·塞尔夫曾对世界经济合作与发展组织(OECD)的 23 个国家的家庭福利数据和女性劳动的数据进行了对比研究，发现有 4 种形式[①]：一是以芬兰、瑞典、丹麦、挪威为代表的社会民主主义福利国家。其家庭福利指标高，女性就业率也高，育儿工作由国家承担，采用的是女性完全雇用的政策。二是以美国、英国、新西兰、加拿大、澳大利亚为代表的自由主义福利国家。其女性就业率较高，但家庭福利政策并不完善，国家把育儿的责任推卸给家庭和市场。三是以法国、比利时、奥地利、荷兰、卢森堡、德国为代表的国家。其女性的就业率低，但家庭福利指标高，政府的政策围绕着女性承担家务和育儿的家庭责任而制定，并不保护女性就业。四是以冰岛、爱尔兰、葡萄牙、意大利、希腊、西班牙、瑞士为代表的国家。国家并不承担教育与福利的责任，家庭福利指标低，女性就业率也低。

在当下的中国，学前教育事业的发展还未成为中央政府的工作重心，国家还未制定具有法律效力的学前教育法，也还未有一系列的指向家庭、社区的育儿支援计划，学前教育一直处于“两条腿走路”的状态，中央政府在举办学前教育的职能定位上存在着模糊不清的问题。这种局面导致学前教育发展的宏观政治环境与政策环境极其不良，严重影响了学前教育的稳定性和可持续性。

(2) 地方政府的职能定位

一直以来，在发展学前教育上，中国采取的都是“地方负责、分级管理

① 沙莉:《国际学前教育法律研究:特点、经验与启示》,北京师范大学学前教育学博士学位开题报告,2007 年。

和各有关部门分工协作”的管理原则，这一原则决定了学前教育的事权在地方，地方政府是发展学前教育的主要责任主体，有权根据自己的地区发展状况来制定特定的幼教政策。然而，这种地方化政策取向导致了学前教育发展的地方化特色，导致了各地之间发展的严重不均衡，如东部地区的幼儿园可以达到100%的入园率，而西部地区则可能有着极低的入园率，甚至满足学前一年教育的学前班都严重不足。地方政府的作为与不作为直接影响到学前教育的发展水平。在“事权在地方”的护身符下，各地的地方政府进行了各种不同形式的探索与尝试：有增加政府投入，实行学前一年免费义务教育的；有将幼儿园彻底卖光，实行转制的；也有放任自流、自生自灭的。各地方政府在制定发展规划、加大经费投入等方面实行着极其不同的地方政策。

从制定发展规划方面来说，虽然《幼儿园管理条例》规定：“地方各级人民政府应当根据本地区社会经济发展状况，制定幼儿园的发展规划。”但据14个省、市的调查，有66%的城市街道，36%的乡、镇政府没有学前教育的相关规划，没有规划就没有明确的责任，也就不能进入政府的“一盘棋”和相关领导的政绩考核之中。中国的《义务教育法》颁布于1986年，但直到2006年才成为政府工作的重中之重，成为对地方官员进行问责的主要方面。而当下，一些地方领导对幼儿园的生存漠不关心，随意撤销和变卖幼儿园，使优质的学前教育资源不断流失，造成学前教育严重滑坡和无序。由于缺少对学前教育发展的地方规划，一些地方政府在基础教育布局调整中就很容易忽视幼儿教育的发展。如在全国的乡镇布局重新调整中，乡中心幼儿园大量减少，原来的村办学前班也因小学的撤并而被迫停办。

从经费投入方面来说，目前世界范围内的幼儿教育财政投资体系有两种，一种是地方分权的幼儿教育财政投资体系，一类是中央与地方合作的幼儿教育财政投资体系。中国属于前一种类型，中央政府没有专项幼儿教育财政经费，幼教经费完全由地方负担，中央财政只负责中央部门所属的幼儿园，地方财政负责地方政府所下属的幼儿园，在中央与地方之间缺少纵向的连接，中央也没有专项的促进各地方均衡发展的转移支付资金。

这种经费投入体制无形中增加了地方对学前教育的事权。由于目前全国并没有统一的对学前教育的经费投入标准，因此，各地方政府完全按照自己的想法来举办学前教育。在一些经济发达地区，如深圳，其幼教经费的投入只有0.7%，比全国的平均水平1.2%要低很多。在江苏宿迁，为减少财政负担，还强行将公办园“断奶”、改制。对于这种现象，地方政府不仅没有立即制止，还听之任之，造成极坏的影响。近几年，江苏、广东、安徽、浙江、重庆、河北等省市陆续出现类似问题，有的县的公办园和集体办园全部被卖光。

在世界各地，学前教育的发展趋势是政府的责任意识日益明显，经费投入越来越多。因为，越来越多的国家和政府意识到，学前教育不仅有益于个体的成长、家庭的和谐，更有助于社会的稳定和国家实力的增强。我国政府在2007年的党的十七大报告中也提出要重视学前教育，也许在不久的将来学前教育能获得发展的有利环境。

3. 意识形态与学前教育

教育是一个国家进行社会控制和意识形态传承的主要工具，学前教育也不例外。意识形态对学前教育的影响和控制表现在不同的方面，如幼儿园的任务、学前教育的总目标、学前教育的内容选择、学前教育为谁服务、幼儿受教育权的保障及谁有资格举办学前教育等。

在1952年《幼儿园暂行规程草案》总则第二条中规定，幼儿园的任务是：根据新民主主义教育方针教养幼儿，使他们的身心在入小学前获得健全的发育；同时减轻母亲对幼儿的负担，以便母亲有时间参加政治生活、生产劳动、文化教育活动等。1979年的《城市幼儿园工作条例》也规定，幼儿园的任务是：根据党的教育方针和毛主席“好好保育儿童”的教导，对幼儿进行初步的全面发展的教育，使幼儿健康、活泼地成长，为入小学打好基础，同时也减轻家长在教育孩子方面的负担，使他们能安心生产、工作和学习。1989年的《幼儿园工作规程（试行）》中规定，幼儿园的任务是：实行保育与教育相结合的原则，对幼儿实施体、智、德、美全面发展的教育，促进其身心和谐发展。幼儿园同时为幼儿家长安心参加社会主义建设提供便利条件。在1996年《幼儿园工作规程》中规定，幼儿园的任务是：实行保育与教育相结合的原则，对幼儿实施体、智、德、美诸方面全面发展的教育，促进其身心和谐发展。

在这些文件中，国家不断地调适着幼儿园与国家、幼儿、家庭的关系。可以看出，在不同的历史时期，幼儿园的服务对象、工作重心、指导思想是不同的。在学前教育的服务对象上，我国的百年学前教育发展历程表现出这样几个特点：1.在层次上经历了从早期主要是大中城市的富有子弟享有的教育，不断向城镇和一般工薪阶层再向广大农村地区和一般劳动阶层扩展，学前教育的发展与城市化进程一致。2.学前教育在早期更多作为一种附属，后来慢慢独立，到逐渐成为一个不可或缺的教育的有机组成部分。即教育的地位从无足轻重到逐步受到重视。

在学前教育的内容选择上，意识形态的影响更是明显。如1903年的行仪、训话、日语课程，1905年的谈话、行仪，1932年的社会和常识，2001年的社会领域等。通过社会领域和社会课程，幼儿园传承着统治阶级的意识形态与价值观，使行仪、爱国、服从等核心价值通过儿童的社会化过程得以传递。除此之外，在“文化大革命”期间，学前教育的内容还受到特殊的冲击，如课程内容中大量增加儿童样板戏、毛主席语录、“批林批孔”等，使儿童在幼小的年龄就卷入到社会变革的巨大漩涡中，接受特殊时代的精神洗礼。

三、文化观念与学前教育

文化是一个复杂的社会现象，也是人类社会特有的现象，它以人的活动方式以及由人的活动所创造的物质财富和精神产品为其内容系统。人类活动作用于自然界，产生了物质文化；作用于社会，产生了制度文化；作用于人本身，产生了精神文化。[①] 文化与教育相伴而生，文化给教育以社

① 邵汉明：《中国文化研究二十年》，人民出版社，2003年版，第35页。

会价值和存在意义，教育给文化以生存依据与生机活力。[①] 文化与教育的关系比政治、经济与教育的关系要更加密切，更加直接，因为教育传承的就是文化内核、文化质素。文化的内涵是广义而多歧的，从无所不包的文化整体到文化的精神层面，其内涵有一个逐步收缩和聚集的过程，本书采用的是文化的核心内涵，即从价值观念的意义上使用文化的概念，探讨主流的文化价值观念是如何影响和左右学前教育的价值选择和深层发展的。

文化观念与学前教育的关系大致可以从宏观、中观与微观三个不同的层面展开，宏观层面关注特定的文化模式与学前教育的价值取向之间的关系，中观层面关注文化心理与学前教育制度化表现之间的复杂关联，而微观层面则更多用来理解与解释学前教育中的人际关系、课程取向等。

1. 宏观层面：文化模式与学前教育价值取向

美国文化人类学家玛格丽特·米德，从文化传递模式出发将人类文化划分为三种基本类型：后喻文化、互喻文化和前喻文化。[②] 后喻文化描述的是一种相对静止的社会状态，下一代的生存环境与上一代的生存环境基本雷同，在亲代与其子代之间实现的是文化的复制与经验的传递；互喻文化是指晚辈和长辈的学习都发生在同辈人之间，实现的是文化的横向流动与传递；而前喻文化是指长辈反过来要向晚辈学习，它发生在剧烈变迁的社会背景中，亲代与子代之间发生了经验的断裂与传递的中断。

站在教育的视角上审视文化，可以说："一种文化……是指某个特定社会群体的行为特征的社会传递模式。"[③]而站在文化的视角上审视教育，则可发现文化的传递模式影响了教育的价值取向。与米德的三种文化模式相对应，存在着三种教育取向，即"复制"取向的教育、"适应"取向

---

① 郑金洲：《教育文化学》，人民教育出版社，2000年版，第1页。

② M. 米德：《文化与承诺——一项关于代沟问题的研究》，河北人民出版社，1987年版，第27页。

③ 基辛：《文化·社会·个人》，辽宁人民出版社，1988年版，第30页。

的教育与“创新”取向的教育。[①]

在学前教育发展的原始阶段，具有典型的“后喻文化”特征，教育内容极其简单，主要是传承社会生活的经验，而此时，上代与下代之间在生活环境与社会经验之间的差异是非常小的，社会几乎处于一种静止状态。宗族的宗教信仰、图腾禁忌，日常的生活技术、道德规范，连续几代保持不变，儿童与其久远的祖先在生活习俗与学习内容上保持不变，子代的生活只是对上一代人生活的复制。在这种状态下，由于社会是静止的，所以与之相应的教育也是静止的、简单的，人类还没有发展起教育来传承其有益的经验。儿童的教育就在生活中进行，教育与生活密不可分。

随着人类进入奴隶制文明，亲代与子代之间的生活复制被急剧的社会变迁所打断，亲代几乎无法预测其子代可能遭遇的社会环境和社会变革，但由于儒家文化的超稳定性和渗透性，在整个奴隶社会和封建社会中，学前教育所传授的仍然带有“后喻”的文化特征，即下一代人所信仰的几乎还是上一代人所认同的价值观和社会秩序。只有到了封建社会末期，简单的教育复制才因西方文化的大量进入被迫为教育创新所取代，建立起类似“前喻”型的文化传递新秩序。

在“前喻”型的文化模式下，如果教育不能建立起前瞻性与预测性功能，接班人的培养几乎是不可能的。不仅社会的意识形态随着王朝政权的更替在发生着迅速的变化，劳动技术也被一个又一个新的技术所刷新。教育不得不在立足于当下的同时努力地关注将来，未雨绸缪。这时的儿童不再像原始阶段那样仅在家庭中、在族群中接受学前教育，而是加入到机构化教育的行列，接受正规的课程内容与自由的游戏活动。在社会信息和教育内容的日新月异中，子代对新鲜事物的敏感度和接受能力已远远超过其墨守成规的长辈们，学前教育已无法立足“继承”与“积累”式的传承模式，“开放”、“创新”式的传承势在必行。

---

① 张义兵:《文化传递模式与教育价值取向一种社会学分析》,载《南京师范大学学报》2000 年第 5 期。

与前喻、后喻的文化传递模式不同，互喻的文化模式不是发生在亲代与子代之间，而是发生在同辈群体中，不管是作为长辈的同辈群体还是子辈的同伴群体。互喻的传递模式演绎的是一种平等的关系，而正是这种平等关系使儿童的同伴群体成为其社会化过程中的重要他人。

2. 中观层面：文化心理与学前教育

与西方社会不同，中国有独特的文化心理，如中国人对考试的崇拜、“学而优则仕”文化情结、“面子”文化、生存潜规则等，这些独特的文化心理历久不变，深入每一个中国人的骨髓，学前教育的内容和形式不可避免地受到这种文化心理的影响，如学前教育的小学化、教育化倾向，“示范园”建设以及在幼儿园招生编班和等级评定中的暗箱操作等。

幼儿园，原本应是儿童一生最灿烂、最快乐的时期，然而，竞争的压力已逼得幼儿园不断减弱其保育、游戏色彩，并且不断地走向教育、训练。人才的打造工程和人才的摧残工程早在学前教育阶段就被迫开始。在家长的强烈要求与社会的竞争压力下，幼儿园不得不一再放弃自己的立场，向小学靠拢，向家长看齐。连儿童最喜欢的游戏也披上教育的外衣而被精心包装，儿童被迫上各种各样的兴趣班、才艺班，有的幼儿园干脆将大班完全改成学前班，以汉语拼音和加减运算为主要内容，儿童的快乐童年和游戏童年被迫提前结束，儿童越来越回到“小大人”状态，学前教育也越来越成为小学的殖民地和附属物，其保育与游戏的特殊性与不可替代性色彩在汹涌的应试大潮面前越来越褪色。

除了对考试的文化追捧外，中国文化心理中还有一种特殊的文化现象，即国人对于面子的珍惜与爱护。面子不仅是一种个体现象，更是一种群体现象，个人有个人的面子，国家也有国家的面子，这种深入中国人文化肌肤的心理反应表现在学前教育上就是典型的面子工程与窗口意识。在学前教育发展的不同时期，政府总要力保一些“窗口”幼儿园，使其既成为一个向内的标杆，又成为向外的一个窗口，用来展示其本地的经济实力、教育观念与政府对学前教育的重视。虽然示范园从举办的初衷上并不一定是为“面子文化”而存在的，但在各地的实施过程中就不知不觉地走了样。示范园通常是一个地区的窗口园，是当地政府展示自己政绩的一个窗口。示范园是日常状态下片区活动的带头园、手拉手活动的主体园，更是各种展览、汇报、参观的承担园。示范园的存在不仅满足了家长的面子需要，更满足了行政管理者的面子需要。

在西方文化中，社会的进步是以法律、制度的完善为前提的，人们真诚地信奉法律制度，并自此进行自律。而中国文化则有较大不同，无论制度、法律如何完善，人们总能在密不透风的制度框架内寻找到突破点，在制度的缝隙中寻求自身利益的满足。

3. 微观层面：文化传统与学前教育

文化不仅是一种观念形态，更是一种实践形态，它渗透在幼儿园的日常运作过程中，以各种各样的方式影响幼儿园的一日生活。从微观层面来看，文化对学前教育，尤其是幼儿园教育的影响主要表现为三个方面，即日常生活中的关系取向、秩序取向与中庸取向。

关系是中国人的存在方式，也是思考方式。在社会生活中，人与自然，人与社会，人与人之间形成了不同的关系形态。在人与自然之间，中国文化强调天人合一。在人与社会之间，中国文化强调个体溶于社会。而在人与人之间则强调一种长幼有别、尊卑有序的格局。在幼儿园的日常生活中，教师与教师、教师与保育员、教师与管理者、教师与幼儿之间建构起不同的关系世界，其建构的核心原则便是"有序"。在幼儿园的主要关系——师幼关系的构成上存在的便是典型的非对称性，教师为上，幼儿为下，教师行使权威，幼儿履行服从。这种师幼秩序既是长幼有别的文化反映，也是师道尊严在现实中的投射。

中国文化还强调没有规矩不成方圆，规范的习得是幼儿社会化的重要内容，不仅在家庭中要懂规矩，在幼儿园中也要守秩序。所以，在幼儿园的日常生活中，教师制定了细密的规则网与规则链，幼儿不得不小心翼翼地生存在规则的雷区中。但很明显的是，幼儿园中的常规教育更多是一种他律的教育，而非自律，儿童只是在秩序的世界中被动地适应着。这种从小就开始的规则的积淀与常规的束缚使儿童完全失去了自主的精神与自为的勇气。儿童的创新与反抗被过早地扼杀在萌芽状态。

此外，中国文化喜欢辩证、中庸与不偏不倚，所以在幼儿园课程标准的制定与幼儿园课程内容的选择上必然反映这样一种文化取向。如1932年的《幼稚园课程标准》既是西方文化的产物，其中包括杜威、蒙台梭利的思想，又是中国传统文化，如秩序、行仪的反映。而2001年的《幼儿园教育指导纲要（试行）》则一方面继承了五大领域的思想，另一方面又吸纳了瑞吉欧、维果斯基等人的教育思想。从具体的课程内容，如社会领域的具体目标来看，社会目标有5个方面，分别为：1. 能主动地参与各项活动，有自信心；2. 乐意与人交往，学习互助、合作和分享，有同情心；3. 理解并遵守日常生活中基本的社会行为规则；4. 能努力做好力所能及的事，不怕困难，有初步的责任感；5. 爱父母长辈、老师和同伴，爱集体、爱家乡、爱祖国。这些目标都是在激进与保守、必须与可以、自己与他人之间辩证地存在着，既不突显一个维度，贬低另一个方面，也不把任何一个维度提高到非此不可的地步，体现出一种轻松拿捏的中国式智慧。

人是一种文化的存在。人不仅生存于文化之中，创造着文化，同时也为文化所塑造。学前教育作为对人进行文化塑造的起点，必将发挥着其巨大的文化再造功能。哲学人类学家格伦和兰德曼认为，文化是人的第二天性，人正是因为他的文化性才成为真正意义上的人，文化是对人的先天的本能的一种补偿。[①] 通过从学前教育到小学教育、中学教育的文化阶梯，个体超越了诞生时与动物相比的非特异性与未完成性，度过了他的“体外子宫期”，成为一个开放的，具有更大发展空间的人。文化使人的生命得以超越。

四、人口结构与学前教育

人口是指生活在一定社会、一定地区，具有一定数量、质量与结构的

① M. 兰德曼著，阎嘉译：《哲学人类学》，贵州人民出版社，1988年版，第53页。

人的总体[①]，既是社会发展的生态性条件之一，也是教育发展的生态性条件之一。一个社会有了一定的婴儿出生率才有一定的潜在的受教育人群。社会现存的人口状况与人口发展的趋势对教育事业的规模、结构、速度、形式、目标、内容等都有一定的影响。人口结构包括人口的自然结构与社会结构。

1. 人口的自然结构与学前教育

自然结构是指人口的年龄、性别等方面。人口的年龄结构是不同年龄段的人在人口总结构中的比例构成，对学前教育有所影响的包括婴儿的出生率，适龄幼儿在一个地区总人口中的比例等。人口的性别结构指男女儿童的比例，在我国的部分地区存在着较大的比例失衡，女童比例成为影响一个地区幼儿入园率的重要因素。

首先，从婴儿出生率与学前教育的关系来看。一个国家在特定时期的婴儿出生率会在很大程度上影响学前教育的结构、规模、布局，甚至质量。婴儿出生率的变化通常包括三种可能：一是由于突然的社会事件，如战争、危机等造成的婴儿出生率直线上升，如发生在美国 1920—1921 年的"婴儿潮"[②]、瑞典 20 世纪 90 年代后伴随着经济衰退的婴儿潮[③]；二是由于生育观念改变所导致的婴儿出生率的大幅下降，甚至出现严重的负增长，如日本、欧洲一些国家面临的人口负增长；三是一些地区由于周期性的原因所导致的婴儿出生率脉动式[④]的、峰谷交替式的变化方式，如上海市自 20 世纪 80 年代以来所形成的交替现象。

在一战后的美国，发生了美国历史上史无前例的婴儿潮，婴儿像潮水般涌来，每个美国家庭的婴儿数由 1 个增加到 3—5 个，不仅下层劳动者家庭的婴儿数剧增，而且中产阶级的家庭也出现了婴儿数量剧增的情况，因战争而被迫中止了的生育欲望由于战争的结束而彻底爆发，结果导致

① 叶澜：《教育概论》，人民教育出版社，2005 年版，第 104 页。
② 埃尔德著，田禾等译：《大萧条中的孩子们》，译林出版社，2002 年版，第 7 页。
③ 简楚瑛：《幼儿教育与保育的行政与政策》，华东师范大学出版社，2005 年版，第 37 页。
④ 鲁洁、吴康宁编：《教育社会学》，人民教育出版社，2006 年版，第 264 页。

美国当时托儿所、幼儿园、早教机构、婴幼儿社区服务的大量缺额，同时也造成与婴儿有关的一系列其他产业，如玩具、日用品、服装的巨大缺口。国家不得不临时调动各种人力物力来应对蜂拥而至的婴儿，学前教育，无论是机构化的，还是家庭的、社区的都达到了史无前例的规模和数量，班级规模向超大化发展。尽管政府做了各种各样的努力，在 20 世纪 20 年代末期还是出现了人园难、入园贵的现象。

同样，瑞典在 1990 年后爆发的婴儿潮也极大地影响了其学前教育的既定轨迹。原来瑞典的幼教经费分担比例是：中央政府负担 45%，地方政府负担 45%，家长负担 10%。[①] 而 1990 年后，由于大量婴儿的出生和国家经济的衰退，国家大幅削减了幼儿保育的经费补助，与此同时，使用服务的幼儿却增加了 30%，不仅老师无法在大的班级中兼顾大多的幼儿，而且由于政府的补助缩减，保教人员的素质也逐渐减弱，无法吸引优质的师资。

与婴儿潮相反，在一些国家则出现了人口的负增长，如日本和欧洲的许多国家。1989 年，日本的出生率统计结果是 1.57‰，为二次世界大战后日本最低的出生率记录，老龄化、少子化问题开始引起日本国民的普遍关注。此后，为了刺激人口出生率的增长，这些国家采取了一些幼儿照看和教育政策、家庭政策和就业政策等，试图通过办好学前教育来刺激生育率的提高，如日本政府推出的颇具代表性的《天使计划》系列政策。这样政府便把从前被看做是私人领域范畴的家庭问题，特别是幼儿的照看和教育问题，转换成国家意义上的公共领域问题。

与欧洲国家不同，我国的人口基数较大，尽管实行了计划生育政策，婴儿出生率每年仍保持一定的增长速度。近年来一些地区婴儿出生率的急剧下降是导致入园人数下降的主要原因。根据统计分析，1991 年江苏全省的出生人数为 116.03 万人，出生率为 17.05‰；2000 年出生人数为

① 简楚瑛：《幼儿教育与保育的行政与政策》，华东师范大学出版社，2005 年版，第 31 页。

66.01万人，出生率为9.08‰。在这10年左右的时间里，全省的出生人数与出生率分别下降了50%左右。这就使得3—6岁适龄幼儿人数从1996年的324万人降为2002年的232万人，减少92万名适龄幼儿。1985年，全省在园幼儿数为214.7万，2002年为127.4万，减少88万。[①]在农村地区，由于生源不足，人口少的村办幼儿园无法维持，所以城乡都出现了幼儿园自然关闭的现象。据调查，在不足1 000人的村庄，一个年龄段的儿童只有10名左右，勉强可以举办一个幼儿混合班，500人左右的村庄就难以举办正规幼儿班。[②]

除了婴儿潮和婴儿出生率下降外，还有一种情况便是出生率的脉动式增长，上海是一种典型，如下图所示。在20世纪70年代，上海生育率出现一个较大幅度的降低，80年代前期出现一个生育小高峰，20世纪末前上海出生人口又降至谷底，随后则逐步上升，到2011年增加到近14万人。人口出生率的此消彼长对产院床位、学前教育、社区服务以及对婴儿保健用品等都存在较大的影响。

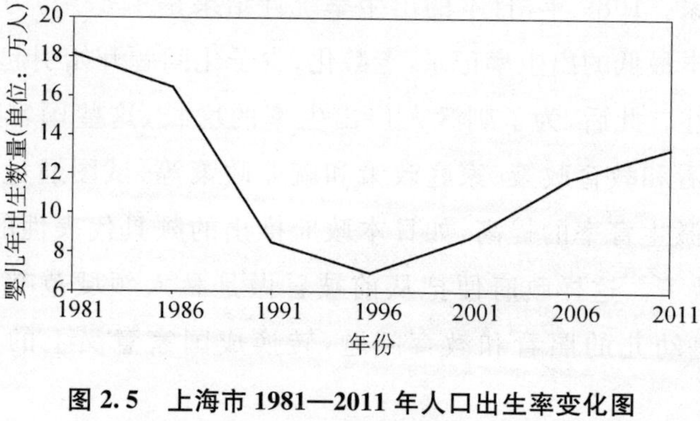

图2.5　上海市1981—2011年人口出生率变化图

上海人口峰谷交替极不稳定的年龄结构，必然导致明显的各类学龄前人口高峰期的波浪式前推现象，也同样导致学龄前人口低谷期的波浪式前推现象。由于受到20世纪80年代前期生育小高峰以来，上海出生

① 刘明远、张晖：《江苏幼儿教育事业发展与体制改革研究报告》，载《幼儿教育》2006年第5期。
② 王化敏：《关于幼儿教育事业发展状况的调查报告》，载《早期教育》2003年第5期。

人口不断减少的影响①,上海入托儿所适龄儿童和入幼儿园适龄儿童的高峰期早已结束,进入了减少期。对应于当前的生育低谷人群,上海入托儿童将于1999年进入低谷,仅21.2万人;入园儿童将于2001年进入低谷,仅14.6万人。针对这样一种状况,有关部门应该把发展托幼事业的工作重点,从80年代解决数量上的“入托难”和“入园难”转到提高托儿所和幼儿园的教育质量上来。

鉴于人口对学前教育的巨大影响,必须做好未来我国学前教育的发展规划与预测。根据国家计生委的统计,无户籍人口数量年平均增长180万,其中主要是超计划生育的孩子。这些特殊的儿童群体,享受教育和社会医疗保健的机会少,政府有责任为这些群体的儿童提供受早期教育的机会,这也是各级政府减少社会不稳定因素的必要投资,需要予以高度重视。

其次,从性别比例与学前教育的关系来看。目前,我国的男女性别比例不太均衡,根据全国第五次人口普查显示,一些地区,如湖北的麻城市、广水市和安陆市出生性别比②分别为153.19、118.75和112.91,均高于正常值106,其中麻城市偏高最为严重。从全国情况来看,经济越不发达,性别失调越明显。石人炳认为,性别比失调的社会影响具有如下特点:时间上的持续性、空间上的扩散性、年龄上的传递性和社会影响的综合性。③ 目前,我国偏远地区入园入托率较低的一个主要原因是女童的入园率低,一些城市地区的托儿所和幼儿园甚至存在严重的性别不平衡,有的班级男孩是女孩的好几倍,造成幼儿园在编班活动上的较大麻烦。

2. 人口的社会结构与学前教育

人口的社会结构是由人口在社会标识与社会属性上的差异构成的,如阶层、文化、职业、地域、民族等方面。④ 人口社会结构对学前教育的影响大体可以概括为两个方面,一是人口的阶层结构对学前教育的特殊需

① http://www.sina.com.cn 2001年12月25日14:30:04东方网-文汇报。

② 石人炳:《生育性别选择的新变化及对策建议》,载《人口研究》2006年第30卷第5期。

③ 石人炳:《人口与社会性别比失调的社会后果及其特点——来自对台湾人口的观察》,载《人口研究》2002年第26卷第2期。

④ 叶澜:《教育概论》,人民教育出版社,2005年版,第115页。

求，一是人口的地域分布对学前教育的实际影响。

从人口的阶层结构来看，我国当下社会已分化成十大阶层，不同的阶层对学前教育有不同的期待。位居高层的社会管理者、大型企业主、文化精英等对学前教育有较高的社会期待，他们期望他们的后代既获得优质的学前教育，又获得优质的学前保育，因此，他们会运用各种社会资源将孩子送到与其身份相适应的幼儿园。优质公办园常常是这些特权阶层的专利，无论这些阶层拥有的是权力资本、经济资本还是文化资本，他们总能通过资本的兑换与互惠获得优质学前教育。而那些位居社会底层，无法选择的低阶层者也要获得与其承受能力相一致的学前教育服务，于是我们就会看到现实生活中有大量的集体园、民办园、家庭园，甚至非注册园存在着。这些幼儿园收费较低，教育质量相对较差，安全隐患多，近几年来的大量安全事故都发生在这类幼儿园中。当地的教育主管部门也试图通过一定的方式加以规范，但通常规范的结果是导致底层劳动者的孩子无法入园和整体幼儿入园率的降低。

从目前全国的情况来看，我国的入园率是非常低的，全国适龄幼儿只有40%不到的孩子享受了学前教育，其中还包括大量的学前一年的学前班式的教育。与新中国成立初期不同，我国当下的幼儿园的等级类型与家长的阶层属性之间的对应关系越来越明显，来自不同家庭背景的孩子享受着与其身份相一致的学前服务，幼儿园的等级结构与家长的阶层结构之间越来越结构化了，同一个幼儿园接纳的大体是来自同一社会阶层的孩子，社会地位悬殊有别的共生状态在幼儿园这个社会化的初级场域中似乎在逐步消失。

再从人口的地域结构来看，世界上绝大部分的人群集中在交通、经济相对发达的地区，经济越落后人口的密度越低，人口的地域结构反映的是人口的空间分布状况。人口在地域分布上的不平衡导致学前教育机构布局的不平衡，大量的优质学前教育资源集中在东部地区。同时，各地人口的疏密程度也会影响到学前教育的举办形式，如在人口密集度高的城市一般采用全日制幼儿园，而在人口稀少的山区、牧区则较多采用流动大篷车或寄宿制的灵活形式。在不能举办幼儿园的地方，则可能采取灵活、多样的形式，如巡回教学点、游戏小组、家庭活动站等。

另外，随着城、乡流动人口增加，一些原在农村接受教育的幼儿随其父母大量流入城镇，城镇平均7.5个流动人口中就有一个0—6岁儿童，有的时候外来人口占人口总数的7.7%。在市场经济发达的地区，人口流动情况比例最高的达到37.9%。在江苏省的苏州地区，由于大量外来儿童的涌入，2006年下半年曾出现过较大规模的入园难问题。流动儿童的增多也使流入地政府在制定学前教育政策时左右为难，一方面政府希望增加对学前教育的投入力度，另一方面又恐惧投入政策会引来更多的流动儿童，导致本地的人口膨胀和新一轮的入园难。深圳市是全国较特殊的城市，其流动人口远远超过其本地人口，因此，深圳市政府在制定本地的学前教育政策时总要瞻前顾后，学前教育事权在地方的管理原则在很大程度上既给了地方政府较大的自主性，又在地方利益保护的前提下束缚了其本地学前教育事业的发展。

由上可知，学龄前儿童的自然结构、社会结构会影响到学前教育的地域结构、阶层结构和入园率。然而，人口结构对学前教育的影响还不止于此，从更宏观的角度来看，社会的整体的人口结构构成了学前教育的总体人口背景。

学前教育的发展受经济、政治、文化和人口等多种要素的影响，具有较大的非自主性，具体关系可以概括为下图：

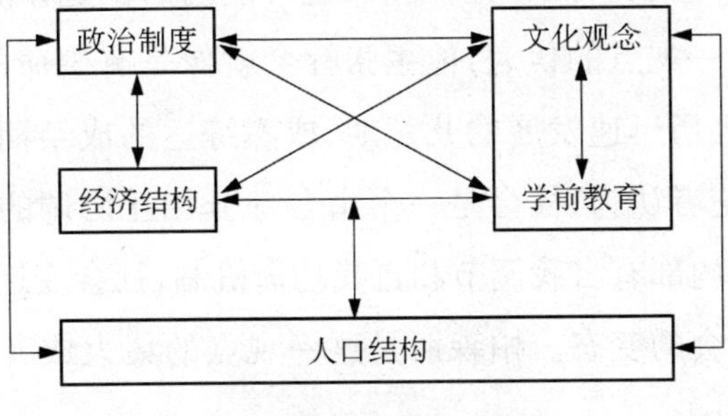

图2.6　社会结构的各层面与学前教育的关系图

从上面的分析来看，人口结构是学前教育发展的前提性条件，它影响学前教育的规模、形式、结构、分布等。经济、政治在学前教育的发展中则起着巨大的制约作用，是学前教育能否得以发展的强制性背景。经济发展水平、经济格局以及经济体制的变迁都在很大程度上制约了学前教育的水平、规模，尤其是入园率。政治制度，尤其是国家的教育方针、政策法规从根本上规定了学前教育的办学主体、办学方向与目标内容。

第二节
社会变迁与学前教育

社会结构的稳定是相对的，社会变迁则是绝对的。社会学的创始人孔德从一开始就非常关注社会变迁问题，他认为社会的发展经历了三个大的阶段，即神学阶段、形而上学阶段和实证科学阶段。① 社会变迁是一个自然历史的过程，也是一个无法回避的定律，社会学的宏观学派对社会变迁作了非常卓越的研究，形成了四种社会变迁理论，即社会文化进化论、历史循环论、功能论和冲突论。

社会文化进化论者认为，社会就像有机体，通过不断的进化从低级阶段向高级阶段发展。涂尔干的“机械团结”与“有机团结”，滕尼斯的“共同体”与“社会”都是这种进化观的反映。历史循环论者认为社会历史的发展是按照一定的规律周期性变化的，社会发展到一定阶段后又会回到原来的起点，社会的文明可以向前发展，也可能向后倒退。施本格勒的《西方的没落》是这一观点的代表，他主张社会就像是有生命的组织体，自其诞生必将依次经历迅速发展的儿童期、成熟练达的成年期和衰弱老化的老年期。功能论者认为，社会是一个由各部分相互协调的有机体整合而成的，社会系统内部有自我调节和自我均衡机制，社会变迁是有秩序且稳定的，失范是社会的变态。帕森斯是这一观点的集大成者，他在其《社会

① 孔德著，黄建华译：《论实证精神》，商务印书馆，1996年版，第1页。

系统概述》中将社会视作一个被其他三个系统(人类系统、有机体和文化)包围着的系统。一个社会,当它与其他三个系统的界限没有被破坏时,就处于均衡状态,反之,则是变迁状态。[①] 冲突论者认为,个体、群体之间是有大量的利益冲突的,社会冲突的绝对性构成了社会变迁的绝对性。社会变迁不仅是必然的,而且是破坏性的,达伦多夫是这种冲突观的代表,其后的科塞则对冲突的毁灭性一面进行了矫正。

不管是哪一学派的理论解释,社会变迁都是必然的,只不过有的沿着这条路线,有的沿着那条路线而已。根据吴康宁对社会变迁的分类[②],社会变迁可能呈现出不同的类型,即渐变、剧变和混变三种状态。每一种社会变迁的状态都会导致教育的相应变化:社会渐变会引起教育微调,社会剧变会引起教育重构,而社会混变则可能引起教育失范。在社会变迁与学前教育的关系考察上,这里不去直接关注社会变迁的不同方面或不同类型对学前教育的影响,而更多去梳理与社会变迁历程发生共变的学前教育机构、家庭、社区的变迁,从学前教育的三个主要场域的变迁中寻找学前教育随着社会变迁而变迁的轨迹,阐明学前教育对社会变迁的适应过程。[③]

一、机构变迁中的学前教育

机构化的学前教育一直是以正规学前教育,即幼儿园的面目出现的,尽管从幼儿园的诞生到现代的幼儿园发展,机构化的学前教育占整个学前教育的比例并不高,但其在学前教育的发展中一直是一支主力军,因此探讨社会变迁对学前教育的影响首先要去关注的便是正规的学前教育机构受社会变迁的影响而发生的变化。这里从两个维度来看,一是西方幼儿园变迁下的学前教育,一是中国幼儿园变迁下的学前教育。

① 史蒂文·瓦戈著,王晓黎等译:《社会变迁》(第5版),北京大学出版社,2007年版,第54页。
② 吴康宁:《教育社会学》,人民教育出版社,1998年版,第155—193页。
③ 李青:《关于"幼儿教育社会学"的学科构想》,载《齐齐哈尔大学学报(哲学社会科学版)》2000年第1期。

1. 西方幼儿园变迁下的学前教育

西方机构化的学前教育，即幼儿园运动的变迁有一个非常清晰的发展脉络，大体可以分为三种代表性的幼儿园模式，一是 19 世纪上半叶由欧文引发的幼儿学校运动，二是 19 世纪下半叶西方各国福禄贝尔幼儿园运动，三是 20 世纪上半叶的蒙台梭利幼儿园运动。这三种幼儿园模式不仅在其诞生国风靡一时，而且形成一个较大规模的、波及西方各主要国家的幼儿园运动。

早在欧文于 1816 年创办世界上第一所学前教育机构——幼儿学校之前，捷克教育家夸美纽斯已在其《母育学校》中提到 0—6 岁幼儿的学前教育，不过，夸美纽斯提倡的是在家庭中通过母亲来实施的学前教育，而欧文的幼儿学校正相反，他觉得家庭学前教育在很多方面存在弊端，如缺少玩伴，缺少公共精神等。他主张一种新社会观，主张对幼儿的性格形成进行教育。他创办的幼儿学校，主要招收其工厂的子弟和贫穷阶层的孩子为主，以"游戏场"为主要设施，强调游戏、军事体育、音乐对儿童发展的意义，反对书本教学和说教式的教育方式。总体看来，欧文的幼儿学校是一种比较接近原生态式的学前教育模式，通过游戏场的各种运动性游戏来发展幼儿的身体、培养幼儿的审美和共同生活的习惯。

欧文幼儿学校的主要传播者，曾经担任欧文幼儿学校教师的怀尔德斯平在后来则逐渐发展了欧文的幼儿学校教育模式，重视读和写，重视阶梯教室的教学，主张娱乐仅限定在休息时间，而非像原来的欧文学校一样以娱乐和游戏为主。与欧文的幼儿学校相比，怀尔德斯平的幼儿学校重心已越来越放到读写教学上，教育的色彩越来越重，欧文原来所反对的书本教学和知识传授一度盛行。19 世纪中叶，幼儿学校传入美国，主要为有产阶层服务，但由于其过分重视读写，小学化色彩太重，后来被福禄贝尔式幼儿园所取代。

在欧文于英国创办幼儿学校的同时，在欧洲大陆上，德国人福禄贝尔于 1837 年在其家乡勃兰根堡创设了世界上第一个以"幼儿园"命名的学前教育机构，其寓意为儿童的花园与乐园，招收贫民子弟为主。福禄贝尔认为，人是一种社会动物，必须具备社会参与、社会合作的精神，与家庭这种个体化的场所不同，幼儿园正是培养这种社会态度的最恰当的场所，他立意要把幼儿园变成社会的缩影①。与欧文幼儿学校强调户外的体育游戏不同，福禄贝尔关注“恩物”游戏，并创立了一整套的幼儿园制度。在美国的幼儿学校运动失败之后，福禄贝尔的幼儿园由其学生传入美国，主要是为有产阶层服务，成为19世纪下半叶世界各国通行的学前教育模式。

20世纪上半叶，杜威在其芝加哥实验学校实验其“做中学”的思想和设计教学法时，欧洲大陆上的意大利人蒙台梭利于1907年创办了为贫苦儿童服务的“儿童之家”，并在其中实行其独创的蒙台梭利教学法，对于帮助处境不利儿童重新融入社会起了很大的作用，从其儿童之家毕业出来的儿童个个看起来都像绅士淑女，其对儿童有吸收力的心智的尊重与爱护、纪律教育、蒙氏玩具、如何创造有准备的环境等思想很快传遍世界各地，极大地推动了传入地的学前教育的思想更新和实践改善。一直到今天，世界各地还有大量的以蒙台梭利命名的学校存在着，其思想的生命力和影响力可见一斑。

从西方幼儿园变迁的历史可以看出，机构化的学前教育在其诞生国基本都是为贫穷阶层服务的，不管是欧文的幼儿学校、福禄贝尔的幼儿园还是蒙台梭利的儿童之家都是如此。然而，在其思想传播过程中，几乎都是无一例外地改变了服务对象，变成有产阶层的特权，蒙台梭利幼儿园在当下世界各国的现状便是最真实的写照。西方幼儿园运动的变迁历程本身也表明，任何一种思想只要顺应了时代的精神，符合当时当地人们的需要就一定能传播开来，并获得较大发展，反之，则可能遭受被淘汰的命运，幼儿学校在美国的命运便是明证。法国社会学家布迪厄曾言，人们的心智结构与其所处的社会结构有一种契合性，雅斯贝斯也特别强调一个时代的时代精神和文化需求，不同幼儿园模式的兴衰成败既是社会变迁的反应，也是文化心理与时代精神的再现。

① 杨汉麟、周采：《外国幼儿教育史》，广西教育出版社，1998年版，第184页。

2. 中国幼儿园变迁下的学前教育

与世界机构化学前教育的历史相比，中国幼儿园运动的发展历程相对短暂，从1903年第一所儿童公育机构的诞生到今天也不过百余年的时间，在这样一个百年历程中，机构化的学前教育经历了数次命名与更名，每一次命名与更名都与我国的学制系统的颁布与更新有关，也与社会变迁与时代精神对教育的期待有关。

1903年癸卯学制中的《奏定蒙养院章程及家庭教育法章程》将举办学前专门教育的公育机构命名为“蒙养院”，认为“蒙养通乎圣功，实为国民教育之第一基址”①。蒙养院招收3—7岁其父母愿意送其入园的附近儿童，收托时间每天不超过4个小时。1903年的中国第一所幼儿园——湖北武昌蒙养院的《开办章程》指出，该园是“因家庭教育之不完全而设，专辅小儿自然智能、开导事理、涵养德性，以备小学之基础为宗旨”②，并且强调该园重养不重学。

在癸卯学制颁布后，清末出现了我国第一批自办学前教育机构，其名称和设置办法各不相同，有的名为蒙养院，有的叫幼稚舍或幼稚园；有公立官办的，也有私人经办的；有达官富绅办的，也有乡间节妇捐款办的；有独立设置的，也有附设于育婴堂、女塾、女学、女师的。蒙养院制度的制定与实施是当时社会条件的产物，洋务派一方面主张要学习日本的学前教育，一方面又抱守着中国的传统文化，因此，在师资、园舍、育儿观念上都存在较大问题，造成了蒙养院的资产阶级的教育形式与封建主义的内容实质之间的较大矛盾。但尽管如此，机构化的学前教育从此在中国的大地上逐渐地发展起来。

受1911年辛亥革命和孙中山三民主义思想的影响，1912—1913年在资产阶级教育家蔡元培的主持下重新制定和颁布了《壬子—癸丑学制》，并在这一学制中将蒙养院改名为蒙养园，招收未满6岁的儿童，其目

① 中国学前教育史编写组:《中国学前教育史资料选》，人民教育出版社，1989年版，第96页。
② 唐淑、钟昭华主编:《中国学前教育史》，人民教育出版社，1993年版，第77—78页。

的旨在保育幼儿。同时,民国政府教育部公布的《师范学校令》和《师范学校规程》规定女子师范学校和女子高等师范学校应附设蒙养园,或以"公立私立之蒙养园代附属蒙养园",并设保姆讲习科,以造就蒙养园保姆为目的。这一规定使蒙养园不再像蒙养院制度那样附设在敬节堂和育婴堂内,而是附属于各级学校或单独设立。同时,师资队伍与储备也有了较大变化,明确规定了师资训练在师范教育中的地位。与蒙养院制度相比,蒙养园制度使学前教育的制度化与规范化的色彩更浓了,这突出表现在蒙养园的设置和师资保障上。从蒙养园制度开始,学前教育在学制系统中的地位已不再是可有可无的"虚线"状态,而是进入了学制系统的边缘位置。

随着西方资产阶级教育思想在中国的传播和中国新文化运动的开展,1922年,在美国资产阶级教育家孟禄的思想影响下,我国又颁布了《壬戌学制》。在这个学制中,"蒙养园"更名为"幼稚园",招收6岁以下的儿童,并将幼稚园正式纳入学制系统,重新确立了它在国民教育中的地位。

在抗日战争期间,大量的难童无家可归,在国共两党的倡议下,1938年成立了中国战时儿童保育会。在战时儿童保育会的领导下,抗战八年期间全国相继建立了53所战时儿童保育院,收容保育3万多难童。经费来源一靠负责人认捐,一靠征募。战时儿童保育院特别强调对难童的爱国主义教育,培养他们追求真理,反抗侵略,重视劳动教育,开展各种社会活动等。

到了土地革命、抗日战争和解放战争时期,中国大地上最具特色的儿童公育机构是由红色政权所举办的各种托儿所,如寄宿制的保育院、托儿所、单位日间托儿所、变工托儿所、游击式的托幼组织、小学附设幼稚班等,其中著名的有延安第一保育院、洛杉矶托儿所、延安第二保育院等。这些托儿所招收对象以抗战将士与贫苦农民的孩子为主,既重视对儿童的身体保育,又重视对其进行国难教育、爱国主义教育和劳动教育等。

1951年,颁布了新中国成立后的第一个学制,在这个学制中沿用了30年的"幼稚园"更名为"幼儿园",废除了幼儿园的招生考试制度,向工农开门,改半日制为全日制,取消幼儿园的寒暑假制度,实行“城市偏向”的学前教育政策。

在我国幼儿园从蒙养院、蒙养园、保育院、托儿所、幼稚园再到幼儿园的变迁历程中,学前教育在学制系统中的地位、招收对象、目标、内容、师资等发生了深刻的变化,社会思想、社会制度的变迁推动着机构化的学前教育从一种状态走向另一种状态,顺应社会发展的潮流,也推动社会发展的进程。

二、家庭变迁中的学前教育

家庭是一种特殊的社会设置,家庭的变迁是社会变迁的缩影,任何家庭都是社会的家庭、时代的家庭和具体环境下的家庭,它不是一种真空中的独立存在。同时,家庭还是一个历史的范畴[①],家庭结构、功能、育儿观念都在随时间的变化而变化。作为社会整体的一个部分,家庭执行着有助于社会整体的保存、整合与连续的功能,是世代继替的重要场所,是再生产社会成员和被普遍遵守的社会准则的组织。追溯中国家庭变迁的历史,我们发现家庭结构经历了三个变化阶段:家族同堂阶段、多子女家庭阶段和核心家庭阶段。不同的家庭结构造就不同的家庭学前教育模式,也对机构化学前教育产生深浅不一的影响。

1. 家族同堂下的学前教育

传统的大家庭是围绕着父权建立起来的,家庭成员相互给予精神慰藉,相互提供经济保障,相互满足情感需要。这时的家庭不仅是一个保障的机制,也是一个制度范畴。家庭既为家庭成员的生、老、病、死提供保障,同样又是国家稳定、社会和谐的基石。儿童生活在这样的家庭中,既与成人建构起复杂的关系,如父子、祖孙、叔侄、伯侄、姑侄等,又能与同龄人建立起复杂的同辈关系,如兄弟姐妹、表兄妹、堂兄妹等。

在大家族式的家庭结构中,儿童虽为不同的小家庭所有,但孩子们因

① 裴英时:《教育社会学概论》,南开大学出版社,1986 年版,第 120 页。

为生活在一个共同的空间中而自然结成游戏伙伴，形成同伴群体中自然的游戏内容和活动方式。但大家庭对孩子也有着消极的影响，如复杂的人际关系，彼此之间的斗争、攻击、拆台等都会潜移默化地影响儿童。除了这种复杂人际关系对儿童的消极影响外，大家庭对儿童的教育往往也是很难达成一致的，有的主张严厉、有的主张宽容，彼此之间对儿童的期待与要求的不一致容易导致幼儿的两面派与双重人格。而在家族式的家庭结构下，幼儿几乎都是在家庭中接受其早期教育的，一些主张儿童公育的人，如康有为、恽代英正是看到了大家族对儿童影响的消极性才竭力主张实行儿童公养公育的。

在家族式的家庭结构下，家庭与儿童的关系是占有式的，儿童为家庭所有，是家庭的私有财富，父母对孩子有生杀大权，这样一种儿童与家庭之间的隶属关系导致学前教育的发展很难走出家庭，走向公育，所以在家族式的结构下，机构化的学前教育是很难发展起来的。家族结构下的家庭不仅影响着学前教育的内容，更决定着幼儿接受学前教育的形式。

2. 多子女家庭下的学前教育

1919 年的五四运动砸烂了封建社会的枷锁，父权的神话被打破。土地改革更是触及了家族制度赖以存在的经济基础，阶级意识逐渐取代血缘意识。中国传统家族制度受到严重打击，得到彻底清理。在这样的冲击下，大家族式的家庭结构逐渐分解成主干家庭或联合家庭，妇女和儿童的地位不断攀升。与大家族式的家庭结构相比，儿童在多子女家庭结构下所建构起的成人关系与同伴关系都相对简约，这个时期进入中国典型的多子多福的多子女家庭结构。

这样的家庭结构对儿童社会的建构及儿童同伴关系的发展是非常有利的，因为儿童与成人建构起来的关系是相对简单的，儿童有足够的精力陶醉于同龄人的世界，他们在游戏、生活、学习、劳动中发展起丰富的同伴关系，集结成复杂的社会结构。这个时期是儿童社会发展的黄金期，儿童在其同伴群体中充分地游戏，快乐地成长，享受着任何历史阶段的儿童都享受不到的与同伴交往及与同伴生活的快乐。

此外,儿童在这样的环境中所受到的学前教育更多是一种自然的同伴间的相互影响。儿童的父母对于子女的教育是选择性的,既包括对象的选择性,也包括内容的选择性。对家里的男孩,父母往往寄托着更大的希望,也会为男孩创造更多的受教育的机会与条件,如送男孩去学校接受公共教育,为男孩请家庭教师等。而对于女孩,父母则较多地引导其关注自身修养、家务操持等方面,不太关注女孩的知识教育。在兄弟姐妹之间,由于男孩女孩享受的教育资源的不一样,所以其在家庭中所能达到的受教育水平有较大的差异,男孩所受到的是"走出去的教育",而女孩所受到的是"留下来的教育"。由于家庭对男孩女孩有所偏向的期待,这时的学前教育普及率是相对较低的,幼儿园还主要是为有产阶层服务,老百姓还没有将孩子送到幼儿园接受教育的观念,也还没有产生送孩子上幼儿园这样的现实需要。

3. 核心家庭下的学前教育

1979 年中国实行独生子女政策,家庭格局因此发生了很大的变化,不仅家庭规模越来越小,家族之间的联系也越来越淡,这时的家庭越来越成为一个相对封闭的小型社会组织和社会系统,由通过合作性互动和相互依赖而维系在一起的丈夫、妻子和孩子组成。父亲是家庭的工具性领袖,母亲是家庭的表意性领袖,孩子则可能是工具性随从或表意性随从。[①] 在核心化的家庭结构中,儿童失去了同伴,失去了其社会化最需要的重要他人,儿童在成人的包围中日趋孤独。

在由三人组成的核心家庭中,儿童的孤独也带来了成人的烦恼。由于缺少同龄玩伴,儿童经常纠缠成人,要求成人扮演其同伴陪她玩游戏、逛公园。自然游戏群体在家庭中的缺失不仅使儿童日益向往走出家庭,走到同伴群体中,也使家庭日益意识到同伴的重要,同伴对孩子成长的不可或缺。在这样的共同期待下,幼儿园成了家庭的自然选择,因为那里不仅有孩子的玩伴,还有好多玩具、游戏与各种各样的活动。与多子女家庭

① 王润平:《当代中国家庭变迁中的文化传承问题》,吉林大学博士学位论文,2004 年。

结构不同，随着生产力的发展和社会的不断进步，不仅成人自身面临的工作压力越来越大，而且，面对着唯一的孩子，父母再也不能像多子女家庭中的父母那样坦然，他们把所有的希望都寄托在了唯一的孩子身上。他们既希望孩子身体好，也希望孩子在品德、认知、情感、行为习惯等多方面都有一个良好的开端，于是，他们把所有的力量都集中在一个孩子身上，家长的育儿焦虑达到前所未有的状态，这可以或多或少地从关于名字的故事中得到反映：

陆宇泽："宇泽"有几重含义：一为宇宙的恩泽，是上天的赐予；二为陆地、空中和水里，意为陆海空三军。总之希望其健康快乐成长。

卢迪：拆开便是"由之"，爸爸妈妈希望卢迪长大后好好学习，有主见，对于你自己的问题，我们会给你足够的自由和空间，让你按自己的意愿去做、去解决。

陈睿溪：希望女儿成为一个聪明、智慧、思遂深远且通达的人，性格如溪水一样亮丽明净温柔，和平地与人相处。

有人戏称，当下中国父母疼爱子女的内涵是"包干制"与"终身制"，对子女关怀备至，放在手里怕掉了，含在嘴里怕化了。总之，把一颗心都系在孩子身上，孩子成了生活的重心，所以在中国才有"小皇帝"、"小太阳"一说。欧美父母疼爱子女则是"责任制"，把孩子的身体养壮壮的，该上幼儿园时送其入学，让其生活得快快乐乐就行。而中国父母疼爱子女是"终身制"，从母亲开始怀孕起，直到老俩口"鞠躬尽瘁，死而后已"。

但是，家长的受教育水平与社会地位还是会影响家庭的学前教育形式与内容的。受教育水平高的、中产阶层家庭希望培养的首先是自治的、负责的和自我肯定的孩子。他们认为，获得这些工具性能力远胜于获得表达性能力，如合作。不同社会地位的家长希望传递给子女的价值是不一样的，处于社会顶端的人可能强调对目标的自主定义，而社会等级较低的家长可能更加关注对外界限制的适应和对规则的服从。英国的许多研究从多种角度证实了解一点，贫民阶层的家长们旨在向子女灌输秩序、整洁、礼貌和服从等价值观，而中产和高产阶级的家庭则更重视对他人的尊重、自我控制、独立和创造性。在教育方法和风格上，贫民阶层家庭对孩子主要采用身体的控制和惩罚，而中产阶层家庭却更多使用心理上的惩罚，如孤立、威胁不再喜欢，或讲道理。①

在中国父母给自己设定的无法选择、无法弥补的唯一性期待下，父母会觉得面临着各种各样的风险，于是就会出现各种各样的非理性行为，如过早的教育、过度的教育，甚至对幼儿园教育形式、教育内容的盲目干预等。在当前的家园关系中，家长的力量越来越大，家长拥有了对幼儿园的越来越大的话语权、指挥权。然而，家长的非理性选择是不宜得到过多的关注的，幼儿园作为专业机构有责任对家长的育儿观念加以引导，使家长能有一个相对平和的心态面对成长中的孩子。因为，在早期教育阶段，儿童的家庭文化环境比其物质环境更重要。

从当前情况看来，独生子女的核心家庭结构对学前教育的期待，无论在家庭教育方面，还是在机构化的幼儿园教育方面都达到了前所未有的高度，这既给学前教育发展提供了良好环境，又向学前教育提出了挑战。

下图反映了家庭结构的变迁过程②：

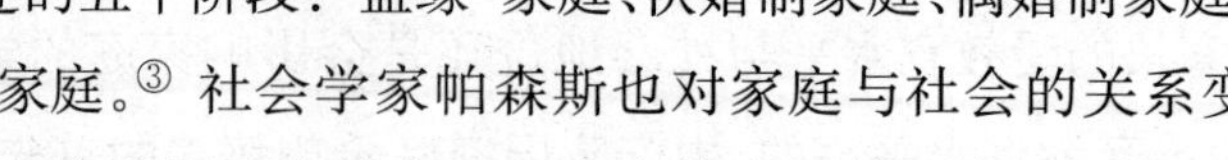

图 2.7　家庭结构的变迁图

此外，从人类历史的整体来看，摩尔根曾把家庭在人类历史的发展分为依次相连的五个阶段："血缘"家庭、伙婚制家庭、偶婚制家庭、父权制家庭、专偶制家庭。③ 社会学家帕森斯也对家庭与社会的关系变迁进行了总结，他认为有这样几个特点：(1)家庭作为一种经济、政治和福利机构的

① 让-杜里·玛丽著，汪凌译：《学校社会学》，华东师范大学出版社，2001 年版，第 168—169 页。

② 王海英：《儿童共同体的建构》，高等教育出版社，2008 年版，第 32 页。

③ 摩尔根著，杨东莼等译：《古代社会》，江苏教育出版社，2005 年版，第 305 页。

重要性日益下降，而作为一种社会化和抚养子女以及为成年人提供心理支持设施的重要性在不断上升；(2)大亲属关系群体的分解和核心家庭内部关系的增强；(3)妇女与家庭私人领域的关系以及男子与政治、经济公共领域的关系在不断变化。[①] 在不同的家庭发展阶段中，儿童所受到的家庭学前教育是有着较大差异的，有一个从"以父权为中心"的受教育权到"以儿童自身为中心"的受教育权的演变过程。在此过程中，儿童自身对教育内容、形式的选择越来越有主动权。

在当下的西方社会，父、母、子建构着一种三角结构，这种结构既维持着人类种族和文化的绵续[②]，又促进与推动着家庭学前教育与育儿观的改善。

三、社区变迁中的学前教育

社区是社会的缩影，反映了社会的基本状况，是"个人"与"国家"或"大社会"之间的桥梁或中介。"社区"最早由滕尼斯提出，指那些具有共同价值取向、关系亲密、守望相助、富有人情味的社会关系和社会团体。社区的变迁是社会变迁的投射，社区的变迁影响着依赖于社区而生存的学前教育的发展与变化，特别是学前教育的内容、形式和制度方面的变化。社会学研究社区的目的在于研究人们的社会活动和社会关系在地域空间上的构成，说明人们在不同地域社区中活动和关系的内容及特点。农村社区和城市社区是最能区别人们的社会活动和社会关系的内容及特点、最能表现社区结构特征的两种社区类型。因此，这里将社区分为农村社区与城市社区，分别考察在农村社区与城市社区变迁下学前教育的变化轨迹。

1. 农村社区变迁下的学前教育

农村社区是相对于城市社区而言的区域性社会，在不同的历史时期

---

① F. R. 艾略特著，何世念译：《家庭：变革还是继续》，中国人民大学出版社，1992 年版，第 39 页。

② 费孝通：《乡土中国，生育制度》，北京大学出版社，1998 年版，第 175 页。

中，农村社区表现出不同的样态，如以自然村为主要特征的传统农村社区、处于工业化进程中的农村社区（包括城市中的城中村）和处于现代化新农村阶段的农村社区等。美国学者罗吉斯和伯德格在《乡村社会变迁》中也从乡村的地域结构的角度，将乡村社区分为散居型社区、集居型社区和条状型社区。[①] 新中国成立以来，我国农村社区结构的变迁大致经过了自然经济时期、转型期和工业化三个阶段[②]，对学前教育的发展产生了很大的影响。

第一阶段，自然经济时期，农村社区的典型特征是封闭、均质的空间结构与落后的生产力水平，社区生活处于超稳定状态，人与人之间形成的是一种亲密无间的熟人社会。此种状态是以生产力的相对低下为前提的，因此，此阶段的学前教育基本以家庭为单元，以孩子们在田野中的自然交往为形式，以农村的乡风民俗、日常劳作为主要内容，是一种自然的、原生态的学前教育，机构化的学前教育还没有出现，即使在局部乡村社会中存在，也是一种非正规的农忙互助组织，其职能在于保育儿童。

第二阶段，转型期，乡镇工业初步发展，商品经济的大潮开始冲击传统农村的社区结构。以自然村为主的均质的社区结构逐渐分化为县城、中心镇、一般集镇、中心村、自然村等具有不同职能、不同地域范围的社区类型。小城镇不断从乡村地域中分离出来，乡村工业发展迅速，但社区政府"以工建农""以工补农"的力度不大，工业效益还很低。受乡镇企业发展和农民变工人的"在地化"身份的影响，农村幼儿园开始成为一种社会需求，小学的附属学前班也大量设立。然而，由于农村社区结构的地域分层和各级财政办园经费的多寡，幼儿园的规模、水平与质量呈现出等级分布的态势，县镇、中心镇的幼儿园无论是办学规模、师资配备，还是教学正常化都优于中心村与自然村的学前班，农村学前教育呈现出初步的非均衡发展。

---

① 埃佛里特·M.罗吉斯、拉伯尔·J.伯德著，王晓毅等译：《乡村社会变迁》，浙江人民出版社，1988年版，第124页。

② 丁志铭：《农村社区空间变迁研究》，载《南京师范大学学报（社会科学版）》1996年第4期。

第三阶段，农村工业化、城市化、现代化趋向成熟的时期，农村社区进一步发生分化，社区内工业区、农业区与居住生活区适度分离。这种格局在我国的苏南部分地区农村如张家港市比较典型。这样一种社区布局在满足了农民“离土又离乡”、“进厂又进城”的需要的同时，又大力促进了学前教育的发展。在江苏张家港，乡镇中心园、村办幼儿班的发展态势良好，农民有了重视学前教育的观念，又有了经济的支撑，对孩子的教育投入越来越多。同时，由于乡镇工业的发展，乡镇政府能给幼儿园大量的经费投入，保证教师获得有竞争力的工资、待遇和各项社会福利，学前教育获得了一个良好的外部环境。

与农村社会工业化进程相反，我国还有大量农村社区在经历商品经济和市场经济的冲击后，社区结构不是迈向了工业化与城市化，而是逐渐走向了衰弱，大量的农村青壮年人口离开了农村，流向了城市，造成了大量的“留守儿童”和“流动儿童”。农村学前教育受到前所未有的打击，农村儿童入园率极其低下，而大量流入城市的儿童也得不到良好的学前教育。

在农村社区结构发生变迁的同时，随着计划经济向市场经济体制的转轨，农村社区的社会治理方式也发生了变化，表现为由统制型的集体主义治理向民主的村民自治演进、由非制度化的经验治理向制度化的专业治理演进、由旧式的权威治理向新兴的精英治理演进。[①] 治理方式的演进改变着农村幼儿园的办园体制和管理方式，推动着农村学前教育的体制更新。

进一步而言，农村社会变迁是全方位的，除了社区结构、治理方式的变化外，还表现为精神文化的变迁。如农村社区正由“法治”文化逐步取代原有的“礼治”文化，积极流动、开放进取的市场意识正逐步取代原有安土重迁、封闭保守的小农意识、“义利并重”甚至“偏利淡义”的价值观正在逐步取代原有的“重义轻利”的价值观、科学理性的生活方式正逐步取代

① 张要杰：《农村社区治理方式变迁刍议》，载《兰州学刊》2007年第1期。

原有愚昧、落后的生活方式等。[1] 这些价值观念、生活方式和思维方式的更新使农民对孩子和学前教育的重要性都有了新的认识，不再以一种短视的方式来对待学前教育，更关注孩子的可持续发展。

2. 城市社区变迁下的学前教育

孙立平认为，现阶段的中国社会结构转型，可以概括为一句话，就是从总体性社会向后总体性社会转变，总体性社会与后总体性社会有着不同的社区基础，社会结构的转型也就是社区形态的变迁。吴缚龙认为，中国城市社区可以分为四类：传统式街坊社区、单一式单位社区、混合式综合社区、演替式城乡边缘社区。[2] 总体而言，中国城市社区的变迁历程经历了从传统社区、法定社区、单位社区向公民社区的转变。[3]

在传统社区阶段，也即20世纪上半叶以前，城市社区的主要类型是传统式街坊社区。居民住宅与商业、工业用地混杂，社区内的居民职业构成较为复杂，居民之间具有复杂的社会纽带，邻里人际互动较强，带有某种"城市中的乡村的特点"。在这样一种社区格局中，人与人之间的分化程度不高，相似性较大，其学前教育大体与传统乡村社区的相同，是一种自然的同伴群体和家庭式的学前教育，幼儿园数量还相对较少。

在法定社区阶段，也即20世纪中期左右，中央政府在城市社区废除了保甲制度，并对基于保甲编成的区级建制进行了合并改组，使区的行政地位与一级政府相同。此外，中央政府还通过种种措施，如扫荡传统社区组织、组建街道办事处、改组和强化城市居民组织等，将社会控制和市政管理深入到城市社会的最基层。法定社区阶段是一个基层政权层层控制的阶段，城市中原来由教会、私人所创办的幼儿园全部收归国有并进行社会主义改造，这些条件很好的幼儿园为新中国的城市学前教育发挥了很大的作用。同时，中央政府在建立居民委员会的基础上，以社区为单位建立了为数不少的街道幼儿园，向工农开门，满足了当时儿童接受学前教育

① 陈宇海：《改革开放以来中国农村社区的精神文化变迁》，载《云南社会科学》2007年第1期。
② 吴缚龙：《中国城市社区的类型及其特质》，载《城市问题》1992年第5期。
③ 任慧颖：《社区制度变迁与社会结构转型》，载《理论学刊》2005年第10期。

和居民参加工农业生产的需要。我国学前教育的教育性与福利性的双重属性初步确立。

在单位社区阶段,也即20世纪50年代后期直到改革开放后期,国家通过企业办社会的方式在城市中建立起了独具中国特色的"单位制"社区。这种"单位制"源于根据地时期形成的对"党的革命队伍"的特殊管理体制,是新中国成立后对在革命干部中实行多年的"供给制"①的变形改造。"单位制"社区是中国社会大家庭的影子,是一种家庭式的社会单位和实体,既自给自足,又集经济、政治、教育、福利、安全、社会控制等许多功能②于一身。新中国成立以后,通过"社区单位化"和"单位社区化"的双向发展,单位社会进入全盛时期。③ 在"单位制"阶段,学前教育得到了极大的发展,为了响应总体性社会对人员控制的要求,各个企业、事业、部门都以自己的单位围墙为疆界建立起了集生产、生活、教育、医疗、服务于一体的"单位小社会",幼儿园的创办也是每个单位的主要义务,国家通过给企业保留提留款、职工福利的方式,用财政暗补国家机关、部队、企事业单位附属幼儿园,鼓励各单位举办自己的学前教育机构。在那样一种社会动员下,幼儿园的数量有了空前的提高。1979年的《中共中央、国务院转发〈全国托幼工作会议纪要〉的通知》中指出:"单位小或孩子少自办有困难的,大力推动按系统办,与附近单位联合办,或单位和街道合办。有些大单位办的园所房舍宽敞,设备齐全,师资充足,但孩子较少,应当挖潜,向社会开放,吸收附近职工子女入托,按规定收保育费和管理费。"④

在公民社区阶段,即20世纪80年代后,随着国企、社会福利制度改革以及市场经济关系的深化,越来越多的单位开始改变企业办社会、学校

① 华伟:《单位制向社区制的回归——中国城市基层管理体制50年变迁》,载《战略与管理》2002年第1期。

② 李汉林等:《经济发展与社会变迁:转变时期中社区发展的社会学分析》,载《社会学研究》1988年第5期。

③ 张鸿雁、殷京生:《当代中国城市社区社会结构变迁论》,载《东南大学学报(哲学社会科学版)》2000年第2卷第4期。

④ 中国学前教育研究会:《中华人民共和国幼儿教育重要文献汇编》,北京师范大学出版社,1999年版,第114—122页。

办社会、机关办社会的状况，弱化单位行为的非专业性目标，导致广大职工从“单位人”向“社会人”的转变。这样，原来由原单位承担的一部分社会整合功能逐步向城市社区内转移。[①] 在公民社区阶段，对学前教育的冲击表现为两个方面：一是积极的影响；一是消极的影响。

在公民社区阶段，社区变迁对学前教育有着一些积极的影响，特别是随着社区生活的建设和社区教育的出现，在一些城市和农村，社区学前教育也悄然兴起。社区学前教育与机构化的幼儿园教育不同，它确立了重视学前教育的新观念，强调以社区为依托，依靠基层社区党、政、妇联、共青团等人力资源的力量，因地制宜的创设条件，组织群众卫生部门、计划生育部门、教育部门分别承担责任，为社区内学前儿童、家长和看护人实施优生、优育和优教。社区学前教育是学前教育体系的重要组成部分，是机构化学前教育的有益补充。与幼儿园不同，社区学前教育的教育对象、内容更宽泛、更丰富，其目标是为社区学前儿童和家庭提供广泛而灵活的社会教育和服务，如为社区学前儿童提供健康、快乐的早期教育，为儿童的一生发展奠定良好的基础，同时提高儿童家长和看护人的育儿素质和育儿质量。因而社区学前教育工作不仅仅是学龄前儿童的教育工作，同时还包括对学龄前儿童的家长和看护人的教育、服务工作，社区学前教育离不开社区和幼儿园，但它比幼儿园教育工作来得广泛而灵活。

社区学前教育的实践，证明社区学前教育是发展我国学前教育的可行性举措，它既可为学前儿童提供更多的受教育场所，更可为偏远地区、居住分散、交通不便地区的众多儿童提供接受学前教育的机会，提高了公众对早期教育的认识，优化了育儿环境，并能在某种程度上改善我国家长素质偏低、家庭教育质量较差的局面。形成了在不断发展与提高正规学前教育机构的同时，发展非正规的多样化形式的社区学前教育的新模式，从而带动了社区经济文化建设。

① 华伟：《单位制向社区制的回归——中国城市基层管理体制 50 年变迁》，载《战略与管理》2002 年第 1 期。

在公民社区阶段，社区变迁对学前教育也有着一些消极的影响，主要表现为两个方面：一是单位制的衰弱导致原单位办的幼儿园关停并转，严重影响了学前教育的稳定和幼儿入园率的提高；另一是社区变迁所导致的幼儿园布局不合理，导致一些社区幼儿园数量过多或过少。通过实地观察，淄博市社区幼儿园的布局就存在不合理现象。

淄博市张店区的实验幼儿园和蓝天幼儿园同属一个生活小区，他们的师资状况、园所占地面积情况差别较大。在凯瑞园生活区，也有两所幼儿园，凯瑞幼儿园和贝贝星幼儿园，它们相隔不到100米，幼儿园之间经常为了抢生源而发生各种争端。还有的甚至在一路之隔的三个生活小区里就设有四个幼儿园。除了幼儿园过分集中外，有的城市情况相反，在社区集中的地方，周边幼儿园不多，造成庙小和尚多的现象。其原因主要表现在建设资金难落实，配套教育设施滞后，政府统筹力度不够。新建住宅小区的配套幼儿园建设滞后于小区开发建设，有的新建小区没按规定建设配套幼儿园，有的即使建了也不达标。同时，由于规划、土地等主管部门在新区开发建设规划中对幼儿园的布局布点研究重视不够，突显布局不合理、布点分散、疏密不均的问题，使得新配套的幼儿园由于占地不足，规模小，数量少，使用功能不配套，建筑面积不够，硬件不达标，造成幼儿择校就读现象突出。①

针对这种情况，政府应宏观调控，合理规划幼儿园的数量和分布，掌握全局，保证社区幼儿园整体布局的合理性。幼儿园分布规划应与城市发展规划、城区改造、区划调整等结合起来。在幼儿园的设置管理上，做到在类型、数量、规模、地域分布等方面，与社会政治、经济、文化等社会子系统的发展规模、速度等保持动态平衡。同时，为满足不同层次的教育对象需要，高、中、低各层次幼儿园应合理分布，协调比例，积极鼓励发展中等层次的幼儿园，限制发展高投入、高档次、高收费的幼儿园，加强低层

① 钟新平：《我国城市社区幼儿园发展现状及对策研究》，东北师范大学硕士学位论文，2007年。

次、低收费的幼儿园管理，满足低收入家庭、流动人口子女的入园问题，做好城市社区学前教育的均衡发展。

第三节 社会网络与学前教育

幼儿园是学前教育的重要形式，它既受到来自教育系统内的力量的影响，也受到来自社会不同层面、不同维度的力量的影响。作为一种社会设置，幼儿园扎根于社会，也服务于社会，在社会这张纵横交织的网络中争夺着自己的生存空间，也贡献着自己的生命能量。费孝通在描述中国社会时用了“差序格局”这一说法，其实，在当下社会，“差序格局”不仅存在于人与人之间的关系中，也存在于群与群、组织与组织、部门与部门的关系中。学前教育身处两个不同的场域，在教育场域中，学前教育处于学制系统的最底层，虽然与中学教育、小学教育一起构成基础教育，但学前教育并不因其根基性的位置而获得根基性的重视。各级政府将主要注意力和关注点要么放在义务教育阶段，要么放在高等教育和高中教育阶段，在学制系统的链条中，学前教育有时会成为被遗忘的一环。而从社会场域来看，学前教育在社会的各种建制中更是处于一种相当边缘的位置。

一、纵向关系与学前教育

纵向关系是从学前教育在社会阶梯中所处的社会位置来说的，主要涉及学前教育与不同的主管部门，如政府部门、教育部门、卫生部门间的关系。

1. 学前教育与政府

从世界范围来看，各级政府与学前教育的关系有松有紧，如北欧福利国家政府对学前教育的投入非常多，而英国、美国一些政府更多地关注公立幼儿园，保障弱势群体的儿童有接受学前教育的机会，除公立幼儿园以外的其他机构则更多地由各种私人组织、慈善团体来举办。在中国，学前教育与政府的关系比较特殊，中央一级政府没有专项的幼儿教育发展资金，学前教育的事业发展主要依赖于地方政府的力量。国家只是从立法、政策的层面来规定学前教育与国家的关系，中央一级政府对学前教育提供的更多是规范，而不是具体的支持行动。

与西方国家慈善事业发达状况不同，中国的公民社会和民间非政府组织是非常薄弱的。在西方，当政府力量欠缺的时候，有民间力量的弥补与跟进，而中国是一个总体性社会，政府完全掌控了各种资源，民间力量缺少相应的生长环境和机制，在这种体制背景下，要想发展学前教育，中央政府更要担起责任。如我国的学前教育政策文本一直都重申“发展学前教育不可能也不应该由国家包起来，要依靠国家、集体和公民个人一起来办”。而实际上这里的国家一直都只是国家的基层政府，而不是中央政府。

再从学前教育与地方政府的关系来看，我国不同时期的规程、纲要、条例都表明，“幼儿教育事业主要由地方负责”[①]。但在实际的执行中，各级地方政府的政策举措有较大的差异。如 2007 年在党的十七大上提出了要“重视学前教育”，但是各个地方政府在学习十七大、贯彻十七大中表现出来的行动是极具地方性的。有的地方政府一如既往地关心、支持学前教育，如江苏的张家港、厦门的思明区、上海、北京等地。有的地方政府则在原有的基础上加大了对学前教育的重视力度，如山东东营市率先在全国宣布实施学前一年免费教育。与这样一种积极的做法相对，有的地方则对十七大精神置若罔闻，如进入“后普九时代”的珠海在其 9 年义务教育向 12 年延伸的时候，首先考虑的是向高中延伸，而不是向学前阶段延伸。[②] 更有甚者，同为经济发达地区的深圳市政府在 2006 年宣布对市属 22 家公办园实行转企后，2007 年 1 月份又将 22 家公办园完全转换成民办幼儿园，要求其到民政部门进行登记注册。

① 中国学前教育研究会:《中华人民共和国幼儿教育重要文献汇编》，北京师范大学出版社，1999 年版，第 259—266 页。

② 杨东平:《“后普九时代”应重视学前教育》，载《新京报》2007 年 12 月 22 日。

面对地方政府对学前教育的忽视与轻视，“重视学前教育”与地方官员的政绩挂钩也许是一种明智选择，然而从国家层面来看，当一些地方政府还在为“普九”而犯愁的时候，又怎么可能要求其来重视学前教育呢?因此，可能且可行的重视学前教育的举措一定是分步骤、分地区的，对于一些经济欠发达地区来说，保证教师的基本工资，逐步实现差额拨款也许是首先要解决的问题，而对于经济相对发达的地区来说，保证教师获得有竞争力的、逐年增长的薪水是可能的选择，对于经济发达地区来说，逐步地实行学前免费一年教育是可行的措施。全国在重视学前教育的具体举措上不可能有统一的标尺，而是有步骤、分层次进行的，最终的目的是实现类似西方发达国家的福利化教育模式。

面对当前的幼教现实，中央和地方各级人民政府面临的任务和所需扮演的角色是不一样的，带有某种差位性与互补性。如果说中央一级政府更多扮演的是“立法者”的角色，那么地方人民政府则扮演着“立法者”、“执行者”与“能动者”兼具的角色。对于当下的中国国情，地方政府的“能动者”角色尤为重要，这就像当年邓小平提出的“让一部分人先富起来”，并“最终实现共同富裕”一样，各地的学前教育事业发展也应该有各自的时间表，强行所有的地方政府都用一种步调是不可能，也是不合理的。因此，重视学前教育，当下最根本的举措有三点：

(1) 加强学前教育的规划与立法，避免对学前教育的双重忽视

对于中央一级政府来说，重视学前教育就是要加强学前教育的规划与立法，明确学前教育的性质、地位和作用，在国家的一系列大政方针政策，尤其是在教育政策的制订过程中要充分考虑到学前教育的基础性地位，突出“面向多数”与“儿童优先”原则。自新中国成立以来，在我国历次国民经济和社会发展规划中都还没有自觉地将学前教育的发展目标列入其中，我国真正从政府层面关注儿童是从 1989 年加入联合国儿童权利公约组织，实施《九十年代中国儿童发展纲要》开始的。

如果没有联合国儿童权利公约的推动，中国政府在儿童与学前教育问题上的步伐可能还要晚一些。但即便如此，与其他国家相比，中国政府

针对早期儿童教育的立法还是非常有限的，目前最有约束力的也只是1989年由教育部颁布的《幼儿园管理条例》，其在法律位阶中的较低层次和较次地位使得学前教育在长期以来处于一种严重的被忽视状态，涉及学前教育、幼儿教师的很多政策都是属于补充性说明，法规的制定者通常并不把学前教育放入基础教育的思考框架内。

国家层面的有意无意的忽视使得学前教育的生存环境异常艰难，学前教育工作者不得不经常为争取自己的合法地位和生存权利而斗争。国际上，早期教育立法较完善的国家，如美国不仅有国家层面的《提前开始法》、《早期学习机会法》、《不让一个儿童落后法》，甚至还制定了专项的《儿童保育与发展固定拨款法》、《入学准备法》等。即使是同为发展中国家的朝鲜、印度也分别于1976年、1974年就颁布了《儿童保育教养法》、《联邦儿童法》。在立法方面，中国与其他国家有着较大的差距。

而且，即使不进行横向的国际比较，单纯进行国内的各个教育阶段的比较，学前教育也明显的受到忽视。与同是基础教育阶段的中小学相比，学前教育领域缺乏类似《义务教育法》相关法律的保护，与同是非义务教育领域的高等教育相比，学前教育又缺乏类似《高等教育法》相关法律的关照。学前教育在教育领域和社会建设领域都遭受着双重的忽视，处于一个不尴不尬的地位。

(2) 保障经费的投入与政策的倾斜

发展学前教育有两个重要的保障：一是经费投入，一是政策扶持。而在我国，一直以来，这两点无论是中央政府还是地方政府都明显重视不够。从中央层面来看，到目前为止，我国还没有中央一级的学前教育专项经费，学前教育的发展基本上依赖地方，而由于各个地方经济实力的差距和地方官员观念的迥异，学前教育在各地面临的机遇有着较大的不同，有的地方甚至完全陷入了困境。

据一些地方官员透露，与社会建设项目相比，学前教育所需的投入是相对有限的、长期的与后效的，很多情况下并不是政府没有财力，而是政府官员的一种刻意遗忘与有意忽略。当学前教育还没有影响到其为官的政绩，成为增加其仕途晋升的筹码时，任期内的官员是不会轻易选择投资学前教育的。除非地方政府财有余力，且相信学前教育对于一个人发展的奠基性意义。当下的义务教育免费化为什么能在全国各地得到落实，一是中央财政解决了西部和农村地区的大部分义务教育经费，实行了“弱势补偿”的投资政策，一是义务教育成为国家层面的大事，成为政府官员为官政绩的衡量标准，没有如此巨大的资金保证，没有雷厉风行的问责制度，《义务教育法》在中国也许还会像先前那样有名无实，只是一种强制性义务，而不是一种免费性权利。

（3）发挥地方政府的主观能动性

《幼儿园管理条例》中规定，幼儿教育事业主要由地方负责，各级人民政府应切实加强对幼儿教育工作的领导，制订规划，认真实施，积极推进幼儿教育事业的发展。而当下的地方政府在发展学前教育的态度上大致有两种态度：一是积极的态度，一是观望的态度。积极的地方政府会根据本地区的学前教育发展的特殊性、经济发展的水平来制定一些适合本地区的学前教育政策与法规，如 1986 年江苏省在全国率先制定的《江苏省幼儿教育暂行条例》，强调各级人民政府要加强对幼儿教育的统一领导，负责制订本地区幼儿教育事业的发展规划，并组织实施。全省逐步普及三年幼儿教育。从 2006 年开始，南京市政府针对农村幼儿园实行了“阳光扶持计划”，使一些中心园和村办园的办学条件和师资力量得到了加强，有力地促进了农村学前教育的发展。而北京市则在 2001 年出台了《北京市学前教育条例》，明确了举办学前教育的责任主体，经费投入，并把学前教育延伸至 0—6 岁。

有些地方政府对学前教育则持一种观望的态度，比较多地以中央出台的幼儿教育的文件精神为行动指南，有时甚至会对文件的实质内容加以歪曲。从中国的国情出发，地方政府在举办学前教育上需要更多地发挥能动性，制定一些促进学前教育发展的地方性政策。中央政府制定的一些学前教育政策并不一定适合全国的所有地方，地方政府在举办学前教育上需要有一种前瞻性、超越性的眼光，率先在全国做出样板和表率，引领学前教育改革的正确方向，推动全国性的学前教育相关法规的出台。山东东营宣布实施学前一年免费教育，这是地方政府克服种种阻力与困难、发挥地方能动性的最好表现。

与东营相比，深圳处于全国改革开放的前沿，具有强大的经济实力与改革基础，然而，其市政府在履行学前教育的地方事权过程中却较多地以市场规则代替了教育公益，不是增加政府对学前教育的投入、强化政府对学前教育的责任，而是更多地以经济的思维方式来对待学前教育，强化的是地方政府的消极能动性，这在全国造成了广泛的消极影响。学前教育事权在地方，但这种地方性并不是说地方政府可以像宿迁那样将公办幼儿园一杆子卖光，或像深圳一样将公办园转制成民办园，而是要地方政府在遵循《幼儿园管理条例》、《幼儿园工作规程》的基础上来发挥地方政府的积极能动性。也就是说，事权在地方并不是地方的借口，而是地方的责任。地方政府在任何时候都不能推卸自己的责任，或者以改革的名义来弱化自己的责任，减少对学前教育的投入。

2. 学前教育与教育部门

1979 年《中共中央、国务院转发〈全国托幼工作会议纪要〉的通知》中明确指出："教育部门负责幼儿教育的业务领导，包括对托儿所内三岁以上班进行业务指导，培训幼儿园的园长和保教人员，办好示范性幼儿园，加强幼教科研工作的领导。"在学前教育的各项政策文本中还不断提到教育部门的职责，如统筹管理辖区的幼儿教育、制定幼儿园评价标准、规范办学行为和明确办园方向、办好一批示范幼儿园、建立对非公办幼儿教师和园长的资格认证制度、提供和扩大各类教师受培训的机会等。

学前教育事权在地方，各级地方教育主管部门是发展学前教育的基本主体，本地学前教育的规划、布局、中长期发展计划都需要地方幼教干部积极地亲力亲为。然而，当下各级幼教管理机构存在大量现实问题，如制度不健全、人员缺乏、管理不到位、指导监督不力等。1982 年中央进行机构改革时，全国托幼工作领导小组及其办事机构撤销，但这个机构的工作任务一直未明确由哪个部门承担，因此造成各部门对幼儿教育工作的管理分工不清，职责不明。随后进行的事业单位改革，全国幼教处撤销，大部分省级幼教处、市（县）幼教科也被撤销或合并，目前全国只有北京、天津等少数地区还保留了幼教处，幼教行政管理网络处于一种不健全的状态。在一些省市的教育行政部门中，专职的幼教干部少，绝大部分还身兼数职，如省级幼教干部，几乎都要兼任多项工作，如“普九”、特教、扫盲、校外教育等。幼教工作只是他们工作总量的极小部分，额外的工作压力迫使幼教干部对幼教工作只停留在文件的上传下达上，无法腾出精力来进行专项的调查研究和细致的监督指导。

人手的缺乏和管理的疏漏导致学前教育中大量的非正常现象的存在，如小区配套建园被改作他用、以盈利为目的天价幼儿园、幼儿园在招生过程中的暴力事件、未注册非法办园等。更加严重的是，近来不断爆发一些全国性的恶性幼儿安全事故，导致学前教育的公众信誉遭受巨大的破坏。在当前我国的管理体制和义务教育均衡发展的大环境下，幼教干部要想有所作为是会遭遇种种阻力的，但尽管这样，幼教干部还要努力地促成教育部门、政府部门制定一系列促进学前教育的发展政策，为学前教育创造一个良好的政策环境与业务环境。

3. 学前教育与卫生等其他部门

在不同的地区，学前教育的上级主管部门并不统一，有归属教育部的，也有归属社会福利部的，如香港就归属社会福利署与教育署，但更多是社会福利署，用解决社会问题的方式来解决教育问题。中国学前教育的地方管理比较有特色，如妇联、教育局、社会力量办学机构、街道居委会等多口管理。通常的用词是“小学教育与学前服务”，一个是“教育”，一个是“服务”，表明了学前教育在老百姓、政府官员心目中的地位。

1979年在教育部门的倡议下，国务院成立了托幼工作领导小组，由教育部、卫生部、计委、建委、农委、财政部、商业部、民政部、劳动总局、城建总局、全国总工会、全国妇联、中国人民保卫儿童全国教育委员会等单位的负责同志组成。与中央相对应，各省市自治区也设立了相应的托幼工作领导机构。其中规定，托幼工作领导小组的任务是：(1)贯彻执行党中央、国务院有关托幼工作的方针、政策和指示。(2)研究制定托儿所、幼儿园的发展规划,推动托幼事业发展和提高。(3)研究解决托幼工作中的重大问题,督促有关部门贯彻执行。(4)推动有关部门加强托幼工作的宣传,表彰先进。(5)进行调查研究,定期检查托幼工作组织交流经验。(6)调查未入园所的婴幼儿的情况,宣传科学育儿知识,加强卫生保健和教育工作。

同时,会议还规定,参加托幼工作领导小组的各有关部门,都要配备一定力量,按照各自担负的任务分别进行工作,具体包括6个部门的工作分工:计划部门的主要职责是,负责将托幼事业所需要人力、物力、财力列入各级计划;财政部门的主要职责是,负责有关托幼事业的经费开支等问题;卫生部门的主要职责是,负责托儿所业务领导及幼儿园卫生保健业务指导,培训托儿所的所长和保育、医务、炊事等人员,提高卫生保健、营养等知识,办好示范性托儿所,加强对儿童保健科研工作的指导;商业部门的主要职责是,负责儿童食品、服装、城建局和房管部门统筹规划与居民人口相适应的托儿所、幼儿园的建筑,负责调剂解决并修缮园所用房;妇联、工会的主要职责是,负责发动群众和组织社会力量,推动托幼事业的发展,协助主管部门加强对托幼工作人员的政治思想教育,工会着重协调工交、财贸、文教等企事业单位办好托幼事业;其他部门各按自己的业务范围,为办好托幼事业提供有利条件。1987年《国务院办公厅转发国家教委等部门关于明确幼儿教育事业领导管理职责分工的请求的通知》再一次明确了各部门在举办学前教育中的职责与分工,但对于学前教育的事业发展来说,有的时候多头管理容易造成多头不理的局面。

二、横向关系与学前教育

与纵向的管理网络不同,横向关系更多指向学前教育的关系生态,涉及的是学前教育与小学、家庭、社区、早教市场等多个平行组织之间的关系,这里主要对以作为学前教育公育机构的幼儿园作一分析,因此涉及的是家园关系、幼小关系、幼儿园与社区、幼儿园与早教市场等之间的横向联结。

1. 家园关系:私与公

家园关系特指幼儿园与家庭之间的互动关系。在人类历史上,家庭通常被看成是一个典型的私领域,而相对而言,幼儿园则是一个公领域。儿童的学前教育经历了一个从作为私领域的家庭的责任和权利,走向作为公领域的幼儿园责任的转变过程,在这样的转变和不断争论中,作为公育机构的幼儿园逐渐发展起来,家园关系也在不断发生着变迁。

(1) 东西方历史上关于家庭教育与幼儿园教育的争论

从历史的进程来看,关于要不要让孩子接受幼儿园教育,接受多长时间、何种形式的幼儿园教育在东西方一直都存在着争论。相对而言,中国在这个问题上争论的声音比较微弱,即使有所争论也不是西方意义上的家庭养育权与幼儿园教育权之间的权力之争,而是聚集于让孩子接受何种形式的学前教育更利于社会和儿童的发展之争。1903 年武昌蒙养院的办园宗旨为:幼稚园因家庭教育之不完全而设,专辅小儿自然智能,开导事理,涵养行性,以备小学堂之基础为宗旨。幼稚园重养不重学,儿童未及学龄之年,皆其当期。有此蒙养,将来就学自然高人一等。[①] 1919 年开办的厦门集美幼稚园则认为:幼稚园协助家庭教育幼儿,以谋家庭教育的改进,深信幼稚园教育有改造家庭教育的责任。[②] 1923 年创办的南京鼓楼幼稚园的办园主旨则为:利用幼稚园以辅助家庭,[③]并以试验所得优良最经济之方法,供全国教育界之采用。1934 年中央人民政府内务委员部颁布的托儿所组织条例规定:组织托儿所的目的是为着要改善家庭的生活,使托儿所来代替妇女担负婴儿的一部分教养的责任,使每个劳动妇女可以尽可能的来参加生产及苏维埃各方面的工作,并使小孩子能得到更好的教育与照顾,在集体的生活中养成共产儿童的生活习惯。[④] 而南

① 中国学前教育史编写组:《中国学前教育史资料选》,人民教育出版社,1995 年版,第 103 页。
② 中国学前教育史编写组:《中国学前教育史资料选》,人民教育出版社,1995 年版,第 261 页。
③ 中国学前教育史编写组:《中国学前教育史资料选》,人民教育出版社,1995 年版,第 278 页。
④ 中国学前教育史编写组:《中国学前教育史资料选》,人民教育出版社,1995 年版,第 364 页。

京高等师范附属小学的幼稚园则认为，幼稚园是家庭教育和学校教育的中间阶段，也是学校教育的发端。①

从以上各幼稚园的办园宗旨中不难看出，中国幼儿园很大的一个任务在于辅助与改造家庭，为儿童创造一个更适合其成长的社会环境，这种思想也可从我国早期的学前公育思想中发现，如康有为主张公共学前教育、恽代英主张儿童公育，其思想的出发点都是基于对家庭现实的批判。与中国相呼应，1837 年福禄贝尔创办幼儿园时，也试图通过改变家庭教育进而改善儿童生活，他一直致力于"给缺乏教育知识的父母提供内容和方法上的指导②，并通过推行"恩物"式的游戏材料达到改革家庭教育的目的。但家庭秩序的顽固性迫使他从"改良"家庭教育走向对家庭教育的"革命"，因而，以"幼儿园"命名的专门的学前教育机构应运而生。这样一来，一个有趣的画面逐渐形成。一方面，儿童的成长与发展宜较早进行，但家庭秩序并不能适应儿童发展，最适应儿童的是遵循儿童之序而进行有目的的教养活动的幼儿园。另一方面，集体保育使所有儿童能在早已安排好的园地中，在园丁的有效监督中自然成长，这满足了人们追求普遍主义教育的民主想法。③

在中国台湾，自近代社会以来，育儿越来越被视为是家庭的主要责任。幼稚园作为主要的学前教育模式，只为中上阶层家庭儿童提供半日制以教育功能为主的服务。与幼儿园相对的另一种学前教育模式——托儿所，则较多以劳工阶层家庭为对象，以极低廉的价格提供幼儿营养、生活照顾。可以看出，在台湾地区，托儿所具有不同于幼稚园的社会福利的功能。④

在西方世界，有关幼儿教育的问题有着广泛的争论，人们对于家庭和社会的作用及职责持不同的意见。如儿童应该在谁的控制下接受最初的

① 中国学前教育史编写组：《中国学前教育史资料选》，人民教育出版社，1995 年版，第 266 页。
② 福禄贝尔著，孙祖复译：《人的教育》，人民教育出版社，1991 年版，第 213 页。
③ 孙爱琴：《幼儿园常规教育的文化批判》，西北师范大学硕士学位论文，2005 年。
④ 许雅惠等著：《幼儿社会学》（谢义勇主编），台湾五南图书出版公司，2006 年版，第 308 页。

社会化，让儿童整日或部分时间不在家庭中生活是否会对他们产生消极的影响，早期教育对出身不同阶层的人是否会产生不同的影响等。美国政府在20世纪70年代的国会立法中曾提出一些旨在支持幼儿教育的议案，这既来自于妇女团体对政府和工作部门施加的影响，也来自于当时学前教育的蓬勃发展。但迄今这一立法并未成功。反对日托的运动者主要观点是，日托削弱了家庭的职能，削弱了母亲的作用。③ 有些人认为，父母和家庭对儿童来说应该是最重要的，他们在儿童的早期生活中发挥重要影响。另一些人则认为，儿童需要广泛地接触成人、伙伴及各种经验和情境，幼儿教育为其提供良好的发展机遇，如幼儿教育可以为儿童提供各种有价值的学习经验，这些经验是他们在家庭中所没有经历的；除了与父母交往以外，儿童更需要与其他儿童和其他成人交往；父母及兄弟姐妹并不总是儿童最佳的或最有能力的教育者；对于许多双职工家庭来说，日托教育是必要的。对于单身父母家庭来说，这种唯一的选择方式是十分有益的；与其把孩子托付给亲戚或邻居，倒不如使之享受日托教育。在美国，也有许多人不相信幼儿教育，因为美国很多的早期教育计划是为特殊阶层和种族团体服务的，如贫苦儿童教育计划等。尽管启动这些项目公开的目的是使这些儿童受益，但是人们依然认为，这种"特殊照顾"作为一种措施，目的在于维护阶层制度及培养社会的顺从公民。

在美国，有关幼儿教育的研究有两种主要类型：一类研究是有关贫苦儿童教育计划的研究，其目的在于评价这一计划对于贫苦儿童所可能产生的影响。这项研究通过对3 000名儿童（主要是贫苦儿童或黑人儿童）的成绩、表现和经历的变化的分析，认为"提前开端计划"在五个方面影响了幼儿的发展②，即(1)接受过早期教育的儿童不太可能在日后的学习中被安排到特设班或补习班中去。(2)对于辍学者同样具有持久的影响，而且对于留级生（很少因为成绩不佳而留级）也是如此。(3)学前教育对于

③ 珍妮·H.巴兰坦著，李舒驰、刘慧珍等译：《美国教育社会学》，春秋出版社，1989年版，第35—42页。

10岁(四年级)儿童的数学成绩具有明显的促进作用。同时这一证据也表明,这个时候的儿童在阅读考试中获得的分数较高。(4)受过学前教育的贫苦家庭的儿童与“控制组”儿童相比在斯坦福-比纳智商测验中获得的分数较高,两者的差距相当于三年的标准智商差,这种状况也在某些研究项目中表现出来。(5)受过学前教育的儿童具有更高的“成就取向”,而且他们的母亲对于子女的职业期望比其自身的职业期望更高。因此,对于贫困儿童教育计划及其他学前教育计划的研究来说,最初获得的证据似乎是否定性的,但现在的证据表明,学前教育计划具有长期的影响,而且是积极的影响。

另一类研究是有关儿童日托教育的,其目的在于评价其他取代家庭教育的各种方式是否产生了不良后果。他们认为日托教育干预了家庭事务,违背了儿童中心,取代家庭教育而不是辅助家庭教育。具体来说,在五个主要方面提出了质疑[①]:对于母子依恋关系的破坏;对儿童认知发展的妨碍;使儿童缺乏自制力而具有好斗性或怯懦性;使儿童过分依赖伙伴或导致其间的不良关系;对于母亲教子之道的剥夺。

(2) 家园关系的变迁

对于家庭与幼儿园在儿童发展中的价值问题在中国缺少像美国社会那样的激烈争论,因此,家园关系一开始便是以一种默认的方式相辅相成地存在着。新中国成立以后,我国的家园关系大致经历了五个阶段:“单位式”家园关系、“顺从式”家园关系、“迎合式”家园关系、“引领式”家园关系与“合作式”家园关系。

第一个阶段:“单位式”家园关系。自新中国成立初期到改革开放前,我国实行的是一种“单位社会”制度,同一个单位的孩子在本单位的子弟幼儿园接受学前教育,家长的社会属性比较同一,而且教师、家长和幼儿都生活在单位体制下的“熟人社会”中。在这样一种熟人社会和单位体制

① 珍妮·H.巴兰坦著,李舒驰、刘慧珍等译:《美国教育社会学》,春秋出版社,1989年版,第35—42页。

下，家庭与幼儿园之间的利益空前一致，家长在幼儿园中扮演的主要角色就是福利享用者。家长的身份比较单一，家园之间关系异常密切。

第二个阶段："顺从式"家园关系。"顺从式"的家园关系多发生在家庭结构复杂化的阶段，即家庭子女较多、家长对学前教育的关注度较低、对幼儿园作为专业机构认可度较高、家长的信息渠道较窄的情况下。"顺从式"的家园关系常常是那些有悠久历史的幼儿园或资深教师在回忆往事时最为甜蜜的"黄金时代"，那时的家庭与幼儿园之间建立的一种相对特殊的关系，家长较多地把教师看成是专业者和懂行的人，对幼儿园提出的建议和要求言听计从，有些家长甚至对幼儿园、对教师有一种莫明其妙的崇拜感。在这样一种光环效应下，家长较多地扮演着配合者与跟随者的角色，家园之间的关系也相对简单与纯洁，是一种朴素的教育关系。

一位有20年工作经验的老师回忆道："家园工作一直在悄悄地发生着转变，早先的家长会更多地依赖幼儿园，认为将孩子交到幼儿园就算完成了任务，你该干吗就干吗，甚至打骂都可以。那时的老师不仅在孩子面前是权威，在家长面前也是权威。但现在不行了，家长会更多地关注孩子在园的状态，如小班的家长更多关注有没有吃好、睡好等生理方面的事，有的家长甚至给老师提出各种要求，如送来一包毛巾，要求老师要经常性地给其擦汗，不断地打电话来提醒给孩子喝水等等。到中班的时候，家长与幼儿园基本建立起了信任关系，家长会比较多地关注孩子的认知、交往、情绪等方面，而大班末期时则会较多关注入学适应。"

第三阶段："迎合式"家园关系。"迎合式"的家园关系则是市场经济建立过程中出现的新现象，这时的家庭和幼儿园本身都在市场经济的冲击下形成了不同的分层，处于不同阶层中的家庭和处于不同评价体系中的幼儿园之间建立起了错综复杂的关系。在这种情况下，幼儿园与家庭之间的关系再也不是最初的教育关系，而是有了太多的经济关系与利益交换的色彩。一个孩子入园的过程简直就是一个"整体动员"的过程，家庭与家庭之间拼不同的社会资本，幼儿园与幼儿园之间拼各自不同的原始积累，包括社会声望、家长口碑、园所等级、课程特色等。在市场经济下，有人将幼儿园喻为“不冒烟的工厂”，而幼儿入园的过程就像一场没有销烟的战争。占据优势资源的家庭在这场“择园大战”中可以纵横驰骋，在不同类型的幼儿园之间反复比较权衡，尽享选择的自由与畅快，实现自我利益的最大化。而那些资本缺乏的家庭则从各个层面被剥夺了选择的权利。教育是一个让人各安其位的过程，赫胥黎早在《美丽新世界》中就进行了生动的描绘。

家庭与幼儿园之间关系的复杂化，使得家长在学前教育中扮演的角色也越来越复杂化，家长不得不经常扮演着多重的角色。在当下的幼儿园中，“迎合式”的家园关系较突出地表现在企业园、集体园、民办园身上，不管是大规模的还是家庭式的，这种现象或多或少地存在。在“迎合式”的家园关系中，教育关系演变为服务关系、供求关系、生产与消费的关系等。一位幼儿园园长说：“家长工作当然重要啦，幼儿是我们的财产、希望、饭碗、生源，甚至是衣食父母。我们园采用的是ISO9001企业文化，家长有对幼儿园的选择权，为了吸引生源，幼儿园要经常搞一些大活动。幼儿家长对教师的生存起了决定性作用。幼儿园不得不把家长看成上帝。”

在昆山的某所民办幼儿园，一学期一度的家长开放日异常地隆重，不仅幼儿园要进行上上下下的总动员，而且老师们在家长会上的发言也要经过反复彩排，做到万无一失。更夸张的是，幼儿园每天的入园接待有超“仪式化”的表演，不仅老师要在幼儿园门口列队欢迎，鞠躬微笑，而且还有两排挂着绶带的礼仪男孩和礼仪女孩，随后还有一系列的班级团体表演。园长解释：“这不仅是做给现有家长看，也是做给‘潜在家长’看的。”

这种情况还只是表面上、形式上的迎合，还有好多幼儿园因为生源和利益的问题，对家长的意见和要求缺少应有的“免疫力”，家长需求什么就教什么，有时甚至故意制造以激起家长的需求欲。

第四阶段：“引领式”家园关系。与“迎合式”的家园关系不同，“引领式”的家园关系强调幼儿园是专业机构，强调教育者的自尊与责任。一位幼儿教师在其博客中写道：“并不是每个家长都会支持你，附和你的教育，而这也是很正常的。对于教育，每个人都有自己的想法。小县城的大多数家长都属于平民，对于教育没有自己独立的观念，但是他们是朴实的，对老师说的道理总是心悦诚服地点头：是，是，是的。也有文化素质很高的家长，他们懂得在各种育儿杂志中吸取教育的方法，领悟教育的真谛。他们也是能对你的教育提供支持和理解的人。但也有一小部分家长，他们个性很强，懂得一些育儿的知识，但又不尽理解全部含义，断章取义地理解后，喜欢教导别人来听取他的意见。例如，有家长认为孩子在和同伴玩耍过程中会争抢玩具就是有个性，别人碰到自己的时候会反击，这样的孩子到社会上才不会吃亏，老师应该送五角星给孩子，孩子是需要表扬和鼓励的等。有时候碰到这样的家长，首先要耐心地听，有时不得已就借故走开。”①

有的家长对幼儿园的职责存在着错误定位，如认为幼儿园是管教所，不服教就得受惩罚；幼儿园是自助餐厅，不吃白不吃；上幼儿园就是上学，学的知识越多越好等。对于这样一系列错误观念，幼儿园要通过与家庭的互动不断地引导家长，使其在孩子的真实成长中感受到幼儿园教育对孩子的必要性与基础性。

“引领式”的家园关系中的“引领”主要是针对观念层面来说的，当家园之间存在着观念分歧时，有的幼儿园会采取一些变通的方式。如一园长说：“我们在开家长会的时候会经常性地邀请家长进行互动，许多家长放不开，觉得很没面子。但参与过后他会有不一样的感觉，他会通过互动，通过参与回忆起自己的童年生活，得到某种精神上的满足。有的时候，幼儿园发放的观察记录表也会在某种程度上让家长感受到幼儿园工作的踏实，不容易，并且通过这种填写观察表的过程使家长了解如何来细致地观察孩子，评判孩子。当然也可通过家长助教的过程让家长感受幼儿园老师的不易，加深双方的理解。”

如一位家长在当完助教以后感慨：“天哪，与我原来想像的完全不同，

① 高美霞：《爬上豆蔓看自己：辛黛瑞拉的教育日记》，北京师范大学出版社，2008年版，第211—264页。

一节课上下来，小朋友个个跟小猴儿似的，上蹿下跳，教室里人声鼎沸，场面几乎失控，我自己也搞得大汗淋漓。看来，老师们要教育好这么多的孩子还真不容易，以前对教师职业的理解似乎少了些。"

有经验和有勇气对家长说"不"的园长通常也会强调与家长进行沟通的方式，如一位园长说："与特殊的家长交流要注意特别的沟通方式。幼儿园通过渗透在课程中的一些大活动，通过家长的全程参与，通过幼儿园的各种动员，让家长了解幼儿园的教育观念，从而自觉地更新教育观念。"

而对于部分家长，幼儿园也会采取一些对策，如一位园长说："家长由于信息渠道的多元化，常常有许多不正确的、不合理的信息，作为幼儿园，要引领家长的教育观念，使其理解、认同幼儿园的做法。在我们幼儿园，如果有些家长与幼儿园观念特别不合，我们也会请其走人。因为在现实中确实存在着有些家长你无法说服他，无法与他沟通的，他的观念非常地顽固。其实，也不是说幼儿园的观念绝对的正确，幼儿园也有许多要向家长学习的地方，但是对于那些无法沟通的家长，只有一个办法就是走人。"

对于那些不遵循教育规律，完全迎合家长的做法，一位园长认为："幼儿教育的自尊、个性需要加以重视和强调，不能一味地迁就家长。与家长做工作，有时就需要斗智斗勇，需要用智慧。一些私立幼儿园在晨间接待、大型节日、家长开放日都要搞一些仪式化活动，我们觉得这也没什么不好，也有合理的成分，只要不是完全为了功利的目的，都可以借鉴。我们幼儿园有家长的口碑，在家长中有良好的信誉度，所以在六一节、家长开放日等活动中，我们也会关注形式，如让所有幼儿来参与表演，享受参与的乐趣。但我们不会大量地训练，劳心劳力，我们会用其他的东西，如漂亮的服装、华丽的舞台、幽默的主持来增添节目的可看性，渲染节日的气氛。有些孩子在舞台上基本上是呆呆的，但这并不妨碍。在他的记忆里，他有上台表演的经验，家长也能感受到孩子是被接纳的。"

第五阶段："合作式"家园关系。家园之间从为孩子服务上来看，其根本目的是一致的，因为家园之间有共同的愿景，都是为了促进幼儿的发展。目标一致了，两者才能在共同目标的基础上实现各自的利益。

幼儿园从为孩子、为家长服务中获得其品牌效益、经济效益和社会效益，提高幼儿园的整体社会资本和综合竞争力。而家长则通过让孩子进入幼儿园获得成长与发展的资本，享受与其经济付出相应的资源与教育。

毫无疑问，当下的社会是一个分层的社会，而且这种分层显得越来越固化。从幼儿园家长的社会归属来看，几乎是特定类型的幼儿园为特定类型的家长服务，也就是说，同一个幼儿园中的孩子大多来自同一社会阶层。基于这样一种相对简单的阶层关系，家园之间的合作才有了可能。形象地说，在合作式的家园关系中，父母是左手，教师是右手。

强调家园之间的合作，并不是说家园之间就没有矛盾和冲突，而是基于这样一种根基，幼儿园会不断地研究家长的需求，并将其合理的部分加以转化，但绝不迁就。因为，幼儿园相信，家长是教师的教育合作者，是家园共育的教育合力中不可或缺的因素。幼儿园会通过各种方式让家长树立这样一种意识，即，家长将孩子送到幼儿园，不是其教育责任的移交，而是家长在教育孩子方面增加了专业的合作者。

其实，在当下的家园关系的现实状态中，纯粹的“单位式”、“顺从式”、“引领式”、“迎合式”或“合作式”都不存在，家园之间的关系已日趋复杂化、多元化，是一种并存状态而非单一状态，尤其是市场力量的介入，幼儿园办园体制的变化更是导致了家园之间错综复杂的关系。在当下，家园之间的冲突比以往任何时候都多，经济关系与交换关系的出现使得家园沟通变得日益困难与微妙，一不小心就会形成对立局面。

与过去相比，现在的家长在幼儿身上的投入比任何时候都要大，为了选择一所合适的幼儿园，家长要交赞助费。有的家长说孩子上幼儿园比上大学所花的费用还要高。[①] 家长的高投入通常会期待着高回报，而当家长觉得未获得预期的收益，付出与回报之间落差明显时就会将责任归

① 与中小学相比，幼儿的生均经费是比较高的，原因就在于幼儿的特殊性以及由此带来的幼儿园所提供服务的特殊性。中小学可以有很高的师生比，而幼儿园一个班级需要配备两教一保，师生比通常在1∶9左右，这种特殊性就必然要求家长付出比中小学高得多的教育投入。

咎于幼儿园，家园冲突就会不断升级。有些园长反映，幼儿园的家园冲突比较多地会发生在大班，因为这个时候家长已经无所顾忌，他们会不太在乎幼儿园、教师的反应。所以，为了缓解家园之间的紧张，在大班末期，有些幼儿园会精心准备毕业汇报演出，努力缓解家园矛盾，使家长、孩子改变对幼儿园的对立情绪，留下美好的回忆与印象。

家园之间除了投入与回报产生的冲突外，还存在着因大量的信息不对称现象而引起的冲突。有时，幼儿园以各种幌子来骗取家长的信任。如在招生期间，幼儿园为了抬高赞助费的价格故意放出风声说，幼儿园现在已经名额爆满，幼儿园已经不能再容纳下任何一名幼儿了。这种故意造成的入园恐慌导致幼儿园的招生一再地提前，原来暑假才开始的招生现在则提前至春节前后，家长为孩子的入园问题忧心忡忡。如一位园长在访谈中说道："以前说酒香不怕巷子深，我觉得不是这样的，现在的社会对幼儿园的宣传、包装还是必要的，我们会比较真实地宣传，不做完全虚假的东西，但宣传的结果就是要造成一种声势，让所有的家长都想进来，但又很难。"

家园之间信息的不对称不仅表现在招生宣传上，也表现在课程内涵中。如平行班的家长会问："你们班怎么没搞那个主题，怎么没有那个活动，小一、小二、小三都搞了，你们班为什么不搞？"在隔壁班与平行班之间，形式上的差别会一目了然，而由于家长信息的短缺，他只能首先关注形式上的公平，相对理性的家长可能会在关注形式课程的同时进一步去关注班级课程的实施情况，关注实实在在的发生在幼儿身上的教育与引导上的差异。在有些幼儿园，家长对幼儿园的介入程度已越来越深，不仅是在日常生活方面，在课程实施、生活服务、兴趣培养方面都会提出不同程度的意见。有些幼儿园将这种家长称为"麻烦的制造者"，有时会将某个孩子打入"黑名单"，而有的幼儿园则会吸取家长意见中的合理成分，主动改进自己的工作。家园关系的特殊化带来了管理、服务上的特殊化，但是也带来了幼儿园在发展空间上的特殊化。

有的研究者认为，幼儿园与家长的法律关系已演变为一种教育合同关系[①]，“学校的教育权（包括教师的教育权）都是受父母的委托而产生的”。当父母把教育权委托给幼儿园时，便发生了民事法律关系的变更即教育权的变更。在幼儿园与家长的关系中，当双方都做出了意思表示，如一方说“我想招生”，一方说“我想送孩子入园”，家园双方就会建立起民事法律关系，即“我愿意承担你的孩子的教育权利义务和相应的合同义务”和“我愿意把我的孩子的教育权利义务委托给你园并承担相应的合同义务”。

2. 幼小关系

正如世界上第一所学前教育机构命名为“幼儿学校”而非“幼儿园”一样，幼小关系中呈现出来的“情结”一直是“向上看”而非“向下看”，幼儿园或主动或被动地从事着幼小衔接的工作，而小学则成为检验幼儿园工作的一个组织。目前的幼小关系中存在着较严重的不平衡，只有小学才有资格来对幼儿园的衔接工作说三道四，而幼儿园似乎缺少对小学取向的评说权，无奈之下，很多幼儿园不得已采取一种迎合小学的方式。

有研究者做过一个关于幼小衔接的课程调查[②]，分别倾听来自幼儿园、小学老师的不同的声音，结果发现，在幼小衔接上，小学有两大阵营，幼儿园则比较统一，但从幼儿园与小学的关系来看，幼儿园更被动一些，而小学更主动一些。如一位小学老师说：“随着教育改革与课程改革的逐步深入，人们越来越关注孩子整体素质的发展，我们也更多追求学生综合素质的发展。直接从幼儿园上来的和从学前班上来的学生，他们是有差别的，由于幼儿园在跟小学抢教材，所以知识上差距不大，差别更多的是在行为习惯和学习习惯上。”另一位小学老师则认为，“孩子从幼儿园进入小学之后，一般都有短则一个月、长则一个学期甚至一年的不适应期，而上过学前班的适应就快。从幼儿园直接上来的孩子很多行为习惯不尽人

① 赖长春：《试论民办幼儿园与家长的教育合同——幼儿园伤害事故中责任认定的合同法基础》，载《学前教育研究》2003 年第 10 期。
② 杨晓萍、伍叶琴：《教育的张力：基于幼小课程衔接的视角》，载《学前教育研究》2007 年第 7、8 期。

意需要我们大力去帮助、去教育、去培养，比如听的习惯、说的习惯、握笔的习惯及自理的习惯等等。我们小学老师在接新生后，就感觉整个半年嗓子是哑的，每天要说很多话，一句话要对孩子说上5遍，他们听的习惯不好。孩子的倾听意识、任务意识还没有建立起来。当然，也有的孩子以前在学前班学过拼音汉字，做过数学题，到一年级开始成绩很好，但可能正因为这样，他觉得自己都会了，不专心听讲，到了二、三年级，成绩马上就下来了。”

而幼儿园老师则认为：“从我们幼儿园进入一年级的孩子，开始一个月左右的时候与读过学前班的有一些差距，主要是太活跃、常上厕所、不能规规矩矩地坐着，还有就是拼音识字方面没有上过学前班的孩子掌握得快。但是由于我们的孩子学习较积极、思维活跃，两三个月后就能跟上去。”于是幼儿园老师追问：“是要跑得快一点，还是要走得远一点？”

目前，我国幼小衔接中呈现出来的的压力可能主要来自于应试教育体制。自宋代有科举制度以来，通过读书提高社会地位和经济收入就成为普通老百姓最大的希望，新中国尽管没有科举制度，但高考制度一直成为人们实现社会升迁和社会流动的主要工具。在当前，高考的压力看起来似乎在减弱，但对于优质大学的压力仍然存在，而且比以前更严重。于是，这种压力就会沿着升学体系不断地向下延伸，一直影响到幼儿园。家长在孩子很小的时候就被告知不能让孩子输在起跑线上，要想孩子有一个美好的未来，就不得不从小磨砺。于是，很多地方认为[①]：“幼小衔接唯一能做的就是学习小学一年级的知识，结果是幼小衔接不仅为小学学习作好了准备，而且去掉了小学一年级存在的必要性。”西安的老师提出[②]：“幼儿园教小学内容，一方面是为了孩子能适应小学教育，为将来考个好大学奠定基础。另一方面，是为了跟小学的学前班抢生源。”湖北省荆州市的老师说[③]：“我们幼儿园完全小学化了。我们这儿的家长基本上都是农村的，基本上不了解幼儿心理学这方面的知识。家长就要求孩子会读、

①②③ 陈思帆：《转型时期的中国幼儿园》，华中师范大学硕士学位论文，2005年。

会写、会算。我们要是让这里的孩子像录像中一样，整天都不学习，在外面做游戏，家长就会说‘我的孩子在幼儿园总是玩，还不如留在家里玩’。而有的家长认为大班学的知识多，自己孩子还不到大班年龄就要求把孩子转到大班，如果我们不同意，家长就把孩子转到别的幼儿园。”

以上种种现象表明了中国当下幼小关系的复杂性与矛盾性。幼教工作者在观念上知道该如何做，但迫于社会的压力，在行动上又不得不违背自己的意愿，盲目地使幼儿园成为小学的“预科”，使幼小衔接的双边性越来越沦落为幼儿园对小学的单向性迎合。在江苏某地，为了稳定生源和获得体制内的生存，幼儿园还与小学实施意向性捆绑，完全附属于小学，成为小学的“不冒烟的工厂”。

从世界历史来看，福禄贝尔早在创办他的幼儿园时就提出了“胚芽理论”。他认为要将幼儿园中的儿童之序与学校里的生活秩序连接起来，实现儿童的连续性发展。当前的幼儿园与小学之间缺少一个“中间学校”，这就使得儿童在幼儿园的生活与在小学的生活显得有些断裂和跳跃。幼小衔接是一种双边关系，既需要幼儿园进行有意识的设计，也需要小学的参与，任何一方力量的缺场都可能导致不和谐的出现。

3. 幼儿园与社区的关系

无论是在农村还是城市，社区这种组织形式都是一定阶段的产物。目前，我国的社区建设还处于起步阶段，社区教育还相对薄弱，社区与社区内的学校之间真正的互动关系与互动机制还未建立起来。从幼儿园与社区的情况来看，目前，很多幼儿园在建立与社区的联系时主要有两种形式：一是利用社区的资源来为幼儿园的教育教学服务，一是幼儿园作为一个教育机构与专业机构为社区的早教、培训提供指导与服务。在第一个层面，幼儿园做的相对较好，而在服务社区方面，目前还相对较弱，还未建立起一种经常性的制度。城市中已经建立起来的社区学院在服务社区，加强同社区内的学校之间的联系方面还亟待深化。

江苏南京的有些社区，借助省级示范园的力量，向社区居民提供的不同种类的早教咨询与早教培训已逐渐地开展起来，但由于目前体制上还未完全理顺，所以受惠的居民相对较少，还未形成一种社区与幼儿园联动的机制。

在西方的许多国家中，幼儿园与社区之间的关系则非常密切，如著名的瑞吉欧方案教学正是建立在与社区的大量联系基础上的，没有社区居民、社区志愿者的热情参与，方案教学的任何一个项目都是很难进行下去的。

而且，相比一些西方国家，我国的社区资源还不够丰富，社区活动也开展得较少，社区图书馆、社区乐园、社区活动中心还存在着数量上的严重不足。

第三章 学前教育的社会功能

> 像所有的解释构架一样，功能分析依靠理论、方法与资料三者的集合。功能分析范式中的每一个项目，都需要持续不断的理论澄清以及累积的经验研究。
>
> ——默顿：《论理论社会学》

回溯世界学前教育的发展历程，公共学前教育的出现不过是200余年的事情，在中国，则只有100余年。在机构化的学前教育机构200余年的生命历程中，我们可以看到，在不同的历史时期，人们对学前教育机构性质的把握、功能的定位是不同的。从表层、显性的角度看，学前教育机构经历了从慈善机构到保教机构再到文明社会的论坛这样的变迁。[①] 而从深层的角度分析，这种变化反映了人们不同时期的不同社会期待和幼教机构可能具有的现实功能。然而，历史并不是如此平静而又单线地走到今天的，无论在历史发展的哪个时段，关于学前教育的功能的说法都是"多声部"的，即使在今天，不同国家对学前教育的功能定位与功能期待也还存在着巨大的差异。本章试图讨论学前教育的社会功能，并对已有的

① 杜燕红：《学前教育机构性质和功能衍变的价值取向及其意义》，载《幼儿教育》2006年第5期。

功能分析作一个简要的梳理。

第一节
学前教育社会功能的争论

公共学前教育机构诞生于第一次工业革命兴起后的近代资本主义时期，在中国则最早出现于洋务派的改革实践中。然而，早在古希腊，柏拉图在其《理想国》中就对儿童早期的公育制度作了详尽的划分和规定，后来，人文主义教育家莫尔在其《乌托邦》、康帕内拉在其《太阳城》中也对公共学前教育机构有过生动的描述。从理想的建构到现实的完成，学前教育走过了近2000年的历程，如果没有近代大工业的发展，公共学前教育的诞生也许还要延迟很多年。

在当下，人们对学前教育的地位和功能褒贬不一，有的主张重视学前教育，将学前教育纳入免费教育体系。有的则主张要取消机构化的学前教育，让学前教育重归家庭与社会。就目前而言，关于学前教育的功能争论主要表现为两个方面，即性质争论与强度争论，前者表现为对学前教育有无社会功能的质疑，后者表现为对学前教育有多大功能的追问。

默顿认为，一般的功能分析通常有三个假设[①]：即"社会功能一体的假设"、"泛功能的假设"和"不可或缺性的假设"。这三种假设可以连续地表述为：标准化的社会活动或文化事项对整个社会或文化体系是有功能的，而且是正功能的，因此是不可或缺的。当下，关于学前教育的功能研究在正规的出版物中出现的相对较少，人们通常以一种非正式的言论来表明其对学前教育功能的认识，这种认识尤其表现在各地方政府的学前教育政策中。

一、功能的性质争论

功能的性质争论主要表现为两个方面：一是学前教育有无社会功能，

① 默顿著，何凡兴译：《论理论社会学》，华夏出版社，1990年版，第106—120页。

一是学前教育有无积极的社会功能。而在学前教育的功能呈现上,争论的焦点似乎首先集中于“有无”,很多人觉得学前教育不具有社会功能,尤其是不具有学校教育所具有的推动社会进步、培养优秀人才的功能。对待学校教育,人们的眼光似乎都能够放远点,看到学校教育给社会带来的长远的利益。然而在一些人看来,学前教育只是一项保育事业,目的是带好孩子,促进其身体的发育与成长,至于其社会价值是非常欠缺的,甚至是没有的。这种观点较多地表现在地方官员的言论中。如深圳市改革办公室一位处长认为:

“我想,我国为什么没把学前教育作为义务教育,可能学前教育更多地是……更多地是,对个性的培养,是家庭的培育和培养。所以,在进入中小学以前,幼儿教育是以家庭和社会的养育为主,是保育。一旦达到一定年龄,如小学和中学,可能对社会的影响可能更大一些。”

地方官员对学前教育的功能定位决定了其所采取的政策措施,在深圳,由于地方政府将学前教育定位于家庭和社会,是一项养育性任务,因此,政府所作出的对 22 家公办园进行转企便是顺理成章的。江苏宿迁将公办园、中心园全部卖光其实也是政府对幼儿园功能定位的结果。在地方政府部门看来,既然幼儿园于本地的经济、社会发展没有积极的意义,政府当然不能继续进行投资。所有在全国幼儿园改制风潮中存在的卖园、转企现象都是因为政府对幼儿园功能定位出现了误差。地方政府不可能将影响其经济命脉或社会安全的其他机构卖掉或转制,卖幼儿园是比较和筛选后的结果,也是对学前教育极大误解所造成的。

除了有无功能的争论外,此外,还存在着积极功能与消极功能的争论。有人认为,机构化的学前教育机构的出现弱化了亲子依恋和家庭团结,这种情况特别地表现在日本的“3 岁儿神话”中。由于日本社会相信母亲对于孩子的养育权利与养育责任,所以反对建设幼儿园,反对母亲将孩子送到幼儿园集体教养。在一些北欧国家,如挪威,也主张孩子要在家庭中接受早期学前教育,但政府强制每个适龄幼儿每年接受 500 多小时的幼儿园教育。挪威政府之所以给予家庭选择权，主要在于既看到了家庭的依恋功能，又看到了幼儿园对于促进儿童社会化的功能。

在我国很多地方，家长之所以让孩子留在家庭不是对其家庭养育权的维护和对幼儿园不信任，而是因为家长无法选择入园，我们的幼儿园规模、质量、水平还没有发展到让不同层次、不同需求的家长都有园可选。对于那些底层劳动者、流动人口而言，这种选择更是一种无奈的选择，他们找不到适合其经济承受能力的幼儿园，政府也没有为保证底线的公平扩大对幼儿园的投入，相反，我国政府的大量投入都给了条件优越、资源丰富的公办园。我国公共学前教育机构的混乱现状导致幼儿园的功能很大程度上被遮蔽了。更有甚者的是，一些幼儿园，由于强化知识学习，完全忽略了儿童的成长需要，完全成了小学的预备班。这种对自身功能的放弃也使幼儿园在社会上造成不良的影响。

二、功能的强度争论

功能的强度争论表现为人们对学前教育所能发挥的功能的强度的质疑，也即学前教育到底在多大程度上促进个体社会化和社会的长远发展。在个体的社会化上，学前教育的功能是有目共睹的，接受过幼儿园教育的孩子，在日常规范、行为习惯、自主意识、思维方式和身体习性上都明显地区别于未接受过幼儿园教育的孩子，幼儿园教育不仅使孩子成为社会的公民，而且最为重要的是让孩子学会如何共同生活。当下的孩子都是独生子女，“独”自当头极易形成的很多不良恶习都可以在集体化的生活中加以矫正，家庭和社会这样的非正规教育有太多的情感主义取向，它不会使儿童感受到集体的压力和荣耀。

个体社会化的结果不仅有益于儿童个人的社会生存，而且更有益于社会的集群、稳定与有机团结，社会生活正是由不同的个体而组成的，没有守秩序的个体就不会有有序的社会，更别谈社会的长远未来。

在我国，对学前教育社会功能的研究，尤其是长期的跟踪研究是非常缺乏的，所有的功能认知都只是靠个人的感觉，如家长的感觉、小学老师的感觉、研究者的感觉等。由于实证研究的缺乏，学前教育研究者缺少有力的证据为自己争取应得的权利与应有的尊重，幼儿园作为一个公共学前教育机构也无法从政府那里获得更多的理解与支持。美国历史上有一个著名的佩里方案，它通过长达30年的追踪研究证明了学前教育对儿童一生、对预防社会犯罪的积极影响。而且，即便是从经济的投入与回报来看，对学前教育的投入也达到了一个低投入与高回报的积极效益状态。然而，中国目前还缺少这样的实证研究，地方政府在制定学前教育政策时很大程度上是靠决策者的个人判断，如果决策者认为学前教育具有积极的个人效益与社会效益，且能缓解社会公平的话，他可能在决策时更多考虑到资助学前教育的发展，而反之，则不可能。

教育的社会功能是滞后的，学前教育的社会功能更是滞后的，当社会用一个功利的眼光向学前教育要效益时，学前教育是很难交出令其满意的答卷的。但脑科学研究和对贫困儿童的一系列资助计划表明，人的生命早期的教育是具有巨大的影响力的，错过了儿童人生发展的春天再来弥补时所要付出的代价必将是惨重的。所以，一个有远见的政府就不应该不关注学前教育，因为儿童的生命是不可逆转的。在下面的两小节的内容中，我们将具体讨论学前教育的社会功能，不管是指向个体的、家庭的，还是社会的。

第二节
学前教育的显性社会功能

默顿认为，所谓显性功能是指某一社会事项对于某一特定单位(个体、次团体、社会或文化系统)的客观后果，这些后果有助于该单位的适应或适合，而且也是有意这样安排的。[①] 它区别于隐性功能而存在。同时，默顿认为，对显功能与隐功能的区分具有启发意义：既可以对一些似乎不

① 默顿著，何凡兴译：《论理论社会学》，华夏出版社，1990年版，第154页。

合理的社会模式的分析起澄清作用，促进对理论上富有成果的研究领域引起注意，发现隐性功能表明社会学知识的重大进步，又可以避免以朴素的道德判断代替社会学的分析。[①] 因此，社会学取向的功能分析指向的是某一事项的客观结果，而不是主观意向，如目标、动机、目的等。若不区分客观社会后果与主观意向，则必然导致功能分析上的混乱。因为主观意向可能与客观后果相符也可能不相符。本节主要探讨学前教育对个体、家庭以及社会所形成的“客观后果”，它是实实在在存在的，而非主观臆想出来的。

就学校教育而言，帕森斯认为具有两大功能，即个体社会化和社会选拔功能。[②] 有研究者认为，在学校教育领域内，学校功能已经出现了失衡[③]，人们过于强调学校的选择功能而忽视了学校的社会化功能。这里讨论的学前教育的显性社会功能主要指学前教育对儿童的社会化、家庭的双重解放以及社会的文明进程所带来的影响，它明显地区别于学校教育的选拔功能。

一、儿童:次级社会化

学前教育最显著的客观后果便是儿童的社会化，即儿童从一个自然人发展成为一个社会人。儿童的社会化分为初级社会化与次级社会化两个方面，初级社会化是在家庭中完成的，次级社会化是在学校中完成的，幼儿园是儿童接受次级社会化的第一个场所。齐美尔认为，社会化的过程是一个人与社会之间相互作用的过程，尤其表现为儿童对社会的适应、改造和再适应、再改造。儿童社会化的过程是一个全面的过程，不仅是一个社会规范的习得过程，也是一个文化社会化、结构社会化的过程。从社会结构和社会角色的角度看，儿童社会化的实质就是儿童不断地学会扮

① 默顿著，何凡兴译:《论理论社会学》，华夏出版社，1990年版，第155—163页。
② 帕森斯著，赵明译:《作为一种社会系统的班级:它在美国社会中的某些功能》，载《国外教育社会学基本文选》(张人杰主编)，华东师范大学出版社，1989年版，第506—507页。
③ 劳凯声:《重新界定学校的功能》，载《教育研究》2000年第8期。

演各种社会角色，进行角色学习的过程。就学前教育给儿童带来的次级社会化而言，主要表现为三个方面：建构儿童社会、习得社会规范、奠基小学教育。

1. 建构儿童社会

幼儿园给儿童带来的最根本的改变是集体化生活，儿童无法像在家庭那样一个人独占、独享、独玩，儿童不得不学会轮流、分享、合作，学会共同生活。在幼儿园这样一个特定空间中，很多活动是以集体和小组的形式进行的，这就为儿童造就了自发结群的机会，使儿童逐渐地从家庭的孤独与自我中走出来，与志趣相同的同伴建构起儿童社会，他们或以游戏为纽带，或以体育娱乐活动为中介。

儿童自身所建构起来的儿童社会与成人主宰下的儿童社会不同，儿童是其中的立法者，通过加入儿童社会，儿童学会与同伴相处，并掌握一定的交往技能，知道该何时妥协、支配、认同或抗争。在儿童社会里，儿童不论是支配者、追随者还是服从者都是由自己的自由意志决定的，其自身能力和资本决定了其在同伴群体中的地位。同伴世界中游刃有余的生存使儿童的角色习得更加复杂，自主意识也不断增强，儿童社会是一个彰显儿童力量与勇气的地方，它使儿童成为他自己。

2. 习得社会规范

有人认为，幼儿园是儿童人生加入的第一个正式组织。[①] 作为一个组织，幼儿园不可避免地存在着一些组织规范和组织规则。幼儿进入幼儿园就意味着其获得了新的地位和新的角色，如幼儿园小班学生，他必须学习附属于这个角色下的规范与社会期待。在幼儿园中，幼儿社会化的方式通常包括：奖赏与惩罚、观察与模仿、认同作用、直接教导与道德规范、阶级与文化差异等。

儿童在幼儿园中的生活过程就是一个不断学习各种规范的过程，从入园时的问候行礼到入班后的卫生打扫、游戏时的活动规则、上课时的常

① 吴康宁：《教育社会学》，人民教育出版社，1998 年版，第 262 页。

规等，幼儿园的各种规范几乎可以用福柯的“毛细血管化”来形容。在这样一张由规则所织就的大网中，动辄得咎的不仅是孩子，还包括老师自身，因为幼儿园的各种规则不仅是指向物的，更是指向人与人的关系的，儿童与老师处于一个关系网中，也就处于规则的相互监视中。韦伯曾说过，如果遵守规则的好处没有违背规则的惩罚大，人们就不会遵守规则。儿童在幼儿园中之所以遵守规则，不仅因为规则是必需的，而且因为规则是有权威的，违背它会遭到惩罚。

3. 为小学教育作准备

学前教育有一个很重要的目标是实现幼小衔接，为幼儿入小学作好准备，所以，对于儿童的次级社会化而言，学前教育还有一个重要的功能是服务于小学。据日本《读卖新闻》报道，近年来日本不少小学因部分低年级学生不能适应新的学习生活，导致教学活动无法正常进行，出现了所谓小学一年级问题①。这种现象表明，接受学前教育与不接受学前教育对于儿童入小学以后的学业影响是不一样的。学前教育阶段其主要的目的不是进行知识教育，而更多关注兴趣、能力与习惯的养成，因此，就为小学生活作准备而言，学前教育发挥的功能在于心理与习惯上的准备，而非知识的提前学习。但在现实的学前教育中恰恰又出现了许多超前识字的学前班现象，它不是强化幼小衔接，而是以幼小衔接为名将一年级的课程内容提前，使学前班成为预备一年级，从而大大弱化幼儿园为儿童入小学作准备的功能和信誉，形成一种提前教育与过度教育的不良风气。

然而，正如美国儿童社会学家柯沙罗所言，幼儿的社会化并不是一个单向的过程，儿童和社会、其周围的社会生活环境、社会规范随时都会“讨价还价”。基于此，他提出必须用“诠释性再生产”②来修正传统社会学研究对儿童社会化核心概念“再生产”的界定。以往社会学家看待儿童，多把儿童看成一个社会化作用的对象，即被教化的对象，这样的社会化观是

① 佚名：《日本将把幼儿园纳入义务教育》，新华网，2006-01-04。http://www.xinhuanet.com
② 许雅惠等著：《幼儿社会学》（谢义勇主编），台湾五南图书出版公司，2006年版，第50页。

一种社会再制论思想，强调社会传承运作的方式，仿佛儿童只是社会复制品而已。其实，儿童在社会化的过程中，并不是无所作为的，儿童作为一个积极的行动者对加诸身上的任何规范、约束都会经过自己的诠释、加工，甚至变形改造，“诠释性再生产”能更好地描述儿童社会化的过程。

二、家庭：双重解放

无论东方还是西方，幼儿园的出现从某种意义上来说都有对家庭教育功能进行补充和改造的目的，1816 年出现的世界上第一所学前教育机构——幼儿学校，不仅弥补了家庭教育的不足，更通过这种教育的实施使得父母，尤其是母亲从单纯的带孩子中解放出来，走向工厂和学校，走向更广阔的社会空间。在走向工厂和送孩子入园过程中，家长的育儿观念也同时得以更新。

1. 劳动力解放

在公共学前教育机构未出现以前，儿童的早期教育主要在家庭中进行。为了养育儿童，父母花费了很多的时间与精力，尤其是母亲，不得不困于家庭。幼儿园的创办从某种意义上为家庭妇女走出家门创造了可能，使妇女从单纯的家务劳动与养育儿童中解放出来，从事更复杂的劳动。

在我国历史上多次出台的各种法规和文件都给幼儿园规定了一个很重要的任务，那就是为解决家庭的后顾之忧提供服务。如 1952 年《幼儿园暂行规程草案》规定，幼儿园的任务是：根据新民主主义教育方针教养幼儿，使他们的身心在入小学前获得健全的发育；同时减轻母亲对幼儿的负担，以便母亲有时间参加政治生活、生产劳动、文化教育活动等。同时还规定：幼儿园招收幼儿时，对职业妇女的子女和工农子女，应尽先收受。1979 年的《全国托幼工作会议纪要》进一步规定：工矿企事业单位办的托儿所、幼儿园应积极搞好整顿，不仅收女职工的，也要收男职工的孩子。

新中国成立以后，在城镇举办的幼儿园基本是以职工福利的方式出现的，这些幼儿园自始至终发挥着教育性与福利性并重的特色。孩子有园可入，家长自然就可以走向工厂学校，转变为一个劳动者。然而，在农村，学前教育的发展则要相对滞后，村民自治组织只有在农忙时才会组织临时托儿所，在农闲时节孩子大多不上幼儿园。而当下的农村，由于乡镇企业的发展和外出打工人员的增多，农村幼儿园也已相对普及，农村劳动力更多参与到各种经济建设中去。

2. 观念解放

孩子的入园带来的直接后果便是家长劳动力的解放，然而，与此同时，孩子的入园也使家庭有了一个专业的教育助手和咨询专家，在幼儿园老师的引导下，一些家长的育儿观念在发生着变化，不再固守于让孩子吃饱穿暖，或者简单地把教育的责任推向幼儿园，他们也开始较多地关注孩子良好的学习习惯、卫生习惯和自理能力。在家园关系上，家长最早是盲目地跟着幼儿园走，幼儿园说什么就是什么，慢慢地家长开始有了一些教育意识，逐渐向幼儿园提出一些合理化的要求或建议，而当下更多家长则认识到孩子的教育是家园双方共同的任务，必须很好地配合，否则容易造成孩子发展上的困扰。

与家长育儿观念并行不悖的是，走上不同种类工作岗位的家长对自身的能力与信心也会随着工作的开展不断地发生变化。原来固守于家庭的母亲们一旦有机会走出家庭走进工作场所，她们对自己、对家庭的认识都会发生巨大的变革。

在历史发展上，家庭的功能一直是变迁着的，从原来的养育、生活组织到后来的生产、经济组织再到现在的情感与生活组织，家庭的功能有一个向传统回归的过程。① 在学前教育诞生以前，家庭较多地是一个生育范畴，而幼儿园的出现使得家庭成为经济与生产组织有了可能，父母既可在家庭开设手工作坊，也可走出家门参与社会劳动，而当下的家庭则似乎越来越向情感性组织回归。现在的家庭既重视对孩子的家庭教育，也关注孩子在幼儿园中的生活和教育，学前教育受到家庭前所未有的重视，家

① 吉登斯著，赵旭东等译:《社会学》(第4版)，北京大学出版社，2004年版，第166页。

庭的血缘与亲情纽带也在不断地加强。

三、社会:文明化进程

表面上看,学前教育的直接受益人是儿童和其家庭,但实际上,整个社会在学前教育社会化的过程中也不断地受益,甚至成为最大的受益方。从某种意义上来看,学前教育普及率的高低是衡量一个社会文明程度的标尺。近代学前教育的诞生是在生产力的大发展的基础上出现的,是人类社会进入工业文明的标志之一。中国学前教育机构的诞生虽不是基于西方意义上的生产力的发展,却也是起步于洋务派的救国图强和观念更新,是社会精神文明进步的一种表现,幼儿园的出现在一定程度上弥补了家庭教育的不足,改造了家庭教育观念。

对于社会生活而言,学前教育的普及不仅拉动了社会消费,带来了经济增长,而且使人们对社会福利形成了一些新的看法。

1. 拉动社会消费与经济增长

与中小学教育相比,学前教育具有显在的消费性与潜在的生产性。在家庭对子女的教育投入中,有的幼儿园的保教费用是极其高昂的。由于我国优质幼儿园资源的相对缺乏,家长们为了让孩子上一所优质的幼儿园,不得不提前让孩子先上某一幼儿园的托儿所,甚至还要提前到托儿所之前的亲子班。这样,为了入一所幼儿园,家长可能要付出提前两年的教育费用。倘若还不能顺利入园,家长甚至还得为孩子交各种形式的赞助费。

在我国高等教育的发展过程中,大规模的扩招其初始动力并非来源于高等教育大众化运动,而是为了拉动内需,推动经济增长。幼儿园在其发展过程中,虽然其主导思想一直是想提高入园率,扩大学前教育的受惠人群,但在实际的运行过程中却起到了拉动内需的客观结果。

从更微观的幼儿园内部来看,孩子们从不同的家庭聚集到了一起,同伴之间对所穿的服装、所玩的玩具、所读的书籍与所吃的食品,都会有一个横向比较。通过幼儿园这样一个集体场所的传播与渲染,孩子对某类商品的占有欲望被调动起来，更快速地促进了社会消费。更进一步而言，儿童天生就是一个消费者，幼儿园的群体化生活只是加快了幼儿对某类商品认同与占有的欲望。

除了以上直观的说明外，西方一些研究者还对托幼机构的教育质量进行经济学分析。他们的研究表明：就生产力的提高、成本的节约、投资回报率而言，对早期教育的投资具有长远的社会效益，能使社会在未来得到巨额回报。[①] 与此同时，孩子接受学前教育还可使家长对儿童的社会期待提高，在日常生活中回馈给儿童更高的期待、更多的自信。这种亲子互动方式和对儿童的未来期待使得父母更愿意投资儿童的学前教育，进一步提高社会对学前教育的需求。

2. 增进社会效益

如上所述，幼儿教育能促进儿童社会化，为小学教育作准备，使儿童在以后的学习生涯中获得更多的成功，表现得更独立、更优秀。而且幼儿入园也使孩子的母亲和其他家人拥有更多的就业机会、更好的学业进修和职业发展。[②] 这些对儿童和儿童的家人所带来的影响也会转化成一种积极的社会效益，使国家拥有健康、优秀的人力资源，拥有更多的纳税人，拥有更和谐、稳定的家庭。

对于贫困儿童与贫困家庭而言，政府支持的幼儿教育能使他们获得改善自己现状的机会，使教育公平在底线、底层首先得到保障，缩小贫富差距，克服贫困的代际循环。同时，对于一些特殊儿童而言，幼儿教育可以提供一些早期的补偿教育，为其融入社会生活打下基础。

3. 改变社会福利观

我国学前教育一直倡导教育性与福利性的双重属性，但从学前教育的实际运行来看，这种福利一直是一种选择性福利、特权人福利，而非全纳性福利或强制性福利。所谓选择性福利是指我国的幼儿园只是

---

① 刘焱审译：《学前教育》，载《教育大百科全书》（第3卷）（T. 胡森、T. N. 波斯尔斯维特主编），西南师范大学出版社、海南出版社，2006年版，第695页。

② 蔡迎旗：《学前教育概论》，华中师范大学出版社，2006年版，第55页。

为那些有选择能力和享受能力的家庭提供的福利，它不是为所有家庭服务，更不是为所有儿童服务。在我国目前有大量的弱势家庭、大量的特殊儿童被排除在幼儿园之外。所谓强制性福利是指政府强制每个公民享有的福利，如挪威政府强制每个家庭要保证儿童每年接受一定小时数的公共学前教育。我国的幼儿园办学主体多是非政府力量，尤其是社会力量和市场力量。在这样的办学主体下，强制性福利根本就不可能。

西方的福利模式与中国相比则有很大不同，大体有三种，俗称福利的三个世界：即社会民主制、保守公司主义制和自由制。[①] 在这三种制度中，福利的去商品化程度，即福利服务摆脱市场的程度，是不一样的。社会民主制福利国家是高度去商业化的，福利服务由国家进行资助，所有公民可以获得。保守公司主义制是相当去商业化的，但未具普遍性，因为公民获得补助金的数量取决于其在社会中的地位。这种类型的福利制度不是为了消除不平等，而是为了维持社会的稳定、家庭的美满和对国家的忠诚。自由制福利是高度商业化的，是通过市场购买来获得的福利。当今世界上大多数工业化和正在工业化的国家都是福利国家，也就是说，政府通过提供或补助某些商品或教育服务，在减少人们之间的不平等方面发挥了重要作用。福利的目的是抵消市场出于种种原因给那些难以满足基本需要的人所造成的负面影响。我国的福利模式大体与自由制福利类似，但有明显差别的是，自由福利制是以规范的市场为前提的，而在我国，市场的规范还严重欠缺，市场失灵现象还大量存在。

学前教育作为一项福利性事业，需要的制度保障不是选择性福利而是制度性福利。在任何社会，享受福利都是人们的一种社会权，我国正在实际运行中的学前教育提供的福利还只是成人的福利，妇女的福利，这种福利制度还没有惠及儿童，只是与儿童有关的福利。

---

① 吉登斯著，赵旭东等译：《社会学》（第4版），北京大学出版社，2004年版，第320页。

第三节
学前教育的隐性社会功能

显性功能是指特定社会事项的客观结果，而隐性功能正相反，是指某种行为的非预期的目的和非被察觉的后果。[①] 默顿认为，他区分显性功能与隐性功能的目的，是为了避免将社会行为的主观动机与客观效果相混淆，区分主观倾向的范畴(需要、利益、目的)和客观功能的范畴(特殊的益处、从未被意识到的后果、非预期的益处、明确的目的以外的功能)。在学前教育领域中，学前教育之所以长期受忽视，一个很重要的原因是人们过多地关注了学前教育的显性功能，相对忽略了其隐性功能。而实际上，学前教育正是以隐性功能为特色的。单纯以学前教育的显性功能来作为判断学前教育的地位与功能是一种舍本逐末的做法。

与学前教育的显性功能相对应，隐性功能也大体作用于三个方面，即儿童、家庭与社会。

一、儿童:再生产

从显性的客观结果上来说，学前教育无疑促进了儿童的次级社会化，但从学前教育的未预期的后果来看，学前教育还造就了适应这个社会的既定社会结构与精神结构的继承人，即学前教育从某种意义上来说也促进了儿童自身的生产与再生产。从生产的角度来说，学前教育使儿童从一个自然人转变成一个社会人，习于社会的各种规范。而从再生产的角度来说，学前教育为儿童的发展划定了一个大致的框架和发展的路径，一代代的儿童就在这样一种文化模式与主导价值取向的影响下不断地复制、再生，从而使人类的传承得以可能。

学前教育再生产儿童的方式大致包括两种:一是构造客我，一是塑造

---

① 默顿著，何凡兴译:《论理论社会学》，华夏出版社，1990年版，第154页。

心智结构。

1. 自我结构:“客我”与“主我”

自我结构是儿童社会化的产物,它由多维构成,有着丰富的内涵。米德认为自我结构包括“客我”与“主我”两部分,是“主我”和“客我”之间的不断对话与互动。他指出,“主我”是有机体对其他人的态度作出的反应,是社会个体的自发性、创造性活动以及自由感的源泉;“客我”则是一个人自己采取的一组有组织的其他人的态度,是从他人的态度和视角出发观察和评价自己的自我,是作为自己审视和评价对象的自我。[①] 自我结构中的“客我”使社会个体在互动过程中相互协调与合作,使社会在个体多样化的基础上保持稳定。因此,统一为个体自我的“主我”与“客我”便表现为个体的创造力和社会秩序的有机统一。[②]

儿童个体社会化的过程实际上就是不断地“客我”化、不断地以概化他人的方式来言行的过程。同时,“客我”化的过程也是一个“主我”不断历练、不断打破各种习惯模式和常规惯例,发挥个体的独创性,进而推动社会的不断进化和变迁的过程。对儿童的发展而言,“客我”使儿童有序、适应,“主我”则使儿童创新、开拓,这一正一反的力量构成一种有意义的张力共存于儿童的自我结构中。

2. 心智结构:社会结构与心智结构之间的默契性

布迪厄认为,无论哪个时代,个体的心智结构与社会结构之间都有某种一致性。[③] 我们都有这样一种感性认识,即接受过学前教育的儿童和未受过学前教育的儿童不仅在身体习性方面存在着差异,而且在思维方式、认知风格、行为习惯和学习兴趣方面也存在差异。学前教育在使儿童从身体上、习惯上受制于幼儿园的一系列规范的同时,也使儿童的心灵、自我倾向于社会规范,养成某种幼儿园特色的社会惯习。

---

① 米德著,赵月瑟译:《心灵、自我与社会》,上海译文出版社,1992年版,第155页。
② 斯蒂文·小约翰著,陈德民、叶晓辉译:《传播理论》,中国社会科学出版社,1999年版,第288页。
③ 布迪厄、华康德著,李猛、李康译:《实践与反思——反思社会学导引》,中央编译出版社,1998年版,第12页。

从布迪厄的场域理论来看，每个场域有其特定的逻辑、实践方式和行为惯习。幼儿园作为一个特殊的教育空间，是儿童离开家庭后进入的第一个社会化场所，幼儿园的组织特性必定要求幼儿园中的儿童要形成与其组织惯习相适应的一套身体惯习、认知实践和行为方式。幼儿园要求孩子在不同的教育空间中有不同的身体习性，如集体活动中的有序、轮流与克制，游戏活动中的自由、放松与愉悦，群体化的环境塑造了儿童合群的身体呈现方式。认知实践和行为方式也是如此，幼儿园是一个"群学"的环境，这会较多激发孩子的情境思维与情境认知；幼儿园又是一个有老师引导的环境，这会使孩子的认知实践更具系统性、挑战性，从而不断地超越自己的最近发展区，获得更好的发展空间。

儿童在幼儿园所建构起来的心灵图式与幼儿园所传递的精神模式是一致的，而幼儿园的精神模式又源自于更广阔的时代精神结构。通过幼儿园阶段的教育，儿童慢慢形成了社会化的思维方式、表达方式与存在方式，成为时代精神、社会文化的一分子。斯蒂温森等人曾对秘鲁首都和偏僻农村 5—6 岁儿童进行研究，他们发现，正规的学校教育引导儿童掌握一种与未接受学校教育的儿童有所不同的方式去认知性地组织自己的天地，接受学校教育能在很大程度上改变儿童的认知观。①

二、家庭：秩序重构

从显性的角度来说，学前教育使家长的劳动力、育儿观念、生产观念得到了解放，但同时，学前教育在实现其显功能的同时也带来了一些未预期的后果，尤其在家庭的经济秩序、权力秩序和观念秩序的重构方面更是如此。

1. 男权与女权并重

在传统的家庭生活中，男主外，女主内，父亲是家庭的经济来源与经

① Stevenson, H. Parder, T., Wilkinson, A., Bonnevaux, B., & Gonzalez, m. *Schooling, environment and cognitive development: A cross-cultural study*. Monographs of the Society of Research in Child Development, 43(3), #175. Chicago IL: University of Chicago Press, 1978.

济支柱，父权构成了家庭权力的主要力量，女性和孩子则是父权统治下的产物和附属品。生产力的发展、幼儿园机构的出现使得妇女有可能走出家庭这个私人领域走向更广阔的公共空间，利用自己的劳动、知识获得经济报酬，从而改变妇女在家庭中对丈夫的依附局面。母亲的工作化改变了其原来囿于家庭空间的养育者角色，逐渐拥有多重角色与多种身份，使母亲作为女性的自信、在家庭中的地位也随之发生改变。

此外，母亲的工作化也使其家庭观念发生变化。原来家庭是母亲的全部，现在除了家庭之外，母亲还拥有自己的职业，自己的社交圈。原来固守家庭所产生的“被俘的妻子”的感觉正在为一种新鲜体验所取代。美国女性主义者贝蒂·傅瑞丹在其《无名的问题》一书中描写了那些陷入抚养孩子和做家务困境的家庭主妇。她认为，家庭对有工作的母亲来说可能是慰藉、爱和友情的重要来源，是一种生活的调剂，但对于一个全职母亲来说，却可能意味着剥削、孤寂和极度不平等。① 全职妈妈在家庭中尽管付出了大量的劳动，如养育孩子与料理家务，但其劳动是不被承认的，也是没有任何经济回报的。幼儿园的出现在很大程度上解放了劳动妇女，使她们获得了与其劳动付出所相应的经济地位和社会地位，这样一种解放对于长期固守家庭的妇女来说是非常重要的，这使她们看到了自己的能力、力量和价值，从而更有勇气去争取自己在家庭和社会生活中的应有地位。

2. 父性原则与母性原则共存

家庭是儿童社会化的重要场所，其在家庭中获得的价值观、生活方式与消费模式很难在后来的社会生活中改变。在幼儿园机构出现以前，家庭的育儿角色多由母亲担当，母性原则成为主导原则，儿童较多地从母亲那里获得了其看世界的方式，这种情况不管在东方还是西方都是如此。在儿童的早期家庭教育上，父教是缺位的，父性原则也是不足的。幼儿园的出现和母亲走向工作场所，为儿童的早期社会化增添了新的教育资源，教师作为受过教育的专业工作者开始成为幼儿社会化的主要引导者。

① 吉登斯著，赵旭东等译：《社会学》（第4版），北京大学出版社，2004年版，第168页。

随着女性成为与男性一样的公共领域中的劳动者，女性在家庭和社会生活中的半边天地位越来越突出。因为工作的缘故，与原来相比，女性也不再有大量的时间与孩子游戏，父亲作为另一方力量不得不加入到孩子的教育中来，父性原则在孩子的成长中开始发挥作用。对于儿童的成长而言，父性原则与母性原则都是不可或缺的，尤其在当下幼儿园和小学阶段以女性教师居多的背景下。

总体而言，幼儿园这一教育机构的出现不仅使妇女走向职场具有了可能，也使父亲回归家庭有了现实的土壤。

三、社会：有机与内聚

与学前教育对家庭、儿童所产生的未预期后果相比，学前教育的隐性社会功能更为明显。虽然人们对于学前教育是否有功能、有多大的功能一直存在着争论，但有限的研究已经能使我们感受到学前教育对社会带来的积极影响，尤其在减少社会问题、扩大社会认同、实现社会控制、关注社会民主方面更是如此。

1. 减少社会问题

幼儿园既是幼儿游戏的乐园，也是一个兴趣萌发、习惯养成的初教所。在幼儿园生活中，幼儿形成的有序意识与规范意识，可以使其成年以后在加入社会生活时自觉维护公共秩序，增进社会稳定。我国当下的入园率不到41%，还有大批处境不利人群的子女无法获得适宜的学前教育，这就使得这些孩子在进入小学时要经过一个适应期，甚至反抗期。在儿童的早年给予学前教育机会可以使其形成对学校教育、对社会生活的积极心向。

幼儿园作为一个教育机构，承担着或远或近的多项任务，如通过孩子们的社会化来维持社会秩序、提供生产劳动力、增进宽容、培养人才、预防犯罪与懒散和减少社会疾病等。[①] 法国曾经以1989年升入初一年级的

① 艾格·B.S.萨伦森著：《学校效能》，载《教育社会学手册》（哈里楠主编），华东师范大学出版社，2004年版，第138页。

学生为例进行跟踪研究，他们发现这些学生中受过3—4年母育教育的学生有75%在小学从来没有留过级，只受过两年学前教育的学生这一比例为68.6%，至多受过一年学前教育的比例为61%。从2岁开始接受学前教育对所有社会阶层的儿童都产生有利影响，不过它对贫民阶层的儿童影响更为明显。①

中央教科所也参加过国际教育成就评价项目协会的一个项目调查，内容为“适应我国国情，提高幼儿素质的调查研究”。研究发现在中国受过学前教育与未受过学前教育的孩子，在科学、数学、公民学、阅读、学习机会、教学方面的能力上有明显的差异。早期学业阶段所获得的成功对于儿童将来的道路选择是极其相关的，它同时也会弱化儿童对社会的敌视意识和仇恨心理，通过自己的受教育过程，儿童感受到成功来源于自己的努力，外在环境只是提供了一种条件。

2. 扩大社会认同

从社会交往的意义上来看，进入幼儿园意味着儿童的交往半径从家庭中的亲属群体、血缘网络向幼儿园阶段的游戏群体、朋友网络转变，与之相伴的是儿童的自我认同和权威崇拜从家庭内向家庭外的迁移。进入幼儿园，不仅意味着儿童生活空间、交往半径的扩大，更意味着儿童的自我结构、心理空间向社会位移。走出家庭的孩子迫切需要的不是家长的认可与赞扬，而是同伴、教师的接纳与欣赏。

对于幼儿而言，幼儿园与家庭是两个不同的世界，有着不同的逻辑与规则，在幼儿园生活中获得自信与认同才是一种真正意义上的社会认同，家庭认可其社会性程度是比较低的，太多情感性要素遮蔽了儿童在幼儿园交往中可能遭遇的冷漠、排斥与竞争。与家庭相比，幼儿园的日常生活是一种更社会化的生活，它能给儿童带来更多社会意义和社会满足。

3. 实现社会控制

从表面看来，幼儿园似乎是一个教育机构，但实质上幼儿园一直就是

① 玛丽·杜里-柏拉、阿涅斯·冯·让丹著，汪凌译：《学校社会学》，华东师范大学出版社，2001年版，第27页。

一种社会设置，一种防止社会离心定位、有助于社会控制、增进社会亲和力和有机团结的控制工具。与中小学校等其他的社会设置一样，幼儿园也具有着安全阀的功能，承担着社会再生产的任务。

李书磊曾经用“村落中的国家”来形容国家权力和意识形态对一所乡村希望小学的全面渗透，在幼儿园的角角落落，国家色彩也无处不在，大到幼儿园的教育目标，小到幼儿园的教育活动和日常互动。与军队、监狱这种暴力控制不同，教育实现的是一种隐性控制，它控制的是人的思想，通过文化濡化，尤其是课程授受的方式得以实现。就像有的研究者认为的那样，乡村教育不是在发展乡村、造福乡村，而是在掠夺乡村、压榨乡村，是一个“去农化”[①]的过程，最终使乡村的人才、资源源源不断地流向城市、流向富庶地区。

说得极端一点，教育就是一个布迪厄意义上的再生产过程，再生产既有的国家权力，再生产既有的社会秩序，如显性的制度秩序和隐性的思想秩序与符号秩序等，最终通过教育再生产出这个社会所需要的“继承人”和“接班人”。

4. 关注社会民生

虞永平认为，对幼儿教育的投入，就是对民生的投入。关注教育就是关注民生。中国0—6岁的儿童有1亿多，3—6岁的幼儿就有6 000多万。因此，幼儿教育是涉及近亿个家庭的一件大事。在基本解决了温饱之后的中国，子女教育是民众最大的民生事项之一。因此，如何满足民众日益强烈的幼儿教育的需求，如何满足民众日益强烈的对高质量幼儿教育的呼唤，如何为民众提供方便、优质的幼儿教育，是摆在各级政府面前的重要任务。从这个意义上说，幼儿教育是一项真正意义上的民生工程。[②]

总之，学前教育既具有显性社会功能，也具有隐性社会功能，而且，隐性功能是学前教育社会功能呈现的主要方式，单纯以显性功能来判断学

① 这一概念是在课题组讨论中吴康宁老师提出的一个核心表述，特此致谢！
② 虞永平：《加大投入，办民众满意的幼儿教育》，载《早期教育》2008年第4期。

前教育的社会功能是一种舍本逐末的思维方式。每一个幼儿都连接着一个或几个家庭，他们的健康成长和发展不仅维系着家庭生活的质量，决定着家庭是否和谐幸福，而且，学前教育还牵动了全社会，其质量对家庭生活、国民经济发展和社会秩序的稳定有着重大的影响。正如有人所说的，关闭一所幼儿园比关闭一所大学，或一所低质量幼儿园的存在比一所低水平大学的存在，更会让家庭、社会不得安宁。①

在不久的将来，随着人们对学前教育认识和理解的加深，学前教育机构，尤其是幼儿园的社会功能会不断地得以丰富。就像后现代研究者已经提出的那样，学前教育机构有可能成为一个文明社会的论坛。在这个论坛上，儿童与成人共同参与具有社会、文化、经济、政治意义主题的活动，使得学前教育的宏观社会功能更得以彰显，使幼儿园不仅保持社会凝聚力的文化象征意义功能，而且还进一步扩大学前教育的公众影响，加速价值传递。

① 钟新平：《我国城市社区幼儿园发展现状及对策研究》，东北师范大学硕士学位论文，2007年。

第四章 学前教育政策与法规

政策是一种权力的经济体现，它是地方情景中那些被利用和争夺的一系列技术和实践。政策既是文本又是行动、既是语言又是行为、既是成文的规定又是对未来的指向。只要政策是联系或描述各地纷繁复杂的实践的，它就永远不是完美无缺的。

——斯蒂芬·鲍尔：《教育改革：批判和后结构主义的视角》

不同的学科领域对"政策"有不同的认识。在教育政治学的文献中有四种对"政策"的解释：政策是目标与意图的陈述；是关于计划与预算的决策；是要付诸实施的计划；是结果。[①] 而在教育社会学的分析中，政策较多地被认为是对价值观进行的权威性配置；是对价值观的可操作性表述；是对法定意图的表述。[②] 有研究者认为，教育政策的本质有两个方面：首先，教育政策是一种有关教育的政治措施；其次，教育政策是有关教育权利和利益的具体体现。[③] 政策的层次不同，所牵涉的参政者与政治行动的组合也就不同。

① 琼斯著，周浩波等译：《教育政治学》，载《教育与教育学》（瞿葆奎主编），人民教育出版社，1993年版，第876页。

② 斯蒂芬·鲍尔著，王玉秋等译：《政治与教育政策制定——政策社会学探索》，华东师范大学出版社，2003年版，第1页。

③ 孙绵涛等：《教育政策论》，华中师范大学出版社，2002年版，第15—20页。

在已有的教育社会学文献中，对教育政策的研究通常有两种视角：一是批判的教育政策研究视角，又称教育政策社会学研究；一是“国家—控制”视角①，又称社会政策研究视角，目前以后者为主。所谓“国家—控制”的研究视角是指从国家的立场，按照“问题—决策—政策制定—政策实施—政策评估”的路径研究教育政策。“国家—控制”模式往往采用公式化的流程，从宏观决策的角度，以理性的计算为工具，对教育政策的实施、效应进行评价，关注的是教育政策作为一个整体所具有的效应，忽视了教育政策制定和实施过程中充斥的混乱、无序和断裂。这种模式偏重经济学分析，漠视教育政策过程的复杂性，导致教育政策与教育实践之间严重割裂。总体而言，“国家—控制”模式主要以解释和评价为导向，着眼于社会秩序的维持和变革。

而批判的教育政策研究视角关注政策制定过程中各党派之间的权力斗争，教育政策文本中隐含的话语霸权，教育政策执行过程中学校、教师、家长以及地方教育机构对教育政策的再解释和抵制等问题。它以批判的视角研究教育政策与社会控制之间的关系，彰显教育政策过程中的社会矛盾，聚焦于社会冲突和社会变迁，较多地关注教育政策影响下边缘人群的行为和心态。教育政策社会学不仅以其独特的研究视角，关注教育政策过程中边缘人群的行为和心态，而且以批判的立场重新审视教育政策与社会不平等之间的关系，一定程度上是对“社会政策研究”模式的补充。

批判的教育政策主要有两个观点：首先，每项教育政策的出台在本质上都创造出了一个特殊的社会场域，这个场域中，充满了行动、斗争。国家法定的教育政策含义常常在不同的行动者（如地方教育机构、家长和幼儿园）间发生偏离，因而常常导致与政策制定者意图相悖的社会行为。教育政策的制定过程实际上是不同行动者与社会结构之间“冲突”的过程。在此过程中借鉴社会理论，研究教育政策过程中的社会互动，进而揭示教育政策对社会公平的影响是教育政策社会学的主要任务。其次，教育政策的

① 闫引堂：《教育政策社会学：一种新范式？》，载《比较教育研究》2006年第1期。

制定和实施不仅是经济学意义上的理性行为,而且是严格意义上的社会行为,是统治阶层依照法定的程序维护社会秩序的能动选择。这种选择与社会结构构成一定的张力,表现为幼儿园、地方教育权力机构、教师、幼儿和家长等社会群体既要服从教育政策,但又根据各自的社会立场"改造"教育政策,研究这些社会群体在教育政策过程中的"能动与限制"、"反抗与服从",是教育政策社会学的主要内容。

教育政策的社会学研究在我国具有特殊的意义,不管是地方性教育政策还是中央一级的教育政策,也不管是面向中小学的教育政策还是面向幼儿园教育政策。就目前而言,学前教育政策是政府为实施和发展学前教育事业而制定的行动准则,也是实施学前教育行动的出发点以及行动的过程和归宿。任何学前教育政策的制定,都反映了政策制定者的政治立场、文化倾向和价值观念。① 很多情况下,我国的教育发展是依赖于教育政策的制定的。教育法的制定与规划也基本需要建立在相应的教育政策的制定、实施与评价上。但无论教育政策制定者如何殚精竭虑,与现实的丰富性与复杂性相比,政策总是相对粗糙和简单化的,而实践则是复杂多变,充满偶然性和不稳定性。本章探讨学前教育领域内相关的政策与法规,关注其现状、内容与过程,在着力进行本土政策分析与研究的同时兼及西方其他国家,从而获得一个关于学前教育政策与法规的粗略认识。

第一节
学前教育政策与法规的现状分析

法律与政策都是一定的社会秩序的象征,然而与政策不同,法律具有三个层面的本质内涵,即法是国家意志、是统治阶级意志的体现;法的最

① 朱家雄、王峥:《从教育人类学视角看学前教育的政策走向和政策制定》,载《幼儿教育》2006年第1期。

终决定因素是物质生活条件；经济以外的各种因素，包括政治、思想、道德、文化、历史传统、民族、宗教、习惯等，都对法律具有重大影响。相比于法律位阶很高的教育法律，政策与法规的执行力和有效力要低得多。在当下的中国，与同是基础教育的中小学相比，学前教育领域还没有自己的学前教育法，与同为非义务教育的高等教育相比，学前教育也没有自己的专门法。目前，学前教育领域最具法律效力的还只是1989年颁布的《幼儿园管理条例》，而从其试行到颁布已二十年。

一、现实状况

新中国成立以来，我国已经出台了大量的各级各类幼教法规与政策，从对幼儿园管理进行约束的《幼儿园管理条例》、《幼儿园工作规程》、《全国托幼工作会议纪要》、《国务院办公厅转发国家教委等部门关于明确幼儿教育事业领导管理职责分工的请示的通知》到对幼儿园教育教学进行指导的《三岁前小儿教养大纲》和《幼儿园教育指导纲要(试行)》，从全国性的幼教法规政策到地方性的幼教法规政策，如1986年《江苏省幼儿教育暂行条例》、2001年《北京市学前教育条例》等。但这些法律法规在有效性和强制性上都存在着不足，还不能很好地满足学前教育事业发展的需要。

除专门的学前教育法规外，与学前教育有关的法律还有《宪法》、《教育法》、《教师法》、《未成年人保护法》、《民办教育促进法》等多部法律，这些法律法规从不同方面对我国学前教育事业发展作出了相应规定，如《宪法》规定“国家举办各种学校……并且发展学前教育”。我国《教育法》第14条规定：“国务院和地方各级人民政府根据分级管理、分工负责的原则，领导和管理教育工作。”“中等及中等以下教育在国务院领导下，由地方人民政府管理。”这些约束力很高的法律客观上推动了我国学前教育健康有序的发展。但就学前教育目前所面临的事业发展困境而言，这些有限的、附带的说明还不能起到很好的保护和约束作用。

就当下中国的现实而言，学前教育事权在地方，即便中央政府制定了相应的法律法规，其实施主体仍将是各地方政府，因此，各地方政府能否发挥地方的主动性与积极性，制定出适合地方条件的政策仍将是非常重要的一件事。法律与政策的产生可能是自上而下，也可能是自下而上。中国的联产承包责任制起源于安徽凤阳县的小岗村，随后才成为全国性的改革举措。中国的第一张幼儿教育券起源于山东省淄博市临淄区辛店街道，如今也正积极地打算推向全临淄区和整个淄博市。2008 年山东省东营市宣布在全市实行的三年免费学前教育也是地方政府的一大创举，这一举措使人们相信学前教育的发展并不必然依赖于当地的经济发展，政府官员对学前教育的重视是一个至关重要的因素。

福柯认为，当下社会是一个知识与权力相互结盟的社会，知识使权力增值，而权力则不断地赋予知识以合法性。① 在发展学前教育上，知识与权力的结盟显得尤为重要和迫切。如果各地方政府的当权者深谙学前教育对人生发展的积极意义，他就会在政策的选择与制度的设计上有所取舍，关于学前教育重要性的认识也会成为当地的一种共识，甚至成为一种不断传承的文化。而实际上，当我国的改革从“以经济建设为中心”逐渐向“以社会建设为中心”转移时，教育已经成为一个重要的民生问题，地方政府对教育的重视与投入也会使其权力的合法性得以彰显。正如临淄幼儿教育券被当地老百姓总结为三句话，即教育券是政府对人民群众的“信誉卡”，是人民群众对学校的“报销单”，是学校教师对政府的“工资折”。②

当前我国的学前教育政策与法规主要表现出以下几个方面的特点：

1. *位于法律阶梯的底层*

与同类的其他阶段的法规与政策相比，学前教育类的法规与政策在法律的位阶中处于较低的地位，这一方面折射出学前教育在国家社会生活中的无足轻重的地位，一方面折射出学前教育在教育领域中的边缘性地位。在学前教育领域，具有最高法律地位的只是《幼儿园管理条例》，其

① 福柯著，刘北成、杨远婴译：《规训与惩罚》，生活·读书·新知三联书店，2003 年版，第 39 页。

② 这一说法是我们在山东临淄进行实地调研访谈时老百姓经常挂在嘴边的三句话，表明了老百姓与当地政府之间的和谐关系，也反映了这一政策实施的积极效果。

他的更多的只是意见、规程等规范性的，而非约束性的、强制性的文件。学前教育的合法性得不到法律与相关政策的保护，处于一种极其边缘的状态。

2. 是一种区隔、分等与序列化的工具

任何教育政策说到底都是政治、经济等结构力量的化身，长期压迫或宰制那些处于弱势地位的群体，以保障或再制优势群体的利益。[①] 学前教育政策与法规总是由一定的制定者遵循着一定的价值取向，为了维护特定群体的利益而制定出来的，它不可能代表所有人的利益。

所谓区隔，指的是一种水平分流的过程。我国的学前教育政策最为典型的区隔便是城乡之别，我国最初的学前教育是从城市开始的，我国最初的工作规程也是面向城市的。除了城乡之间的区隔外，还有阶层、性别、民族、语系之别，教育制度借着区隔的过程制造并拉大民族内及族群之间的差异。

所谓分等，指的是一种垂直分层的过程，如身份属性、公与私等。在学前教育内部有着不同的等级，有直属中央国家机关的学前教育机构，有直属省、自治区的学前教育机构，还有属于基层村民组织的。除了这种身份与归属上的差别外，还有公立与民营的区别。

所谓序列化，指的是政策法规具有一种序列性，表现在三个方面：一是实施过程的序列性，即由制定者向实施者的序列变化，实施者会竭力地避免自己的利益在政策实施过程中受损；二是政策法规制定的承继序列，先前制定的政策与法规对于后来者而言总是一个参照、改进和超越的对象；三是政策的时间序列性，任何政策也许开始时是合适的，但随着条件的变化，其适用范围逐渐超出了最初的对象，变得不再合适了。序列化的过程是一种全面同化的过程，也是一种文化霸权宰制的过程。

二、现实类型

总体而言，任何政策都具有压迫性与解放性的双重属性，它在代表一

① 张建成：《批判的教育社会学研究》，学富文化事业有限公司，2002年版，第15页。

部分人的利益的同时，必然会忽略另一部分人的利益。在国家出台的相关教育政策里通常并不包含学前教育，这种“并不包含”有时是一种无意所致，有时则是一种有意所为。针对学前教育的政策通常会在教育政策的执行过程中暴露出来，然后通常会以加括号的方式附加一个针对幼儿教育的后补性的文件，有时甚至就是口头性的补充。在我国，有时口头性的补充也具有现实执行效力。

我国目前的学前教育政策与法规从大的方面来说有三种分类方式：一是按政策与法规的实效性分为象征性政策与法规、基础性政策与法规和规范性政策与法规；二是按政策与法规的制定者来分，可分为国家政策与法规、地方政策与法规；三是按政策与法规的内容来分，可分为一般政策与法规与专门政策与法规。这里主要介绍前两种。

（一）按政策与法规的实效性分

1. 象征性政策与法规

所谓象征性政策是中国政治生活中的一种特殊现象。它通常出于领导人的一句话、一种临时的说法。如邓小平的“计算机教育要从娃娃抓起”、十七大报告中的提到的“重视学前教育”以及江苏省“十五”社会发展规划中“将学前教育纳入国民教育体系”的表述等都是如此。在这里，对于政策的目标与意图的陈述，是由处于这个制度的最高决策层的政治当局决定的。他们可能是深思熟虑地对价值标准作过广泛阐述，也可能只是提出一种设想，而这些阐述与设想对拟订政策与实施计划并没有充分、具体的指导作用。这样的目标往往过于含糊，转化为法律、规则和纲要的可能性不大，因此，它们基本上起到的是象征性的作用，表明一种立场与方向。

2. 基础性政策与法规

关于学前教育发展的一些基础性政策与法规从新中国成立以来就一直不断地有所更新，但总体而言，仍处于地位不高、效力不大的状态。如我国于 1952 年制定的《幼儿园暂行规程草案》、1979 年颁布的《城市幼儿园工作条例》、1981 年的《幼儿园教育纲要》、1989 年的《幼儿园管理条例》和 2001 年的《幼儿园教育指导纲要(试行)》等都属于基础性政策与法规。这些政策与法规的出台在很大程度上为学前教育的健康发展奠定了一个基础。

3. 规范性政策与法规

几乎任何一个法律法规或政策的出台都是为了达到某种规范的目的,学前教育类的政策与法规也不例外,只不过有些政策与法规规范性程度高、约束力强,有的则要弱一些。在学前教育的所有政策与法规中,最具规范性的政策当属1979年颁布的《托幼工作会议纪要》,在这个文件中清楚地规定了全国托幼工作领导小组的职责,各组成部分的职能等。这一政策的实施使我国的学前教育在经历"大跃进"和"文革"后迅速地得以发展。此后1989年的《幼儿园管理条例》、1992年的《中国儿童发展规划纲要》、2003年《关于幼儿教育改革与发展的指导意见》等都在不同的方面规范了学前教育的发展目标、管理原则和办学主体。

但是,由于这些规范性政策与法规都是由中央制定的规范性文件,而学前教育事权却在地方,这种法规与政策的制定主体与执行主体的不一致在很大程度上弱化了政策与法规的约束力。1995年,我国出台了《关于企业办幼儿园的若干意见》,并在这一文件中提出了"幼儿教育社会化"的说法,尽管"幼儿教育社会化"这一说法有前提也有其根本的内涵,但地方政府往往看到的就是其表面的意思,于是在"社会化"的这股风潮下趁机将幼儿园推向市场,与原来的企业、单位脱离,致使我国的学前教育遭受严重创伤。而且,最为明显的事实是,在2003年《关于幼儿教育改革与发展的指导意见》(以下称为13号文件)颁布后,全国各地变卖幼儿园的情况不仅没有止住,而且还有扩大之势,各地方政府觉得既然要"形成以公办幼儿园为骨干和示范,以社会力量兴办幼儿园为主体,公办与民办、正规与非正规教育相结合的发展格局",那么政府自然要抓住"以社会力量办学为主体"这句话。

这些在政策实施过程中出现的与政策制定者意图相违背的现象在各个政策的执行过程中都不同程度地存在着,但在学前教育领域,这两个政策文本起到的作用是反功能远远大于其正功能,其意外后果已经远远超过其可能带来的积极影响。为什么会出现这种现象？为什么一个原本起“规范”作用的政策却起到了促进“失范”的效果？这是值得广大政策制定者和决策者深思的。

（二）按政策与法规的制定者来分

1. 国家政策与法规

何谓国家意义上的政策与法规？是由国家最高权力机关，即全国人民代表大会审议通过的法规，还是也可由中央各直属机构自行或联合通过的法规？从中国的国情出发，这两者都在这里的国家层面的政策与法规之列。然而，从学前教育的意义上来看，目前专门的学前教育法还没有诞生，因此，最高的法规与政策也就是由教育部门或教育部门会同其他部门共同颁布的一些政策与法规。在中国学前教育研究会所主编的《中华人民共和国幼儿教育重要文献汇编》中，收录的大量的政策与法规都是国家层面的。

国家层面的政策与法规从国家的立场，代表的是国家的利益以及国家对发展学前教育的一些期待与要求。然而，由于学前教育事权在地方，中央并没有经费的支持与行政的约束，地方政府完全只是根据本地的经济和社会发展水平自行确定自己的具体落实标准，这样就使很多全国性的政策在到达地方时打了很大的折扣，消解了其原本所要实现的目标。

除了中国的国家政策与法规外，西方一些国家由于政体的不一样，国家意义上的幼教法规与政策也有些不一样。如挪威政府 1975 年出台了第一部有关幼儿园的法律——《幼儿园法》[①]。《幼儿园法》规定了幼儿园的权力、操作和监管。幼儿园可由市政当局举办，也可由公、私立各级机构举办，但必须在达到了一定的标准后并得到地方当局的认可。该法认为“幼儿园”一词就意味着孩子应由受过良好教育的幼儿教师负责教育。1988 年，挪威国会还通过了由国家、地方政府及父母共同分摊公私立幼儿园费用的决定，其比例为：国家负担 40%，地方政府负担 30%，家长负

① 史黎娟：《终身学习观照下的挪威学前教育政策》，载《学前教育研究》2003 年第 10 期。

担30%。这种分担比例体现了国家在发展学前教育中的责任。除此之外,挪威国家层面的幼教法规与政策还包括育婴假和"时间账户计划"[1]。与其全面而周到的学前教育政策相比,在挪威,也有一个群体的幼儿被忽略,那就是失业家庭的幼儿。因为挪威国家规定所有尚未找到工作,抑或是未具备受雇工作技能的家庭都不能享受福利,这对于那些弱势家庭来说无疑是沉重的打击。

在东方国家,日本是国家层面的幼教法规与政策相对完备的国家。日本从20世纪90年代开始,为适应现代社会的急剧变化,努力营造一种较为宽松的社会育儿环境,相继出台了一系列育儿支援政策、法规,如《育儿休假法》(1991)、《关于今后育儿支援的基本方向》(1994)、《天使计划》(1994)、《紧急保育对策5年计划》(1995)、《儿童福利法》(1997)、《关于应重点推进的少子化对策的具体实施计划》(1999)、《少子化对策+1》(2002)、《少子化社会对策基本法》(2003)、《下一代培育支援对策推进法》(2003)、《少子化社会对策大纲》(2004)等。

2. 地方政策与法规

与国家政策与法规不同,地方教育政策与法规的制定主体与实施主体是重合的。地方政府之所以要出台相关的政策与法规不是迫于上面的压力,而可能更多来源于本地发展的实际需要,因此,其执行政策与法规的积极性与可能性就要大得多。而且,从地方的层面来看,其所制定的某类政策一定是基于本地的实际水平、为着本地的实际利益的。

在中国,学前教育地方政策与法规比较完善的当属北京与上海,北京有《北京市学前教育条例》,上海也有其支持与促进学前教育发展的一系列政策,江苏虽然早在1986年就出台了《江苏省幼儿教育暂行条例》,但由于执行不力,实际效果并不大。而最近山东东营宣布要在全市实行三年免费学前教育,并拟采取教育券的形式。而与此相悖的是,深圳则将其公办园进一步推向市场,昆明也将其公办园彻底地卖光。地方政府在发

① 简楚瑛:《幼儿教育与保育的行政与政策》,华东师范大学出版社,2005年版,第13页。

展学前教育上的态度表明了其对学前教育的定位与认识。在我国这样一个幅员辽阔的国家,各地的经济发展水平、人文社会环境千差万别,各地方政府对学前教育的态度完全出自其深深的自觉。如果某届政府在发展学前教育上不想有所作为,那么学前教育就不会获得一个良好的发展环境。因此,对于地方的学前教育事业而言,偶然性与被动性还是一个很现实的状态。如何从偶然走向必然,从自由走向强制,实在需要从法律的高度加以解决,因此,学前教育法的制定便刻不容缓。

当然,我们期待学前教育法的出台,但并不表明学前教育法的出台就必然带来学前教育发展的春天。中国从 1986 年就颁布实施《义务教育法》,而实际上直到 2006 年才真正走上免费义务教育的征途。所以从《义务教育法》的实施历程和实施经验来看,地方政府在各地的学前教育发展中仍然任重而道远,因为即使有了面向全国的学前教育法,仍然需要地方政府的大力支持与积极推进。所以在中国,地方一级的政策往往比中央一级的规程或条例更有现实推动力。

而且,从西方一些国家的政策推进来看,受"新管理主义"的影响,20 世纪 80 年代后期普遍开始实施教育权力下放、"去中央化"政策。其核心主张是,国家下放教育的控制权,由地方政府来制定适合本地的教育政策,中央政府继续维持原来的经费支持和政策补助。"去中央化"的举措在北欧国家效果非常明显,既调动了地方政府介入学前教育的积极性,又使中央政府从微型管理中抽身出来,从事更为宏观的调控与市场完善。然而,这一趋势在英国的效果并不太好,因为其实施的权力下放不是保持了中央政府的投入,而是将中央的投入转嫁到地方,完全按照市场的运行机制来配置教育资源,其 1988 年的《教育改革法》便是贯彻这种管理模式的典范。因此,英国实行的权力下放政策表面上增加了父母的选择权、学校和地方教育机构的自主权,但实际上并没有改善因社会阶层差异而导致的教育不平等现象,教育不平等反而有加剧之势。

上面所提及的日本,除了从国家角度制定统一的育儿支援政策法规外,近年来各地政府也纷纷出台了一系列与育儿支援有关的地方性措施,如 2004 年静冈县湖西市通过了《特别育儿补贴制度条例》，太田市实施了强制男性带薪休产假的措施等。[①]

第二节
学前教育政策与法规的内容分析

如前所述，对教育政策的研究分析有两个视角，“国家—控制”视角与批判分析视角。有研究者认为，对教育政策分析应从现象形态、本体形态、过程特点和特殊性质四个视角[②]来全面认识和理解。在现象形态上，教育政策是教育领域政治措施组成的政策文本及其总和；在本体形态上，教育政策是关于教育利益的分配；在过程方面，教育政策是一个动态连续的主动选择的过程；在特殊性质方面，教育政策在活动过程和利益分配方面具有不同于一般公共政策的特殊性。笔者这里遵循的是批判的教育社会学分析思路，从政策不是“客观存在的事物”、政策主要是“过程”和“结果”这一立论出发，分析学前教育政策的两个方面：“作为话语的政策”和“作为文本的政策”。

一、作为话语的政策

鲍尔认为，语言本质上是可以朗读的国家事件，诗歌则是有格律的爱国主义。[③] 我们生来就生活在语言的“游戏”中，语言本身从来就不是中立的。人们总是生活在由特定社会情景提供的可能性中理解周围意义，这种对意义的理解的可能性就是“话语”。它由那些掌握权力的人提供，他们建构起我们生活其中的现实世界。[④] 我们对于学前教育中的大量的

---

① 王欣：《日本育儿支援政策的推进及其启示》，载《幼儿教育》2007 年第 1 期。

② 刘复兴：《教育政策的四重视角》，载《清华大学教育研究》2002 年第 4 期。

③ 斯蒂芬·鲍尔著，王玉秋等译：《政治与教育政策制定——政策社会学探索》，华东师范大学出版社，2003 年版，第 14 页。

④ 斯蒂芬·鲍尔著，侯定凯译：《教育改革：批判和后结构主义的视角》，华东师范大学出版社，2002 年版，译序。

政策与法规的认识有很多是基于话语层面的理解，即通过听不同的人的、在不同的场合进行的复杂解释来理解。话语与能说出来和想说出来的东西有关，也与谁能说、什么时候说、在哪里说以及权威性的依据是什么有关。

作为话语的政策在其诞生之初主要是政策制定者用以彰显自己身份的一种资本，在政策的不断宣传以至逐渐地家喻户晓的过程中，政策与法规便会成为寻常百姓的日常话语，并用以指导其实践。在话语权从上而下的传递过程中，作为话语的政策本身的内容不断得以丰富，老百姓的最后言说有可能成为一种“话语在说我”，而非“我在说话语”。因为，话语包含着社会关系及权力关系，是有条理地建构所谈论的客体的活动。关于政策与法规的话语在其层层传递过程中不断地被复制、异化，最后成为实践者不假思索接受的东西。

在我们当下的社会中，话语权和媒介接近权都是极不平衡的，在社会生活中占据的资源总量越多，其建构与重构政策与法规的能量就越大，而我们身边的各种平面媒介与立体媒介也是通过选择、强调、忽略、重组某些事件、某些人物并采取某种措辞风格来构架公共议题，塑造人们的社会认知的。在政策与法规的传播中，媒介通过对内容和公共传播的一种选择性控制构建和加工了媒介话语的策略方式和修辞方式。下表①是对两家报纸和搜狐网站教育论坛的话语分析。

表 4.1 《中国教育报》、《中国青年报》和搜狐网站教育论坛的话语信息

媒介类型/相关群体	《中国教育报》	《中国青年报》	搜狐网站教育论坛	合计
中央政府/干部	59.7%	21.8%	18.5%	100%
地方政府/干部	77.7%	17.5%	4.8%	100%
两会代表/委员	20.0%	26.7%	53.3%	100%
研究者/评论者	10.1%	70.9%	19.0%	100%

① 徐志勇、张力：《当前中国教育政策问题的媒介话语空间》，载《教育研究》2007 年第 10 期。

续 表

媒介类型/相关群体	《中国教育报》	《中国青年报》	搜狐网站教育论坛	合 计
媒体记者/编辑	42.6%	4.2%	53.2%	100%
学校管理者	66.7%	33.3%	0	100%
教师	4.0%	0	96.0%	100%
学生	5.0%	3.3%	91.7%	100%
家长	7.5%	2.5%	90.0%	100%

从上表可以发现，在媒介世界里，无论是《中国教育报》还是《中国青年报》其在关于相关政策的讨论上都是干部、两会代表或学校管理者更具有政策话语权，而处于话语弱势的教师、学生和家长则依赖于网络空间来发表自己对教育政策的不满与期待。

再以学前教育的政策与法规为例来加以说明。2003 年我国出台了《关于幼儿教育改革与发展的指导意见》，作为一个规范学前教育体制改革的面向全国的政策性文件，不同的地方政府对其解读是有着较大差异的。

案例一：《四川省幼儿教育改革与发展指导意见》①：为进一步推进我省幼儿教育改革与发展，按照《国务院办公厅转发教育部等部门（单位）关于幼儿教育改革与发展指导意见的通知》（国办发[2003]13 号，以下简称《指导意见》），结合我省实际，现提出以下意见，请一并贯彻落实。一、充分认识幼儿教育的重要地位和作用，明确新时期幼儿教育改革与发展的目标和任务；二、采取多种形式，大力发展幼儿教育；三、加强幼儿教师队伍建设，提高教师队伍整体素质；四、全面实施素质教育，强化管理，提高幼儿教育质量；五、加强领导，切实履行政府职责，保证幼儿教育改革与发展顺利进行。

案例二：《福建省幼儿教育改革与发展指导意见》②对今后五年中我

① 《四川省人民政府办公厅关于贯彻幼儿教育改革与发展指导意见的通知》，川办发[2004]14 号。
② 贾婕：《福建对幼儿教育改革与发展提出指导意见》，人民网 2003 年 11 月 18 日，http://www.people.com.cn/GB/jiaoyu/1053/2196223.html

省幼儿教育的改革与发展提出了一系列指导性意见，其中涉及幼儿园收费、幼教经费投入、教师资格等。收费标准须审核报批、公办园收费需审核报批、实行上岗资格准入制、多渠道筹资专款专用、不得出售公办幼儿园等。

案例三：《云南省幼儿教育改革与发展指导意见》[①]的第二点：加快体制、机制创新步伐，促进幼儿教育健康快速发展。……大力发展民办幼儿园。各级政府要把民办幼儿园纳入本地教育发展规划，统筹民办幼儿园和公办幼儿园的发展，以多种形式大力发展民办幼儿园。积极鼓励和引导有实力的企、事业单位和个人举办幼儿园。……积极支持公办幼儿园举办民办幼儿园。公办一级幼儿园在不影响质量的前提下，可按照法人独立、校园校舍独立、经营管理独立、教育教学独立的原则，充分发挥品牌效应，采取多种方式独立举办或联合举办民办幼儿园。……全面落实幼儿园办园自主权，激发幼儿园活力，引导幼儿园办出水平，办出特色。

笔者对能搜索到的全国各省市自治区相关转发文件进行了整理，发现各省在贯彻《关于幼儿教育改革与发展的指导意见》，并制定本地的改革与发展指导意见的同时会对中央的政策作地方化的理解，每一个省份所突出的重点和关注的重心都有所不同，有的省份甚至完全就是转发文件，并未就此制定出本地的《指导意见》。而在制定了本地的《指导意见》的省份中，这里呈现的三个案例比较典型，案例一是完全遵循中央的精神进行宣传、落实，如四川、青海、内蒙古自治区等。案例二是对中央的文件作了地方化的阐释和想像，如福建、贵州等省的《指导意见》。案例三则抓住中央文件中的某一个方面（如以社会力量办园为主体）进行了地方化的发挥，制定了许多具体的发展民办园的政策与举措，在办园形式、资金来源上都进行了创新性突破。

---

① 《云南省人民政府办公厅转发教育厅等部门贯彻关于幼儿教育改革与发展指导意见的通知》（云政办发[2004]167号）

中央的13号文件在地方化的过程中所遭遇的添加、放大、删除或故意遗忘在任何政策的推行过程中都不同程度地存在，这说明作为话语的政策是一个见仁见智的过程，地方政府对13号文件所做的各种话语加减法表明了话语的力量有时要胜过文本的力量。尽管13号文件在其地方化的过程中在话语层面发生了变形、重构，但话语作为一种传递与再造的工具，不得不受到权力的影响，并通过权力之间的斗争与博弈建立起来。在政策制定过程中，政策制定者必须考虑到政策在传播过程中可能发生的误读，保持政策表述的明晰性和科学性，以"政治上正确"的名义和"学术上正确"的态度来对待政策文本的内容与修辞。

二、作为文本的政策

作为话语的政策关注政策的传播与解读过程，而作为文本的政策则更多地关注政策的文本表达与文本修辞，以及其中可能隐含的符号暴力、价值倾向和社会立场等。在这里，政策成为许多复杂意义的代名词，如斗争、让步、权威的公开说明或再说明。任何一项政策的诞生都充满了争执而且变幻无常，它总是处于"正在变成什么"、"过去曾是什么"、"从来不曾是什么"的状态中，对于任何政策的文本都是"见仁见智"的。事实上，政策制定者们确实在用各种方式全力以赴进行这样的操纵，以达到"正确阅读"的目的，如何时用"可"，何时用"该"，何时增加一句，何时将其真实意图隐含等。

尽管制定者如此费尽心机，但政策文本本身却不一定是清晰、封闭或完整的。也就是说，它仍将可能是相对开放的，只是不同阶段不断让步的产物。如在最初产生影响的时候、立法过程中、审议程序以及正式公布后等，不同的利益集团会介入政策文本的书写与表达。因此，政策是各种影响力和议程重新"装配"的产物，是各方利益的临时妥协与暂时结盟。在政府的不同部门之间，学前教育政策的制定过程中充满了临时性、偶然性和讨价还价，所以几乎学前类的任何一个政策都是中央几大部委联合发布的结果。每一个部门都想使自己多获得一些权力少履行一些义务，而办好学前教育事业恰恰需要的是多方协调、合力而谋，如果政策制定的各方力量都只是打着自己的小算盘，学前教育的健康发展几乎不可能。以下对影响学前教育的几个重要政策文本作解读。

（一）《儿童权利公约》的社会学解读

《儿童权利公约》是世界范围内的保护儿童权利的纲领性文件，是为了保护世界儿童的生存、保护与发展所制定的一套全面的国际法准则。文件的内容和原则对每一个缔约国而言具有国际约束力，一旦一个国家或政府签署了该文件并成为缔约国之一，它就必须遵守其原则与精神，而且，公约所规定的儿童的权利还可作为诉讼时的依据，有着法律的约束力。

与以往的国际文件不同，《儿童权利公约》是联合国大会通过，由各缔约国政府签署通过，具有行政与法律的约束力。《公约》以及随后颁发的《宣言》和《行动计划》从法律层面上规范了社会"为什么"以及"如何"保障儿童的基本权利的问题，第一次把国际社会保障儿童权利的主张和信念变成了各国政府的承诺和自觉的行为。

而且，《公约》还强调了儿童在保护自己权利中的地位与作用。传统上人们对儿童权利关注的焦点是成人及儿童对儿童基本权利的保障"必须做什么"和"不应做什么"，儿童被看成是弱小的需要受到特别"关照"的对象，而较少考虑到儿童自身的能力。1989 年的《公约》不仅看到儿童因自身身心成熟局限而需要保护这一事实，更突出了儿童是积极主动行使自己权利的主体的理念，强调了儿童"你可以做什么"的权利。①

保护儿童权利是一项系统的工程，全方位、多层面解决儿童生存、保护和发展的问题，需要强化政府、社会团体、企事业单位、村民居委会、学校、家庭和全体公民的法律责任，需要全社会的共同关注和长期不懈的努力。《儿童权利公约》是一个划时代的文献，是为儿童人权拟定种种保障

① 陈伙平：《〈儿童权利公约〉及其在我国的实施》，载《福州师专学报》2001 年第 6 期。

的一项国际法律文书，称得上是当代《新儿童宪章》。

（二）《幼儿园工作规程》的社会学解读

《规程》是中国语境下的规范性政策文本，由原国家教育委员会颁布实行，是由教育系统内部制定并服务于幼教系统的。从某种意义上来说这是一个内部文件，它更多的是由从事教育的人自身来制定、审议并通过的。

1. 文本的修辞风格

每一个文本都反映了文本制定者的话语风格和个性风格，这是一个教育系统内部的文件，故文本中没有那么多的强制性话语，用词很温和，很有节制，不张扬，反映了说话者的谦虚、中和、谨慎、严谨的治学风格，反映了说话者或政策制定者的立场、倾向。在用词上《规程》有一些明显的差异，如“须”与“必须”，“可”与“可以”，“应”与“应该”，这是一个很严谨、简练的研究者在说话，充满了深思熟虑和人文关怀。

2. 文本的表达立场

文本立足于全国的现实状况，关注多样性与差异性，关注经济水平对学前教育的制约，表现学前教育开放性和灵活性的一面。如《幼儿园工作规程》第七条、第八条规定：“幼儿园可分为全日制、半日制、定时制、季节制和寄宿制等。上述形式可分别设置，也可混合设置。”“幼儿园每年秋季招生。平时如有缺额，可随时补招。”同时，文本的作者有一种强烈的人文关怀倾向，倾向于为弱势者代言，而不是仅站在精英立场上。如第八条规定：“幼儿园对烈士子女，家中无人照顾的残疾人子女和单亲子女等入园，应予照顾。”

3. 文本的权力来源

《规程》是以“国家教育委员会令”的方式，借助于行政的架构逐级传达并执行的，换句话说，《规程》之所以具有某种约束力不是因为它说了什么，而是因为它是由谁制定的，它通过科层制中的职位和制度而获得权力，即韦伯所说的“制度化权力”。在教育组织内部，不同层级的决策权力首先来自制度安排，它决定了教育决策的精确性、连续性、可靠性和稳定性，从而避免了决策的非理性化的倾向。

（三）《幼儿园教育指导纲要（试行）》的社会学解读

《纲要》是课程标准意义上的文件，其行政的约束力较低，关键在于观念的形成与思想的导引。

1. 出台的背景

在教育部关于印发《幼儿园教育指导纲要（试行）》的通知中，其明确提到“为进一步贯彻第三次全国教育工作会议和全国基础教育工作会议精神，落实《国务院关于基础教育改革与发展的决定》，推进幼儿园实施素质教育，全面提高幼儿园教育质量，现将《幼儿园教育指导纲要（试行）》印发给你们”。这段文字表明，一方面，基础教育的改革、素质教育在全国的推进需要幼儿园教育的参与和奠基，是国家教育主管部门对幼儿园教育作为基础教育一部分合法身份的再次确认；另一方面，也从某种意义上表明幼儿园教育的非自主性、对教育与国家的双重依附性。《纲要》的出台很大程度上是来源于外部的推动，是学前教育工作者借助于国家推进素质教育与基础教育改革之势对幼儿园教育的再一次推动。这反映出学前教育工作者的主体智慧与积极追求，是学前教育在国家管理框架下进行生存适应的结果。

2. 话语的权力

《纲要》对五大领域的界定虽不是一个终极的定论，但基本上已从事实层面确定了下来。这样一种五大领域的表达对于那些反对五大领域，尤其是数学和科学的合并的研究者和实践者是一种话语的强加。但政策文本的制定过程恰恰是一个话语权的较量过程，是一个谁或哪群人更有力量、更有资格进行最终界定的过程。文本呈现的不仅是话语，还有话语背后的权力较量，那种复杂的斗争关系隐藏在对争论内容的最后定夺中。

除了这种不同思想体系之间的较量与话语权的争夺外，文本是对全国幼教工作者进行表达的，这里的听众和阅读者不仅有基层官员、幼教干部、幼儿教师，还有大量的理论工作者。因此，文本所呈现的话语权既表明了谁在说话，代表谁在说话，对谁说话，也间接揭示了说者和听者的身份差异。在每一个政策文本的背后，其实都有一个隐蔽的大众，只不过不同的文本其隐蔽的大众有所不同而已。

3. 表达的立场

《纲要》在其内容表述中或多或少地存在着城市偏向和城市中心主义。当文本的内容以无差异的方式表达出来时，真的是强调一致性吗？

在《纲要》的文本中，有着明显的向上看（对意识形态的投诚）、向外看（对地方性知识的漠视）的情结，而缺少向下看（对农村、弱者的关注）、向内看（对地方性实践的重视）的关怀意识。

4. 文本的措辞

从话语分析的角度来看，任何文本都在使用一定的措辞。《国家处于危机中》是最典型的修辞文本，它用振聋发聩的语言将教育的危机、国家的危机呈现在世人面前，从而激发人们关注教育、改革教育的热情。在《纲要》的文本中，措辞是非常朴素的，多用陈述、描述和肯定的方式提倡一种思想，而不再用反例的方式来说明要祛除一种思想。语言的朴素反映中国人的文化内敛与文化含蓄，但朴素并不表明没有激情，我们只是将对学前教育的美好期待隐藏在朴素的语言之中。

除了以上从“作为话语的政策”和“作为文本的政策”角度来分析教育政策外，对教育政策的分析还可从三个层次或三个维度去进行：即经济的、政治的和意识形态的，这样一种构想导致对教育政策的一种动力学分析。与经济相对应的是结构主义的，阐明的是教育与生产力、资本之间的关系；与政治相对应的是相互作用主义的，如关于教育主权的探讨；与意识形态相对应的则是话语的分析，如对教育政策构思和讨论方式、对教育在传播有影响的主流文化中角色的检验等，这里的每一层次都为教育政策的制定者提供了一些资源和信息。

第三节
学前教育政策与法规的过程分析

琼斯认为，教育的选择就等于政治的选择。[①] 教育政策与法规的制定与执行过程没有一个步骤不与政治、权力等基本要素相关。前面提到，对教育政策的分析包括两种视角，“国家—控制”的视角与批判分析的视角。“国家—控制”视角的过程分析缺少对国家与其他各种力量关系的解释，漠视政策制定过程中统治、权力、规则和政治象征等问题。这种分析方法不仅没有阐明学前教育政策制定过程的复杂性，而且缺乏对政策制定的整体性关照。而批判的分析视角正相反，相信在学前教育政策的制定过程中充满了妥协、争论、较量与冲突，教育政策的制定与执行过程实际上就是不同行动者与社会结构之间“冲突”的过程，是不同权力主体和利益群体相互较量与对抗的过程。

作为政策社会学研究的先驱，鲍尔也认为，政策制定过程中充满了中断、妥协、忽略和排斥，政策有时只是对不同利益群体的要求作出的折中反映，是在主流力量、抵制力量和混沌力量的相互交锋中诞生的，所以政策绝不是简单的权力不对称的结果。由于中间力量的存在，控制力量并不能高枕无忧，它要受到由它控制的力量的侵蚀和削弱。作为实践的政策，有时不管政策制定者如何反对，政策制定经常是非科学、非理性的。如 1988 年英国著名的《教育改革法》其中就包含着大量的主观臆测。[②]

一、政策与法规的制定过程

从“国家—控制”的分析视角出发，政策的制定过程可分化成辩论过

① 琼斯著，周浩波、唐晓杰译：《教育政治学》，载《教育与教育学》（瞿葆奎主编），人民教育出版社，1993 年版，第 874 页。
② 斯蒂芬·鲍尔著，王玉秋等译：《政治与教育政策制定——政策社会学探索》，华东师范大学出版社，2003 年版，第 1 页。

程、决策过程、斗争过程、成文过程和修改过程几个方面，但这里遵循的是批判分析的视角，因此，集中关注两个问题，即谁来制定政策与法规，又如何来制定政策与法规。

1. 谁来制定

在一项教育政策是否得以通过与实施的过程中，政策制定者或政策制定者所属的利益群体的组织化程度非常重要，他们必须在辩论中用同一种声音说话，形成一种有组织的声音。不同的法规与政策文本其所参与的制定群体和方式是不一样的，有时是政府官员与专家联手，有时是官员的智囊团行为，有时则可能由专家发起但经由官员合法化的方式。因此，我们必须细致地分析参与决策的行动者及其在决策团队中所占的分量。

2. 如何制定

政策的制定从启动到公布是一个漫长的过程，它通常以一定的政策研究为前提，一个被证明为行之有效的政策通常是要经过理论——实践——理论的循环，有时还要经过较长时间的试点与修订。

政策的设计者并不始终面对一个广阔的决策空间，有时政策的设计要囿于许多因素，如国家的经济实力、老百姓的文化传统、从上到下的科层体制等。我国的《义务教育法》早于 1986 年就已经公布实行，但直到 20 年后才真正成为国家政治生活中的一件大事提上议事日程。有人认为，既然我国的经济实力、文化传统还不具备制定学前教育法的条件和环境，那就到时机成熟的时候再制定吧。在我国法规与政策执行的事实情况是：要先有文本层面的法律，然后再不断地从现实层面接近它。倘若 20 年后再来谈学前教育法的制定，可能就会又延误一个 20 年发展机遇。所以，对于学前教育领域内的重大法律的诞生，我们需要有一种超前意识，尽管现在的条件还不能达到，但必须通过现在的努力将其逐步地走上社会生活的重心，成为各级政府不得不关注的民生问题。党的十七大报告中提出了要“重视学前教育”，这不是简简单单的六个字，它表明的是一种国家立场和国家态度，也喻示着学前教育的希望。

如果说以往学前教育领域内的一些政策与法规前期研究相对不足、后期追踪相对缺乏的话，那么政策制定者更要未雨绸缪，通过大量的教育科学、社会科学研究为学前教育法的制定与出台创造一些背景性知识，提供一种阐述性框架。事实证明，缺少科学论证和相关研究的政策与法规其对于实践的指导力是比较弱的，在我国1981年《幼儿园教育纲要(试行)》中曾经提出了“幼儿园的上课以游戏为主要形式，后来在1989年的《幼儿园工作规程(试行)》中将其调整为“以游戏为基本活动，寓教育于各项活动中”。在政策的制定上，理想并不能代替现实，政策与法规的可行性关键在于其现实意义，否则一个大而无当的政策不仅不会推动学前教育的发展，反而会造成学前教育的混乱与倒退。

不过，政策与法规绝对不是仅仅针对当下的现实的，它必须具有一定的前瞻性与理想性，我国《幼儿园教育指导纲要(试行)》中所提倡的许多观念，如关于师幼关系、关于教育评价也许还不能立即在幼儿园中成为现实，但这是一种对理想的追求，通过努力可以不断地接近理想。

西方国家的政策与法规的制定过程相比我国要规范，更符合程序正义的原则。如美国1972年开始实行的开端计划和日本关于是否支持日托教育的提议就经过了很长时间的政策争论与各方辩论。在这样的公开辩论中，各方将自己的主要观点阐释清楚，而且要以强大的先期研究作为后盾。我国目前在政策制定上还没有建立起辩论和听证制度，很多政策还或多或少地带有应急和非理性色彩。在中央一级的政策与法规和地方一级的政策与法规之间矛盾还不同程度地存在着，最为典型的当属深圳对公办幼儿园的公然转企。

二、政策与法规的执行过程

政策在实施时与在设计时几乎是不一样的。大多数政策的实施是在科层组织机构内进行的，或与科层组织机构相关。因此，自上而下的等级制度与权力是对政策作解释时的重要概念，起主要作用的人是各方面的官员，在幼教政策与法规从上而下的传递中发挥主要作用的当属各地分管教育的负责人和幼教专属干部。

1. 社会动员与政策宣传

如果政策的制定者与执行者不是同一类主体，那么执行某一政策的第一步通常是进行社会动员与政策宣传。中国有着极强大的社会动员传统，“文化大革命”时期几乎达到全民参与。自新中国成立以来，我国的社会动员方式发生了一些变化，从原来的“总体性社会”格局下的“组织化动员”逐渐地发展成“后总体性社会”下的“社会化动员”。[①] 所谓“组织化动员”是指利用原有行政管理框架、借用组织推动、依托与国家完全同构的单位所进行的社会动员模式，其主要特征是每一个被动员者都和动员者密切相关，更确切地说，动员者与被动员者之间存在一种隶属性的组织纽带，其基础是，动员者往往掌握了对被动员者而言至关重要的稀缺资源。而“社会化动员”则是指一种不借助于体制内资源，毋须利用行政命令与组织推动的方式进行的资源动员，是基于市场机制的、利用各类传播媒介进行资源动员的模式。

在我国学前教育政策的推行过程中，社会动员的方式依赖于“组织化动员”与“社会化动员”的结合，通过行政框架的逐级传递既提升了政策的严肃性，又保证了传递的有效性。与“组织化动员”的官方路径平行，幼教政策与法规的传递也常伴随着社会化的宣传，如网络发布、媒体宣传、权威人物宣称、小道消息等。政策与法规的严肃性、法理性越强，依赖社会化动员的可能性越低。对于行政执行者而言，他们最相信的还是“组织化动员”的方式，如2001年新《纲要》颁布时，由教育部组织的宣讲团在每个省市自治区都进行了宣传解读，同时还印行了《纲要》解读本，在此基础上各个省都成立了相应的《纲要》学习领导小组，负责将《纲要》中所传递的精神落实到幼教实践中去。

广大的幼儿教师和幼教科研工作者对教育部或教育部会同其他部门

① 夏少琼:《建国以来社会动员制度的变迁》，载《学术新论》2006年第2期。

颁布的政策与法规是极其期待的，我国的幼教现实中有太多的不规范的因素存在，幼教法规与政策的稀少也使人们对有限的幼教法规与政策投以巨大的热情。自山东东营宣布实行三年免费学前教育以来，全国各地去考察关注的地方官员几乎没有。就连临淄教育券实行八年来去参观学习的也多为理论研究者。在很多已有的地方性政策甚至局部性政策上，社会化动员和社会化宣传的力度极其不够，一些优秀的宝贵的政策经验无法得到及时地传播、提炼，以至无法最终上升为全国政策制定的基础。

单从上传下达的政策宣传的意义上来看，每个地方政府对政策文本的解读和赋予的意涵也是不同的，这涉及一个编码与解码的问题。中央的政策文本选择一定的概念和表述方式试图传递某种思想或观念，有些甚至隐含在政策文本的内容中，当地方政府对政策进行解读时，其所凭借的立场、立足的根基、既有的传统和现实的状况都会影响其对政策文本的理解与解释，上文所举的 13 号文件在各地的命运便是有力的说明。

后结构主义认为，对教育政策进行分析时要考虑到政策文本所经受的各种加工与再造，考虑到主导性政治言论对改变教育行动者的象征性和物质性背景，①撇开政策孕育和实施的可能空间去空洞地谈政策的执行力是毫无意义的。

2. 整体目标转化为分散目标

宣传与领悟是政策能否有效执行的第一步。对于任何政策而言，都有一个从目标向结果的推动过程，这是一个从相对集权的决策出发，然后逐渐分散的过程。在这个分散过程中，通过一系列的社会动员、社会宣传，越来越多的个体、组织介入了政策的执行活动。在这样一个逐渐分散的行动过程中，参与政策行动的各方不断地选择、再选择，最终以其偏好

① 玛丽·杜里-柏拉、阿涅斯·冯·让丹著，汪凌译：《学校社会学》，华东师范大学出版社，2001年版，第 17 页。

的方式行动。而与此同时,原来政策设计者所宣扬与期待的整体目标便在这种分散行动与选择中成为一个个各具特色的分散目标。

幼教类的政策与法规在执行过程中常常不得不遭受“化整为零”的命运,由于事权在地方的管理格局和经费格局,幼教类的很多政策与法规在文本的附则中常常会提及要根据本地的特点和实际情况制定一些地方化的政策。如 1996 年的《幼儿园工作规程》在附则中说明:“各省、自治区、直辖市教育行政部门可根据对不同地区、不同类别的幼儿园分别提出不同要求,分期分批有步骤地组织实施。亦可制定本地区不同类型幼儿园的工作规程。”

从整体目标到分散目标的转化本身就可能意味着有价值的目标的丢失,但由于每个地方政府的经济实力不同,所持观念有异,而中央的政策只能起一个大约的规范作用,即当分散目标可能危及整体目标的完整性时,中央的政策制定部门才可能进行相应的问责,而即便问责其行政约束力也是非常有限的。

3. 制度的筛选与政策的变异

地方政府对政策的执行除了对整体目标加以分解外,还会通过制度的筛选对政策加以变异。批判的政策分析视角认为,政策是社会利益关系的权威性分配,整个政策过程就是一个利益分配的过程,利益的参与导致了政策在执行过程中的变异。① 所谓政策变异是指同一政策由于受不同执行主体和其他各种因素的影响而使中央政策变形走样,导致政策执行的结果与政策目标、政策内容不相一致,进而造成中央政策失真的客观社会现象。政策变异并不是坏事,有时可能是制度创新,即政策执行者在吃透政策精神实质的基础上,抓住政策的程序、步骤、方法、手段等方面勇于创新,创造性地执行政策,使执行结果在整体上符合政策目标,但又能兼顾到地方利益;但有时政策变异就是地方政府在制度空间中寻找制度

---

① 陈玉云:《教育政策变异之我见——关于政策执行与政策实现的讨论》,载《教育理论与实践》2005 年第 11 期。

漏洞的结果。

诚然，政策的制定者也意识到政策在执行过程中可能遭遇的命运，在政策执行之初就会广泛进行民意调查、宣传。因为，他们知道政策制定时所依据的民意越广泛，其合法性越高，执行起来便会越省力。政策离地方执行的距离越远，政策的中途流产率越高、异化性越强，有时甚至会以另一种相反的面目出现。政策的制定有时是一个千呼万唤的过程，有时则是一个水到渠成的过程，反映民心向背的政策执行起来遭遇的地方阻力小，反之则会比较大。

三、政策与法规的实施效果

哈耶克认为，政策失败比经济失败更普遍、可能性更大，[①]因此，政策效果的研究比政策的制定与执行更重要，所谓尺蠖效应、天平效应、黄宗曦定律都是前人对一些政策效果进行研究的结果。政策社会学研究的先驱——鲍尔，也主张研究教育政策要从三个维度来进行，即影响教育政策的背景、教育政策文本产生的背景、教育政策实践的背景及教育政策的社会效应。他还对教育政策的社会效应进行了分类，认为教育政策的效应可分为两类：一类是教育政策对教育实践和教育结构的影响；另一类是教育政策变化对社会参与模式、社会机会、社会公正乃至社会结构的影响。

国外的教育政策制定都会有一个效果追踪性研究，而且，在政策制定之初就将专项的经费、专门的人员纳入政策制定体系内统筹考虑。实际上，法规与政策的后效的研究能起到一种唤醒作用，它引导政策制定者、执行者关注政策不当所可能造成的损失与代价。美国对于“开端计划”的成效的追踪研究以及“佩里方案”的社会效应确认都是全球范围内最具影响力的研究，这些研究不仅让政府看到了学前教育投入的巨大社会效益，而且激发了民间投资学前教育的热情。然而，中国目前太缺乏这种长期

① 斯蒂芬·鲍尔著，王玉秋等译：《政治与教育政策制定——政策社会学探索》，华东师范大学出版社，2003年版，第33页。

的政策追踪，这使我们看不到政策执行不当可能产生的不良后果，以往在政策研究中所呈现的主观的描述性的解释很难具有信服力，这种现状在一定程度上压抑了地方政府投入学前教育的欲望。

政策的执行效果是需要通过一定的方式加以评估的。玛丽认为，教育评估的介入是市场因素较多介入学校教育后，国家继续保持自己话语权、垄断权的一种策略，评估介入使国家在政策考量上具有一种"远距离驾驭"[①]的性质，它可以使国家保存自己的特权，甚至在通过向市场敞开教育体制大门的同时，借助科学和量化而获得一种新的补偿性的合法地位。对于中国的地方政府而言，评估的目的既是为了维权，也更应该是为了加大政府投入的透明度与公平度。

① 玛丽·杜里-柏拉，阿涅斯·冯·让丹著，汪凌译：《学校社会学》，华东师范大学出版社，2001年版，第20页。

第三部分　学前教育的组织制度

学前教育的组织制度是保障学前教育目标得以顺利实现的重要条件，本部分关注学前教育的组织背景、制度背景，试图阐明幼儿园、班级、制度的社会属性、社会建构。与家庭、社区不同，幼儿园是对幼儿进行公共学前教育的重要机构，是幼儿人生加入的第一个正式组织，是一种重要的社会建制。幼儿园班级是类初级群体、类生活单元，是对幼儿进行次级社会化的重要场所，是一个真正的“儿童社区”。幼儿园的各项制度则是对幼儿进行学前教育，促进幼儿社会化的重要力量，它使幼儿成为一个有秩序的孩子。

第五章 幼儿园：人生的第一个正式组织

对于社会学家来说，学校不仅是个体行动者相遇的场所，而且它也是一个政治空间，一个社会机构，也就是说是一个先于行动者存在的观点的网络，而它如此组织起来是为了通过学校机构而实现更加广泛的社会功能，尤其是社会化、为劳动世界作准备和社会整合的功能。

——玛丽·杜里-柏拉：《学校社会学》

幼儿园作为专门为幼儿的发展所提供的一种特殊社会场所，它与学校有明显的不同，即幼儿园不是幼儿学习系统科学知识的“学校”，而是幼儿相对自由自在地进行各种活动的“园地”。因此，幼儿园的意义在于“园”[①]字而非其他。作为一个教育组织和教养机构，幼儿园与其他社会组织有很大的不同。

然而，与其他任何社会组织一样，幼儿园这个世界也拥有权力、结构、逻辑和价值。在教育组织内工作与生活，不管是个人还是团体，他们的行为都在很大程度上反映着他们所处的社会的价值和组织文化的期待。欧文斯认为，人们对教育组织主要有两种看法：一是将其看成是权力和信息集中于高层的等级体系，一是将其看成是一个合作性的、社团性的协作系

① 吴康宁：《试析作用于幼儿发展的外部影响》，载《幼儿教育》1996年第3期。

统。[①] 在本书中,幼儿园更多地被看成一个生活单元、一个文化传承机构、一所生产和制造社会公民的学校、一个正式的组织、一个孩子们曾经拥有但现在已经失去的乐园。

第一节
幼儿园的社会变迁

无论在西方还是东方,幼儿园都是一个历史现象,是社会发展到一定阶段的产物,今天在世界各地以"幼儿园"命名的一些早教机构与1837年福禄贝尔最初命名时的意涵已经有了很大的变化,变化的原因与变迁的力量来自于外部世界,可以说幼儿园的变迁是整个世界变迁和社会变迁的缩影。

一、西方幼儿园的社会变迁

总体而言,西方幼儿园的历史比中国长,形式也更多样,与社会变迁的关系更复杂。西方并不是一个整体概念,而是一个泛称,是不同文化、不同经济背景下的一个特殊群体,这里这样使用只是从有别于中国的意义上来使用。

1. 依附与独立:幼儿学校与幼儿园

世界上最早的幼儿教育机构是法国奥柏林的编织学校,最早的学前教育公育机构则是英国欧文的幼儿学校。从名称的使用上,无论是"编织学校"还是"幼儿学校"都隐含着向中小学看齐的心结和对自身最初身份合法性的一种认同危机。从名称的使用上可以推测幼儿教育机构在当时的制度化教育环境中的处境与地位。

直到1837年,福禄贝尔才旗帜鲜明地提出了要用"幼儿园"来命名幼

---

① 罗伯特·G.欧文斯著,窦卫霖等译:《教育组织行为学》(第7版),华东师范大学出版社,2001年版,第56页。

儿教育机构，并宣称他所命名的“幼儿园”是儿童的花园、乐园。在《幼儿园导引》中，福禄贝尔的美国传人——伊丽莎白·皮博迪重点强调了幼儿园与学校之间的不同，她宣称幼儿园既不是以前的幼儿学校，也不是现在的初等公立小学，而是一种适合儿童成长与发展的新组织。

从向中小学看齐到宣称自己的独特性，幼儿园走过了自身身份合法化的历程，既获得了一种自我认同，又获得了一种外在承认。当然，幼儿园在西方的确立过程，本身也经历了一个从代替家庭进行教养到补充家庭进行教养的过程，它从根本上减弱了幼儿学校的“学校”性质，强调其宽松和平等的氛围，反对幼儿过早接受学校教育。幼儿园所倡导的这一思想在很大程度上被母性主义运动所推崇，既重视了母亲对孩子扶养和教育的意义，又强化了幼儿园作为辅助的专业机构的职能。

2. 社会区隔的工具和身份识别的符码

就像“儿童”一词一开始只是一个中产阶级的概念一样，幼儿园在美国的服务对象也是有所选择的，它并不像现在的幼儿园那样为贫困儿童服务，而是更多地定位于为上层社会和中产阶级孩子服务。从某种意义上来说，幼儿园成为区分社会阶层的一种工具，也成为社会阶层对自己身份认同的一种符码。

在很多国家，幼儿园与托儿所分属不同的部门，托儿所更多带有福利与救济性质，多为中下阶层服务，而幼儿园则更多带有教育性，较多地为中上阶层服务。除了这样一种区隔外，在美国中产阶层的孩子较多是进入私立幼儿园的，而公立幼儿园则可能较多接纳移民、少数民族等弱势阶层家庭的孩子。

当一个社会已趋于分层与分化时，就必然会在社会生活的方方面面形成一种等级化的体系。相比中国而言，西方的很多国家阶层结构已经固化，阶层间的流动空间极其狭窄，民众被固定在自己的原有阶层结构上，无法实现社会流动与社会升迁。

3. 联结公共与私人关系

相比其他西方国家而言，幼儿园运动在美国的传播比较典型。当19

世纪后半期幼儿园这种教育形式传入美国的时候，正值美国社会从农业社会向工业社会转型，现代社会开始建立之时。在这样的社会大背景下，美国社会开始追求一种建立在公民的公共道德基础之上的社会秩序，原来基于农业社会的那种建立在家庭生活的私人道德之上的社会秩序开始逐渐被抛弃。幼儿园，作为一个联结公共和私人之间的纽带，顺应了当时的社会期待。

在美国的幼儿园中，无论是早期的私立幼儿园还是在慈善幼儿园，整洁、秩序、纪律等传统教学价值目标依然被传递，幼儿园并不是简单地依赖于宗教和道德教学，而是通过提供一种全新的社会环境，来宣扬一种公共精神。在美国的幼儿园里，不仅强调美国人所崇尚的个人自由、民主，也强调公共责任与公民道德。幼儿园成为形成公民个体与公共责任的完美组织机构，一定程度上调停了两个对立的原则，即家庭的私人部分和国家的公共部分，从而去培养一个能同时履行个人义务和社会责任而不使它们矛盾的公民。因为，幼儿园阶段是儿童最易接受公共价值训练的阶段。

二、中国幼儿园的社会变迁

从法定的意义上来考察中国的幼儿园变迁要从 1951 年新学制的颁布开始，在 1951 年《政务院关于改革学制的决定》中规定：实施幼儿教育的组织为幼儿园。然而，中国的幼儿园运动却早在 1903 年的《癸卯学制》中即已出现，其时命名为“蒙养院”，后来又多次修改，曾用过“蒙养园”、“幼稚园”、“保育院”和“幼儿园”。在 1903 年我国自行创办“蒙养院”之前，外国教会在我国沿海各地所开办的幼稚园，原名为“小孩察物学校”。研究中国幼儿园的变迁实际上就是研究幼儿园作为一个组织的变迁历程，必须将其放置在社会变迁的宏观背景下来进行考察，以社会变迁为基本范式。

然而，要想对中国幼儿园组织变迁过程进行一次完整的结构性考察和形态学分析，是一件非常困难甚至是不可能的工作。套用马克思的观点来说，中国的幼儿园既有它的原生形态，又有其次生形态，甚至还夹杂着许多成型或不成型的制度移植的形态。这里只能择其要者，作一说明。

1. 身份：钟摆式合法化

中国幼儿园的制度化身份一直处于摇摆不定的状态，有时处于制度框架内，有时则被排挤出制度体系。前面提过，学前教育的身份在社会系统和教育系统中都处于边缘化的位置，是“教育制度中遭到轻藐忽视的灰姑娘”①，这种位置决定了其身份的模糊性和不稳定性。在蒙养院制度阶段，幼儿园是以虚线的方式生存于学制系统中的。在蒙养园制度阶段，幼儿园进入了学制系统内，但只是一种形式上进入，而非实质上的进入。到幼稚园制度、幼儿园制度时，幼儿园算是真正纳入了制度化教育框架内。

但随着国企和事业单位的分类改革，幼儿园再一次从原来的制度化框架内被分流出来，成为改革代价的承担者。而随着市场经济体制的不断确立，幼儿园的制度化身份就越来越岌岌可危，被迫向市场要生存，而非在教育体制内安享国家和各级政府的特殊照顾。虽然，我国历史上一直倡导“两条腿走路”的方针，但在市场经济规则未确立之时，幼儿园完全走向市场是极其危险的行为。在当前条件下，如何确保幼儿园在教育系统内生存是一件非常重要的事情。幼儿园的将来身份不是完全走向市场，而是要在教育框架内实现成本分担，在确保幼儿园教育机构身份的前提下，进行相应的市场化探索。

2. 成员：阶层不断固化

当幼儿园在中国刚刚出现时，送孩子入园是家长开明和善于接受新事物的表现。因为，那时，送孩子入园的通常不是那些有权有势的，他们对幼儿园不屑一顾，甚至认为幼儿园有伤风化。而那些处于社会底层的则觉得将孩子留在家里是天经地义的事，送孩子入园简直就是大逆不道。只有那些开明士绅在西学的影响下首先接受了幼儿园，认可了幼儿园对儿童发展的价值。他们不仅积极支持幼儿园运动，而且还最早送子出国

① 朱宗顺：《香港学前教育的管理及特征》，载《学前教育研究》1997年第3期。

留学、进洋务学堂学习等。

随着幼儿园在中国大地上的普及，幼儿园的教育质量和师资水平不断提高，幼儿园之间也逐渐拉开了档次。在幼儿园发展的不同时期，我国都有着幼儿园的分级分类标准。不同级别的幼儿园虽然是从硬件和软件两方面进行了级别的认定，但认定的结果却常常是通过不同的招生政策、不同的收费方式将入园儿童阶层化了。对于当下的许多幼儿园而言，公办的优势幼儿园的孩子几乎清一色地来自特权阶层，而那些设备简陋的非注册幼儿园也几乎总是为最底层的老百姓服务。社会的阶层化导致幼儿园的阶层化。

3. 利益主体：多元化

在幼儿园刚刚诞生之初，大量的幼儿园是官办的，少数的来自于民间力量或外国宗教组织。办学主体的简单实际上是利益主体的简单。而随着幼儿园运动在中国的展开，幼儿园的利益主体不再是以政府为主，出现了大量的其他主体，尤其是私人或基金会，如厦门的集美幼稚园、北京的香山慈幼院、南京的鼓楼幼稚园等。新中国成立以后，利益主体更趋多元，不仅有政府这个利益主体，还有大量的企事业单位、民间机构等。改革开放后，总体性社会格局逐渐瓦解，社会生活中有了一些可流动资源与可流动空间，幼儿园的利益主体在此时有了根本性的变化，原来以政府和企事业单位为主体的格局开始被社会力量所取代。

原来，举办幼儿园的职能多由政府来承担，而改革开放后，从企业、再到个人，都开始承担大量原先由政府把持的社会职能、经济职能，它们构成了幼儿园作为一个社会组织发展的动力模式。① 动力主体的多元化直接改变了我国幼儿园由新中国成立初期的单一政府主体到后来的政府与企事业共同主体再到当下的利益主体多元化格局。

4. 权力控制：多层次化

在总体性社会下，由于利益主体的单一化，幼儿园较多受制于政府。

① 杨博文：《我国社会结构和社会组织变迁中的复杂性分析》，载《长白学刊》2007年第2期。

改革开放后利益主体的多元化也逐渐导致幼儿园权力控制的多层次化。从幼儿园的变迁来看，在权力控制上，有一个从集权控制到多层控制再到幼儿园自组织化的过程。

当下的许多幼儿园几乎完全靠市场生存，其控制源主要是市场，是家长的自主选择。与早先的来自于政府和其他利益主体的压力不同，依赖市场和家长生存的幼儿园更需要自组织化的生存，不断面对市场压力实现幼儿园的良性生存。

幼儿园的变迁过程是在社会变迁的背景下发生的，嵌入性作为组织变迁的结构性环境[①]，直接决定幼儿园变迁的方式、方向和效果。在幼儿园变迁过程中，由于路径依赖的必然性，在很多方面常有反复或钟摆现象出现，这是幼儿园变迁中一种不可避免的行为惯性。

第二节
幼儿园的社会属性

在《民主主义与教育》中，杜威指出："成年人有意识地控制未成熟者所受的教育，唯一的方法是控制他们的环境，让他们在这个环境中行动、思考和感受……学校仍然是一种典型的环境，设置这样的环境以影响成员的智力和道德的倾向。"[②]与学校一样，幼儿园也是一种建构了的教育环境，其与一般的组织环境有较大的差异，有着特殊的组织面孔、相对松散的组织结构和不一样的组织文化。

一、幼儿园的组织面孔

泰勒认为，学校组织有四张面孔：第一，真实的面孔，它的操作性话语是效率和理性；第二，政治的面孔，它的特点是对权力、斗争和冲突充满了

① 李汉林、渠敬东等：《组织和制度变迁的社会过程——一种拟议的综合分析》，载《中国社会科学》2005 年第 1 期。

② 杜威著，王承绪译：《民主主义与教育》，人民教育出版社，2001 年版，第 34—35 页。

兴趣;第三,系统的面孔,职责是其基本特征;第四,无秩序的面孔,工具和目标之间的荒谬和缺乏是其特点。[①] 1951 年《政务院关于改革学制的决定》中规定:实施幼儿教育的组织为幼儿园。[②] 这一规定从制度的意义上将幼儿园这一特殊的教育机构纳入到"组织系统"的范畴内,从而使其组织面孔区别于其他的社会组织。这里主要关注幼儿园的组织性质、角色和类型三个方面。

（一）幼儿园的组织性质

关于幼儿园的组织性质的讨论实际上是围绕"幼儿园是什么"而展开的。在 1903 年蒙养院刚刚出现时,强调其辅助家庭教育的性质,后来的文本则越来越多地强调幼儿园或学前教育是基础教育的重要组成部分,从原来的辅助机构变成了一个教育机构,不断地从体制外走向体制内。但随着市场经济的逐步建立,幼儿园这一教育机构又开始较多地具有了盈利机构、家长共同体的代理机构的色彩。幼儿园组织性质的不断变化导致了人们对幼儿园认识的模糊性,在这样的变动不居中,幼儿园形成了不同的组织"面孔",如孩子的游乐园、教养院,商人的"印钞机"、"不冒烟的工厂",家长的"管教所"、"自助餐厅"等。具体来说,幼儿园的组织性质应该是养育性、福利性,这些使其首先成为一所"幼儿园"而非一所"学校",然而,当下的幼儿园的现实性质却可能是另外一种样子。

1. 偏教育的养育性

与"学校"不同,幼儿园不是一个纯粹的教育机构,而是一个养、育并重,甚至有时养育的成分要高于教育的机构。对于幼儿园的孩子来说,幼儿园首先是一个生活、玩耍的地方,其次才是一个学习、交友的地方。养育性使幼儿园的儿童被称为"孩子"或"小朋友",这明显区别于学校中的"学生";养育性使幼儿园的老师被称为"妈妈老师",具情感性角色,而非

① William Tyler, *School Organization-A Sociological Perspective*, Croon Helm London and Sydney, 1988, p. 18.

② 中国学前教育研究会:《中华人民共和国幼儿教育重要文献汇编》,北京师范大学出版社,1999 年版,第 43 页。

学校中的制度化老师所拥有的工具性角色;养育性还使幼儿园更多成为一种家庭的辅助,而非家庭的替代,孩子年龄越小,越需要父母和亲情,制度化的生活会使幼儿过早地社会化,使其“个性社会化”受阻,而“群性社会化”张扬。

幼儿园发展的事实却正好相反,为了获得合法化的作为教育机构的身份,幼儿园越来越强调其“教育性”,使幼儿向“学生”靠拢而不是向“孩子”看齐。其实,向中小学看齐并不是提升幼儿园自尊的一种有效途径,它造成的后果恰恰相反,它使幼儿园失去了作为幼儿园的资格,抹杀了自己的独特性也就等于陷入平庸。

2. 无福利的福利性

幼儿园作为一个福利机构担当着不同的福利角色,有完全福利、不完全福利和无福利三种状态。完全福利是指新中国成立初期实行“企业办社会”后在各企事业单位实现的福利,它面向所有单位职工。不完全福利则较多指面向部分人的福利或部分福利,如当下的许多机关幼儿园中实现的既是部分人的福利,也是部分福利。所谓部分人的福利是指机关幼儿园实现的只是针对机关干部职工的福利,并不惠及其他人群。所谓部分福利是指即便机关幼儿园为其机关干部职工所实现的也是部分福利,其中有些部分是需要家长付费的。

无福利可能是当下幼儿园的一种常态,因为当下的机关园、企业园已经相当少,大量的是以社会力量为利益主体的幼儿园,这类幼儿园对所有入园家庭而言一视同仁,没有什么减免的福利性可言。或者即使有些单位还有“暗补”也不是直接补给幼儿园,而是补给家长本身。

因此,幼儿园的福利机构色彩在我国基本已经淡出公众视野,成为仅仅具有象征性的一种“权且表达”。但作为一种福利机构的幼儿园,它仍然在北欧许多国家相当完善地存在着。

3. 舍本逐末的服务性

从幼儿园作为一个养育性机构的角度出发,“服务性”本是幼儿园社会属性的一部分。可在当下社会中,有的幼儿园却把服务家长当成了唯一的目标，竭力主张“一切为了家长”，家长的指挥棒指向哪儿，办园的方向就跟到哪儿，把原来的“服务”完全变成了“迎合”，使幼儿园沦落为家庭的后勤部，教师不得不成为家庭的服务员。

幼儿园的主体是孩子和教师，如果幼儿园唯家长意志是从，盲目地迎合家长，只会误导家长，只会使幼儿园所面临的整体环境越来越糟糕，使幼儿教育工作者的自尊越来越丧失，从而从根本上降低学前教育的职业高尚性。布迪厄曾言，被压迫者在其成为被压迫者的过程中往往充当了压迫者的帮凶和同谋，被压迫者的解放不能指望第三种力量，它首先来自其内部的整体觉醒。幼儿园对家长一再讨好，只会导致家长对幼儿园日益上升的压迫心态，从而最终使自己沦落为一个彻底的被压迫者。

4. 仪式化的象征性

我国现在各级政府流行着示范园情结，各地都要办一两所标志性的示范园，这些示范园既成为这一地区学前教育发展的“地标”，起着示范、辐射作用。同时，更重要的是，示范园成为地方政府举办学前教育的象征性机构，没有示范园的存在，分管领导的脸面是挂不住的。地方政府举办示范园的过程是一个充满仪式表演的过程，所有的仪式只是为着一个目的，那就是让示范园成为官员展示政绩的窗口。

示范园制度的实施原本是为了以点带面的，但在中国的很多政策实行过程中，往往会有很多意外后果，以至于这些意外后果最终会解构政策的原初目的。“示范园”变成了形象窗口、仪式表演的舞台。

5. 社会再生产的工具性

与其他社会组织不同，幼儿园是一个教化机构，担当着培养接班人和未来公民的职责。如前所述，当下的许多幼儿园的家长阶层都已相对固化，不同级别的幼儿园为不同阶层的家长服务，幼儿园的家长阶层的流动性已相对较小，幼儿园越来越成为一个阶层区隔化了的空间，从而提前了社会结构的再生产。

而且，吊诡的是，幼儿园所处的级别越高，其阶层固化的色彩越浓，家长圈的封闭越明显。而相对处于较低级别的幼儿园在家长阶层分布上要相对松散一些。幼儿园的这种家长结构反映了社会的结构方式，占据社会阶层越高的家长拥有的资源、享有的资本越多，他们自然占据处于幼儿园金字塔顶端的优质资源，从而为其下代实现“保举性流动”或“竞争性流动”打下坚实的基础。

（二）幼儿园的组织角色

由于幼儿园的组织性质是流动的、变化的，所以在不同的时期，幼儿园所承担的组织角色也是变动不居的，它随着特定的社会期待而变化。为了很好地把握幼儿园的组织角色，这里尝试从两个方面来进行探讨，一个方面是幼儿园实际承担的组织角色，另一方面是幼儿园受人期待的组织角色。

1. 实际承担的角色

吴康宁在探讨学校的社会角色时，曾从现实的层面提到了学校所扮演的四种角色类型，即作为“教育”机构的学校、作为“象征”机构的学校、作为“分化”机构的学校和作为“销售”机构的学校。他认为，学校所应当承担的角色是“旨在促进学生身心发展与社会结构和谐发展的教育、学习及甄别机构”①。

对于幼儿园这一特殊的教育组织而言，其所实际承担的组织角色与制度化了的中小学校有很大的不同，结合上面所分析的幼儿园的组织性质来看，幼儿园实际所扮演的角色有养育性角色、福利性角色、象征性角色和服务性角色等，每一所幼儿园实际所扮演的都是这些角色的组合、交集，绝非单一角色。

角色理论认为，每一个个体、社会组织都处于一定的社会关系网络中，其所扮演的角色受其所处的社会位置的结构性制约。对于幼儿园这一组织整体而言，其所扮演的角色是由其在社会结构和教育结构中的位置决定了的，它必须扮演着与其他社会组织、教育组织不完全重合的角

① 吴康宁：《学校的社会角色：期待、现实及选择——基于社会学的审视》，载《教育研究与实验》2005年第4期。

色。而对于每一所幼儿园自身而言，其所扮演的角色其实是一个系谱，即会在不同的时期、针对不同的对象扮演不同的角色，类似一个“角色丛”的集合。

2. 受人期待的角色

幼儿园作为一个特殊的教育组织，其实际所扮演的角色与不同利益相关者期待其所扮演的角色是有差位与距离的，在受人期待的角色系列与可能担当的角色系列之间，幼儿园必须作出选择，有时甚至要进行博弈和较量。不同的利益主体对其期待的角色可能是相互补充的，也可能相互冲突的，幼儿园虽然不是一个人格意义上完整的个体，角色冲突会造成人格冲突，但从组织人格的意义上来说，幼儿园仍然会面临组织人格的分裂与困境。从不同的利益主体出发，幼儿园受人期待的角色大致可分成这样几种类型：

（1）幼儿对幼儿园的角色期待

从现实的意义上来说，幼儿园对于幼儿而言，是一个有着强制性、规范性、生活性和游戏性的场所，而从幼儿的自我期待出发，幼儿希望幼儿园是一个玩的地方、游戏的地方、有小伙伴的地方。幼儿对幼儿园的角色期待与幼儿园实际所能扮演的角色之间常常是有距离的，任何一个受人期待的角色都是极尽可能的理想化、完美化，而现实呈现的角色总不可避免地带有缺憾、冷酷与无情色彩。

（2）教师对幼儿园的角色期待

幼儿园对于教师而言是一个规范性与功利性兼具的组织，幼儿园对教师资格有一定要求，对考核有一系列规定。教师对幼儿园的期待更多指向功利性，一是生存的功利性，即获得一定的薪酬，解决生活谋生手段；一是自我发展的功利性，实现职业理想与自我实现，体现自己价值，享受和孩子在一起的过程。

教师对幼儿园的期待是任何一个个体对自己所归属的组织的基本期待，但与其他的社会组织不同，幼儿园这一组织对组织成员的物质满足能力和精神满足能力都在不同程度地下降。工作时间越长的老师对传统幼儿园组织的归属感越强，现在的幼儿园由于受市场等多因素的影响，已经沦落为教师的生存场所，而非精神家园，教师在幼儿园中工作感受不到那种被尊重、被接纳的主人翁感，教师与幼儿园之间的关系变为一种相互交换的关系。

(3) 家长对幼儿园的角色期待

从现实的意义上来看，幼儿园对于不同的家长扮演着不同的角色。从专业意义上来看，幼儿园是家长的专业助手，是家庭教育的辅助者。家长对幼儿园的期待也是五花八门，有的期望幼儿园成为一个高级看护，有的期望幼儿园成为免费食堂，有的期望幼儿园成为一所学校。对家长的不同期待，幼儿园要作出适当的选择，并进行正确的引领。

(4) 政府对幼儿园的角色期待

政府对其直接投资的幼儿园和非直接投资的幼儿园的社会期待是不一样的，对其直接投资的幼儿园的期待是窗口和政绩的展示平台，对其非直接投资的幼儿园的期待是正确观念的传播者。无论哪种类型，政府期望幼儿园能解决老百姓的入园难问题，坚持公平的入园标准，不要制造太多的人为障碍。

(5) 投资商对幼儿园的角色期待

投资商对幼儿园的角色期待是基于其投资目的的，如果是为了赢利，则其社会期待自然是快速地挣钱，而且会以各种方式来压缩开支，尤其是降低教师工资、扩大班级规模。如果其投资的目的是为了回馈百姓、回馈地方社会，那其期待自然便是幼儿园的社会效应和社会声望。山东临沂的沈全庄村华盛集团举办的幼儿园、兰山区华丰集团举办的幼儿园都是如此。当企业规模和效益达到一定的规格时，企业的负责人，如华盛集团的王庭江、华丰集团的刘勤，都在其所举办的幼儿园里实行各种优惠政策，不仅幼儿入园免费，而且当地居民的医疗、住房、用水用电用气、日常生活用品等全部由集团承担。

(三) 幼儿园的组织类型

从目前我国幼儿园的组织现状来看，大致有三类：政府拨款的公办园、集体筹资的集体园以及由公民个人依照国家法律及有关规定举办的民办园。

1. 公办园

公办幼儿园是指有国家财政拨款的幼儿园，所以也称国办园，全民性质的幼儿园。但从公办园的实际运行状况来看，由于公办园数量一直较少，从历史到现在，似乎一直也未成为“全民”所有，相反却越来越背离其“全民”主旨，成为部分特殊阶层的独享专利。公办园之“公”一直不是“公共”之“公”，而是老百姓常说的“公家人”之“私”。

公办园制度必须作出调整，否则完全有可能成为社会矛盾的滋生地，但公办园制度如何改革，是像有些地方完全将公办园推向市场、转企、断奶，还是采取“保优扶弱”的原则？因为从我国目前的情况来看，学前儿童的入园率是极其低的，为数较少的公办园的存在虽然制造了社会不公平，但从另外一个意义上来看，公办园也在起着引领学前教育的作用。在我国地方政府对学前教育相对不重视的情况下，盲目地将公办园转制也是不明智的，那样不仅使优质的学前教育资源很快流失，而且可能造就一种更无序的市场竞争。因此，针对我国的国情，不是要取消公办园，而是要扩大和扶持优质民办园、集体园，使强者不弱，弱者增强。

2. 集体园

从新中国成立到现在，集体园在我国的学前教育发展中一直承担着重要的角色，它不像公办园那样享受政府的财政补贴，但一直坚持在招收本部门、本单位职工的孩子的同时，向社会开放，使社区居民也能享受优质教育资源。而且从数量上来看，集体园所招收的幼儿的数量一直是所有幼儿园中最多的。因此，从集体园的现实运行来看，它是名副其实被集体拥有、为集体服务的。

3. 民办园

新中国成立以后，我国基本上没有了民办园，原有的民办园也收归国有。目前社会上存在的大量的民办园大体是 1993 年深化体制改革后才逐渐形成气候的。当下的民办园大体可分为两类：一类是条件不完善、资源不丰富的;一类是条件很完善、实力很雄厚的。张燕调查了北京23所民办园发现,多数民办园面向社会高收入阶层,收费较高,较注重办出特色,它们多以双语、才艺、电脑、增智为特色吸引生源,以迎合当前家长望子成龙的急切心态。同时在服务特色上,多为寄宿制,满足了部分家长这方面需求。[①]

从诞生的意义上来看,民办园是经济体制改革的产物,是民间资本实现公益价值的一种有益尝试。浙江的温州地区几乎清一色的民办园,规模有大有小,质量有高有低。从投资主体来看,民办园大多依托民间资本,而资本具有某种逐利性,所以在我国的现实条件下,主张民办园"自负盈亏"是不合理的。从"盈"的角度来看,学前教育是准公益性事业,其公益性不允许其过多地盈利;而从"亏"来看,则更不可能,民办园承担了部分属于政府的责任,让其个人来承担亏损并不合理。[②]

随着我国很多地区的幼儿园改制,目前在民办园群体中出现了一类身份很特别的改制民办园,这类幼儿园是原来的公办园,经由改制转换了身份,它们通常拥有很好的社会声望、过硬的幼教师资、优质的环境和硬件设备,这些幼儿园往往成为民办园中的新贵。

二、幼儿园的组织结构

我们所生存的社会是一个结构化了的社会,幼儿园作为实施学前教育的机构不可避免存在着结构与结构化的现象。在《幼儿园工作规程》第十一条中规定:幼儿园规模以有利于幼儿身心健康、便于管理为原则,不宜过大。现实中的幼儿园小到一个混龄班,大到一个千人幼儿园,不一而足。规模较小的幼儿园就像一个结构松散又开放的熟人社会,彼此都可以开展面对面的互动,建立起稳固而持久的人际关系。熟人社会中的生存使人拥有一种安全感、归属感和认同感。然而,并非所有的幼儿园都是

---

① 张燕:《对北京市23所民办园的调查执笔》,载《学前教育研究》2000年第3期。

② 这一观点来自与虞永平老师的讨论,特此致谢!

一个熟人社会，现在大规模与超大规模的幼儿园已经越来越多。幼儿园规模越大，结构化的程度越高，彼此之间的关系越陌生和科层化。

有研究者认为，当代人类社会有三大组织系统：学校、工厂和军队，而学校当属大中之最。[①] 与其他组织结构不同，幼儿园作为一种特殊的教养机构有着独特的内部结构与外部结构。

1. 内部结构：组织内分层

一般来说，谈到组织结构就不能不提到韦伯所建立的科层制以及他所倡导的理性主义、等级主义和去情感的取向。与更趋于控制与效率的工厂与军队不同，幼儿园只是一个结构松散的组织，没有严格的等级化的科层组织的特征。但正如上文所言，幼儿园内部的组织结构受其规模大小的影响，规模越大其双重特征，即松散性与科层性特征越明显。反之，规模越小的幼儿园其紧密性和开放性越明显。

当然，有时幼儿园的组织结构除了其客观性外，也具有主观的特性，即幼儿园组织的正式结构会在很大程度上受教师和幼儿对幼儿园具体情境的界定的影响。无论教师或儿童生活在一个多大规模的幼儿园中，只要他们拥有一个相对稳定和高频交往的内部共同体，他们对幼儿园也会形成一种整体归属感与认同感，较多淡化由超大规模所带来的那种人与人之间的冷漠与距离，淡化幼儿园的科层色彩。

从行政管理的层面来说，每个组织都必须具有科层色彩，这是一种最具效率的管理方式。幼儿园的特殊性在于其不仅是一个行政组织，更是一个教育组织、生活组织，其所特有的生活性和游戏性促使幼儿园必须更具情感色彩与人文色彩，刚性的科层管理对于教师的工作积极性、儿童的探索自主性都是极为不利的。从这一意义上来说，幼儿园是和学校组织一样的双元组织结构，行政的管理职能必须服务于教育的引导职能，即管理为教学服务。

在幼儿园内，从行政管理来看，有园长——副园长——年级组长——

① 解延年：《学校组织结构与管理原则的双元系统分析理论》，载《教育改革》1995年第1期。

班组长——幼儿；从教育教学来看，则有业务园长——教研组长——教师——幼儿。无论从哪条线来看，教师和幼儿都处于被管理者的一端，他们是学前教育宏大理想中的主体，却成为实际幼儿园双元管理中的真正的弱者。而且，幼儿园规模越大，在教学与行政两方面的中间力量就会越多，教师和幼儿的压力便会越大。

即便不从行政级别来进行组织内的区分，也可以从实际力量的大小进行比较。在教师群体内部，教师和教师之间有身份（在编与在聘、职称级别）、学历、能力上的分层，有教师自身世界中的亲疏远近。同样，在幼儿群体内部也有家庭背景、同伴地位、能力大小的分层。有的教师和幼儿被寄予较高的社会期待，有的则被贴上更多的负面标签，在组织这个人际关系网络中，每个人都只是相互比较着生存的。

2. 外部结构：组织间分层

幼儿园这样一个独特的教育组织是社会体系的一部分。在社会日益阶层化的今天，幼儿园也不断地被阶层化，有的被置于层级金字塔的顶端，有的被置于最底层的位置，社会创造了太多的标准对幼儿园进行区分和定级。而这种区分和定级的结果不仅造成了幼儿园之间的阶层化生存，而且也使幼儿园中的教师、儿童、家长都只能阶层化生存。有园长在访谈中提到："对于一个幼儿园而言，它的发展规模应该是有度的，一个地区建立几所幼儿园都应有一定的考虑，优质园所太过密集，就会造成恶意竞争。"幼儿园之间的分类定级与竞争现象类似英国早期的社会流动机制，只能实行"保举性社会流动"而不能实行"竞争性社会流动"。儿童从进入幼儿园的那一天起就被固定在与其出身和家庭背景相应的阶层链条上，教育成为巩固并强化阶层分化的工具。

幼儿园组织间的分层除了这种定级定类的区分，如省级示范园，省级一类、二类、三类园，市级示范园，市级一类、二类园、三类园外，随着幼儿园办园体制的变化，还越来越多地出现了公办园、公办民助园、集体园和民办园之间的分层，尤其是公办民助园与民办园之间的不公平竞争带来的分层。在幼儿园的分层化过程中，太多力量介入进来，政府对不同幼儿园的经费资助和政策倾斜是幼儿园外部分层的最根本力量。

三、幼儿园的组织资源

在社会生活中，无论是个人还是组织都须依赖一定的资源。在韦伯看来，个人资源主要有声望、财富和权力。无论是其中的哪一种都是稀缺资源。与个人资源不同，幼儿园作为一个组织有其特殊的资源，也因幼儿园在社会组织阶梯中所处位置的不同而千差万别。具体来说，幼儿园的组织资源有以下两种。

1. 组织成员——人力资本

组织成员是组织系统中的最重要的要素，是组织中的软件和组织生命力的基础。[①] 对于幼儿园这个组织而言，其最主要的成员包括幼儿与教师。没有幼儿的存在，幼儿园不能成为幼儿园；同样，没有幼儿教师的存在，幼儿园也不能成为幼儿园。

2. 组织声望——社会资本

从幼儿园内部来看，幼儿园的组织成员是其生命力的基础，但从比较的视角来看，幼儿教师的竞争力就会大打折扣，对于幼儿园组织声望的分析也大体如此。

从幼儿园内部来看，幼儿园最主要的组织声望来源于家长的口碑。在幼儿园园长中流传着一句口头禅：金碑、银碑，不如家长的口碑。家长的口碑是幼儿园最主要的晴雨表和平衡器。这里的家长不仅包括幼儿园现在的家长，通常也包括周边环境中潜在的家长，甚至包括更广大的地区民众。家长对一所幼儿园的评价越高，幼儿园的组织声望就会越高，而这些会逐渐地叠加到幼儿园的社会资本中去。

从幼儿园外部来看，幼儿园的组织声望主要来源于象征性符号、赋予的标签。社会为了对不同类型的幼儿园进行区分，通常会以一定的标准

① 罗伯特·G.欧文斯著，窦卫霖等译：《教育组织行为学》(第7版)，华东师范大学出版社，2001年版，第154页。

将幼儿园进行分级定类，级别越高，幼儿园所能享有的稀缺资源越多。有些幼儿园门口挂满了各种各样的金银铜牌，在现实的运行过程中，这些大大小小的铜牌都会转换成不同的社会资本，提升幼儿园的整体声望。

但很明显的是，不同幼儿园在获得社会声望的竞争中所付出的和所能获得的是有较大差异的，社会声望高的幼儿园是低投入高回报，而社会资源本身就很欠缺的幼儿园则会形成高投入低回报的情况，这种情况会周而复始、恶性循环，使弱者越弱，强者越强。对于一个追求和谐、公正、公平的社会而言，这种情况是需要加以改变的。厦门思明区的做法很值得借鉴，他们主张条件优越的幼儿园每学期从每个孩子身上抽取出 1% 的费用来支援薄弱幼儿园，同时，减少政府对这类幼儿园的投入，敞开收费，使享受优质资源的人付出与其所得相应的付出。这样一种做法既使优质园所获得其发展的活力，摆脱其对政府机构的依赖，也能依靠政府的力量逐渐地使薄弱幼儿园走上良性循环的道路。

作为人力资本的组织成员和作为社会资本的组织声望对于一个幼儿园的发展而言是一个相互滋养、相互建构的结果，彼此之间可以构成一个良性循环，哪一个链条上发生问题都可能使整个组织运行发生困难，从而也使组织中成员的命运发生改变。

总体而言，与其他社会组织或教育组织相比，幼儿园的组织资源是相对贫乏的，可用以进行社会交换的资源常常捉襟见肘，这种状态可从幼儿园园长、小学校长、中学校长和大学校长的人际资本存量上的差异中得以说明。在任何国家，学前教育都是所有教育门类中的弱者，幼儿园也就自然成为组织资源特别薄弱的一方。而正是由于幼儿园可获得的组织资源的有限与受限，才进一步地导致幼儿园在教育系统中的边缘地位。正像秦晖所说的“农民问题的根源在农村之外”①，解决幼儿园的整体生存逆境也不是幼儿园系统内部能加以改善的，甚至也不是教育系统内部能够

① 秦晖：《民间组织资源与现代国家整合：农业税改革后的农民问题》，北京大学中国研究会议论文，2007 年。

解决的，它需要整个社会制度对幼儿教育的尊重，因此，解决幼儿园组织资源弱势的力量也在教育系统之外。

四、幼儿园的组织文化

幼儿园的组织文化是指幼儿园在管理和发展过程中逐渐形成的特定文化氛围和文化传统，它来源于幼儿园的历史传统和文化取向，为园所全体成员所认同，渗透于园所一切活动之中。它具有不同的结构、特征和形成过程。幼儿园组织文化是一种“社会亚文化”，是幼儿园“组织个性”的反映。

（一）幼儿园组织文化的结构

幼儿园组织文化作为一种特殊的文化形态，其主体是人，体现着人的思维方式、行为模式、价值观、信念系统，其结构表现为由浅入深的三个层次。[①]

1. 表层的组织文化

表层，指表露于外的物质环境，如建筑风格、空间布局、园服园歌等。一个幼儿园首先让人感受到的便是其表层的组织文化，如很多企业幼儿园的厂房式建筑风格、标语式的宣传、豪华的硬件设施、统一的服装等。一个有历史、有内涵的幼儿园在物质环境上也会给人一种历史的厚重感和文化的绵延感，这种感觉透过幼儿园的物质空间、活动室的环境布置、走廊过道的精心设计不断地渗透进每一个跨进幼儿园大门的人，“环境成为第三位老师”、“环境是一所幼儿园的自画像”正是对幼儿园表层组织文化的最好写照。

戈夫曼在其《日常生活中的自我呈现》中提到人与人在面对面互动过程中的“印象整饰”与“形象管理”，强调个体在“前台”与“后台”所表现出的巨大差异。幼儿园的环境修饰是其进行形象管理和制造“前台效应”的方式，通过这样一种环境敞现，幼儿园将其自身所蕴含的内涵投射出来。

---

① 王星：《论组织文化在幼儿园管理中的作用》，载《内蒙古师大学报》1998 年第 4 期。

对于幼儿园的组织文化建设而言，表层的环境文化是第一个信息窗，也是最直观、最朴素的文化窗口，一个懂行的人能够迅速地从其环境文化的表面来推测其文化肌理，即使是最豪华、阔绰的物质外观也不能掩盖其置儿童于不顾的成人中心主义、效率中心主义思维。同理，即使是最朴素、最简单的环境设备也同样可以彰显以儿童为中心，一切为儿童的文化信仰。环境文化所呈现的不仅是物质的外观本身，还包括物质外衣下的价值取向与文化追求。

中国的幼儿园的建筑风格多是童话式、卡通式的，而外国的幼儿园的建筑则相对朴素，几乎淹没在普通建筑群之中，但其外环境的简单与内环境的丰富几乎成为鲜明的对比，活动室内的环境完全是一个以儿童为中心的环境。这种环境装饰上的差异在某种意义上诠释着东西方文化的差异，也更彰显出中国人对"面子文化"、"形象工程"、"示范效应"的青睐与关注。

2. 中层的组织文化

中层的组织文化更多是从关系的意义上来说的，指组织内部成员间的人际交往、行为规范、规章制度等，如组织成员的生活质量、工作满意度、员工外流、领导行为等方面。① 幼儿园是教师、幼儿和家长共同相遇的场所，这三者之间所建构起来的和谐关系对于幼儿园的中层组织文化建设非常重要，一些幼儿园人际关系紧张，成员之间相互处于一种戒备状态，管理者对教师的高控会导致教师之间的对抗、竞争和相互拆台，教师也会在工作中不知不觉地将紧张的压力转移到幼儿身上去，造成一种内部的不信任场。

而且，随着家长对幼儿园介入得越来越深，家长成为幼儿教师的另一个压力来源。一些幼儿园在管理上借助家长的力量来对教师进行评定，造成教师和家长之间的一种相互不信任、不友好，原来该坚持的教育原则在家长评教的压力下不得不放弃，幼儿教师的职业自尊一再被降低和弱

① 李唐周：《国外组织文化研究综述》，载《心理学动态》1996 年第 1 期。

化。这种非正常的家园关系不仅不利于幼儿园的生存，更不利于孩子的发展。教师在这种压力下与幼儿建立起来的师幼关系是一种异化了的关系，其导致的直接后果便是“师之不师，幼之不幼”，最终颠覆“教育者”与“受教育者”的复杂关系，演变成一种“付费者”与“服务者”的简单关系。

人，是组织中最核心的力量，成员之间的相互疏远使得幼儿园成为一个毫无吸引力的人人意图摆脱的牢笼，高控组织中幼儿教师、幼儿的高流动性表明这样一种组织环境破坏了人的“本体性安全”，超过了人的最大压力阈值。在另一些幼儿园情况则可能相反，它有着一种团队合作的传统，凡事有集体的力量在支撑着，无论成员捅了多大的篓子，管理者也能在适当的时候适时地保护自己的教师和幼儿。倘若这种保护和呵护成为幼儿园成员之间的一种共识，幼儿园就会生成一种激励人成长的环境。

3. 深层的组织文化

深层的组织文化是核心部分，通常指组织的价值观念、思维方式、理想信念、办园宗旨等。这是一所幼儿园区别于另一所幼儿园的根本因素，并决定了其他两个层面的文化呈现方式。这种组织文化的形成来源于其历史的积淀和幼儿园一以贯之的传统，不同类型的幼儿园有着不同的文化惯习，如许多民办幼儿园最根本的追求就是效益和利润，政府幼儿园最根本的追求则是示范与控制。幼儿园的生存场域、文化传统和管理者的个人信仰决定了幼儿园深层次的组织文化。

课程是深层的组织文化的根本载体，幼儿园的办园宗旨、思维方式都会融合进其课程体系中。以陈鹤琴单元课程为基础的南京市鼓楼幼儿园便是这样一种代表，这种单元的、融合的教育思想不仅渗透在其课程体系中，也逐渐成为鼓幼人的一种行为方式和思维方式，她们以此为起点，吸纳各种幼教新思想，并始终为我所用，在坚持传统文化的基础上与时俱进。

对于深层文化而言，最根本的还是幼儿园成员的行为惯习和思维惯习，以及决定他们之所以如此的背后的型塑的力量，在文化定义的最核心之处是一种习得的无意识（或半意识），它反映在人们的行为中，并在行动中得到加强，一个新加入幼儿园的人能够很快感受到这种文化的力量、同化的召唤，通过自觉地认同与顺应进而成为一个组织化的人。所以，深层组织文化不是通过说教而形成的，它就是一种认同的力量、型塑的力量，它看似无形却又始终无处不在。

（二）幼儿园组织文化的特征

幼儿园是一个特殊的教养组织，其特殊性在于从外而内的一系列特殊表征，如特殊的建筑风格、特殊的教师队伍、特殊的教育对象、特殊的社会地位与社会认同，这一切都造就了幼儿园组织文化的特殊性和独特性。

1. 女性特质

社会学家认为，一个社会通过分配给两性不同的任务来体现其性别概念，与作为男性或作为女性相关联的社会角色就是性别角色。在中国的意识形态领域，女性更多地作为“被唤醒”、“被解放”的对象[①]，只能从事简单劳动。虽然，历史上也曾存在过女性崇拜，但这种意识的根源是对女性神秘力量的恐惧。波伏娃说：“在一切文明中，女人直到今天仍让男人感到恐怖。”[②]尽管作为对比，齐美尔指出，女人比男人更接近存在，从人的纯粹性而言，女人比男人更是人，女人生活于自在地规定的绝对性中。女人在自己的存在中比男人更坚定、更完整、更协调。女人在处理与事物的关系时，并没有抛弃女性借助一种与事物更直接、更本能、某种程度上也更天真的接触，并没有抛弃与事物的统一性所维持的存在。[③]

从幼儿园的主要成员来看，绝大部分教师是女性，因此，幼儿园的工作环境近乎一个同性场所，这里的文化特征不可避免地受到女性文化和“女性特质”的影响。而且，幼儿教师的女性化现象几乎是一个全球现象。

① 王金玲：《社会学视野下的女性研究：十五年来的建构与发展》，载《社会学研究》2000年第1期。

② 西蒙娜·德·波伏娃著，陶铁柱译：《第二性》，中国书籍出版社，1998年版，第174页。

③ 齐美尔著，顾仁明译：《金钱、性别、现代生活风格》，学林出版社，2000年版，第196—197页。

劳动所蕴含的复杂程度、技术含量、权力威望越少，女性劳动者便越多，幼儿教师女性化现象是性别不平等和社会性别偏见的产物。

在社会生活和幼儿园的组织管理中，男性文化和女性文化其受制约的程度是不一样的。社会对女性幼儿教师有更多的误解，而对男性则相对宽容和信任。有些地方在选择园长时还专门挑选男园长，在山东省利津县存在着一种“男园长＋娘子军”现象。这里的男园长较多地来源于地方教育行政部门，他们之所以走上幼儿园园长岗位，一是因为他们自身喜欢幼教，一是因为社会对男性园长有不同的社会期待，认为可以通过他们为幼儿园获得更多的社会资源。

在市场经济的形势下，女性担任园长似乎越来越难以保留其女性色彩，许多幼儿园园长在生存压力和日益竞争的逼迫下越来越成为一群具有“男性气概”[①]的“女强人”，原来女性群体所具有的“心灵的集体化”逐渐异化。幼儿园的女性文化遭遇生存困境，幼儿教师的离婚率越来越高，恋爱幸福指数、生活满意度越来越低。

2. 母性主义

作为一个女性教师集中的场所，幼儿园天然拥有着一种女性精神与女性氛围。与男性所主张的公正、刚性、粗犷的取向不同，女性更倾向于关怀、柔性与细腻。幼儿园的教育对象是在生活、游戏和学习等很多方面需要引导的幼儿，这使幼儿园不可避免地带有“母性主义”的色彩，幼儿教师必须既充当教师的角色又充当妈妈的角色，用母性的爱为幼儿编织一片蓝天。

因此，与中小学中的师生关系相比，幼儿园中的师幼关系既是一种制度化的师生关系，更是一种情感化的母子关系，情感主义的氛围使得幼儿园与中小学区分开来，形成一种独特的母性主义文化。在幼儿园中，倘若师幼关系的情感尺度和制度尺度把握得不好，就可能走向母性主义的对立面，变成一种“教师控制——幼儿服从”的极权主义。因为师幼之间在

① 方刚：《康奈尔和她的社会性别理论评述》，载《妇女研究论丛》2008年第3期。

诸多方面的极其不对称既为母性主义提供了温床，也为极权主义提供了场所。

（三）幼儿园组织文化的形成

幼儿园的组织文化并不是一朝一夕形成的，它具有一种累积的特征，无论是建筑风格、环境设计所透视出来的幼儿园文化，还是和谐的人际关系、宽容的团队环境、隐性的课程所传递的价值取向，都有一个累积与传承的过程。幼儿园组织文化的形成过程实际上是一个又一个的文化现象被认同、被确认、被传播、被遵守的过程。[①] 幼儿园组织文化的形成与传承依赖于一系列的途径与手段，如仪式、共同的社会记忆、传统、典礼以及一代代成员用文字传递的意义和价值观等。幼儿园的象征主义是组织文化形成的一个重要方面。

每一个幼儿园都有其特殊的仪式、典礼，这些仪式、典礼来自于传统又通向未来。每周的升旗仪式与每年的六一庆典是一个幼儿园组织文化的最好呈现，尤其是六一活动，这集中地反映出一个组织对儿童的态度以及儿童在组织生活中的地位和位置。

除了仪式和典礼外，幼儿园组织文化的形成还有一个重要的途径便是关于幼儿园的神话、故事以及一系列的共同的社会记忆，这是把幼儿园中每一个成员都聚集在一起的强大的精神力量。共同的历史感、传统感与记忆使得幼儿园成员之间有一种相互认同、相互信任，这既是组织记忆对成员的同化作用，也是成员进行身份确认的媒介。在很多幼儿园中，呈现于幼儿园活动室墙壁的各种历史的或当下的“记录”是“有组织的记忆”的最佳方式。凭着这些，幼儿园成员之间相互找到了一种“我们感”与归属感，这种有组织的记忆与有组织的声音一样使个人依附于组织，并为组织的文化传承作贡献。幼儿园的历史越悠久，其有组织的记忆便越漫长，关于组织的神话、故事便会越多，在相互的讲述与不断的传递中，组织文化被继承、发扬。

---

① 樊耘等：《组织文化的形成与流变》，载《西安交通大学学报》2008 年第 1 期。

第三节
幼儿园的组织运作

任何幼儿园都存在于一定的宏观社会结构和微观组织秩序中，宏观社会结构对于幼儿园而言具有强制性和不可改造性，而微观的组织秩序则是关系密切的幼儿园通过相互观察彼此行为产生出来的社会结构，它构成幼儿园生存的微观环境，是各幼儿园之间互动关系的结果。在市场经济运行模式中，所有的幼儿园在一开始就处于同一社会网络中，他们互相接触，相互观察对方在做什么；他们相互传递信息，并相互暗示，从而建立和保持一种共存关系和共存秩序。而一旦某些幼儿园违背大家公认的行为规则，如举办天价幼儿园、办各种名目的兴趣班时，原来幼儿园群体所努力营造的教育的可信任环境就会被破坏，“盈利的手”就会不断地介入进来。

“市场制度事实上产生于同处一个网络圈子里的生产商，而不是生产商按照凭空而起的市场制度来行事。换言之，市场制度只是生产商网络内部相互交往产生的暗示、信任、规则的反映。”[①]从这个意义上来说，幼儿园所生存的宏观社会结构虽然不可改变，但微观的组织秩序却是幼儿园共存共谋的结果。

一、幼儿园的组织管理

幼儿园的管理包括对内与对外两个方面，对内是一个日常管理，对外则是一个关系管理，幼儿园在进行组织设置时通常会考虑到园领导的社会资本和实际能力来进行恰当的分工。有些幼儿园在招募干部时也会特别考虑其社会背景，在中国这样一个以“差序格局”为特色的“关系社会”

① 李汉林、渠敬东等:《组织和制度变迁的社会过程——一种拟议的综合分析》,载《中国社会科学》2005 年第 1 期。

中生存，幼儿园要想获得优势资源就不得不采取“中国式”的组织管理方式，一些地方专招有教育行政背景的人当幼儿园园长就是一种明证。实行共产主义的沈全庄村，其负责人王庭江便既是华盛集团董事长又是村书记，而绝无仅有的是，华盛幼儿园虽是一所企业办幼儿园，却同时拥有很多吃“皇粮”的公办教师。

具体来说，幼儿园的组织管理包括招生宣传、制度建设、关系运作和冲突化解四个方面。

1. 组织宣传

不同的幼儿园在宣传时往往采取不同的策略，从网络上大量的幼儿园招生宣传来看，大多数幼儿园在宣传时会突显自己的强势资本，如园所级别、社会声望、文化资本、空间资源等。如深圳市翠园幼儿园的网络宣传：“深圳市翠园幼儿园是政府公办园，坐落在深圳市罗湖中心花园内，占地面积 4 040 平方米，共开设 10 个班级，幼儿 320 名，教职工 45 名，其中教师 22 名。教师中学前教育大专学历达 100%，本科学历达 43%，中级职称占教师总人数的 98%。经过历年来的不懈努力，翠园幼儿园荣获了‘深圳市先进单位’、‘市优秀幼儿园’、‘中国西部教育顾问单位’、‘办学效益奖’、‘巾帼文明单位’、‘市卫生保健优秀幼儿园’、国家教育部‘十五’课题实验基地、‘市一级幼儿园’、‘省一级幼儿园’等多项荣誉称号。教师的教育教学论文，在省、市、区刊物发表达 50 多篇。”

这是一种比较真实的宣传，它把幼儿园相应的优势和资本进行公开，使信息透明化，老百姓根据自己对幼儿园的判断自主选择。然而，有许多幼儿园在宣传时会故意放大优势，甚至无中生有，借助一种“符号暴力”和老百姓听不懂的“大词”来遮蔽信息的公开性、透明性。如小牛津双语幼儿园的宣传：“有中国特色的国际化双语幼儿园。办学高标准、教育高质量的国际化双语幼儿园。拥有国家外专局颁发‘外国专家证书’，从国外直接聘请外籍教师教授孩子最地道的美语和外国文化课程。拥有全国唯一蒙台梭利教育基金会合格证书及为数最多的蒙氏教育合格教师。小牛津与国际幼教组织有着广泛的交流与合作。小牛津为直营连锁幼儿园、非加盟幼儿园，教学、管理均由北京小牛津文教发展中心统一管理。”

选择什么样的宣传路径取决于幼儿园的组织文化，关注文化的深层结构的幼儿园会较多考虑儿童自身的快乐，关注文化的表层结构的幼儿园会较多显示其设施的豪华、硬件的丰富及环境的优美。幼儿园怎么说、说什么，既显示了其对某种修辞的爱好，更突出了其对自身组织文化的自信。当一个叙述者不断地“借力”、“借词”时，正好反衬出其资本的匮乏、信心的缺失。

社会学并不关心现象，它更关注现象背后隐藏的社会力量：是什么使得一些幼儿园必须用尽各种欺骗？是什么使得一些幼儿园直面现实？又是什么使得一些幼儿园隐藏自己、杜绝宣传？社会资源分配的不均衡、社会差异的结构性存在，使得每一所幼儿园都得面对自己的实际，运用不同的策略，争取自己最大的利益。从结构与行动相互建构的结构二重性出发，策略性宣传正是幼儿园作为行动者能动性的表现，问题只在于，在一个不道德的社会竞争环境下，当优质教育资源整体欠缺时，薄弱幼儿园还要不要合法地争取自己的利益，又怎样争取自己的合法利益。

2. 制度管理

幼儿园作为一个特殊的教养组织，有着与中小学不一样的制度管理内容和管理目的。中小学的制度管理是为教学和升学率服务的，而幼儿园不是一个升学机构与学习机构，它更多的是一个游戏、生活的机构，因此幼儿园需要一套独特的管理思维和管理逻辑。对于幼儿园的管理者而言，管理活动的出发点便是为了儿童能更好地生活、游戏。

幼儿园有各种规章制度，有针对教师的，如教师聘任制度；有针对幼儿的，如幼儿园班级常规；有针对幼儿园整体发展的，如 ISO9000 质量管理体系等。这里以 ISO9000 质量管理体系作为案例展开来加以分析。

ISO9000 质量管理体系本是面向企业的一种标准化系统，英国率先把它应用于教育界。实施 ISO9000 标准的基本工作方式是下列五步曲：“写你所做—做你所写—记录你所做—检查你所做—更改不符合。”[①]这

① 申乃林：《ISO9000 质量管理体系在幼儿园中的运用》，湖南师范大学硕士学位论文，2006 年。

期间的“写”、“做”、“记录”、“检查”、“更改”都留有文字依据。质量管理体系建立、运行、改进的全过程都在文件指导下进行，并且有文件予以记录和证明。这种“文件化”体现了现代组织管理的“法治”精神。

中国于20世纪90年代后开始在幼儿园中引进ISO9000质量管理体系。实践表明：ISO9000质量管理体系有利于增强教育服务观念、明确职责、规范操作，有助于管理的规范化、制度化、科学化，但同时也存在着适用难、内化难、个性化难等问题。[①] 对于幼儿园而言，其向社会提供的活动在ISO9000质量管理体系下完全演变成为一种可以计算的教育服务活动，将原本极其艰苦复杂的劳动过程简化为一种纯粹的生产过程，将幼儿园向社会、家庭、个体提供用于提高和改善人的智力素质、行为规范和身体素质的一系列工作等同于消费性服务。这种质量体系的引进从根本上来说是对幼儿园自身运转规律的不尊重，也是管理者“目中无人”的结果。

理论的移植与制度的创新并非不可能，但将企业管理的制度模式引进教育界，尤其是幼儿园这样一个更生活化的场景，无疑是一种不太合宜的方式。

3. 关系运作

幼儿园生存在社会网络中，内部外部、横向纵向的关系都需要加以协调处理。从更微观的意义上来看，幼儿园的管理主要是一种关系建构和关系动员，它直指幼儿园作为组织的最核心要素，即组织中的人、与组织有关的人。

从幼儿园管理的立场出发，幼儿园管理者试图去处理好的关系主要有内外两条线：一条线是外部关系，主要是与其上级主管部门、社区、其他幼儿园之间的关系；一条线是内部关系，主要是教师之间、师幼之间、家园之间的关系。相比外部关系而言，内部关系的处理与协调更琐碎、更具体，但外部关系往往决定着幼儿园的生存空间，所谓“皮之不存，毛将焉附”。

---

① 申乃林：《ISO9000质量管理体系在幼儿园中的运用》，湖南师范大学硕士学位论文，2006年。

在第二章我们已经讨论过幼儿园与教育部门、社区之间的关系，指出幼儿园与其主管部门之间是一种控制与反控制、迎合与抑制的复杂关系。而幼儿园与社区之间则更多的是一种社会交换关系，但在资源的交换与利益的均衡方面还存在着不对称，幼儿园还较多地存在着利用社区资源为我所用的倾向，交换的平衡度不够，为社区服务、向社区输出的意识还未真正确立。所以，从理性交换的意义上来看，幼儿园对社区目前还存在着一种资源掠夺的问题。而且，从另外一种意义上来看，我国目前很多社区中的幼儿园并不真正地为社区服务，有些甚至完全脱离社区为特定阶层服务，这样一种故意制造的隔离必然会弱化幼儿园与社区之间的关系，甚至导致幼儿园与社区之间的对立。因为幼儿园作为一种"就在眼前"的不公平的社会事实往往会激化原本处于潜藏状态的仇视情绪，造成幼儿园与社区之间关系的进一步紧张。

在与其他幼儿园的关系建构上，不同类型、不同资本、不同自信度的幼儿园可能会选择不同的建构策略。工商业界有一句行话，即"同行是冤家"，这个道理在同一社区的不同幼儿园之间也不同程度地存在。如果同一片区中的几个幼儿园之间实力悬殊较大，那么作为龙头的幼儿园会起到示范、辐射作用，建立起所谓的"共生性关系"，但这种示范和辐射常常是缺乏根基的，"共生"也是难以为继的，因为幼儿园之间在硬件、软件上缺少共同性与可比性。如果同一片区中的幼儿园之间实力相当，则会暗下较劲，相互防备，形成一种"竞争性关系"，以不同的特色吸引不同需要的家长；在部分幼儿园之间甚至出现相互拆台、恶意竞争、散布谣言等现象。从利益诉求的角度来看，当利益能够各得其所时，彼此大都能相安无事，但一旦出现了严重的利益倾斜，逐利的本能便会占据上风。

从幼儿园的内部关系建构来看，教师之间、师幼之间、家园之间的关系建构是幼儿园日常管理的重要内容。就教师与教师之间的关系建构而言，大致可以区分出两种类型：一是工具性关系，一是情感性关系。工具性关系主要表现在幼儿教师的工作层面，有不同的表现形式，如在教育教学活动过程中的合作与分工、家长工作方面的协调与配合、幼儿生活问题方面的协同与互助等。与中小学教师的个体式的工作方式不同,幼儿教师的工作方式是团队式的,二教一保共同维持一个班级的日常活动,小团队中的不协调常常会导致班级气氛的紧张和人际关系的疏远,所以教师之间的彼此协调、彼此宽容与信任就显得非常重要。

相比中小学而言,幼儿园是一个资源相对欠缺的地方,一方面因为幼儿园的边缘化身份,一方面因为女性在社会生活中的边缘化位置,这两者共同造成了幼儿园的弱者身份和弱关系联结的特征。

4. 冲突化解

与社会学中的功能学派相反,冲突学派认为冲突是社会的常态,是任何社会不可回避的特征。用冲突社会学的视角来看,幼儿园不仅是个教育的场所,更是个文化斗争的场所。在这里,不同家庭背景的儿童、教师齐聚这个场域,相互竞逐知识、文化的诠释及命名权,竞争的结果如同社会结构中的权力关系一样,取得优势地位的成员,总是企图控制或垄断局面,用尽一切高压与怀柔的方法,将自己的文化推上正统的位子,只许瞻仰与仿效,不许诋毁与改写。

师幼对课堂知识合法性的争夺便是典型。在教育活动中,凭借着作为社会代表者的制度化身份,教师巧妙地将"师定知识"转化成"法定知识",并在"师定知识"与"幼儿经验"之间发生冲突时以权威者自居。这种对"谁的知识更有合法性"的自我赋权和自我维权是发生在幼儿园每日教育活动中的常态事件,尤其是当下儿童自身所建构的知识越来越丰富时更是如此。

知识与文化上的冲突相对地处于隐性状态,幼儿还几乎不具备反抗的能力,因此,即使师幼之间经常性地爆发这类冲突,但这恰是一场没有硝烟的战争,不会引起其他冲突所常导致的恶劣后果。但作为一个充满变化和开放的公共领域,幼儿园中的组织冲突和人际冲突更加突出,更加显性,后果也更加严重。当下的很多幼儿园生存在一个日益市场化、竞争化的社会环境中,不公平的竞争环境、不和谐的市场秩序常常是导致幼儿园同其他组织之间发生结构性冲突的根本原因。这种冲突的化解无法借助幼儿园自身的力量，它是社会进行体制调整的产物，它依赖于社会制度的不断健全。

结构性的矛盾与冲突是无法通过局部微调加以解决的，它需要从上到下、从下到上的一系列的完善的制度设计。但需要说明的是，组织生活中的冲突也不全然只有负面影响，它也具有生产性，科塞在《社会冲突的功能》中作了充分的阐释。从某种意义上来看，冲突是必须的常态，因为冲突既是润滑剂又是安全阀，它使组织内部处于一种适度的张力状态。

二、幼儿园的组织变革

幼儿园的组织变革是一种历史的必然，因为每一个组织都有其自然的生命周期，即出生—成长—成熟的过程，在其生存的每个阶段都有不同的更新性需要。从历史的演进来看，幼儿园的组织变革不是一种主动的把握，而更多是一种被动的适应。伴随着社会的变迁，幼儿园的组织属性逐渐地发生了变化，从原来的养育性组织、服务性组织、教育性组织、制度化组织慢慢地成为了营利性组织、生产性组织。组织变革既是制度改革又是文化再造，[①]但组织的核心保护带，即组织内核不能变。

1. 组织变革的原则：底线公平

组织的变革包括内部变革与外部变革两方面。内部变革主要是一种权力变革，它定期地对组织内部的人事关系进行调整，从而使组织内部关系处于一种新鲜而戒备的状态。外部变革则多为关系变革，如许多西方国家的教保一体化、去中央化。中国幼儿园在办园体制上的变革更多带有被动和非理性色彩，带有较大的随意性。

在当下的社会中，任何一个学校都无法封闭起来，因此，幼儿园变革的路径可能有两种方向：一是自我开放，顺应社会需要，进行自我改造、自我调节，从而融入社会；二是自我封闭，使幼儿园的生存越来越远离社会的需求，从而走向自我毁灭。我国原先的绝大多数幼儿园都与政府、部

① 张雄：《论组织变革与组织文化塑造的动态统一》，载《学术探索》2004年第9期。

门、机关、企事业保持着千丝万缕的关系，但改革开放后，幼儿园与社会其他组织的联系越来越薄弱，很多幼儿园不再依附于任何组织，而是独自面对市场竞争和社会压力。如果原先的幼儿园还有可能自我封闭的话，现在的大多数幼儿园则只能自我开放，寻求与社会相关组织、社会资源的更灵活的联系。社会改革逼着幼儿园也不断地自我调整，自我独立。

需要强调的是，幼儿园始终是一个特殊的教育机构，只能运用教育规律，遵循教育的公益性、公平性原则来进行相关组织变革，那种将幼儿园完全推向市场的做法是极不明智的短视之举。政府在推动幼儿园组织变革时要考虑到“底线公平”①原则，即在举办学前教育时，在底线及其以下部分强化政府的责任，强化全社会每个公民的责任，这是没有选择余地的，通常是法定的、强制的；而在底线以上的部分，则强调企业负企业的责任，个人、家庭及非政府组织负各自的责任。说到底，“底线”是政府责任的底线，即在市场经济条件下，为了改善民生，为了促进和谐，政府必须管的事情。但在我国目前的幼儿园运作中，情况恰恰相反，政府保障的不是底线的公平，而是“锦上添花”，而处于社会底层的老百姓的受教育权没有得到根本的保障，公办园几乎纯粹为机关事业单位或社会中上层服务，底层老百姓的孩子只能在社区幼儿园或非注册幼儿园，这不仅造成了严重的社会不公，还使阶层差距日益扩大。

但同样需要强调的是，西方国家所提倡的“底线公平”原则，并不意味着最低水平的公平，而是有重点的公平，即在市场经济发展的现阶段优先解决那些处于弱势地位的受教育群体的需要，实行“弱者优先”、“儿童优先”。这是公平的底线，更是责任的底线。

2. 组织变革的影响因素

任何组织变革都会受到两个方面因素的影响：一是路径依赖所造成的一种行为惯性，一是行为的嵌入性。② 所谓路径依赖是指过去的制度

① 王海英：《坚守底线的公平》，载《早期教育》2008年第1期。

② 李汉林、渠敬东等：《组织和制度变迁的社会过程——一种拟议的综合分析》，载《中国社会科学》2005年第1期。

对现在和将来所实施的制度、人们过去的行为对现在和将来的行为产生影响的过程和机制。这种理论告诉我们，一种现存的制度及其所塑造的人们的社会行为，都会具有一种“惯性”，一旦采取了某种制度，贯彻了某种社会行为，进入了某种特定的路径，那么，这种制度或行为就会形成一种惯性，为人们进一步的路径选择制造出一种依赖结构。按照其创始人诺斯的说法，即人们过去的选择在很大程度上可能会决定着他们现在或将来的选择。而波拉尼也认为，人们的经济行为存在着对非经济的结构与制度的依赖。或者说，人们对某些经济行为与模式的选择，从根本上来看，往往是他们所赖以生存的那个社会的社会结构和社会生活方式所影响的结果。[①]

所谓行为的嵌入性，是指人们的行为——哪怕是一种自身极力想要改变的行为，都难以摆脱其所处的制度环境和社会结构的影响。因此，人们主观上想要有所调整，客观上却不可避免地受到行为之路径依赖和嵌入性的影响。组织和制度的创新与变迁，就是在不断受到这些影响，又不断试图摆脱这些影响的过程中逐渐实现的。

因为组织变革过程受到路径依赖与行为的嵌入性的影响，所以幼儿园的组织变革必须进行整体设计，不能单纯依赖幼儿园内部的组织变革。与其他教育机构相比，幼儿园生存的体制环境是最复杂的，跟各种组织、各个部门都有着千丝万缕的联系，每个相关部门的改革与调整都会对幼儿园的生存环境产生冲击。有些地方政府为了避免幼儿园组织变革带来的一系列后果，干脆采取“休克法”将幼儿园彻底地转制，全部卖光。这是一种极不负责任的行为，这可能会导致幼儿园组织属性的完全颠覆，使作为教养组织的幼儿园完全沦落为服务组织、营利组织，最终使老百姓的民生问题得不到根本的解决。

---

① K. Polanyi，The Economyas Instituted Process. In Mark Granovetterand Richard Swedberg（eds.），*The Sociology of Economical Life*. Boulder，Colo.：Westview Press，1992，p. 34.

第六章 班级：次级社会化的场所

不管在哪个社会世界里，被支配者总能行使某种确定的力量，因为属于一个场域，从理论上讲，就意味着人们可以在此范围内发挥作用。

——布迪厄：《实践与反思》

班级是一种特殊的社会设置，是幼儿园进行保教活动的基本单位，也是每个孩子进入幼儿园首先要加入的一个社会群体。与中小学的班级自治或半自治情况不同，幼儿园班级是教师和幼儿每天 10 个小时以上相处的社会空间，它既是幼儿的主要活动场所，也是教师的主要工作场所。与中小学生的“向师性”与“独立性”的双重属性不同，幼儿园的孩子基本上是以“向师性”为唯一特征的。教师与幼儿在很多方面具有“极性”的差异性，是一种绝对的不对称关系。但尽管教师和幼儿是两类不同的群体，身份不同但角色相依，通过彼此的互动共同建构起一个班级社会。

与中小学的班级按年龄和文化程度对学生编级分班不同，幼儿园只有一个标准，即幼儿的年龄。一个孩子进入哪个班，通常并不是其自愿的选择，或是其家长的选择，幼儿进入哪个班具有偶然性、随机性及不可选择性。换个角度来说，幼儿在进入班级的时候是强制进入的，是外力将其与另一群人强制性地组合到一起的。在这个过程中，幼儿并没有选择同伴、选择老师的机会，幼儿园通过年龄这样一个标准将不同的幼儿随意地安排到一起。

如果说学校是社会的缩影，班级更是社会生活的具体体现，在幼儿园这样一个由三位教师、一群幼儿构成的特殊的班级社会中，班级的社会属性、社会结构、社会氛围、社会运作会是什么样？它造就了幼儿和老师什么样的班级生活？

第一节
幼儿园班级的社会属性

有研究者认为，班级的社会学研究不宜起始于对理想班级形态的价值预设，而应始于对现实班级状态的科学分析，应从对于班级的一般社会属性的考察，渐进至对其特殊社会属性的考察，继而在考察的基础上阐明对班级指导工作的启示。[①] 这里对班级社会属性的考察侧重于幼儿园班级与中小学班级相比而言的特殊性，并在此基础上关照班级的社会结构、文化及其功能。

一、班级的社会性质

由于班级构成和研究者立场的不同，在对中小学班级属性的讨论中，主要有两种不同的观点：一种观点认为班级是一个特殊的初级群体，在“互动方式上具有一种情感和理性的双重性”，“具有较统一的目标和行为上较大的整合性”，“具有在形式上比较正式的群体结构”；[②]第二种观点认为班级是一个特殊的社会组织，具有“自功能性”和“半自治性”。[③] 无论是特殊“初级群体说”还是特殊“社会组织说”都是从班级内部关系角度进行分析的，只不过一个凸显班级的情感取向，一个凸显班级的制度取向。

---

①③ 吴康宁：《教育社会学视野中的班级：事实分析及其价值选择——兼与谢维和教授商榷》，载《教育研究》1999 年第 7 期。

② 谢维和：《班级：社会组织还是初级群体》，载《教育研究》1998 年第 11 期。

倘若将班级放置于社会的整体背景中，班级就是社会体系的一部分，是一种用于教化的社会设置。在帕森斯看来，班级与学校一样都是社会体系的一部分，实现着社会筛选和社会化的双重功能。

然而，正如前述，幼儿园的班级构成与中小学有较大不同，它不仅有一群幼儿，还有可称得上“一群”的教师，因为按照《规程》来看，每个班级要配备两教一保，三个老师自然会构成一个微型社会。在这样一个由三位老师和一群幼儿构成的班级社会中，班级属性自然与中小学的有较大差异。

1. 班级是一个类“初级群体”

幼儿园班级是什么，这并不是一个不言而喻的问题，里面有复杂的交叉。从群体成员间的亲密程度上而言，可将群体分为初级群体与次级群体。初级群体是由面对面互动所形成的、具有亲密的人际关系和浓厚的感情色彩的社会群体。典型的初级群体有家庭、邻里、朋友和亲属等。初级群体反映着人们简单、初步的社会关系，即初级社会关系。次级群体指的是其成员为了某种特定的目标集合在一起，通过明确的规章制度结成正规关系的社会群体。群体成员间的感情联系相对不如初级群体，面对面的互动有限。典型的次级群体是各类社会组织，如公司、政府机构、学校等。

从情感性、亲密程度来说，幼儿园班级更像是一个“初级群体”，但从班级的形成来说，幼儿园的班级常常是按照一定的要求，根据一定的原则和标准自觉地组成的，并非如初级群体那样是自发的。而且，班级对于自己成员的资格、班级的规模、结构以及班级中编组的方式也有某些特定的要求。因此，幼儿园的班级比其他社会初级群体具有更强的组织化特性，具有比较细致的班级规范以及在行为方式上的统一性等。

从群体成员间的组织化程度来看，幼儿园班级具有在极弱意义上的社会组织的特征。因为社会组织是是正式化的社会群体，它执行一定的社会职能，完成特定的社会目标，具有明确规章制度、分工体系和制度化的支配关系。而幼儿园的班级在组织目标、规范和机制方面都是相对弹性的，并不具有严格的组织特征。

2. 班级是一个类"生活单元"

片冈德雄认为，中小学班级是一种广义的学习群体，①以学习为主要内容和目标。而幼儿园恰恰是制度化学习的"飞地"②，是在某种意义上的生活群体。从幼儿园的班级空间来看，无论从设计的意图还是现实的呈现，活动室都更像一个家，一个分隔成不同功能区域的家。幼儿的各种层次的生活需要都能在这个特定空间中得到一定程度的满足，如活动、休息、盥洗、游戏等。与家中独自一人相比，班级生活是一个集体的场所，因此必须有适宜的规范与秩序。

与中小学的制度化班级命名方式不同，幼儿园的班级名称通常非常富有童趣，所谓宝宝班、贝贝班、菠萝班、草莓班、星星班、月亮班等，且几乎每一个班级都有自己的象征性标记。另外，与中小学课堂中的直呼其名不同，幼儿园班级生活更多以孩子的小名而非大名来相互指称，如汉汉、宁宁、月月等。这样一种编班命名、乳名指称的方式在一定程度上弱化了幼儿园班级生活的制度化色彩，使幼儿园的生活变得可亲可近，拉近了老师与幼儿、幼儿与幼儿之间的距离，创造了一种特殊的情感心理场。

此外，幼儿园的班级空间是一个经由成人的意志所细致编排了的空间，每一处设置、每一处内容都经过反复的考量和权衡，这些考量和权衡不只是为着幼儿的生活，还同时兼顾着文化的安排、规范的渗透，如游戏区域前的小脚印、教室空间中的座位线等。这种对于空间的定位与编排在家庭生活中是隐匿的、潜藏的，而在幼儿园则是显性的、强制的。从这种规范性上而言，班级生活只能是个"类生活空间"，而非可以自由伸展、自在运动的家庭空间。

在我们的文化中，学校或教室更多地被看成是一个功能性的场所，孩

① 片冈德雄著，贺晓星译：《班级社会学》，北京教育出版社，1993年版，第2页。

② "飞地"是齐格蒙特·鲍曼著，欧阳根译：《共同体》前言中提出来的一个概念，用以表明共同体其实是现实社会的一种乌托邦状态。本书用"飞地"一词表明幼儿园与制度化学校的不同，它是非制度化的、充满理想色彩的。

子们聚在这里是为了学习某些东西，这些东西是他们不知道的，是与他们分离的。但对于幼儿园班级，也许将其定位于一个“类生活单元”更为合适，因为这是一个为孩子提供服务的地方，不是强制性学习的地方，幼儿能参与幼儿园班级的创造，使班级成为其所生活的班级。

3. 班级是一个“次级社会化”的场所

人的一生在不同的时期、不同的环境中经历着不同的社会化过程，包含着初级社会化、次级社会化和继续社会化三个阶段。[①] 初级社会化是在家庭空间中完成的，次级社会化是在幼儿园及学校空间中完成的，而继续社会化则是在工作空间中实现的。就幼儿的初级社会化而言，其实现机制是通过与幼儿最接近的个人，如父母或家庭其他成员而实现的。而幼儿的次级社会化则逐渐脱离了家庭这个情感空间、家人这些血缘角色，进入一个对某种特殊角色或专门活动的认同与学习中，如幼儿在幼儿园中对自己“某班小朋友”的角色认知与身份认同、对一定社会规范的接纳与遵守等。如果说初级社会化是一个充满情感色彩的过程的话，那么次级社会化则充满了人为的色彩、制度的取向。

幼儿园的班级不是偶然形成的，而是在幼儿园这样一个特定的教养组织中通过有意编排设置的，它处于一个弱制度化的组织空间和弱学习色彩的教育空间中，它或多或少地带有组织机构与教育机构的色彩。因此，从社会化的类别上来说，幼儿园的班级生活对于幼儿而言是一个次级社会化的过程。

与中小学班级中同伴作为“次级社会化”的力量不同，幼儿在班级社会化中所获得的影响更多来源于教师和由三位教师所构成的教师群体。同时，在幼儿园班级中的三位教师与幼儿几乎一直是共同在场的，教师的控制与约束是时时刻刻存在的，而非中小学只在课堂延续的。这种时间上的延展性与空间上的共同在场使得幼儿时刻处于教师的视野范围内，同伴的力量在幼儿园中要到大班阶段才能够发挥些许的作用。当然，在

① 张润平：《学习化社会与人的社会化》，载《教育理论与实践》2003 年第 9 期。

一些混龄编班的幼儿园，情况就会大不一样，大一点的幼儿可以成为小年龄幼儿自然的模仿与学习对象，成为他生命中的重要他人。

4. 班级是一个“儿童社区”

班级是儿童集体生活的地方，是儿童与同伴天天相遇、相伴的地方。如果说儿童是一个与成人一样的独立社群，那么教室则是一个社区，一个儿童社区。在这个儿童社区里，同伴是儿童的另一个世界，是儿童面前打开的一本书，是一个时刻上演的儿童剧场，同伴的存在对儿童构成一种支持、暗示、期待和希望，儿童在同伴的身上看到了自己，认识了自己。

在儿童社区中，每一个幼儿都被视为互相学习的“资源”，因此，了解每一位幼儿彼此的能力、缺点、兴趣与忌讳是社区生活中必备的知识。对于社区生活而言，每一个幼儿都能够贡献出个人的特殊功劳，就像是各行各业的专家，很自然地彼此依赖与彼此获益。在儿童社区里，有一个响亮的口号“我就是我们”[①]，它代表一个透过人与人之间互惠交流，达成超越个人成就的可能性。这种教育共享的概念就像是一个真正的社区，一个幼儿相互牵手一起合作、关怀、冲突的地方。在瑞吉欧幼儿园，儿童作为一个独立社群不仅在身体上“共同在场”，而且还有观点的分享，情绪的交换、接纳，以及每个儿童对其他儿童、儿童社群的依赖与认同。在儿童社区里，幼儿彼此之间有一种归属感，这种归属情绪是幼儿之间相互结合的力量，它扩大了人性的深度与广度，使班级共同体成为可能。

二、班级的社会结构

班级是一个微观的社会系统，有着与大的社会系统一样的社会结构。教室本身是脱离不了外部社会以及学校组织内的不平等的，[②]社会上的不平等会以复杂的方式渗透到教室当中，从而导致教室生活中的不平等。

---

① 卡洛琳·爱德华兹、莱拉·甘第尼、乔治·福尔曼著：《儿童的一百种语言》，南京师范大学出版社，2006年版，第305页。

② G.科恩：《变革社会中的平等教室》，载《教育社会学手册》(哈里楠主编)，华东师范大学出版社，2004年版，第345页。

如同伴之间不平等的地位互动、有差异的角色分层、有条件的资源分配等。整个社会的不平等与班级生活中的社会权力机制相结合，不断制造着新的不平等。因此，创造"公平的教室"，争取教室层面的机会平等是社会学努力的方向。

在幼儿园班级生活中，并不存在着像中小学那样的正式的组织结构，如果说幼儿园有什么正式的结构的话，那就是以教师为中心形成的幼儿的地位、角色分配体系。如在一些班级建立起来的弹性化的组织结构，包括教师、班长、组长、值日生、幼儿等。此外还有班级的非正式组织，如幼儿同伴小群体等。在幼儿园班级生活中更为普遍的是角色结构和亲疏远近的情感结构。

1. 班级的角色结构

如上所述，在班级生活中，幼儿之间是被人为分层的。它根据幼儿的家庭背景、所占班级组织资源、同伴群体资源的方式来决定幼儿在班级中的群体等级或类属，是一种班级内社会分层的持久模式。[①] 以此为依据可将班级幼儿分为四个层级：边缘孤立层、中间忽视层、中心优势层和核心特权层。不同层级的幼儿由于占有资源的不一样而处于班级生活中的不同地位，扮演着不同的角色。

由于班级生活的整体分层化，幼儿所扮演的角色分层也在所难免。片冈德雄主张在班级生活中，要使幼儿"每人一个角色，人人参与"[②]，使班级中的每一个孩子在自己的集体中各自获得一个适当的分工，分担一个角色；使每个幼儿在班级生活中获得存在感、卷入感、成就感与依恋感，其中以幼儿的存在感为前提。在班级生活中，总有一些孩子处于班级的底层，维持的是边缘化生存，班级生活使幼儿负了伤，成了"伤病员"。

在幼儿园的班级生活中，角色结构是相对清晰的。笔者曾经对幼儿园中的"小班长"现象进行过考察，发现一个孩子的早年的角色经验会影

① 汪昌华：《班级学生社会分层的涵义及成因》，载《教学与管理》2006年第2期。
② 片冈德雄著，贺晓星译：《班级社会学》，北京教育出版社，1993年版，第21页。

响其后续的角色扮演，尤其在班干部身份的延续性上有一个明显的承继关系。教师对幼儿期待的分层性，以及幼儿对这种期待的回应与默认在很大程度上决定了角色结构的层级性分布。

幼儿园的班级并非一个制度化色彩浓厚的地方，也不需要发展起一种正式的组织结构以维持班级的运转，它更多地具有开放性、松散性。这种层级化角色，并非是班级生活不可或缺的，也非不可流动与变化的。教师可以在角色的设定上选择开放而非固定、竞争性而非先赋性等策略，以促进角色间的流动与交替，使每一个幼儿都能够尝试扮演不同的角色，习得不同的角色意义。

2. 班级的情感结构

与中小学相比，幼儿园班级是一个情感氛围很浓的空间，包含着三方面的情感关系：教师与教师之间的、教师与幼儿之间的以及幼儿与幼儿之间的。从教师与教师之间的情感关系来看，幼儿园的教师团队是相互选择的结果，虽然选择的出发点和标准不是彼此之间的情感默契程度，而是工作能力和相互适应性，但三人教师团队是自愿结合的，且成年累月的生活工作在一起，三位老师之间自然有着相互性的依赖。但从一般幼儿园的组班原则来看，三人团队一般是班组长选择配班老师，再选择保育老师，这样在一个三人团队里因着责任与工作分工的不一样，在班级生活、家长心目中的地位也会有所差异，这些差异与区分构成了教师之间的地位差异，因而也会在一定程度上影响教师之间的情感结构。

从群体组织的角度来说，三人关系是最基本的群体关系，三人之间可以构成一定的结构性张力，特别是在进行相关问题决策时更是如此，但由于幼儿园的三人关系有着角色、义务、分工的差异，故这种三角张力并不明显，保育老师对班级工作的卷入并不特别积极。从个体的意义上来说，情感是暧昧的，它具有个人性和隐私性。但从关系的意义上来看，情感又是被控制的，它具有社会性和制度性，甚至有时就是制度化关系的反映。教师三人之间的情感结构因着不同的班级构成而有着一定的差异，但总体而言，情感结构反映的是关系结构、地位结构。

从教师和幼儿的情感关系来看，他们不是一种严格意义上的“社会代表者”与“受教育者”的制度化关系，带有一定的养育性色彩，因此，师幼之间的情感关系是一种双重关系，有时是母子关系，有时是师生关系。但由于幼儿园是一种社会设置，一种制度化的机构，所以师幼之间不可避免地带有制度情感色彩。夸张一点说，几乎每一时代的情感都透着无法抹掉的制度痕迹，自从有了规则、机构，人们就开始成为“制度化的动物”①。师幼之间的情感关系不仅具有制度性色彩，有时还形成结构化表征，具有忽明忽暗、浓淡不一、亲疏远近的情感指向。师幼之间情感的结构化过程是情感的社会接受、社会沟通、社会支持和社会控制的过程。在这之中，教师可能更多地制造了这样一种结构，而幼儿则更多地被纳入了这样一种结构。

再从幼儿与幼儿的情感关系来看，班级情感来源于班级成员有关班级生活的共同记忆和小群体之间的亲密互动。毫无疑问，情感反映的是一种关系状态，是班级生活成员之间相互关系的一个晴雨表，也是班级生活自身生命力的一个映射。在幼儿园班级这样一个特殊的群体里，情感更是班级生活的黏合剂，个体对班级的情感认同及相互之间的情感接纳是建构班级生活的至关重要的因素。

从狭义来说，幼儿班级生活的情感结构来源于群内、群外的情感生活，并且，其情感结构具有潜意识特征，它成为幼儿开展行动的潜在动力。而且，从系统论的观点看来，情感行为也是一个系统，任何单个的情感行动都是在特定情感行为系统中发生的，因而幼儿在情感交往中必须扮演合适的情感角色，遵循一定的情感规则，从而与同伴形成稳定的情感互动关系。在幼儿班级生活中，幼儿的个体化情感被集体的规则动员与规限起来，通过担当适宜的情感角色，通过获得对自我的、他人的情感认同，幼儿逐渐进入班级生活的情感框架中，获得一种相宜的情感结构。② 与社

① 郭景萍：《情感是如何制度化的?》，载《社会科学》2006 年第 4 期。
② 王海英：《儿童共同体的建构》，高等教育出版社，2008 年版，第 153 页。

会和人类文明进程中的情感等级化相似，在班级生活中，由于所处社会地位的不同，幼儿的情感建构也处于一种等级化的状态，随从建构的是一种服从的情感模式，而领袖建构的是一种决策、保护的情感模式。幼儿在小群体的日常生活中扮演的情感角色决定了其在群体中的情感表现。同伴之间的情感结构反映了他们在班级生活中彼此之间的情感状态和情感感受，这种情感结构是在不断的日常互动中逐渐结构化的，它是班级社群的意识结构或心理结构的反映。[①]

在雷蒙·威廉斯看来，一个时期的情感结构，就是这个时期的文化，它反映了某一特定时代人们对现实生活的普遍感受。[②] 在幼儿园班级生活中所建立起来的情感结构往往就是幼儿园班级文化、班级中人与人之间关系的反映，它构成了班级氛围的最初基调。

三、班级的社会功能

班级，作为幼儿次级社会化的场所，具有复杂的社会功能。从幼儿个体角度来看，班级具有情感保护功能；[③]从幼儿群体角度来说，班级具有创造幼儿文化的功能；从社会适应角度来看，班级具有促进社会化功能。

1. 情感保护

幼儿园的班级是一个成员间相互依存交错而成的网络状的心理场，这个心理场对幼儿的情感发展具有保护功能，它使幼儿形成一种“我们感”，并通过“我们感”将“我班”与“他班”区别开来，形成一种有指向性的社会认同。

在幼儿的班级生活中，冲突和情感的受伤是不可避免的，同伴小群体为幼儿提供了另一个情感修护的港湾。作为幼儿自己的情感组织，同伴群体创造了巨大的情感磁场，安全感、依恋感、一体感等幼儿在群体生活中所需要的情感模式在这里孕育、诞生，幼儿与幼儿之间的陌生与距离被

---

① 阎嘉：《情感结构》，载《国外理论动态》2006年第3期。

② 赵国新：《情感结构》，载《外国文学》2002年第5期。

③ 吴立德：《论发挥班级功能的若干问题》，载《教育研究》1995年第5期。

熟悉与亲近所取代,相互的需要与认同使幼儿感受到了群体的温暖。当幼儿被别的同伴欺负时,她就会在自己的群体中找到安慰,得到帮助。在幼儿自己所结成的同伴群体中是拒绝排斥与欺负的,幼儿小领袖会将自己的成员通过各种方式牢牢地结成一体,彼此有一种天然的依赖与信任。同伴小群体内的这种爱的氛围对幼儿而言无疑是美妙的,进一步强化了幼儿对所属群体的归属意识与忠诚意识。

2. 生成幼儿文化

幼儿的文化不是在幼儿的个人生活中形成的,而是在群体生活中孕育的。文化对于个体而言,是一种精神的滋养和养育,对于成长中的幼儿而言,其意义更是不言而喻。在自身的文化中生存,幼儿感受到的是自然、自由与自在,而在异文化中幼儿就会成为一个陌生的存在,既自我陌生化,又彼此陌生化。

幼儿园的班级文化是一种复合性的文化,从形式上来说是以群体为特征的,班级生活中的幼儿作为一个特定的社会群体有其独特的"群性",即幼儿性、游戏性、玩乐性,这种"群性"正是形成幼儿文化的基础。班级中的共同生活使幼儿的"群性"获得了适宜的生长土壤,使原来带着不同文化烙印的幼儿逐渐融入到整个班级的幼儿文化中。通过与别的幼儿的相遇、交往,幼儿获得了自我认同、群体认同,并在此基础上建构了幼儿世界的生活方式与文化模式。

班级生活中的幼儿文化会更多地受制于教师的管理风格:开放性的教师会关照幼儿的需要,形成一种自由的、开放的文化氛围,而封闭型的高控教师则可能压抑幼儿之间的交往,使幼儿围着老师转。不同的教师风格制造了不同的班级文化,从而也为幼儿文化的生成制造了不同的生长空间。幼儿的文化就是在这种教师主宰下的班级氛围中逐渐生成的,幼儿的文化惯习来源于教师的塑造。从群体动力学的角度来看,不管是何种群体都具有监督、标准化、同质化和"逼近一致"的功能。① 班级中幼

① 让·梅松纳夫著,殷世才等译:《群体动力学》,商务印书馆,1997年版,第20页。

儿文化的生成过程正是群体动力在其成员身上的具体表现。

3. 促进社会化

人的社会化分为两方面，个体社会化和群体社会化。个体社会化是个体的社会适应和成为社会我的过程，而群体社会化则是群体的社会适应和个体的群体归属感、认同感形成的过程。个体社会化是实现群体社会化的前提，幼儿在班级生活中既实现着个体的社会化又实现着群体的社会化。班级生活使幼儿之间相互了解、相互熟悉，意识到群体中的生活有着与个体生活不一样的社会秩序和社会规范，只有遵守了社会规范，才能被群体接纳，真正地融入集体，成为集体的一员。群体社会化的过程比之于个体社会化过程要复杂，它需要幼儿学会协调人际之间的关系，努力使自己的行为与群体所要求的规范一致。幼儿在班级中的集体生活有助于他们习得一种自然的群体秩序，更好地适应集体生活。

人总是在群体中不断地认识自己、认识别人的，没有他者作为参照，没有经过社会比较，个体所获得的便是一种虚幻的自我认知。班级中的共同生活为幼儿提供了一种可能性，它使幼儿能够突破自我的限制获取广阔社会空间中的个体认知。只有在关系建构中把握住了“我是谁”，幼儿才会在不同的社会遭遇中做出合适的言行，并保持适当的个人独立。

班级中的共同生活在使幼儿认知社会化的同时，也在实现着幼儿情感、个性、社会关系的社会化。[①] 共同生活使幼儿不断地从自我中心中走出来，逐渐地站在同伴的角度进行合理的观点采择、自我表现，有助于幼儿增强自尊、自信意识。

第二节
幼儿园班级的社会氛围

与中小学的超大班级、超大学校的规模不同，幼儿园的班级空间是有

① 齐美尔著，林荣远译：《社会学——关于社会化形式的研究》，华夏出版社，2002 年版，第2 页。

极限要求的。在1996年《幼儿园工作规程》中规定，幼儿园每班幼儿人数一般为：小班（3—4岁）25人，中班（4—5岁）30人，大班（5—6岁）35人，混合班30人，学前班不超过40人。幼儿园可按年龄分别编班，也可混合编班。在幼儿园资源紧缺的城镇和农村地区，幼儿园的班级规模往往超标，有时一个班多达四五十人，安全因素成为教师工作的重中之重，一些教育性活动很难展开，而且越是规模超编的地区，幼师资源也越是紧缺，有时一个班甚至就只有一位老师。地区资源之间的严重不平衡使得幼儿园的班级氛围、幼儿关于班级的社会记忆、班级舆论和取向都有可能发生较大的差异，形成各具特色的班级文化。

一、班级社会记忆

对于幼儿园的孩子来说，进入什么样的班级，结识什么样的老师、同伴都是一件不可预期的事。当幼儿偶然地加入一个班级，加入一群同伴，加入一种共同生活，他们之间的熟悉与记忆就会与日俱增，他们之间就发生大量的故事，而这一切终将成为对于班级生活的共同记忆。对于一个新转来的孩子而言，其对于班级、老师、同伴的记忆是从零开始的，如果他从来没有上过幼儿园，他还得先建立起有关幼儿园的合理想像。

班级就像一种社会生活，教室则是一个社区，有关社区生活或班级社会的共同记忆越多，孩子们之间的相容性就会越大，班级生活的共同记忆成为孩子之间相处的润滑剂。在班级的生活中，幼儿的社会记忆呈现两个特点：一是选择性记忆，一是片断性记忆。幼儿并不与任何同伴结成一种亲近的同伴关系，也不与班上的三位老师构成一种亲密的互动，幼儿对同伴、对老师的互动是有选择性的，因此，幼儿获得的对于班级生活的记忆便是选择性的。此外，在生活进程中，幼儿对于每日生活的流程是筛选过的，因此也是片断化的，然而，随着时间的流逝，片断化的记忆会连成串，形成对于班级生活的整体记忆。

从成长的经验来看，我们对幼儿园班级生活的记忆并非一种个人活动，而是一种文化活动，它反映了特定时代的精神面貌。大多数情况下，幼儿对于班级生活的记忆隐藏在其身体实践中[①]，是一种“体化了的记忆”，即班级生活通过幼儿的社会化身体、文化化身体而得以留存和恢复。换句话说，人的身体携带着人的生命历史。在幼儿园班级生活中，生活的点点滴滴都会通过一种“身体习性”的方式保存下来，幼儿的任何下意识的动作和身体习性都可能是对过去生活的投射，是岁月刻写在其身体上的历史痕迹。人的身体是“可读”的，也是“耐读”的。通过身体这样一个表达空间，班级生活的过程与记忆都在身体的相遇与相互阅读中得以复苏、敞现。因此，对于幼儿而言，共同的班级生活使他们拥有了学校化的身体、学校化的思维和学校化的记忆，这种记忆的相似性以及刻写在身体上的习性的相似性使得同一班级中的孩子有一种天然的亲近感。共同的社会记忆常常是一根绳，它将幼儿的过去、现在牢牢地联系在一起。

学校是由许多班级构成的，有了班级才有学校的存在。[②] 幼儿对于班级的记忆构成了学校生活的有组织记忆的基础，它也常常是一所幼儿园整体组织文化的反映。

二、班级生活中的语言与修辞

幼儿园的班级生活是由教师和幼儿共同构成的，两者的互动方式决定了幼儿园班级文化的基调。从文化性的角度来看，教师和幼儿分别代表着不同的文化，有时甚至是以教师为代表的成人文化压抑以幼儿为代表的幼儿文化。在这两种不同质文化所构成的班级生活中，教师和幼儿的日常语言与修辞是有着文化上的差异的。

伯恩斯坦研究发现，存在着两种语言编码：一种是精致语言编码，其特征是普遍性、关联性、抽象性和规范性，主要存在于中上阶层的语言中；另一种是局限语言编码，其特征是特殊性、孤立性和不规范性，主要存在于下层阶层的语言中。教师和幼儿作为两个不同的文化主体和语言主

① 保罗·康纳顿著，纳日碧力戈译：《社会如何记忆》，上海人民出版社，2000年版，第1页。
② 李国会：《班级经营》，台湾五南图书出版公司，1991年版，序言。

体,其编码与修辞的方式不是阶层上的差异,而似乎更是地位与资本上的差异,即不同的身份和地位决定了其修辞和编码的方式,决定了其在班级空间中"话份"①的多少与强弱,这在一定程度上印证了韦伯所认为的学校是传递身份文化的场所的判断。

1. 教师语言辞典

教师在班级生活中的典型语言通常有以下几类:指令性语言、奖惩性语言、询问性语言。指令性语言通常包括宣布规则、发出命令、进行指导、提问等。教师在采用这类语言时多使用干脆利落的祈使句,语气简练而坚决,不容置疑也不容重复。通过语言的发出,教师显示了其不容置疑的权威,执行了其作为社会代表者的权力。如"球滚到哪里,哪里的幼儿捡球"、"小眼睛看老师,小手放在小腿上"、"请你跟我这样做"、"注意了,不要涂到边框外面"等。

奖惩性语言是教师对幼儿言行进行定调的一种方式,包括威胁、惩罚、表扬,通常采用取消活动资格、优先活动权、责问、反问、评论等方式。如"你这样是不尊重别人"、"你真够烦的"、"我再听到声音,就不要玩游戏了"、"某某真棒,真厉害,向他学习"等。教师在幼儿心目中之所以构成权威,重要的不在于教师的指导权,而在于教师的惩罚权。惩罚权的动用可能使幼儿不能参加心仪的游戏,不能获得向往的玩具,被同伴视为坏孩子。更有甚者,有时幼儿会被全班孤立,甚至关禁闭。在幼儿与教师的互动中,幼儿有时也会自我权衡,在"违规"与"违禁"之间作反复的权衡。用布迪厄的话来说,这种语言方式不是建立起一种教育交流性关系,而是建构了一种在权力关系基础上的教师对幼儿的符号暴力。极端地来看,教育行动在客观上就是一种符号暴力,它建立在教师的权力专断的基础上。②

与上面两种语言表达方式不同,询问性语言表现的是一种平等的或

---

① 韩少功:《马桥词典》,作家出版社,1996 年版,第 174 页。

② 布迪厄、帕斯隆著,邢克超译:《再生产:一种教育系统理论的要点》,商务印书馆,2002 年版,第 14—17 页。

仰视的关怀取向，既可能表明老师对幼儿智慧和灵感的依赖，也可能是教师对幼儿情感或认知状态的一种关心，如“你怎么不高兴了”、“你有什么好的想法或建议”、“你觉得你做的怎么样”、“你碰到的最大困难是什么”、“你觉得他心里会怎么想呢”等。

2. 幼儿语言辞典

在师幼的日常交际中，语言并不仅仅是一种工具，它还体现着一种权力关系。幼儿在班级生活中的典型语言包括以下几类：求助性语言、告状性语言与反抗性语言。前两种语言的使用频率要远远高于后一种语言，这种状况受制于幼儿在班级生活中的地位。

求助性语言是幼儿向教师或同伴寻求帮助时所使用的语言，它是幼儿在面临困难与问题时的一种极自然的选择。中国的孩子从小就被教导要听话，听别人的话而非听自己的话，遇事不会求己而首先想到求人，主体意识较薄弱。有时求助性语言甚至会演变为求赏性语言。求助也好、求赏也罢，反映的都是一种下对上的推崇，表明了师幼之间资源分布与掌控的不均衡。

告状性语言几乎是中国幼儿日常生活中最司空见惯的语言，在英文中几乎找不到一个对应的词。为何在中国的幼儿园中幼儿会频繁告状？这种告状方式有着什么样的文化传统？中国幼儿园的什么因素助长了告状行为的蔓延？在幼儿园中，幼儿的告状大多基于规则，规则倘若多且不适宜，幼儿就会处于动辄得咎的罗网中，规则构成了幼儿班级生活中的不安全因素，为了获得安全感，幼儿便会机械地维护规则，甚至是其自身也极力反对的规则。这时，告状便成为幼儿缓解心中焦虑的一种策略，告状不再是手段，告状成了目的。

反抗性语言是幼儿园特殊的声音，它表明了幼儿的觉醒和对老师完全控制、摆布的反抗。在形成师幼两极的班级社会里，幼儿的声音通常是被忽视的，有些民族甚至只允许幼儿被看见而不是被听见。在每个班级里，在幼儿群体中总会有部分的诘难者与反抗者，他们首先爆发出“为什么又是他，不是说要给每个人机会的吗”的质疑。在师幼关系中，幼儿处于弱势的一极，教师占据了幼儿渴望拥有的全部资源，要想拥有资源，幼儿必须通过讨好、结盟的方式，诘难者则是一个相当难以担当的身份。

三、班级舆论

班级舆论是班级生活的基本基调，它既是教师和幼儿共同营造的结果，又在成为基调后不断约束着教师和幼儿的言行。班级舆论与师幼言行相互建构，它是教师、幼儿、家长三者共同关系的折射。但总体而言，在中国幼儿园的班级生活中，教师的个人风格较大程度上决定了班级的舆论特质。在幼儿园班级这个特定空间中，教师基本上可以做到"我的地盘我做主"，而幼儿只能是班级社会空间的参与者，他们不能在班级舆论中扮演主导性角色，师幼关系的两极性决定了教师成为幼儿社会化过程中的重要他人，而不是相反。

从幼儿园班级舆论的现实表现来看，目前大致可分为两种：宽容性舆论与紧张性舆论。宽容性舆论表现为教师和教师、教师与幼儿、幼儿与幼儿之间的一种相互接纳、相互支持、相互尊重。紧张性舆论正好相反，它体现的是关系的紧张与不和谐，大多数情况下表现为师幼之间的高控、不服从或谨小慎微与反嘴现象。极端情况下也会表现为相互对立的两位教师挟持幼儿以达到自己的目的。存在竞争、敌意和疏远气氛的班级会导致幼儿焦虑和不适，彼此感受不到来自人际的力量与支持。[①]

作为一个微型社区，班级中教师对幼儿的态度常常成为幼儿对待同伴态度的一种榜样，即"其身正，不令而行；其身不正，虽令不从"。幼儿与老师每天有大量的时间生活在一起，幼儿时时刻刻都在进行观察学习，教师的一言一行都在幼儿的观察之中，成为幼儿无声的榜样。在与幼儿进行交流时，教师温柔的细语、耐心的等待、智慧的点拨和善意的批评都会成为幼儿模仿与学习的对象。在教师的影响下，幼儿会以同样的方式回

---

① Richard A. Schmuck, Patricia A. Schmuck 著，廖珊等译：《班级中的群体化过程》(第 8 版)，中国轻工业出版社，2006 年版，第 50 页。

馈教师、对待同伴，所谓“染于苍则苍，染于黄则黄”。教师在幼儿园的班级生活中具有牢不可破的号召力与感染力，在孩子的心目中，教师更是无上的权威。笔者曾在幼儿园听过一节音乐活动课，当时老师提出一个问题，一位小朋友举手回答，答案在笔者看来并非没有道理，可是，当时全班小朋友的反应却是哄堂大笑，几乎一致地嘲笑他。后来，笔者了解到这个孩子是全班小朋友集体孤立的对象，老师平时经常借其他幼儿的力量来对这个孩子实施惩罚。一个不宽容的老师很难形成一个宽容的班级舆论，也不可能引导幼儿对别人的观点表示尊重、对别人的弱点表示同情，从而形成一种相互尊重、平等、对话的班级舆论。

总体而言，幼儿园的班级文化是一种复合性的文化，它往往是两位老师文化风格的一个复合，它不像中小学里受班主任老师或任课老师的个人主义文化所独断。而且从这个意义上来说，幼儿园班级与班级之间的差别也不只是一个班主任老师之间的差别，而是一个班级教师群体与另一个班级教师群体之间的差别。幼儿园的文化从根本上来说是以群体为特征的。在有些班级中，倘若两位老师之间个性悬殊较大，甚至同一个班级会形成两种截然不同的班级舆论，并因两位老师的不同在场而有所调整。

班级是一个文化的社区，在不同的班级氛围中，幼儿遭遇生命中有意义的他者，[①]建构起一种人际关系，形成对学校、对社会的最初印象。幼儿园班级生活对于幼儿一生的文化认知具有某种奠基性，它甚至会影响幼儿的一生，因此，从这个意义上来说，班级舆论的建设与孕育就显得非常重要。建构一个公平的教室，创造一个相互接纳的社区空间，教师自身的榜样作用成为其中的关键因素。

四、班级取向

片冈德雄先生曾经用母性原理与父性原理[②]来分析和形容班级中社

① 片冈德雄著，贺晓星译：《班级社会学》，北京教育出版社，1993 年版，第 3 页。
② 片冈德雄著，贺晓星译：《班级社会学》，北京教育出版社，1993 年版，第 12 页。

会和施教者对受教育者作出反应和作用的对应原理，并且进一步指出，父性原理与母性原理也是社会成立的基本原理。其中，母性原理讲究温暖和宽容，而父性原理倾向于严格和惩戒。父性原理倾向于完成班级的目标和任务，有分类、筛选、竞争，而母性原理则更倾向于形成一个具有归属感和向心力的群体，不使每一个幼儿成为班级生活的“旁观者”和“局外人”，也即“每人一个角色，人人参与”。

与中小学的应试取向不同，幼儿园班级总体而言是一个生活、游戏和交往的场所，其文化取向一直强调类家庭物理空间、类亲情心理空间的建构。作为班级生活中的两大主体，教师和幼儿有着截然不同的制度化身份与角色地位，教师的工具性角色与情感性角色的双重性也会使其在角色承担过程中不时地经历着父性原则与母性原则的抉择。从工具性角色来看，教师作为社会的代表者要传递社会规范，实现社会教化，其可能更多呈现出父性原则的刚性一面。而作为一个情感性角色，教师则要成为幼儿的安慰者、支持者，类似一个母亲的角色。在实际的班级互动中，教师也经常会因互动内容的变化而转换着自己的身份和角色取向，在集体化教学活动中，教师更多遵循的是父性原则，而在生活和游戏活动中更多扮演母亲角色，成为一个参与者与资源的提供者。

然而，目前在幼儿园的一部分老师身上存在着越来越明显的父性原理倾向。一方面，一部分老师因为工作、生活上的压力越来越成为“女强人”，她们每天花大量的时间在幼儿园，在探索教育教学、发展幼儿的有效方式，她们常常顾不了家，顾不了自己的孩子，处于职业超越期的她们会用一种更理性、也更有棱角的方式来对待幼儿。另一方面，一部分老师则可能因为体制改革所带来的身份不明、地位不高导致耐心和工作积极性双重缺失，她们对幼儿较多地表现出心不在焉，甚至不耐烦，无法投入自己的热情与专业的智慧，她们只是机械地扮演着游离性的或暂时性的教师角色。

此外，市场因素对幼儿园的入侵也导致班级文化的取向悄悄地改变，原来一心为孩子的那种责任意识、奉献精神不再成为老师们的集体信仰。幼儿教师被市场与体制两股力量抛向生存的不确定性，被压迫的感觉萦绕在幼儿园的班级空间中，这是幼儿园班级生活必须面临的新的社会因素，教师的母爱意识与母性关怀开始逐渐地退却。

从幼儿园诞生以来，幼儿园就是个女性集中的场所，女性的特质弥漫在班级氛围中，无论是改制前班级中随着内容而变的母性原理与父性原理，还是改制后女强人（在编的处于超越期的教师）和社会人（改制后失去原有身份的教师）偏向的父性原理，在幼儿园这个特殊的场域其实一直是缺少真正的由男性所实施的父性原理的。目前，幼儿园的班级生活至少面临着两种取向危机，一是女性的父性化取向，一是女性的一统天下。如何防备市场力量、体制因素对幼儿园班级生活的解构作用是一个迫切需要解决的问题，当幼儿园成为纯粹的服务机构时，班级生活的瓦解也就不可避免。

第三节 幼儿园班级的社会建构

幼儿园为何要有班级？班级是如何诞生的？17 世纪夸美纽斯在推广班级授课制时主要考虑的是教学效益，即如何把一切知识教给一切人。从社会学的立场出发，班级是构成学校组织的一个单元，是学校进行结构化管理的一种方式，也是按一定的标准将特定的人群进行时空定位、比较区分的策略。从另外一个意义上来看，班级也是班级成员每天相遇、互动的场所，是联通幼儿园组织机构、联通更广阔的社会组织的一个中介。班级的实际存在使幼儿园的管理者不必面对一个又一个具体化的个体，而只需面对作为抽象群体集合的班级或班级的代表者，这既是社会日益组织化的一种表现，也为个体结成群体乃至形成共同体提供了可能。

对于幼儿来说，幼儿园班级是其人生最早的集体化生活场景。班级文化如果与其家庭文化有某种相融性，那么幼儿会很快适应幼儿园的班级生活，并成为推动班级文化的一股新生力量。倘若班级文化与其家庭文化有某种抵触性，幼儿则可能要么艰难地适应，要么以各种方式反抗，学校生活成为幼儿人生历程中不得不面对的一种状态，而且学校生活的时间还将越来越长。那么班级生活对于幼儿构成何种意义？现有班级的社会基础是什么？

一、班级的社会基础

与幼儿同伴群体的自然生成不同，幼儿园班级是一个被设计出来的微观世界。教师和幼儿是这个微观世界中的主角，他们共同创造了班级文化，也在不断地被班级文化所创造。这是一个相互型塑的过程，每个人都成为他人发展的社会情境或社会脉络，同时又共同创造了一个属于他们自己的班级情境。群体的生活比之于个体的生活最大的不同就在于其脉络化、关系化和复杂化，班级对于教师和幼儿而言，既是一种生活方式，也是一种思想存在方式。

前面的分析表明，幼儿园班级是一个“类初级群体”，它具有明显的首属性和情感性，其重要的社会基础便在于群体化了的个体以及由群体化的个体所形成的错综复杂关系。

1. 群体化的个体

从班级小社会的意义上来说，班级的社会基础并不是作为自然人的教师和幼儿，而是被班级生活所影响和型塑了的、社会化了的个体。这类个体在其身体实践、言语表达、思维方式和行为惯习上具有明显的班级生活的烙印。班级生活为个体的社会化提供了一个环境和脉络，幼儿在这里学会“去自我中心”，教师在这里获得职业自尊与认同。

无论是教师还是幼儿，群体生活都构成某种压力，它迫使群体中的人改变原有的行动策略，使不规则逐渐变得规则，使我行我素变得合群。在任何群体中，个体群体化的程度总是有所不同的，有的个体群体化程度较高，占据的结构位置较优越；有的在进入班级这个类初级群体之前便拥有了非同一般的“累积性资本”与“先赋性资本”，而有的则可能资本不足、位置不佳。群体中的个体分布是参差多态的，如果有与群体力量相对抗的个体出现，群体便会使用权力的手段或舆论的压力将其边缘化。

2. 群体中的“关系束”

群体的根本特性是关系的存在，平行与垂直、亲与疏、敌对与友好、控制与服从、你与我等，群体通过日常互动织就了一张关系大网，每个个体都是网中之结，并以己为核心形成一个“关系束”。在个体与个体之间有时还形成一些小群体，使班级生活具有明显的“聚落”特征，这样就使小的“关系束”集结成更大的“关系束”，形成幼儿园班级生活独特的班级生态。

如果去考察这些“关系束”会发现教师常常被冷落在幼儿的关系圈之外，三位老师通常也不构成紧密的关系束，她们的交往带有太多的工具性色彩。在有些班级中，三位老师之间可能构成一个二合一的结构形式，但即便如此，情感上的互动也不及幼儿同伴群体中的自然、自在。在幼儿集成的“关系束”之中常常具有明显的年龄色彩与性别特性，年龄越大孩子结群的可能性越大，对异性的加盟的排斥也越明显。

可以理解的是，在幼儿所构成的关系束之中，处于高社会地位的幼儿通常比处于低社会地位的幼儿有更多的心理成功的机会。[①] 在教师和幼儿之间，由于强弱有别的自然分野，处于弱势的幼儿必须经常根据拥有强权的教师的愿望来决定自己的活动和目标，因此，在两极性很明显的两类人群之间很难达成一种联合。教师与幼儿共同构成的班级生活有其特殊的逻辑，外在的压力无法对其进行任意的修改，武断的介入与自以为是的强权都是对班级社会生态和既定社会结构的一种暴力。

二、班级的建构逻辑

班级不是自然形成的，而是人为设计出来的，其设计必然遵循一定的逻辑与规则。与中小学的模式化的班级设计不同，幼儿园班级的形成有许多非制度化的色彩，它是无规则、无套路的，它的核心的建构逻辑是以

① Richard A. Schmuck, Patricia A. Schmuck 著，廖珊等译：《班级中的群体化过程》(第 8 版)，中国轻工业出版社，2006 年版，第 44 页。

“家庭为喻”，把家庭及家庭生活作为一个重要的参照系，突出“地方性”色彩、班本化风格和生活性特征，主要表现在班级的象征性标识、人员构成、空间的编排上。

1. 象征性标识

对幼儿园不同班级加以区分的通常说法是小中大，但在一般的幼儿园都采用更亲切、更形象的称呼方式，如苗苗班、豆豆班。修辞与命名的独特性反映了语词背后的价值选择与价值诉求，冰冷的制度化的称谓，如小(一)、小(二)等，折射的是对班级生活制度化的追求，是幼儿园对小学依附与服从的一种表现。

幼儿园班级的门上总挂有一些吉祥图案，有的班级还贴有对联、福字等，这些符号的存在使班级生活与家庭生活拉近了距离，幼儿仿佛不是进入幼儿园而是进入了另一个家。这些家庭式象征物的存在既缓解了幼儿越界行动的焦虑，也促使幼儿要以家庭空间的方式来与同伴、老师建立起一种适当的联系，从而进一步加强班级的家庭氛围。

2. 人员构成

幼儿园的班级是由教师和幼儿共同构成的，教师扮演着类似家长的角色。不同的幼儿园有不同的班级构成，从老师的角度来说，有的是一人承担一个班，有的是两人承担一班，有的是二教一保共同承担，还有极少数的是三教一保，班级中的孩子也是20—60个不等，而且越是老师少的地方，孩子越多，构成一个庞大的家庭结构。

幼儿园目前的师资配备是缺少父性角色的，幼儿太多地受到了女性氛围、女性特质和女性思维的影响，不仅在每日的生活中与女教师相对，看的图画书、学习的课程也大多由女性编写，性别角色社会化的生态不够平衡。在很多地区，班级幼儿的比例也在失去自然性，男孩总多于女孩，致使许多结对游戏无法开展。将男性老师的欠缺与男孩比例的增加相结合，男孩所面临的生态环境就显得极不对称，几乎被女性化所包围。

3. 空间编排

幼儿园的班级空间基本上是成套配置、自成一体的单元式格局，即有活动室、睡觉房、盥洗间。自成一体，意味着班级与班级之间的隔离，也对应着家庭生活的隐秘与封闭，关起门来，班级就是一个虽属公共空间的私人领域，这种空间的安排使幼儿获得了某种安全感，但同时又为老师独裁与统治提供了有利条件。

班级中的活动室仿佛家庭中的客厅，是一个接待宾客和交友学习的场所，所不同的是，活动室往往会被分隔成许多功能性区域，如游戏区、表演区、阅读区、美工区等。活动室是教师和幼儿共同活动的"前台"，幼儿的"后台"多在睡觉房、某个隐蔽的游戏区、私密小屋、盥洗间等。而对于教师而言，班级几乎没有属于自己的独特的"后台"，如果小学老师可以在下课后转移到自己的办公室的话，那么幼儿园老师则大多没有集中的办公场所，活动室中的某个角落或单独开辟的某个建构室就是她们的私人空间。

心理学家发现，任何人都有一种拥有自我空间的需要，且对其十分敏感。无论走到哪里，他都会将这个自我空间带到哪里，其周围便存在一个被人看做是他独处的不可侵犯的小领域。进入这个区域且停留在那里的任何人都是入侵者。同样，不管是谁，在心理上总是把自己圈在某个空间里，维护自我的独立性及其领地不被侵犯，并在其中获得心理上的安全感。

三、班级生活中的互动

与其他动物间的相互作用不同，人类的相互作用是"有意义的"。班级生活中的互动包括平行主体和交叉主体之间的互动，但都要遵循基本的空间规则。社会学家肯珀认为，社会关系中人与人之间互动的实质就是他们的权力和地位的互动，个人在群体中所处的空间位置往往决定了他们的互动方式与互动方向。

1. 平行主体间的班级互动

幼儿园班级有两大主体，平行主体间的互动包括教师群体间的互动和幼儿群体间的互动。作为具有极性差异的两类人群，幼儿群体之间和教师群体之间的互动有着不同的内容、方式与策略。

(1) 教师群体中的互动

先来看看班级生活中教师群体的属性构成。班级中的教师群体互动可能是两位老师之间的两人关系与两人互动，可能是二教一保三人关系的三人互动，也可能是三教一保的四人关系与四人互动。涉及的人数越多，互动结构越复杂。这里的分析以二教一保的基本群体格局为主。

三人关系是互动格局中最具稳定性的，因为三人是一个单数，所以其永远不会构成一种均衡，总会有力量的大小，在班级决策上这是比较适宜的一种集群方式。但在实际班级生活中，三人之间通常是结构化了的关系，即主班老师支配配班老师，配班老师支配保育老师，三人之间的地位与角色并不一致，无法形成一种犄角的张力，这种等级化了的三人关系有时甚至会演变成一种直线关系，完全打破三人结构本应具备的结构制衡。

(2) 幼儿同伴群体中的互动

在班级生活中，幼儿通过与同伴的互动来建构自己、认识世界，相互之间提供了一种学习和生活的社会情境脉络，借助他人之镜、同伴之眼，幼儿认识到不为自己觉察的“脊背的我”①。在同伴群体中幼儿的互动类型可根据幼儿的两种不同身份划分出两大类型：一是“领袖幼儿”的互动类型，一是“群众幼儿”的互动类型。“领袖幼儿”的互动行为一般有“规则维护型”、“示范指导型”和“决策指挥型”。② 所谓“规则维护型”是指领袖幼儿为了维护同伴群体成员共同制定的规则，协调成员之间的关系，对成员所进行的劝诫、惩罚、警告等行为。“示范指导型”是指领袖幼儿作为专业精良者对成员在技术、技巧方面所作出的指导与建议。而“决策指挥型”则是领袖幼儿的一个重要互动行为，即决定同伴群体的活动大事，解

① “约·哈利之窗”认为每个人的“社会我”的四种分类类型：自己知道的，他人也知道的，这是公开的我；自己知道的，他人不知道的，这是隐蔽的我；他人知道的，而我自己不知道的，这是脊背的我；他人不知道，我自己也不知道的，那是潜在的我。

② 王海英：《幼儿中的“统治者”》，南京师范大学硕士学位论文，2003 年。

决内外部矛盾等。

“群众幼儿”的互动是一种更日常化的互动，也是同伴群体中的增进情感和团结的重要方式，主要有“建议要求型”、“批评评价型”、“威胁命令型”、“引起注意型”和“情感表达型”等。这些不同类型的互动分别对应于同伴群体的一些场景，反映了幼儿日常生活的全貌。在这里，我们发现，幼儿同伴群体内也有威胁命令、批评评价，这是幼儿同伴群体内意见不同的表现，也是同伴群体促进内聚的难点所在。同伴群体必须善于调解幼儿之间的小矛盾，化干戈为玉帛，通过冲突的解决来增进内部团结和彼此信任。

与成人世界的立体交互、时空凝缩式互动不同，幼儿同伴群体中的互动多为面对面在场式，简单直接。在面对面的互动中，幼儿通过阅读同伴的表情、姿态，倾听同伴的言语、声音来作出反应。在幼儿世界中，最直接的互动方式就是肢体互动，直接用身体说话，幼儿的攻击、欺负、互助行为多属于此。在言语表达式的互动中，又可分直陈式与博弈式，直陈式简单明了，用词简洁，如告知、训斥、警告、商量、请求等；博弈式则意在其中，而非言表，如排斥、冷落、边缘化等。如下面两例所示：

案例一：

钱妍来到乐器区，不知什么惹恼了冯雨烟，冯一把拿过朱雨桐手里的乐器，并对还在拿的王丹妮说：“不玩了，不玩了。”并板着脸对拿着手铃的钱妍说：“你走开，我们不要跟你玩。”陆也板着脸对钱妍说：“你走开，我们不要跟你玩。”说着还用手重重地推了她一下。一边的张一君也板着脸说：“我们不跟你玩。”

案例二：

在美术活动中，老师先组织小朋友谈下雨时的故事，然后孙老师要求小朋友拿水彩笔把雨中的故事画下来。这时，舒羽对着老师喊：“老师，我昨天把水彩笔带回家了。”她对面的胡碧涵听到了，主动说：“我借给你。”并把自己的水彩笔递到她面前。舒羽不高兴地说：“我不跟你借，我跟孔令宇借。”“她没有，我就跟你借，你没有，我就跟马金元借。”胡碧涵看着她想说什么但终没说。

在幼儿的互动与交往中，每个幼儿其实占据着一定的空间、一定的立场和位置，幼儿选择什么样的方式是与其对情境的界定、对对象的认知相一致的。幼儿与同伴交往的方式其实是遵循着幼儿世界的社会结构的。通过幼儿的互动，幼儿世界中的等级与排斥一目了然。当然，幼儿同伴群体中也有些幼儿情感接纳水平很高的，他们能够跨过社会结构的水平差距，与同伴共享自我空间与公共空间，表现出较大的宽容性和接纳能力。

2. 交叉主体间的班级互动

平行主体间的互动是一种相对平等的互动，而交叉主体间的互动则可能是一种非对称性互动，尤其是在师幼群体、师家群体之间。

在班级生活中，师幼之间存在着一种极性关系，这极容易导致师幼群体之间的互动成为教师中心式的，教师成为目光中心、权力中心，成为活动的中枢。而且更为现实的是，当下的幼儿教师其身份地位越来越模糊不清，她们摇摆于人民教师与雇佣工人之间，对事业的忠诚、对幼儿的爱心都变得有些飘忽不定，职业安全感、幸福感的缺失使她们对幼儿的态度变得越来越工具化，有时这种生存的压力会表现为师幼互动中的不耐烦。这种不耐烦与不安分与原来的控制欲和权力欲性质不同，不耐烦缘于一种深深的生存焦虑，控制欲缘于一种师幼之间的极性关系，前者是受社会的结构性影响，后者则不是。与教师生存危机同时出现的还有幼儿的日益中心化，以及家长越来越缺乏理性的育儿焦虑与育儿期待。市场社会中的师幼关系带有太多的复杂因素，任何一方可能的变化都会带来关系的重构。

从家长与教师的互动关系来看，情况也变得越来越微妙。表面看来，与改制前相比，家长在幼儿园班级工作中占据的整体地位在逐步提高，家长获得了更多的发言权，不再是班级生活中无足轻重的旁观者，他们具有了较大的行动能力。但因为信息的不对称，家长在幼儿园工作中的地位明升暗降。而且，与家长行动能力提升相并行的是教师权威的削弱，教师不能再像从前那样对家长提出要求，两者的力量有了一个戏剧性的变化，这种力量的变化使教师与家长的关系变得不再简单，双方都在努力地制造着合作的语境，但现实的情况却一再表明教师和家长的关系越来越对立。教师无法以一种平和的心态面对剥夺了自己原有权威与资源的家长，家长也对现在的教师表现出越来越多的不信任、不尊重。在教师和家长关系恶化的背后，幼儿的利益和权利受损是可以预见的。

每一个个体都是特定社会环境中的人，社会的变迁会以这样那样的方式影响个人的命运，改变人与人之间的关系，教师与幼儿、教师与家长作为班级生活的主要建构者与参与者或主动或被动地迎击着变革带来的冲击。可以肯定的是，今日的幼儿园班级生活已非昔日的状态，在看似简单的日常互动背后已有太多的力量介入进来，甚至迫使主体之间的互动改变性质与方向。

四、幼儿对班级生活的影响

就一所学校的形成而言，其最根本的要素是人，没有学生就没有一切，学生使一个机构成为了学校，使一群人变成了教师，使某个空间变成了教室。对于幼儿园班级生活的形成与建构而言，幼儿的存在意义也大体如此。幼儿是幼儿园存在的最合法的理由，也是班级空间成为一个家庭隐喻的最根本的动力。幼儿使幼儿园成为幼儿园，使班级成为区别于中小学的生活空间，使幼儿园班级的一切围绕着儿童的需要而展开。幼儿虽然不是幼儿园或班级的直接管理者，但幼儿使管理者视他们为不可忽视的力量，他们的存在以及他们在班级中的每日生活使他们变得有力量。幼儿影响幼儿园班级生活的方式主要包括以下三种：

1. 建构

作为幼儿的生活空间，班级必须有着与幼儿身高相适应的物理秩序，如大小合适的桌椅、玩具柜、洗手池、床铺、碗筷等。此外，幼儿是处于迅速成长阶段的个体，也需要一个与其心智发展相对应的心理秩序，如可探索的环境，能得到满足的好奇心、与其接受能力相应的学习内容等。在幼儿的同伴世界和游戏世界里，无论是物理秩序还是心理秩序的建构主角都是幼儿自身,在这里“我的地盘我做主”。而在成人主宰的班级公共空间与公共秩序中,对于适合他们身心秩序的,幼儿也会自觉地维护与遵守,并内化为自身的行为。

2. 变更

幼儿并不是简单地适应其所生存的班级环境的,他们会以特殊的方式贡献于环境,在环境中留下他们的思考与痕迹,用一种儿童的视角来代替成人的视角。幼儿园的环境就像是一面镜子,呈现出幼儿与教师、同伴之间的关系,倘若幼儿在班级生活中感觉到不舒适,他们便会用各种方式破坏既有的秩序,重构与其需要相宜的世界。如幼儿的规避规则行为就是幼儿世界里“公开的秘密”,通过规避规则,幼儿获得了对周围环境的一种自我控制。

有研究者认为,“幼儿影响教室内一部分环境的最有效的方法之一就是变更区域或活动的原意”。如老师原本打算开放两个游戏区域,但因为幼儿对同一类游戏的兴趣的集中,老师不得不改变设想,生成一些其他的游戏主题,以满足幼儿游戏的需要。有时,在活动进行中,老师也会较多地关注到幼儿的需要,满足其反复听故事的欲望。

3.“非参与性”

幼儿作用于幼儿园班级环境的方式是极其复杂的,他们来到幼儿园就已经宣称了要在这儿学习、游戏,并且要以自己的方式来生活。幼儿园班级原是一个成人设计好的环境,里面充满着成人对幼儿的判断、期待与设想,但幼儿对成人的付出并不总是心存感激的。有时,教师费尽心思做出来的投影、多媒体课件并不能达到其期待的结果,甚至会遭遇幼儿的解构与冷落。幼儿有时也通过一种“非参与性”的方式与权力机构进行周旋,造成教师权力的分散。

幼儿是班级生活中积极的行动者,有时甚至是不屈不挠的“斗争者”。在班级生活中,每个幼儿卷入班级的程度并不相同,有的幼儿成为领导者,有的成为跟随者,而有的则处于两者之间。班级生活离不了幼儿的存在,更离不了幼儿自发或自觉的行动。

第七章 幼儿园制度：做一个守秩序的孩子

社会结构与认知结构具有结构性的关联，并彼此强化。两者间达成的对应关系为社会支配提供了最坚实的支撑之一。

——布迪厄：《实践与反思》

幼儿园是幼儿加入人生的第一个正式组织，是一个典型的次级社会化场所。与家庭的亲情空间不同，幼儿园基本上是一个制度化的场域。幼儿进入幼儿园就仿佛进入了一个由制度、规范与纪律所搭建的舞台。因着不同的目的，为了不同的需求，幼儿园建立起了各种各样的常规与纪律，从早上的晨检、入园，到晚上的整理、离园，幼儿生活的每个具体环节都有详细到位的活动内容及实施要求。大到幼儿园一日生活制度，小到入厕、盥洗的具体步骤，这些要求连接成链，成为一个细则的序列，成为幼儿园生活区别于家庭和小学生活的显著标志。

制度是人为的设计，是一种有意创生的秩序，[①]它既包括“正式的”或有形的制度，如幼儿一日活动常规，也包括“非正式的”或无形的制度，如交往伦理与交往道德规范等。作为一个特殊的教养机构，幼儿园有着对

① 冯军：《管理的规制：关于制度伦理的研究》，载《哲学研究》2004年第12期。

规范与制度的特殊要求，从物理世界到心理世界，制度在幼儿园生活空间中无处不在，它从身体到心理将幼儿的日常生活规范起来，使幼儿成为一个守秩序的孩子和制度化了的"套中人"。

第一节
幼儿园班级的常规

"常规"是幼儿园中对"纪律"与"规范"的特殊称谓，是幼儿一日生活中必须遵守的规范的总和。从规则的弹性来看，可以将幼儿园规则划分为"不变的规则"、"适应性的规则"和"临时的规则"三种。① 与中小学的纪律不同，幼儿园的常规是一种微观的权力物理学，它通过无穷小的细节、无限密的规则来实现无限大的权力、无边际的控制，它使幼儿园的生活成了制度化生活。②

一、常规的诞生

从诞生的角度来看，常规的产生有两种哲学基础：权威主义和人道主义。权威主义的特点是：有严格的纪律规范，强调秩序并不断对幼儿进行处罚。在这个意义上，常规只是限制幼儿行动的一种工具，它只强调处罚，但并不追问处罚的合理性，更不追问纪律与规范自身的合理性。权威主义的前提假设是幼儿有着盲目的越轨的冲动，需要 24 小时不间断的控制与防范。从权威主义出发，常规成了班级的"法律"，有着冰冷的强制性和有错必究的严肃性。

与权威主义不同，人道主义则强调人性，尊重所有人，要求幼儿参与常规制定，强调幼儿自主决策，并帮助他们有责任地行动，教师只是提供一个"必需"的规范。在人道主义的立场上，幼儿是一个有能力的、值得成

① 莫秀锋：《试论规则的类型与儿童的规则教育》，载《学前教育研究》2007 年第 1 期。
② 郑三元：《幼儿园班级制度化生活》，北京师范大学出版社，2004 年版，前言。

人去尊重的社会个体，幼儿与成人之间是一种相对平等的关系。在这里，常规不只是约束幼儿的，幼儿也不只是常规约束的对象，它是幼儿的自我约束、自我克制，是幼儿参与班级生活的一种主动选择与社会需要。从人道主义出发，常规就是班级的道德，没有常规，班级就成了“乌合之众”。

幼儿园为什么要有常规？人们在这样询问时心中隐含着两种想像。一是针对前提的，认为幼儿园不是中小学，不应是一个制度化的场所，常规的频繁、细致与幼儿园带来的“乐园、花园”的意象有些脱节，甚至极不协调；另外一种是针对后果的，即实际上已转变为“幼儿园为什么要有这样的常规”，是对常规导致的机械、专制、非人道的合理性的追问。

任何制度的诞生总是出于一定的社会需要，幼儿园常规的诞生也不是无缘无故的，它不是教师一厢情愿的结果，而是进行社会生活的一种自然选择。在涂尔干看来，学校所扮演的角色是在家庭的感情道德与社会的严酷道德之间发挥协调作用。[①] 在幼儿园中接受常规，是幼儿从家庭的弹性秩序环境进入社会的刚性秩序环境的一种有益过渡。当然，这里涉及要把“约束人的纪律”变成“体贴人的纪律”。[②] 例如，少规定拘束人的条目，不用表示禁止的命令型的语气而只侧重于指明一个大致的方向，保留一定的能够让幼儿自觉选择行为余地，对违纪的处分不太过分等。没有规矩不成方圆，中国文化自古就强调规矩的重要性，为了形成一种公共生活秩序，幼儿必须通过“做中学”，通过探索、尝试、解构、破坏的过程来建立一种合理的班级秩序。

二、常规的制定

常规是幼儿园的特殊文化现象，其细密与精致无可匹敌。从晨检、入园、做操、进餐、盥洗、集体活动、游戏、午睡，到晚上的离园，幼儿生活的每个具体环节都被详细地加以规范，唯恐留下制度的缝隙，造成秩序的紊乱

① 珍妮·H.巴兰坦著，李舒驰、刘慧珍等译：《美国教育社会学》，春秋出版社，1989年版，第12页。

② 片冈德雄著，贺晓星译：《班级社会学》，北京教育出版社，1993年版，第30页。

和不可控事件的发生。无处无时不在的常规使教师能够对幼儿的行为进行精确的控制，使幼儿的一日生活在一个既定的轨道上运行。在从幼儿园到小学、中学、大学的受教育阶段中，年龄越小，个体所受的文化规限越多，显在的控制越明显。在幼儿成为一个好公民的历程中，幼儿园的常规发挥了奠基性的作用。

幼儿园现有常规的制定大致有两种方式。一种是教师权威发布，教师将已经制定好的常规告知幼儿，并提出遵守的要求、违反可能带来的惩罚等。这类常规大多基于教师班级管理的需要，是成人意志对幼儿的强加，幼儿只是常规的被动的承受者，没有申诉、参与的权利与机会。幼儿园中大量的常规是以这种方式制定出来的，这在一定程度上造成了幼儿园常规保持的艰难，造成了幼儿和教师之间基于常规而爆发的冲突与紧张。幼儿园常规的文化特殊性正在于其调控的是一种师幼之间的极性关系，这种极性关系的存在表明了幼儿的深深的“向师性”。在常规的制定过程中，谁更有权力作出决定往往代表了幼儿和成人之间的权力斗争。在教师的权威主宰下，幼儿没有权力，他们只是不断地反抗限制其思想和行为的权威。社会学家们认为，除非幼儿周围强制的、对立的权力结构彻底改变，否则常规所引发的冲突将永远是一个难以解决的问题。

第二种是以班级会议的方式产生的常规，多见于中大班，通常被师幼命名为“班级公约”，它以一种幼儿能读懂的图文结合的方式张贴在活动室里，成为幼儿自觉的行为参照。它的制定过程通常以一定的问题为情境，以师幼之间的集体协商与对谈为主要方式，教师和幼儿在此过程中拥有着各自的话语权，有时是教师提出一个意向，并组织幼儿一起讨论；有时是幼儿在活动中遇见了没法用现有公约去解决的问题，需要集体讨论以修改与补充既有的班级公约。

与权威发布式的常规不同，班级公约体现了一种师幼之间的平等，因为班级公约不仅指向于幼儿，也指向于教师，它符合班级的特殊生态与特殊需要。与中小学的守则、纪律一样，幼儿园的常规制定也忽略了“无条件的道德规范”与“有条件的道德行为”之间的张力，①忽略了“绝对道德律令”在现实中的可能性。幼儿园制定的常规常常会将幼儿放在常规的对立面，为了约束而不是保护，为了防范而不是为了生产，为了控制而不是解放。在常规制定的出发点上，就存在着对幼儿作为人的尊严与能力的轻视。

常规是幼儿园的隐性课程，也是幼儿园的独特文化，班级生活中的舆论、传统、习俗都是常规的表现形式，它虽然不以文字的方式呈现于班级的某个角落，但它却时刻影响孩子的行动，塑造孩子的身体。常规与幼儿的关系、对幼儿影响的深浅与常规的制定方式密切相关。

三、常规的效果

幼儿园常规教育的核心词汇是“遵守规则”、“养成习惯”和“建立秩序”。常规的无处不在和日熏月染使得幼儿园充满了秩序感，在这样一种秩序化的环境中生存，教师和幼儿都倍感轻松，师幼之间只需一个眼神、一个手势、一个标记、一种声音，就能涵盖生活空间中的所有内容，常规规则的简单条令也以最简洁的方式表达了对幼儿的要求和规范。常规是条框式的，常规教育是规约——服从式的，幼儿园的生活被彻底简约化了。幼儿的探索与创造、想像与激情也被固定在一个既定的框框内，复杂的、熵态的生活消失不见，幼儿的生活简化为一种条件反射。

但事实上，幼儿是很难适应简单化生活的，比之于成人，幼儿身上拥有更多的野性与冲动。于是，在现实的幼儿园生活中，无处不在的常规与幼儿的越轨冲动之间便不断爆发冲突，甚至使幼儿园生活常规从幼儿生长的基本条件转变为约束幼儿生活的基本手段，②从一种推动的力量变成一种约束的力量。

幼儿的身体是幼儿园常规教育效果的最好“证词”，身体的呈现方式

---

① 吴康宁：《无条件的道德规范与有条件的道德行为》，载《高等教育研究》2007 年第 7 期。
② 孙爱琴：《幼儿园常规教育的文化批判》，西北师范大学硕士学位论文，2005 年。

是上过幼儿园的孩子与没有上过幼儿园的孩子的差异之一。特纳认为，我们的身体是社会的肉身。① 有什么样的社会要求，就会有什么样的身体形态。根据日常观察，教师对幼儿的身体常提出的要求有以下几类：坐姿、举手的姿势、睡觉的姿态、做操的动作、走路的步伐、回答问题时要起立等。在这种身体控制下的幼儿是如何看待教师对他们所实施的身体控制的呢？我们不妨来听听孩子自己的回答：

对话一：

I：你觉得你们班谁最好？

C：曹欢。她坐得好，我爸爸羡慕她，我也羡慕她，她坐得好。

I：为什么要坐得好呢？

C：当然了，小班的时候坐得歪歪扭扭的。上英语课时不插嘴，要是这样，别人的话你就听不见。

I：教师要你们把小手、小脚放放好，有什么好处？

C：不会斜肩，坐得好的时候，脑子需要安静，才能动脑筋。

对话二：

I：你觉得你们班谁最好？

C：方周坐得好，注意教师，提什么问题都能答得出来。

I：你觉得坐得好算是个好吗？

C：坐得好算是一个，有的小朋友也是坐得好，但就是差一点，不能一直坐好。一直坐好，就是一直保持一个姿势，这样子容易驼背（她做了一个未坐正的姿势）。可以稍微驼一点，倾一点。太轻松了也不行，太直了肚子就会挺出来，如果这样子，背也会驼出来。

I：为什么要小手放小腿上？

C：要不就会夹到手，还会去捞别人。

I：小脚为什么要放放好？

C：不放好，大灰狼会进来的，把脚伸得很长，会把别人绊倒的。小脚

① 布莱恩·特纳著，马海良译：《身体与社会》，春风文艺出版社，2000年版，第5页。

并并拢很累，这样放就可以了。不并拢虽然很放松，放松但是我就会什么也不想了，很紧张听教师讲什么都是很积极的，放松了哪有听教师讲的力气了。

I：为什么要这样举手？

C：这样或那样，因为这样子是好孩子的举手方式。男孩子有的是站起来，说我我我……有的站到板凳上，但有时女孩子，如许林子也会说，嗯嗯嗯……请我，不请我呀。

从幼儿的评价中我们发现，“坐得好”成了幼儿评价自己和评价别人的一条主要标准，这条标准在未进入幼儿园的孩子身上绝不会出现，由于教师的引导，由于教师以身体作为评价的一个标准，久而久之，幼儿就学会了用教师的思维方式思考。自此，常规内化为幼儿的身体语言，并成为一种身体记忆伴随其成长历程，成为其与众不同的“身体习性”之一。因此，从幼儿身体被规范和约束的角度入手，是掌握常规教育现实状况的最直接方式。

四、幼儿与常规的互动

对幼儿而言，常规是一种先在的约束，它先于幼儿而存在，并且是为了约束幼儿的行为而存在的。当幼儿加入了一所幼儿园、一个班级，他就必然受到这个班级有形规范与无形规范的双重约束。然而，幼儿并不是班级生活中的被动的局外人，他生活在班级之中，受到既定常规的约束，同时，也用身体、言语等各种方式来反抗、规避常规的束缚，减缓常规构成的压迫与不自在。

幼儿与常规之间建立起的关系有三种：

第一种是迎合性关系，类似戈夫曼所说的“初级调适”。幼儿完全认同教师与规则的权威，承认规则的合法性，认为规则是不可更改的。有时，出于对权威威慑力的恐惧，幼儿甚至会对不合理的规则进行自我合理化，心甘情愿地接受规则下的生存。这种循规蹈矩式的幼儿在日常生活中并不鲜见，幼儿园班级生活中特有的告状行为无声地表明了规则认同的力量。

第二种是适应性关系，类似戈夫曼所说的“次级调适”。幼儿部分接受班级生活中的既定常规，并努力遵守它。幼儿与常规之间建立适应性关系的可能性包括两个方面，一是幼儿高度认同“好孩子”倾向，自觉以“好孩子”的标准自我控制；一是常规的内容与幼儿的需要之间相融性较大，幼儿不需要付出太多的能量来克制越轨的冲动。

第三种是冲突性关系。幼儿并不完全认同教师的权威，对规则的合理性与强制性也不以为然，经常会用一种策略化的方式来挑战权威、规避规则，如理由化、推卸责任、偷换概念、诉诸权威、讨价还价、抵赖、默不作声、行为隐蔽化、形成团体、变相执行等。①

在规则的执行中，教师和幼儿之间有一种潜在的对立，幼儿追求的是对自身及周围环境的控制，教师追求的是稳定的班级秩序，两者在一定情景中会产生矛盾和冲突。但显而易见的是，在很多情况下，幼儿园中的常规并不是铁板一块、没有半点商量余地的。在常规的执行过程中，常常是相对弹性的，幼儿会故意附加其对常规的自我解释，教师也会对合理的规避视而不见，默许幼儿的反抗。在幼儿对规则的规避与改造中，幼儿自身的文化和利益得到扩展，教师也会从幼儿的规避行为中调整规范的制定方式与执行方式，从而达到更合理的规则的出现。

第二节
幼儿园生活制度

与中小学作为一个学习机构不同，幼儿园是一个生活和游戏的地方，是幼儿人生加入的第一个正式组织。在正式的组织中生活，不仅日常行为被一定的常规制度规范起来，幼儿的身体节奏、认知节奏、情绪节奏都用一定的方式加以安排。尽管生活规则在各种文本的描写中被美化，甚至千篇一律，但显而易见的是这些描写的作用仅能描述幼儿在一个时间

① 张霞：《大班幼儿规避行为研究》，南京师范大学硕士学位论文，2008 年。

段将做些什么事，而不能证明其将做的事是合理的。[①] 幼儿园生活的制度化首先意味着的是幼儿的角色规范化、行动统一化。这里的幼儿园生活制度主要包括生活作息制度和卫生保健制度。

一、生活作息制度

生活作息制度是指幼儿一日生活中各主要环节的时间和顺序的安排，它将幼儿的在园生活细致划分为不同的时间刻度，通过对时间表的执行来实现社会控制和行动秩序。福柯曾言，"纪律的第一个重大运作就是制定'活动表'，把无益或有益的乌合之众变成有秩序的群体"[②]。下面是一所幼儿园的一日生活作息时间表：

7:40～8:00 晨间接待
8:00～8:40 晨间锻炼
8:40～8:55 早操
8:55～9:15 生活活动(吃点心，盥洗)
9:15～9:45 学习活动
9:45～10:35 自由活动，角落活动，生活活动
10:35～11:00 餐前准备
11:00～12:10 午餐，餐后活动
12:10～2:30 午睡
2:30～2:50 生活活动
2:50～3:00 午操
3:00～3:20 生活活动
3:20～3:50 学习活动
3:50～4:30 特色活动，角色活动
4:30～5:00 离园准备

---

① 维特根斯坦著，黄正乐等译：《文化与价值》，清华大学出版社，1987 年版，第 41 页。

② 米歇尔·福柯著，刘北成、杨远婴译：《规训与惩罚》，生活·读书·新知三联书店，2003 年版，第 169 页。

时间表几乎是每一个组织的共同特征，但幼儿园和机关企事业单位组织时间的方式有所不同，幼儿园的时间几乎是被分割成一个个的片断与单元，并且在特定的时间段有特定的任务与内容，具有较明显的碎片化特征。与这种碎片化特征相对应，幼儿园与中小学一样采用的是一种时钟计时的方式，精确地规定每个时间序列与事件序列，试图用一种外在的强制执行的社会节奏塑造幼儿自身的生命节奏，将幼儿自然的绵延的生命时间流用一种机械切割的方式强行阻断，从而把丰富多彩的活动纳入幼儿园统一的框架中，达到便于检查和控制的目的。

张贴于活动室内的统一的时间表就像是一道有形的樊篱，既限制了幼儿的活动，也控制了教师的行为，促使所有人都必须在特定的时间做特定的事。更为明显的是，当大部分班级都执行了时间表，而某个班级成为例外时，这种孤立的不协调便特别显眼。有时，其他班级的统一行动甚至会成为某个班级融入主流时间表的强大压力。当生活的完整性被人为割断，幼儿便会成为统一生活制度之下的无奈的一群，他们集体被那张时间表左右着。因此，在不同活动间隔的衔接处，在活动进行的过程中，我们经常会听到教师的催促声和幼儿的埋怨声，作息时间的片断性和细密性不断引发教师和幼儿在园对于时间的紧迫感和焦虑感。

幼儿园作息时间的片断化是效率意识和控制意识的反映，它强化的是集体意识、整齐划一和令行禁止，不尊重幼儿的个别需要和内在的生命节奏。而相反，在瑞吉欧艾美尼亚的幼儿园，我们几乎看不到幼儿活动的频繁转换，看不到如此刚性的时间表，看不到孩子和教师的时间焦虑，他们的时间是绵延的，幼儿可以自己去控制时间。只有在每天的上午九点和午饭前，才有全班幼儿的集体活动，其余时间幼儿基本上是小组自由活动。上午九点的集中是为了举行班会，目的是让幼儿自己来决定今天一天所要进行的活动或继续某个项目活动。而午饭前的集中则是为了交流与分享活动中的体验与收获。

二、卫生保健制度

卫生保健制度是幼儿园比之于中小学更为明显的地方，在中小学，并没有国家或省统一的卫生保健条例、规程或办法之类的文件，而幼儿园不同，幼儿园是一个教养机构，身体的养护、卫生习惯的养成是幼儿园工作的一个非常重要的方面。如 1985 年由卫生部出台了《托儿所、幼儿园卫生保健制度(试行)》，1994 年又出台了正式的《托儿所、幼儿园卫生保健管理办法》，由国务院卫生部门及各级地方政府的卫生部门负责落实。这些文件规定了幼儿园在园舍、桌椅、教具、采光、照明、卫生设施、娱乐器具、运动器械及幼儿一日生活，如，晨检、吃饭、睡觉、消毒隔离、预防接种、安全、体检、环境卫生、个人卫生、饮食卫生等方面的要求。

在这些文件规定以及幼儿园的实际的卫生保健工作中，最明显的变化是要求越来越多、越来越细，这反映出幼儿与环境的关系随着社会的变迁不断地发生着变化，幼儿园原来所拥有的绿色、生态的自然环境逐渐被塑胶、水泥所代替，而随之安全隐患不断增多，这使幼儿园的卫生防疫、预防接种、安全常规等问题越来越突出。与此同时，幼儿的心理压力也在不断增加，才艺的学习成为幼儿早期生命中不可言说的痛苦，而卫生社会学的目的便在于揭示保持幼儿的健康、保护幼儿的生命所需要的社会条件，从而寻找引发幼儿园卫生保健制度不断发生变革的机制与原因。①

从新中国成立以来的卫生保健工作来看，国家实行的独生子女政策是一个非常重要的影响因素，无论是家长还是教师对幼儿的生命意识的重视都越来越突出。如很多幼儿园的保健医生不允许孩子在幼儿园吃家长带来的非处方药，吃饭时反对使用盖浇饭，主张采用分餐制。此外，吃饭时幼儿园不再催促幼儿，也不再硬性规定吃饭不许讲话，这从一定程度上反映出社会的民主化进程，幼儿的基本人权得到尊重。

第三节
幼儿园中的奖励与惩罚

幼儿园的各项制度是对幼儿言行的一种规范与约束，它需要一系列

① 达维久克：《医学和卫生社会学》，载《国外社会科学文摘》1987 年第 12 期。

的配套措施，奖励与惩罚是其中相辅相成的一对。没有奖励与惩罚措施的配套，制度的严肃性、威慑力就无法体现，制度执行者的权利也无法得到合法化。每个制度的出台都有其特定的目的，它是幼儿将幼儿园各项常规与制度加以内化的前提与保证。在幼儿园运作的百年历程中，幼儿教师摸索出了一整套行之有效的奖惩措施。

一、奖励

奖励是教师对幼儿积极言行的一种肯定，其目的在于促使幼儿与幼儿所在的群体内化公认的价值标准。对于幼儿而言，在幼儿园集体生活中获得的奖励与其在家庭生活中获得奖励的性质是不一样的，在幼儿园中获得的奖励具有弥散性、竞争性。弥散性表现为奖励的放大功能，它能使幼儿在同伴与教师心目中产生一种“一好百好”的晕轮现象，这种奖励对于幼儿获取班级社会地位举足轻重。竞争性则因为幼儿园奖励是一种稀缺资源，它不可能人人享有，因此需要竞争，胜出者将会积累起其社会资本。在家庭生活中则不然，一方面家庭中只有一个孩子，奖励的获得不存在竞争，而且更重要的是，家庭奖励发生在私人领域中，它不具有放大效应和示范功能。

从目前幼儿园的奖励制度来看，幼儿所获得的奖励以情感奖励、特权奖励与符号奖励为主，有极少数幼儿园采用物质奖励的方式。情感奖励的方式有口头表扬、目光的支持、表情的肯定、抚摸、手势等。特权奖励的方式，有给予幼儿优先选择游戏、同伴的权利，当小班长、值日生或小组长等。符号奖励是幼儿园最普遍的一种奖励方式，如小红花、五角星、小贴画等。

因此，从这个意义上来说，幼儿园的奖励首先是一种资源、权力的赋予。通过奖励，一部分孩子被贴上“好孩子”的标签，并与另一部分孩子区分开来。其次，幼儿园的奖励还有利于幼儿的资本获得。因为受奖励的幼儿不仅仅获得了某种有形的奖品或象征性的荣誉，更重要的是，获得奖励，意味着人际关系的改善，尤其是与班级生活中的权威——幼儿教师关系的变化，而这种与教师建立起来的关系也会影响到幼儿的同伴关系，从而改变幼儿的人际环境，获得较丰厚的人际资本。最后，奖励也是一种控制与规训的手段，通过确定一种标准和秩序，幼儿的社会化被纳入既定的轨道，有了一个明确的方向。

二、惩罚

幼儿园中的惩罚与奖励是相对应的，是对幼儿表现出的不良表现所作的否定性评价，其本质在于对幼儿已拥有的权力与资源的一种剥夺或暂时剥夺。一般来说，教育者或教育集体有意施加的足以影响受教育者生理、物质或精神需要满足程度的举措都可称之为惩罚。由此可将惩罚分为生理性惩罚、物质性惩罚和精神性惩罚三类。[①] 在幼儿园中，生理性惩罚主要表现为教师禁止幼儿随时上厕所，要求不愿午睡的幼儿必须躺在床上，限制爱动幼儿的身体自由，站着直到会回答问题才坐下，排队排最后等。有的幼儿园甚至也出现关幼儿禁闭、体罚等现象。物质性惩罚，如撕毁幼儿的绘画作品、没收某一游戏材料等。精神性惩罚，如教师用不悦耳的语言谩骂、训斥幼儿，沉默不语或以严厉的眼神注视幼儿，剥夺其游戏权利，发动全班孤立某一幼儿，表露厌恶或不耐烦的表情等。

幼儿园中实行的惩罚主要基于两种取向。一种是防范性惩罚，这是一种面向未来的惩罚观。这种惩罚观认为，惩罚是防止违规行为的一种简单而直接的方法，其功能本质上是防范性的。惩罚之所以有用在于“惩罚的威胁所带来的恐吓作用”，即“对痛苦的恐惧能够防止被禁止的行为重复发生”[②]。一种是补偿性惩罚，这是一种面向过去的惩罚观。这种惩罚观认为，惩罚本质上是一种“赎罪”，其目的是为了“弥补过错”，其功能主要在于“根除累犯”，对过失行为的“恶”进行补偿。

幼儿园是一个教育场域，其所实行的惩罚是一种教育惩罚，与社会惩

① 傅维利：《教育中的惩罚》，载《教育研究》2007 年第 10 期。
② 爱弥尔·涂尔干著，陈光金等译：《道德教育》，上海人民出版社，2001 年版，第 157 页。

罚具有质的不同。然而，教育惩罚是社会惩罚的前奏，没有此便不能保障社会秩序的内化。涂尔干在《道德教育》一书中曾指出："为纪律赋予权威的，并不是惩罚；而防止纪律丧失权威的，却是惩罚，如果允许违规行为不受惩罚，那么纪律的权威就会为违规行为所侵蚀。"①所以，实际上，惩罚是对规范严肃性的一种维护，是对既存社会秩序的一种强化。"凡需要惩罚的地方，教师就没有权利不惩罚。在必须惩罚的情况下，惩罚不仅是一种权利，而且也是一种义务。"②但不论是权利还是义务，在惩罚的实施过程中，成人都是这个世界的唯一正确的立法者，幼儿只是那个立法的对象。

① 爱弥尔·涂尔干著，陈光金等译：《道德教育》，上海人民出版社，2001年版，第162页。
② 马卡连柯：《马卡连柯教育文集》，人民教育出版社，1985年版，第59页。

第四部分　学前教育的社会角色

任何角色都具有某种社会规定性。与其他场域中的角色不同，学前教育中的社会角色涉及三个方面的主体，即儿童、教师与家长。与以往的教育社会学内容不同，关于对儿童、教师与家长的分析，本部分重点关注社群的概念，即较多地突出儿童社群、教师社群和家长社群，揭示儿童社会、教师社会、家长社会的生存状态与社会结构。

第八章 儿童与儿童社会

我们需要对童年有更全面的了解，因为“儿童及童年的研究是政治议题，而不是中性的科学议题”。因此，第一步是要认知到知识与政策的交互关系，将儿童视为一个社群，童年视为一种社会现象。研究应该将童年的社会处境纳入社会安排中，以及儿童对社会安排的贡献。

——柯沙罗：《儿童社会学》

“儿童”这个概念在人们的心中一直是作为一个年龄的概念而存在的，追溯历史的源头则会发现，“儿童”只是近代意义的产物，最初属于资产阶级，①其后才逐渐地普及变成一个大众化的概念。然而在社会学的视野下，“儿童”已不再是个纯粹的年龄概念，而是在年龄概念基础上附着了一系列的社会建构，即社会以表面上的生理差异为立足点，将“儿童”这个原来纯粹的年龄概念社会化、文化化，从而使“儿童”成为了一个社会概念、文化概念，具有了社会意义。② 这是一个再造儿童的过程，也是一个重构与改写儿童与成人关系的过程。

为了从对儿童的日常理解与建构中跳出来，必须发展起一种新的看待儿童的眼光与视野。因为关注焦点的不同，常常对“儿童是谁”产生不

① 尼尔·波兹曼著，吴燕莛译：《童年的消逝》，广西师范大学出版社，2004年版，第66页。
② 王海英：《社会史视角下儿童概念的演变》，载《幼儿教育》2008年第2期。

一样的解释，如哲学关注抽象的、大写的“人”，因此，追问的结果是建构一个本真状态的极富理想色彩的儿童；心理学关注个体，追问的结果是一个个富有发展差异性的儿童；而社会学关注的是社会中的儿童与由儿童构成的社会，更多去追问儿童何以成为了今天的儿童。要想对这些疑问作出解释，必须用社会学的想象力厘清儿童与家庭、儿童与成人、儿童与社会的关系，将儿童与童年的研究置入社会场域，将儿童看做是一个社群，而非单个个体；将童年视为一种社会现象、一种政治议题[①]，而非心理现象或生理现象。

第一节
童年是一种社会现象

在社会学的视野中，童年远不只是一个单纯的生理现象、文学概念，仅具年龄内涵。正如“儿童”这个概念是特定社会阶段的产物、特定社会阶层的专属品一样，“童年”最初也只是资产阶级的奢侈品，它的“诞生”与“消逝”都不是一种偶然与自然现象，而是一种社会建构、社会塑造的结果。[②] 儿童社会学家柯沙罗在探讨童年，追问儿童的社会学研究被边缘化的原因时发现，童年是一种社会现象，具有可辨识的社会结构。[③] 与社会分层一样，童年也是一种结构化的形式，是社会总体结构的一部分。对儿童自己来说，童年是一种短暂现象，但对整个社会来说，童年是社会结构化的形式。

与柯沙罗的观点相似，丹麦儿童社会学家 Jens Qvortrup 认为童年是社会结构的映射，并主张从三个方面来认识童年结构在社会结构中的位置，理解童年的社会特性。[④] 首先，童年有一个特殊的结构形态，童年期

---

① 许雅惠等著:《幼儿社会学》(谢义勇主编)，台湾五南图书出版公司，2006 年版，第 36 页。
② 尼尔·波兹曼著，吴燕莛译:《童年的消逝》，广西师范大学出版社，2004 年版，序。
③ William A. Corsaro, *The Sociology Of Childhood*, Pine Forge Press, 1997, pp. 4 - 5.
④ 许雅惠等著:《幼儿社会学》(谢义勇主编)，台湾五南图书出版公司，2006 年版，第 192 页。

的儿童有着与成人不一样的角色、权力、地位；其次，童年一如成人期一样，被置于在各种社会力的的运作当中，即童年受到各种社会作用力的影响，如经济、政治、文化的因素等；第三，儿童会自己建构他们的童年，儿童是主动地参与到自己的童年中，也是社会建构者之一。

一、童年有一个特殊的结构形态

在原初的意义上，"童年"一词含义丰富，童年可看成是一个子集。在古罗马，人们习惯上用 puer 来指称儿童，而 puer 这个词原意指"无斑点，无混杂"①。这种指称儿童的圣洁的、肯定性的概念又派生出另一个否定性的意义，即儿童是不成熟的。这个意义既是否定的，又是肯定的。在童年的时间段上，有两种倾向，一种是不断地通过词语的娇小化、指小化（指称儿童在具体年龄上不断地向前延伸）向前推，一种是通过用成年人的标准、儿童的观念来判断儿童的行为，将童年的年龄向少年方向伸展，致使童年本身逐渐被拉长。在童年的变迁过程中，社会不断地赋予童年以不同的意涵，建构起有关童年的加减法。

童年是社会变迁的结果，是社会发展到一定阶段才出现的一种社会现象，是社会结构化的一种形式，有着与成人世界不一样的社会结构，主要表现为童年期儿童有着独特的社会角色、生存状态与社会权利。

（一）儿童的社会角色

儿童生活在社会之中，是整体社会结构的一部分，它既能动地作用于社会结构，又受到社会结构的强制性约束。探讨儿童的社会角色，也就是从结构主义视野出发来看社会和儿童之间的关系。通过将儿童所生活的社会范围进行层层收缩，儿童实际扮演的社会角色大概有五种。

1. 作为社会文化承载者的儿童

韦伯曾经说过，人是悬挂在其所编织的意义之网中的动物，具有与生

① 让-皮埃尔·内罗杜著，张鸿、向征译：《古罗马的儿童》，广西师范大学出版社，2005 年版，第 125 页。

俱来的文化属性。儿童生活在一定的文化中，既参与着文化的演变和创造，也为他所创造和参与的文化所制约。历史的变迁在儿童的身上打下了许多文化的印迹，儿童自始至终是一个文化承载者，这典型地反映在儿童观的历史变迁上，反映在不同时代、不同文化背景、不同的阶层的人对儿童的根本看法和文化解释上。在古代，人们较多地认为儿童是小大人，是需要不断加以文化改造的对象。直至近代，人们才发现了儿童，发现了儿童期。由此开始出现了儿童的语言、儿童的游戏、儿童的文化……自此，儿童开始成为一个区别于成人的独特的社会存在。

社会文化的传承是连续而非断裂的，它需要一定的载体。作为文化的新生力量，儿童从小便浸泡在特定的文化氛围中，文化的精神内涵通过儿童的身体实践、认知模式、思维结构而不断传承。雅斯贝斯认为，一个时代有一个时代的精神状况。而布迪厄认为，特定时代人们的心智结构与其所处的社会结构有一种契合性。[①] 在儿童的文化成长过程中，时代的文化结构与文化精神便会透过儿童的文化实践而不断传递。玛格丽特认为，在代际之间有三种不同的文化传承模式，一种是“后喻式”的，即儿童传递的是复制和翻版了的父辈文化；一种是“互喻式”的，是同伴之间的一种文化学习与文化交流；还有一种是“前喻式”的，即儿童对父辈的文化实行改造、选择，甚至儿童以自己的文化指引父辈进行文化改造。

在不同的历史阶段，儿童身上所具有的文化符码是不一样的，有的时候承载的是平等、自由，有的时候承载的是罪孽和危险，有的时候承载的是纯真与可爱。人们因其特定的社会需要而赋予儿童特定的文化内涵，并使这种内涵通过涵化的方式被儿童认同和传递。与对其他年龄段的人的再造不同，社会对儿童是情有独钟、一如既往的。之所以如此，主要的原因便在于儿童的未来属性，没有哪个国家会轻易放弃其对未来接班人的再造功能。从某种意义上说，再造儿童实际上是再造未来、再造希望。

---

① 布迪厄、华康德著，李猛、李康译：《实践与反思——反思社会学导引》，中央编译出版社，1999年版，第14页。

正因为儿童是可塑的、面向未来的，社会的各种势力才会拧成一股合力来教化儿童、再造儿童，从而使历史的发展呈现延续的状态，使主流的价值观得以传承。

2. 作为幼儿园存在价值体现者的儿童

儿童不仅是社会文化意义的承载者，儿童还是幼儿园能够存在的理由。在我们当下的日常生活中，看到一个或一群学前儿童在公园里溜达是不可思议的。儿童似乎“必须去幼儿园接受教育”，世界各国通过强制或非强制的“入园率”统计把儿童和幼儿园紧密联系在一起，幼儿园对儿童来说不是一种可以选择的事情，而是一种外加的强制。幼儿园通过创造一种“所有的学都是教的结果”①的神话把儿童牢牢地束缚于幼儿园中，接受幼儿园式的教育、幼儿园式的训练和幼儿园式的生活方式。在一系列的幼儿园化方式的影响下，儿童成了一个幼儿园化的儿童，一个能够为幼儿园的存在进行代言的儿童。

学校的诞生从原初意义上就是为了使儿童能够接受教育，而幼儿园似乎不是这样，它是为了成就父母的就业。然而，在社会的不断变迁中，幼儿园作为游戏场所的特点不仅没有加强，反而越来越弱，几乎变成与中小学一样的学习机构。伊万·伊利奇曾提出“非学校化社会”的主张，力图将儿童从学校教育的神话中解放出来。幼儿园，作为一个特殊的教养机构，不仅没有看到自己区别于中小学的特殊性，反而越来越学校化。可以想像，当进入幼儿园也变成一种强制，幼儿园制度就会变得越来越强固，到那时，要找到一个没有接受过一天幼儿园教育的儿童几乎是不可能的。于是，显而易见的是，不是儿童离不开幼儿园，而是社会建构了儿童对幼儿园的依附。

3. 作为家庭生命延续者的儿童

与幼儿园和社会相比，家庭首先是一个情感组织，然后才是一个社会

① 伊万·伊利奇著，吴康宁译：《非学校化社会》，台湾桂冠图书股份有限公司，1996年版，第18页。

组织。基于这样一种特殊的情感构成，作为家庭成员的儿童便和作为社会成员、幼儿园成员的儿童具有着不一样的社会属性，承担着不一样的社会期待。在家庭中，儿童承载了家庭的希望，承载了父母及祖父母们“超重”的爱。在情感与爱的包围中，儿童被建构为家庭生命延续的载体和工具。从这个意义上，也仅仅从这个意义上，情感和爱具有了约束和控制的力量。通过爱的付出，成人从儿童那儿换回了服从和感激，情感的“工具性价值”开始越过其“表现性价值”成为主宰。亲情的包围和笼罩使得儿童在家庭的期待与压力中不再具有成为自己的理由。

此外，与西方社会结构的重心居于个人与团体之间不同，在中国传统社会里，家庭是社会生活的核心，是社会制度的基础。是家庭而不是个人或团体，构成中国社会结构的基石、社会制度的原型、社会秩序的要素。中国的社会和国家就是以家庭为基础，在结构上的放大、在功能上的加强、在伦理关系上的翻版与发展。家庭对儿童的社会期待实际上就是社会对儿童的期待，儿童在这种生生不息、代际绵延的传承中扮演了一个非常重要的角色，“不孝有三，无后为大”、“儿童是祖国的未来”的传承压力使儿童的自然生命具有了意识形态的色彩。

4. 作为同伴群体生产者的儿童

在儿童的生命历程中，儿童会获得无数种组织身份，扮演无数种社会角色。从家庭的生命延续者到幼儿园中的“准受教育者”再到学校中的“受教育者”，儿童在其角色扮演的过程中都不得不局限于结构性角色，带有“受”和“被”的色彩。只有在其同伴群体中，儿童获得的是一种相对主动的角色。因为同伴群体虽然也存在着一定的等级结构，但由于其年龄相仿、能力相当、身份相似的诸种特性，儿童同伴之间进行的多是一种对称性互动，较少有在成人和儿童互动中的控制与约束、教育与干预，儿童较多体验到的是自身作为行动者的力量。

在“主”和“客”、“能动”和“受动”之间，没有哪个儿童会心甘情愿地选择后者，因此同伴群体对于儿童具有巨大的吸引力，并且随着儿童年龄的增长而体现出越来越高的价值。社会学家哈里斯曾提出过“教养的假说”,他认为儿童的发展在很大程度上不是由于家庭的濡化而是基于同伴群体之间的相互同化作用,家庭的教养功能仅仅是人们想像出来的一个假说,并不具有其想像的意义。

在同伴群体中,倘若我们以社会学惯用的方式来进行“谁的”与“何以可能”的追问的话,就可以发现儿童的同伴群体就是“我的同伴群体”,具有“属我”特性。儿童不仅参与了同伴群体的形成,也参与了同伴群体的冲突,儿童是同伴群体的生产者。然而当转向家庭和幼儿园作这样的追问时,我们并没有这样的勇气斩钉截铁地说,这是“我的家庭”、“我的幼儿园”,充其量只能说“这是我所生活的家庭”、“这是我所就读的幼儿园”而已。这两者之间的差异是不可同日而语的。

5. 作为自身社会化承担者的儿童

再把研究的视野收缩至儿童本身,笔者能够追问出的儿童正在扮演的角色还有自身社会化的承担者这一社会身份。从社会的立场出发,没有一个个体不是生活在社会大系统之中,受着社会这样那样的影响,所谓的“个体我”只是另一种意义上的“社会我”而已。儿童在其获得社会成员资格的过程中,要通过不断地同化和顺应的方式来适应社会,融入社会并最终改造社会。

米德的研究使我们清楚地知道,在儿童社会化的历程中,社会扮演了一个“概化他人”①的角色,儿童在此过程中所建构的“自我”和“心灵”都是社会化了的自我和心灵,离开社会,人无所谓人,只是动物而已。

从社会、幼儿园和家庭的角度来看儿童,儿童基本只是一个社会的旁观者和局外人,承担着“受众”的身份和角色。然而从儿童同伴群体、儿童自身的社会化来看,儿童则更多地扮演着主动性的角色。在下面的内容中,笔者还会由“从上向下看”转变为“从下往上看”,即从“结构”的视角转向“行动者”的视角,从而发掘作为行动者的儿童的力量。

(二) 儿童的社会生存

作为社会生活中的一员,儿童的生存状况与社会结构、社会变迁息息

---

① 米德著,赵月瑟译:《心灵、自我与社会》,上海人民出版社,1989年版,第137页。

相关，是特定时代、特定社会造就了特定的儿童、特殊的童年记忆。正像无法选择其社会出身一样，儿童也无法选择其所生存的社会时代，儿童被其所生存的时代塑造着、推动着。没有科举这种社会选士制度就不会有"读经儿童"、"少年举人"，没有抗日战争就没有王二小、潘冬子这样一些儿童英雄，同样，没有波澜壮阔的改革开放和社会转型也不会有"流动儿童"、"留守儿童"的出现：时代生产并塑造了儿童。

在这样一种"每一天都迅速成为历史"的情况下，儿童所生活的环境，如，家庭、幼儿园和社区都会深深地受到社会变迁要素的强烈影响，从而从根本上改变幼儿的社会生存状态，造成幼儿的孤独化、符号化、边缘化的生存境遇。

1. 孤独化生存

在儿童的成长历程中，无论是其首先进入的家庭，还是后来进入的学校、社会，每一种生存世界都有其特定的物质密度和精神密度[①]。在家庭这个特定的社会空间里，儿童世界的精神密度经历了一个复杂的变迁过程。在独生子女政策未实行前，中国家庭里至少有两个以上的儿童，儿童能够在家庭或家族的空间中获得与同伴交往的快乐与满足，建构属于儿童自己的儿童社会与儿童世界。在多子女的家庭框架下，儿童能够天然结群、互为玩伴，同时，多子女的家庭框架又发生在允许多子女的社会结构和"多子多福"的文化观念下，在这样的社会结构和文化观念中，儿童呼朋唤友、三五成群才有可能，才能成为社区生活中特殊的风景。

独生子女政策的实行使儿童在家庭中的自然结群、社区中的呼朋唤友迅速地成为历史，儿童被禁锢在成人环绕的家庭环境和社区环境中，天然的游戏场所被日益迅速的城市化进程打破。人与人的社会关系变得日益隐蔽，亲密无间的"熟人社会"逐渐被相互提防的"陌生人社会"所取代，

① 这是涂尔干在其《社会分工论》中提出的一对概念，物质密度指在一定地域、一定土地上的人口数量，精神密度是个人间交往和进行贸易的强度。这里将这对概念进行了适当的延伸。儿童世界的物质密度主要指儿童生活中同伴的数量和类型；精神密度是指儿童与同伴相互作用的强度与密度。

儿童在田野中自然地撒野、在院落间自由地穿行的日子一去不复返，儿童被限制在家庭空间中，与电视机为伴，与玩具为伍。一旦走出家庭走向社区，儿童就会不断地被告知不要远离成人，要提防坏人的诱拐、诈骗。社会的流动性和底层秩序的失守①不断地破坏儿童社会的基础秩序，儿童在成人世界的包围下日益孤独。

相比于家庭和社区生活，幼儿园是一个群体交往的场所，然而，幼儿园中一直占据主导地位的"集体化教学模式"和"高控制"的管理模式使幼儿在群体生活的背景中沦落为集体生活链条中的一环，真正的、自由的、自发的儿童的结群、互动的机会并不多见，即使偶尔存在也会被教师以"关怀"的理由所阻断，幼儿教师倾向于打破儿童的自然结群，将儿童牢牢掌控在集体生活和集体秩序的轨道上。从幼儿园的现实来看，即使置身于人群之中，幼儿仍然是孤独的，而且，是一种更深层次的孤独。

2. 符号化生存

孤独化，表明了儿童在家庭、幼儿园和社区生活中的一种现实状态，它既受到社会政策，如独生子女政策、改革开放政策的影响，也受到传统文化观念，如长幼有序、师道尊严等的左右。"符号化生存"形容的则是幼儿的另一种生存境遇，在这种状态中，"幼儿"的内涵被抽空，幼儿不再是一个鲜活灵动的个体，而是抽象的"符号"与"形式"。在媒介世界中，幼儿被建构成为各种符号，如消费符号、娱乐符号、政治宣传符号等。

所谓消费符号是指媒介通过某种策略将幼儿构建成为激发人们购买欲望的一种符码，这里的人群可能包括儿童自身，可能包括与儿童有关的成人。媒介利用儿童之口、儿童之身将母爱以消费竞赛的方式呈现出来，并给予那些消费不足的孩子和母亲以一个"受忽视者"角色，从而将成人世界的攀比、奢华、拜物与儿童当下生活的幸福指数关联起来。如果母亲不能满足或尽力给予孩子他想拥有的一切，那么母亲可能就会被媒体的力量塑造成为"缺乏爱的角色"，而孩子则会被媒介渲染成"可怜的孩子"。

① 孙立平：《守卫底线：转型社会生活的基础秩序》，社会科学文献出版社，2007年版，第7页。

这是一种不正常的消费主义，也是媒介对家庭私人感情空间的一种入侵，它用一种消费主义的价值观来诠释母爱，并置消费不足的母亲于一种不仁不义的非道德角色，将消费与道德也关联起来。

在媒介的力量下，不仅儿童自身成为消费工具、消费符号，与儿童有关的成人也被建构成消费主义的帮凶。在“消费就是幸福、爱与道德”的幌子下，儿童的“纯真”、“可爱”具有了更强的迷惑力，人们把“成人借儿童之口说出来的消费欲望”当成了“儿童自身的消费欲望”。在这里，儿童是成人操纵的一个消费符号，一部分成人也成了另一部分成人的操纵对象，这是一个相互操纵、相互利用的世界。

儿童作为娱乐符号是一种刻意的建构，是成人消费儿童的一种特殊形式。在娱乐世界里，本来成人是相互娱乐、消遣的对象，儿童只是偶尔的装饰品。但后来，成人发现了儿童的娱乐价值，发现儿童不仅可以相互娱乐，更关键的是，儿童也可以娱乐成人。一位儿童节目的资深编导甚至这样说：“我们的节目像是儿童与成人间的一种对话，观众在这里可以同时看到儿童和成人，更确切地说，是儿童躯壳下的成人综艺节目。在这个节目里，儿童是载体，是作为一种工具、道具来表现成人世界一些东西。”[①]当儿童被定位于娱乐符号，一部分儿童的命运就会随之发生改变，他们被成人教着说成人话，唱成人歌，跳成人舞，成人与儿童之间的边界就此被打通。一部分儿童被一帮导演塑造成穿越成人世界的先锋，这部分儿童在媒介的打造下最后剩下的只是儿童的皮囊，他们的心理年龄已被无极限地拔高。部分电视人为了自己极其功利、自私的目的，以儿童的童年为代价，创造了收视的辉煌。然而，可悲的似乎还不仅止于此，在“看”与“被看”的相互娱乐中，镜头中的儿童、镜头外的儿童都被一种娱乐文化、成人文化所包围，娱乐儿童成了儿童和成人不需协商的共识。

此外，儿童的符号化生存不仅存在于媒介中，也存在于真实的幼儿园场景中，幼儿园集体化教学所追求的是儿童的“群像”而非“个像”，儿童的

① 稽君：《电视娱乐节目中的儿童》，南京师范大学硕士学位论文，2007年。

个体被淹没在集体的汪洋中。个体化的儿童是鲜活生动的，而作为群像的儿童通常是抽象而模糊的。在教师的眼里，经过群像过滤与处理的儿童是抽象的。

3. 边缘化生存

在社会生存中，不同的人在社会结构中处于不同的位置，相比成人而言，儿童是这个社会的后来者，成人生产和制定规则，儿童只能遵守和服从规则，儿童的边缘化首先取决于其自然性，其次受制于其社会性。从自然性的角度出发，儿童在年龄、身体力量、经验等方面都无法与成人相比，处于一种天然的弱势。而从社会性的角度出发，儿童在人际关系、文化资本、社会权力方面更与成人相去甚远。

中国的改革开放进程对人的生活产生了前所未有的影响，就儿童而言，留守儿童就是社会变迁的产物，是城市化进程中的牺牲品。留守儿童以其童年生活远离父母为代价，为城市的繁荣、社会的稳定作出了自己特殊的贡献。对于那些已经进入城市的流动儿童而言，家乡仍然是其记忆中挥之不去的温暖回忆，虽然置身城市的氛围，但他们无法融入城市社群，他们处于城市的边缘。在政府进行了的各项社会改革和社会设计中，儿童的利益在多大程度上被权衡和思考，在汶川地震的重建工作中又有多少人首先想到孩子们曾经拥有的幼儿园！儿童的利益在社会的大灾难面前显得不堪一提，儿童的需要在更多时候成了一种奢侈。“儿童是祖国的未来”不是用来念的，而是用来照着做的，不是说在嘴巴上，而应放置心中，成为永久的牵挂。

（三）儿童的权利

儿童与童年是一种社会现象，是社会发展到一定阶段的产物，关于儿童的权利更是一种文化现象、社会现象，是社会文明、发展到一定阶段后才出现的。儿童是否有权利，儿童有哪些权利，如何尊重儿童的权利，这些问题的答案在不同文化背景和社会传统的国家中有不同的表现。在西方社会里，社会总体上关注人权，关注个体的存在价值，儿童的权利会在某种程度上得到尊重、受到重视。而中国文化则不同，它不主张突出个人，而重在突显社会，儿童在社会生活中一直处于一种被压抑的状态。从压抑儿童到尊重儿童这不仅是一个观念解放的问题，也是一个行动实践的问题。爱伦·凯曾在其《儿童的世纪》中大声责问儿童的世纪为什么成了儿童专家的世纪，儿童的专家如何借助了对儿童的研究来获得对儿童是谁的话语霸权。

英国伦敦大学梅欧是权利模式的儿童社会学观点的学者代表。她以“权利”作为将儿童导入社会学讨论的主要概念。[①] 她认为过去人们通常在妇幼议题下来关注儿童，关注儿童的权利与福利，这种出发点其实建立在儿童是一个弱者、需求者的立场上的，是把儿童放在与成人相比较的意义上提出来的。尊重儿童的权利首先要把儿童从对社会结构、社会其他群体的依赖中解放出来，将儿童看成一个独立的社群，把儿童还原为一个真实的行动者，了解儿童的社会处境，将儿童作为一个社群纳入社会安排中。蒙台梭利在《儿童的公民权利》中指出：“儿童就像其他的弱势团体一样缺乏声音，但他们同样有被倾听的权利，他们的观点亦应该受到重视。被剥夺了公民权的孩子，就像脱了臼的手臂一样。在这只脱臼的手臂回复到原初状态前，人类是不可能使其自身的道德得到进化的。只有当这只脱臼的手臂复位以后，这个人才能不再忍受因受伤的肌肉组织所致的疼痛与麻痹。”[②]

在大部分文化传统里，儿童总是被人们看做是宝贵的群体，但没有被看做是权利主体。政治家、儿童工作者和家长虽然关心儿童的幸福，但考虑问题的基点在于使脆弱的儿童免受伤害。人们还没有普遍认识到儿童也是有能力的，他们有自己的观点和想法，应该像其他人一样得到尊重，应该拥有“权利”。改变这种状况，正是儿童权利运动要达到的目的。

1989年《儿童权利公约》(以下简称《公约》)提出儿童有生存权、保护权与参与权，但是很明显，《公约》的落实不完全取决于法律的完备，而更

---

① 许雅惠等著：《幼儿社会学》(谢义勇主编)，台湾五南图书出版公司，2006年版，第32页。
② 蒙台梭利著，胡纯玉译：《儿童的公民权利》，选自《发现孩子：了解和爱孩子的新方法》，中国发展出版社，2003年版，第57页。

依赖全社会、全民族对《公约》实质的深刻理解和基本认同。有研究者认为，中国社会在贯彻《公约》方面存在着“二多二少”现象，即政府行为多，转化为民众意识少；讲社会和成人对儿童的保护多，讲儿童的主观愿望少。[①] 在保护儿童权利的众多宣传中，儿童权利演变成为一个抽象的概念，而不是每天都会碰到的实际问题，如关涉儿童观、价值观和文化传统的理论问题等。许多成人往往出于“为孩子好”、“关心孩子”的主观目的而把自己的价值观强加给儿童，完全不考虑儿童的需要，其实这正是对儿童权利的不自觉的侵害。要改变这种状况，最重要的是要转变观念，把儿童看做是“积极的”和“创造性的”权利主体而不仅仅是家庭的私有财产和成人的隶属物，这一点正是《公约》不同于以往任何关于儿童权利的国际条约的突出之处。

在瑞吉欧的戴安娜学校的入口处，有一幅由 5 岁幼儿们制作的海报，上面写着“儿童的权利”[②]：

儿童有交朋友的权利，否则儿童无法快快乐乐长大成人。

儿童有生活在和平环境中的权利。

生活在祥和的环境里就是健健康康，大家住在一起，生活中充满令人感兴趣的事物，有朋友的陪伴，可以梦想在天空飞翔，可以做梦。

假如儿童不知道的话，他就有犯错误的权利，因为要等到看见问题和犯过错后才会知道。

我们一定要有权利，否则我们会很伤心。

——戴安娜学校，1990

不同的文化有捍卫与保护儿童权利的不同方式。如何主张儿童的权利？如何处理父母与儿童、国家与儿童之间的关系？童权高涨的结果是否会造成亲子对立，是否会导致国家对儿童的更强大控制，因此反而不利

① 韦禾：《儿童的权利——一个世界性的新课题——中国履行〈儿童权利公约〉研讨会综述》，载《教育研究》1996 年第 8 期。

② 卡洛琳·爱德华兹、莱拉·甘第尼、乔治·福尔曼著：《儿童的一百种语言》，南京师范大学出版社，2006 年版，第 157 页。

于儿童?[1] 儿童权利及儿童权利的实现是一种社会现象,它离不开对儿童与各种社会关系的理解与超越。其实,尊重儿童的权利,实现儿童的权利会导致儿童对自己的行为负责,因为成人对儿童的尊重会使儿童体验到一种力量感和使命感,而反之则不,现在普遍的童年延迟现象也许正是这种反映。成人世界应该既给予幼儿尊重与信任,又通过此唤醒儿童心中"沉睡的狮子"。

二、作用于童年的社会力量

对于任何人而言,童年都是一段令人难忘的历程,拥有什么样的童年,在很大程度上取决于童年生活所遭遇的时代背景和社会氛围,社会上流行的关于"54一族"、"80后"、"90后"的判断都带有时代与儿童互动的意味,而且从根本上而言,社会背景影响了儿童的童年,这种影响有时甚至波及一生。在《大萧条的孩子们》中,埃尔德认为:"出人意料的是,大萧条的这些孩子到中年的时候遵循的是一条具有恢复能力的生活轨迹。他们所做的比人们从其社会出身的角度估计得更好。"[2]《大萧条中的孩子们》通过引人注目的数据,证明了历史变迁对于个人一生发展的影响。童年的命运与生活在很多情况下不是个体能够控制的,社会背景制造了人类不同的童年印象。在不同的社会变迁模式下,儿童形成了不同的人格特征和行为模式。

童年是非自主的,它是社会建构和型塑的结果,这种型塑的力量来源于两个方面,一是来源于社会的核心要素,如政治、经济和文化价值观,一是来源于社会的不同人群,如父母、教师和同伴,前者是宏观的结构性因素,后者是微观的生态性因素,后者受前者的制约。

(一)作用于童年的社会要素

由于所处的时代背景不一样,一代人与另一代人可能有着完全不一

① 冯燕著:《托育服务:生态观点的分析》(修订版),台湾巨流图书有限公司,2004年版,第3页。
② 埃尔德著,田禾等译:《大萧条中的孩子们》,译林出版社,2002年版,第9页。

样的童年生活与童年记忆，经历过科举时代的儿童与倡导进步主义教育观念下的美国的儿童是无法相互理解与对话的，同样，生活在当下的信息社会、消费社会下的儿童与科举制度下整日读经的儿童也会相互陌生，儿童所处时代的政治制度、经济水平和文化取向使儿童拥有了一个各具特色的童年印象。

1. 政治因素

政治对童年的社会建构主要来源于政治制度，首先表现为一个国家的儿童政策以及与儿童有关的政策。儿童政策包括儿童福利政策、保教政策、儿童的基本权利等，它是对国家与儿童的关系的建构。与儿童有关的政策主要包括家庭福利、育婴假、独生子女福利等，它是对国家与儿童的关系的规定。政策对儿童的童年影响是非常明显的，美国若没有开端计划，许多来自于弱势家庭的孩子就无法享受基本的受教育权，无法为其进入社会作好一定的准备；没有独生子女政策，中国的儿童也不会面临如此大的生存压力和在童年生活中的巨大孤独。

其次，政治制度对童年的塑造还表现在国家赋予儿童的基本权利上。在中国，国家与儿童建构的是一种占有与从属的关系；而在美国，国家与儿童的关系是一种提供者与享受者的关系，国家给予儿童较大的尊重，几乎每一位美国总统在其竞选中都有一个面向儿童的提议。

童年是一个政治议题，不同政治背景下的童年生活中充满了由政治制度带来的差别，政治用其特有的意识形态力量型塑童年，使其成为政治化了的儿童。

2. 经济因素

经济因素对童年的影响主要表现在儿童的生活方式上，处于经济增长期的儿童比处于经济衰退期或危机期的儿童要享有相对安定、富足的生活，接受更高质量的教育。对于有些儿童而言，童年生活也许正好经历了社会生活在各个方面呈现出的断裂与混乱，这种背景会使儿童的童年充满不安的情绪。

经济基础决定上层建筑，当社会的整体经济实力有所提升时，国家就会有更多的精力来关注儿童福利，关注儿童公平的受教育权。我国的义务教育之所以能以免费的方式在全国普及，最根本的原因在于经济后盾，而学前教育中的改制现象反映的也正是经济秩序调整过程中必然出现的乱象。当旧的经济体制未完全打破、新的经济体制未完全建立时，社会结构中的薄弱环节就会首当其冲成为改革代价的承担者。当下的幼儿园承担的正是这样一种角色，当下的改制园中的儿童也正经历着这样一种童年遭遇，他们的教师有时会突然地宣布停课，或上访或静坐，他们的幼儿园生活秩序被改制所激发出来的各种冲突所打断。

3. 文化因素

文化对童年生活的影响是无处不在的，它型塑儿童的价值观，建构儿童的童年文化，它还生成成人对儿童的认识和判断，构成一种特殊的氛围。在瑞吉欧儿童的童年记忆里，幼儿园、家庭和社区是三位一体的，儿童不会体验到家庭生活与幼儿园生活之间的制度性差异和文化上的障碍，但中国幼儿园不一样，家庭的亲情文化与幼儿园的弱制度性文化有明显差异，儿童在这样一种有差异的文化环境中生活，体验到的是不同的文化自由度。

文化因素除了对生活体验有影响外，还是建构儿童文化生活的根基，使其适应特定的文化惯习。总体而言，中国文化是一种约束性文化、应试文化，对儿童强调的始终是秩序、规范，而不是自由、开放，中国儿童从小便被约束在各种框框里。无论是三纲五常礼义仁孝还是又红又专的建设者与接班人，儿童生命的价值不体现其自身的能量，而体现在其与国家、社会之间的某种关系，这是从根本上忽视儿童、不尊重儿童乃至侵犯儿童基本权利的表现。但我们的文化历来强调"强国家弱社会"，民众缺少一种更深层次的文化自觉与文化觉醒，所谓建构儿童文化要么是一种理想的口号，要么成为弱势者争取生存空间的缓兵之计。

在中国，改变童年的文化内涵和文化生存方式需要一场革命，需要所有卷入者的集体性反思。当儿童的童年充满了自由、自然，当儿童不再被逼着练琴绘画，儿童才能成为儿童自身，而不是成人逼迫下的殉道者。

（二）作用于童年的群体要素

除了受到宏观结构性要素的影响外，儿童的童年生活还受到微观世界中一系列重要他人的影响，如父母、教师和同伴等。在所有重要的他人中，家庭是一种基础性的社会力量，它构成童年的生存背景。家庭的经济、政治、文化地位，父母的职业构成，亲戚网络等对儿童的童年经历构成一种不可逆转的影响，它构成了儿童生活的全部。儿童的千差万别很大程度上在于其家庭的千差万别，家庭承载了社会结构性要素的制约并成为一种制约儿童生存的微观环境，它是宏观社会与微观世界的连接点。从更微观的意义上来说，家庭的教养方式、父母亲的职业分工对儿童的童年生活都有深刻的影响。当今社会的儿童，父亲与儿童所建构的关系越来越向“过度教育”与“缺席教育”方向发展，父爱的畸形化使儿童的童年生活陷入两种极端中。

教师和同伴是幼儿园环境对童年产生影响的重要要素，遇上一位好的老师和一群亲善的同伴对儿童的世界观、人生观的形成至关重要，它奠定儿童对幼儿园认同的基础情感。同伴间的游戏、交往是儿童人际关系的基础，是儿童开拓人际空间的一个重要起点，在同伴群体中获得威望常常带给儿童更多的自信，从而使其更积极地融入社会、再造自我。

三、儿童是自己童年的建构者之一

童年处于社会结构之中，受社会结构的影响，也具有自己独特的小结构。儿童在社会结构的规限与制约下不断地通过自我建构生成自己独特的童年结构，创造自己的生存空间。在社会的整体结构网中，处于任何节点的力量都有可能既是约束别人的存在，又是被别的力量约束的存在，没有一种力量、没有一个群体能够逃脱这种结构网之外，只是在约束与被约束的较量中存在着力量、资本的对称与非对称而已。说到底，每种力量都是一种悖论式存在。

但是在童年的结构化过程中，儿童是自己童年的建构者之一，社会结构只是为童年的建构划定了一个边界，制定了一些规则，规定了一些限度，最终规划出童年蓝图的仍将是儿童自己。设若儿童自己不投身于自己的童年建设，主动放弃自己的权利与责任，儿童的世界便会完全被成人规则所控制。儿童在建构自己的童年时是不能放弃自己的权利与责任的，只有积极地投身于自己的童年，挑战成人设定的不合理边界，儿童世界才有可能"我的地盘我做主"。

在关注结果的成人看来，儿童不仅是社会世界的旁观者，也是儿童世界的局外人，因为儿童既没有创造出物质财富，也没有创造出精神财富。用成人世界的标准来衡量儿童，儿童自然是软弱无能的，但当转换视角，用一种欣赏的眼光来看待儿童的作品、儿童的存在时，便会发现儿童给成人带来了巨大的情感安慰、智慧支持和社会寄托。在这样的观照下，儿童就不仅是儿童世界的主动的建构者，他们也参与了社会的经济生产、文化活动，为其所生存的社会作出了儿童独特的贡献。儿童是其生命历程的主角，是社会生活的主角，正是通过不断的文化接触，儿童了解了世界，也融入了世界。

第二节
儿童是一个社群

"儿童是一个社群"包括两层含义：一、儿童与成人一样是一个社会性、独立性的存在；二、儿童与儿童构成儿童社会。这里的社会性不是教给儿童的，他们本身就是社会性的存在。社会的任务是支持儿童并和他们一起培育他们的社会性，尊重儿童作为独立社群的意义和价值。在传统的儿童观研究中，儿童要么被放在与成人相对的立场上，要么被放在一个依附者的立场上，本节强调"儿童是一个社群"，其出发点是为了将儿童放到与成人同样的平台上去观察，将儿童放到脱离成人庇护的环境中去理解，最终将儿童从依附与对立的附属状态中独立出来，建立儿童自己的社会脉络和社会情境，把儿童以一个独立的社群身份纳入到社会安排中。

为了确立起"儿童是一个社群"的观念，社会学研究必须首先将儿童从家庭、学校、媒介理论中抽出，重新定位儿童与成人、童年期与成人期的关系，将童年的研究置入社会的研究中，将童年看成一种社会现象，以研究儿童作为独立社群的社会地位。

一、儿童是一个社会性的独立存在

人是社会关系的总和，他永远摆脱不了他的关系性与社会性生存方式。在社会学的视野里，考察儿童的特性不是去了解他的心理特征，而是要去了解他的社会特征和社会属性，将其放置在复杂的社会关系和社会背景中加以理解。[①] 从关系的意义上来看，儿童毫无疑问是社会性的存在，有着儿童独特的社会化历程和社会性表现方式。

相比于儿童自己的生命历程而言，儿童的社会性发展有一个由量的社会性向质的社会性发展的过程。从横向的角度来看，每一个儿童的社会性发展也是各具特色。有的儿童有着对人际情境的敏感性，倾向于不断调整自己的社会角色，从边缘者向中心者出发；有的儿童善于捕捉认知的社会情境与社会脉络，从他人的表达与提示中获取智慧；而有的儿童则可能经常在集体生活中担当一个“思想发生器”或“火箭助推器”的角色，启迪同伴解决问题。无论在认知、情感还是社会交往方面，儿童的社会性表现都有差异。这正好说明，每一个儿童都是一个独特的存在，都具有不可替代的价值。

“儿童是一个社会性的存在”是从社会的立场来看的，而“儿童是一个独立的存在”是从人权的立场来说的。如果儿童只是成人的附属和装饰，儿童期只是为成年期作准备，那么儿童的独立价值就被彻底地侵蚀，儿童将重新回到缩小的成人状态中。“儿童是一个社群”强调的正是儿童的独立性，在此观念下，儿童与成人同处一个平台，占据着同等重要的地位。“儿童是一个社群”像是儿童的独立宣言，它提醒成人世界认识到儿童的独特性，尊重儿童，改变赋予儿童的弱者身份和需求性角色。儿童不仅是一个

① 王海英：《儿童共同体的建构》，高等教育出版社，2008年版，第37页。

需求者,也是一个贡献者。但需要说明的是,强调“儿童是一个独立的存在”并不意味着儿童不需要成人世界的帮助与支持,作为一个生理上未成熟的个体,儿童在很多方面还需要成人的帮助。

二、儿童与儿童社会

作为一个独特的社群,儿童与儿童的相遇并不需要特别的语言,儿童世界有通行的儿童密码,当两个儿童结伴成群时,儿童社会便具有了雏形。而当三个或三个以上的儿童相遇时,一个充满生气的儿童社会便会呈现在面前。对于当下的儿童而言,幼儿园是一个能够自然结群的地方,在这里,他们将遭遇不同类型的幼儿,构建自己的同伴关系与儿童世界。

1. 儿童社会的诞生

作为一个与成人一样的独立的社群,儿童结成的儿童社会的演进有着自己的特有路线。如果说“人为什么要结群”可以用“本体性安全感”、“生存危机”来加以解释的话,那么“儿童为什么要结群”则几乎是儿童的一种本能性需要,是儿童获得自己的“存在感”的一种必需,正是在群体生活中,儿童通过同伴的眼睛看到了自己,同伴对于儿童而言就是另一个世界,一本打开的有待阅读的社会之书。加入儿童社会,成为儿童社会中的一员是儿童找到自己存在意义的最根本途径,也是儿童独立于成人世界、建立儿童世界的最重要基础。

幼儿园的群体环境为儿童社会的形成提供了前提,在幼儿园集体生活中,同伴群体间的交往可以使幼儿入园前缺失的横向伙伴关系得以弥补,[①]并有助于儿童重新协调他们与成人之间的纵向关系。在未入园前,儿童的关系世界是比较简单的,由于缺少同伴,他们只能建立起对成人世界的依附,以成人世界或自己与成人世界的关系来建构自己的世界观,而当同伴的横向关系补充进来后,儿童对世界的关系性认识就会发生改变。严格意义上来说,儿童社会在家庭中是严重缺失的,只有到了幼儿园,儿

① 林菁:《幼儿园与幼儿的社会化》,载《教育评论》1994 年第 5 期。

童社会才开始有了可能，并随着儿童交往技能的不断提高形成一种同伴依赖，乃至形成一种儿童共同体。

对于儿童来说，儿童之间的交往越广泛，同伴的影响也越大，与成人世界疏离与独立的可能性就越大。在儿童社会里，儿童对同伴表现出某种依从性，能根据同伴的看法修改自己的意见。在与同伴的互动中，儿童对同伴的依从性越强，对成人的依从性就越弱，从而逐步改变儿童对成人的单方面的顺从状态，形成儿童独立的社群。

在儿童作为一个独立主群的形成过程中，成人并不是一个旁观者，成人也可有所作为。在幼儿园的日常教育教学中，教师有时会有意识地邀请小朋友两两结成小组，相互做“小镜子”游戏，相互检查，相互督促，互为榜样。这种幼儿园中的结群互动，不仅帮助儿童学会了如何学习，“群体”自身也逐渐成为一个“教学场所”，一个儿童具有归属感的家园。没有在社群中生活的经历，儿童就会体验一种文化上的孤立，[①]即使他在成人世界获得百般的呵护与宠爱也会如此。儿童作为一个独立的社群，需要进入自己的社群，建立自己的社群，改造自己的社群。成人所给予的世界再美好，对儿童而言仍然是一种外在的赋予。

费孝通说：“有时候，小朋友之间的影响要比老师和父母的影响大。为什么这样说呢，因为成人的话，孩子很多是听不大懂的，他是通过看来学习的。小孩子教小孩子最快，看人家穿什么，他也要穿什么，他喜欢的小朋友怎么做，自己也要学，所以要引导小孩子间互相学习。”[②]

2. 儿童社群中的生存规则

儿童社会是什么样的，有着什么样的生存规则，与成人世界有什么不同，这些都是值得去充分探讨的问题。为了能够清晰地描摹儿童社会的生存规则，先看三幅儿童社会的场景。

场景一：这是在纪录片《幼儿园》中的一个场景，这是一个活动的间

① 零点方案、瑞吉欧儿童，朱家雄、王峥等校译：《让儿童的学习看得见》，华东师范大学出版社，2007年版，第69页。

② 费孝通：《让孩子互相学习》，载《少年儿童研究》1997年第1期。

隙，当时，5个小朋友围坐成一小组，其中有3个男孩，2个女孩。

男孩1：（指着他右边的女孩1，生气地、轻蔑地）你莫挨着我坐，你莫挨着我坐，听到没有？

男孩2：（指着女孩1，附和道）你莫跟我对着坐听到没有啊，我不喜欢跟你对着坐，你听到没有啊？

女孩1趴在桌上，转了一下头，眼里充满了委屈，哭了。

男孩3木无表情地看着他们，女孩2漠然地望着远方，仿佛置身事外。

男孩1：（对男孩2诡秘地眨眨眼，然后突然转换成严肃的表情瞪着女孩1，接着又转向男孩2）看到都心里烦是吧？

男孩2朝着男孩1诡秘地眨眨眼，点点头。

女孩1趴在桌上，不作声。

场景二：大班的“小博士”，聪明、能干，可是他却是班里许多孩子最不喜欢的人，不喜欢他的理由还惊人地一致：“因为他上课老爱插嘴。”在一次数学教育活动课上，因为当天的出勤人数少，他被安排插在别的小组做作业。

a：我不欢迎×××！

b（应和着说）：我也不欢迎他！

c：我欢迎他！

a—c：你这个傻子，弱智，他被老师罚了坐过来的。

小博士：（埋头做作业）你还知道什么叫弱智啊？

不一会儿，小博士最先完成了，幼儿a最后因出错，胡乱地完成作业。

场景三：老师正在准备活动用的图片与头饰，丹妮坐在桌子旁画还没有完成的画。这时，对面的凌通出其不意地从后面猛推了一下丹妮，她撞倒在桌子上，下巴被磕了。她大声地哭了起来，可是老师没有听见。

丹妮：（哭了一会，然后走向另一组的一个女孩，她名叫雨烟，是她们的小领袖）凌通他又打我了。

雨烟:(狠狠地瞪了一眼凌通,急忙从远处冲过来)你为什么打她?

凌通:关你什么事,我就打,我还要打她,她那么讨厌,那么脏。

雨烟:(昂着头)你必须向她道歉!否则我给你告老师!

(这时,另一个名叫君君的女孩找来了一张纸巾,替丹妮擦掉了眼泪,也走到凌通的旁边)

君君:(大声地威胁道)赶快向她道歉,不然我们饶不了你。

凌通:(同样大声地说)我就不道歉,你能把我怎么着?

雨烟和君君相视一看:走,我们告老师去。

凌通:(看着她俩向老师走去,急忙对丹妮说)对不起。

丹妮:(对着雨烟和君君喊)他道歉了,饶了他吧。

雨烟和君君:(生气地瞪着凌通)小心下次郭老师再把你送到园长那儿去!

(凌通吐了吐舌头,朝她俩做了个鬼脸)

儿童作为一个独立的社群有着不同于成人世界的生存规则,当儿童结伴成群构成初级的儿童社会时,社群便具有了一个基本的社会结构,只不过这种结构不像成人世界的社会结构那样稳定与持久。儿童社会中的社会结构大约有两种类型:一种是松散型,一种是结构型。

在儿童社会里,所谓松散型的社会结构是指儿童社群中,没有中心,没有关键人物,随机生成,随时解散。这样的儿童社群多是因临时的原因而聚集到一起,如同处在游乐场中的正在玩耍的儿童,或同在一辆公交车上的儿童们。此时,儿童处于一个群体的环境中,但这个群体对于每一个儿童不具有现实的意义,群体只是儿童行动的背景,并没有成为儿童行动的依靠。只有儿童与儿童之间有了互动,有了联络,才会形成一个关系链,也才会在关系的基础上建立起一定的社会结构。但在一个儿童相互陌生的公共空间中,儿童社群是相对难以建立起来的,它必须有两个熟悉的儿童为基础,才能在此基础上建构起一个儿童社会。虽然,陌生的儿童走到一起比成人融合的速度快,但如果没有合适的、儿童共同感兴趣的活动任务,儿童之间就很难结成群体,形成社会结构。松散型的儿童群体典型地体现在班级生活中。这个时候,儿童同处于一个教室空间中,有共同的学习任务,甚至有共同的兴趣爱好。

结构型的儿童社群的关键特征是它的结构性,即有正式的等级化关系。与松散型同伴群体不同,结构型的儿童社群能统一行动,有共同的目标,甚至有自己的群体规范与组织章程。在结构型的儿童社群中,儿童与儿童之间形成一种有序的关系,谁是领袖,谁是跟从,清清楚楚。同伴群体中领袖的地位不是固定的,也不是哪个人赋予的,而是儿童自我努力的结果。那些能力强、身体壮、有爱心的儿童通常成为同伴中的首领。结构化的儿童社群中主要有四类角色,即领袖儿童、附和者、执行者与服从者角色。在一个共同体内,作为领袖的儿童通常是不孤单的,他有一大批"心腹"或"亲兵"。这些人又根据其与领袖的亲疏远近分处于社群不同的结构位置上,与领袖最接近的是附和者,其次是执行者,最后是地地道道的服从者。

因此,虽然儿童可能成为一个独立的社群,但儿童社群没有尽头,不是终点,它终须进入成人社会,采用成人法则。儿童社群的独立是一种有限的独立,它终有一天将面临与成人世界的对接。

3. 儿童共同体

一个词或概念被创造出来是为了描述与解释存在的现象。"儿童共同体"是儿童社群的一种特殊形式,是儿童在依赖性交往的基础上形成的一种共生性关系,情感的相依与互赖是儿童共同体中非常重要的特征。如果从关系与结构的角度来看,儿童共同体表现出一种弱化倾向的话,那么在情感关联方面,共同体则毫无疑问具有一种强烈的情感吸引力。对于儿童而言,共同体的强烈吸引力首先源于它是一个情感磁场、安全磁场,拥有着巨大的情感能量。这种能量在儿童的日常生活中生成,也在儿童的共同活动中传递,儿童通过付出对共同体的爱与信任来获得共同体所给予的安全与温暖,同时也获得同伴所给予的友好与关心。

儿童共同体是一个情感组织,不同的儿童加入群体的动机不太一样,有的儿童是要排除孤独感,有的儿童渴望获得一种支配感,有的儿童希望拥有成就感。对于儿童个体来说，共同体是一个同伴集中的地方，也是一个情感资源丰富的地方，通过加入共同体，成为共同体的一员，儿童可以获得他在个人生活中所得不到的收获与快乐。对于幼儿园的孩子而言，共同体有三种不同的类型，生活共同体、游戏共同体与交往共同体。

所谓游戏共同体是指在儿童的幼儿园生活中、幼儿园的课外生活中、社区生活中所自然形成的以游戏为目的的结群。它是滕尼斯意义上的典型的小“共同体”，因为在游戏者之间他们的关系是平等的、真诚的、彼此了解的，他们完全以游戏的需要这种本质意志为结合方式。现实生活中的权威、法则、律令在游戏中要么被消解，要么则成为相互之间的约定。儿童的游戏通常有三种类型，象征性游戏、竞赛性游戏和规则性游戏。在象征性游戏中，儿童通过假扮、操作、对话获得乐趣，游戏成为他们快乐的源泉，也是他们相互联结的纽带。在竞争性的游戏中，儿童通过策略、防范、鼓舞士气获得刺激与紧张感，参与行为的意义远远大过那种外部的成功和失败。规则性游戏则是年龄较大儿童的喜好，他们自己协商确立游戏的规则，并通过遵守规则来瓦解规则，实现自我能量的释放。

儿童的游戏共同体是最原始意义上的共同体，它基于儿童的本能需要而产生，没有外在的目的，正如伽答默尔所说，游戏之外没有目的，游戏者的目的就是游戏本身。儿童在游戏中所结成的关系是最朴素、最自然的关系，它有时是儿童生活的再现，有时又表现为儿童对未来社会生活的期待。传统的儿童游戏共同体建构通常需要一些特定的条件，如特定的活动场所、群体成员稳定且数量有限、成员之间交往密切且有持续性、活动较为自由且无成人干预等。然而，社会在转型，人们的交往方式、生产方式、实践方式都在发生变化，儿童游戏共同体所依附的历史生态条件也逐渐地发生了变化。在当下的儿童游戏共同体中几乎已看不到传统的那种紧密的结合方式。

在当下的儿童生活中，其游戏共同体的结成常常没有固定的时间和空间，也没有特定的规律可循，游戏共同体具有生成性，儿童的玩乐和结群天性使他们不断地想出一些主意对抗环境与生态的变化，现在的儿童能够结成共同体通常是智慧的结果，而不是自然的结果。因为，儿童的游戏共同体在儿童的学校生活、社区生活中常常被打扰，在幼儿园中，老师过多地把教育的因素添加进游戏，她们通过玩具介入、语言引导来规范儿童的游戏，渗透教育的内容，使儿童本真的游戏欲望、游戏情调变得正式化、无趣化，变成了变相的学习。加之社区环境的封闭化、水泥化，儿童自然结群的游戏场所已不复存在，儿童被迫封闭于高楼大厦中。面对着这样的生存状态，儿童们爱玩、乐群的天性并没有屈服，他们会在封闭的生活中寻找空隙，会在制度化管理的时间间隙中体验游戏的狂欢。

游戏共同体其核心在于其游戏性和平等性，在于儿童一心一意地对游戏的投入与享受、沉迷与忘我，至于其他的外在因素，如时间空间的保证、成人的支持，那只是外在的条件而已。儿童的天性是不可压抑的，正像小草永远会从石头缝里长出来一样。儿童在游戏中没有私心杂念，只有游戏本身，游戏本身的乐趣正是儿童去追求的真义。因此，游戏共同体不在于其时间的长短，不在于其成员的固定和关系的紧密，而在于在游戏过程中儿童的投入与享受，在于在游戏的共同体中，没有人会成为陌生人，哪怕儿童本来素不相识，游戏会成为儿童之间相互交往的另一种语言，成为一种富于吸引力的媒介。

与游戏共同体相比，交往共同体则是一般意义上的共同体，它的目的性、分类性不强，它和儿童的日常生活密切相关。交往共同体的建构是儿童社会生活的一种必需，是对实践共同体的一种反动，儿童需要建立一种不以功利性目的为交往媒介的实践方式，即让交往成为自然，成为儿童生活中的一种目的，而不是手段。儿童的交往共同体生成于非目的非功利性，同时还生成于非主体非客体的二元界定，交往共同体中的交往基于人与人之间的主体间性，基于儿童和儿童之间的“边缘我”的开放与渗透。

在社会生活中，儿童是需要被人承认并获得友谊的，通过加入一个同伴群体，结成一种交往方式，儿童克服了自身生活中的孤独感、无助感变得有力、自信，实现从个体性生存和发展方式向共生性生存和发展方式的转变，逐渐从“独存”走向“共生”、“共在”。儿童交往共同体是儿童生活的安全后方和温暖家园，有了它，儿童才能走出去冒险，才能获得对世界的新奇认识。交往，是人类社会生存的一种基本需要，对于当下的独生子女儿童来说，交往的需要尤为迫切。人类的生产方式与社会变迁打破了传统社会下的人与人的密切互动关系，使人与人孤立化与隔离化，人们的交往实践与交往需要被各种事务所打断，人与人之间的交往更多地带有了目的性和工具性。

日常生活是自由的、随意的，它没有负担，无拘无束。儿童在幼儿园中的生活却充满了规则与秩序，由此，生活被演化为生存，生活所蕴含的自由之意被随意歪曲。共同体的思想使儿童的日常生活有了发展的方向，幼儿园并不是一个以传递知识为主的地方，幼儿园的主要任务在于生活本身。生活共同体的建构看起来简简单单，实际上需要儿童掌握很多的技巧，也需要有一个良好的支撑环境。内外条件不具备就无法形成一个真正的生活共同体。生活共同体的建构首先是以班级为单位的，儿童彼此适应集体生活的方式，包括规则和制度，而且最重要的是，儿童要学会如何共同生活，如何使自己融入集体生活，并为他人的生活服务。

4. 儿童社群需要社会支持

儿童是一个社群，儿童要成为一个独立的社群，但儿童社群生活在成人所设计好的世界之中，儿童社群需要成人的社会支持，尤其需要作为儿童重要他人的支持。在家庭生活中，成人习惯于将自己的方式强加到孩子身上，用自认为正确的方式对待孩子。这在某种程度上导致了儿童和成人之间的对立。儿童和成人之间的冲突关系是一个遍及全球的现象。[①] 孩子打从出生的那一刻起，就开始受到成人的控制，可怕的是，人们竟对其毫无察觉。即使是所谓先进文明的开化社会，儿童与成人之间的对立关系，也因为复杂的社会礼制而对孩子的行为采取强制性约束，使孩子的自我发展而更趋恶化。

① 蒙台梭利著，胡纯玉译：《儿童是什么》，载《发现孩子：了解和爱孩子的新方法》，中国发展出版社，2003年版，第3页。

在幼儿园中，由于对儿童小群体的怀疑与不信任，教师会竭尽所能地去拆解儿童社群，打破儿童和一些同伴之间相对稳固化了的关系。成人对儿童社群中的这种结群恐惧来源于中国社会对"犯上作乱"、"结群成党"的持久后遗症，这种以成人世界处理问题的方式来看待儿童世界是一种典型的成人思维，它表明的是人与人之间的一种高度不信任。

而在媒介社会里，媒体与儿童几乎成为现代社会的奇怪兄弟。在早先，媒体中很少展现儿童和儿童的生活，留在一代人心中的只有几个有限的儿童形象，如潘冬子、小兵张嘎、小英雄雨来、王二小、小英子、少年闰土、水生等，儿童似乎被媒体世界遗忘了。而现在，媒体中的儿童形象几乎让人应接不暇，媒体创造了一个又一个儿童形象——少年作家郭妮、芭比安妮卡和灰姑娘等。过去媒体中的儿童形象是稀少的，编导们只是把儿童作为电影电视中的过客和点缀，很少把镜头对准儿童社会，展现儿童生活。而后现代社会不仅使成人变成消费者，而且也充分利用了儿童作为消费符号的巨大魅力。儿童的生产者角色被合乎规范地管理和控制起来，消费者角色被无限度地建构和调动。①

不同的文化社会的媒介与儿童社群的关系大相径庭。英国儿童电视节目强调服务性，尊重儿童社群的特殊需求。美国儿童电视节目强调市场性，关注儿童社群的娱乐取向和与此紧密相关的节目收视率。日本的儿童电视节目多由非营利公共广播机构制作，与其他国家儿童多是在家中观看电视的情形不同，日本鼓励在幼儿园进行节目播放，并在老师指导下观看，这无形中增加了儿童社群对节目的分享与交流。在中国的电视节目中，儿童社群有一个不断被关注的过程，但总体而言，电视节目仍多以说理、教导、示范为呈现特质，较多忽视儿童社群对自我主宰的渴求与期待。鲍德里亚认为，电视所提供的是一种肤浅的参与形式，电视所提供的不是儿童社群与一个真实物品世界的交流，而是通过一种技术媒介，通过媒介所传播的意义使儿童和物品世界沟通。在这样的沟通中，电视与

① 齐格蒙特·鲍曼著，欧阳景根译：《流动的现代性》，上海三联书店，2002年版，第116页。

儿童之间缺少一种“互惠”与“互动”，只是一种象征性交换与意义交流，且更多的具有单向性，电视以一种强制的力量逼迫儿童接受各种信息。在这样的互动模式影响下，儿童会逐渐习惯单向接受，最终缺失与同伴面对面互动的能力与欲望。

面对成人的霸权、媒体的入侵，儿童社群的生存环境越来越糟糕，逐渐失去儿童社群本应具有的自然性与“本能的缪斯”，在被迫的隔离中，幼儿园中有了越来越多的有特殊需要的儿童，如自闭症、孤独症、强迫症、攻击其他儿童等。面对当下儿童社群的现状，儿童身边的重要他人必须建立起新的思维方式，为儿童社群提供并创造具有缪斯氛围（指一种富有艺术气息与灵感激发的想像空间）的幼儿园，尊重儿童结群的本能天性，支持儿童社群。

第三节
“我是谁”与“谁是我”

在用一些关键词来为儿童下定义时，成人用的最多的词有“天真”、“纯洁”、“幼稚”、“可爱”等，在这些词里面包含了很多成人对儿童的期待，也包含了很多成人对儿童的误读。以“幼稚”为例，这个词通常被在嘲笑的意义上使用，它反映了成人对儿童的态度，暴露了成人社会的消极的儿童观，他们把儿童视为原始的、不完善的、不具有独特的生命价值和生存意义，只是未来成人世界的候补者。但是，有时出于对儿童文化独特性和“幼稚”价值的更加充分的理解，人们给予了“幼稚”以新的含义，认为真正的幼稚是人类一切创造力、独特性与坦诚的丰富源泉。因此，在从入园到大学毕业漫长的成熟过程中，保护“幼稚”这种对生活和学习的朴素、新奇态度应该成为一个明确的目标，因为“幼稚”是一种重要的品质、一种宝贵的资源。通过这种对“幼稚”的敬畏与保存，教育才会尊重儿童身上的“缪斯天性”，把儿童培养成为他自己。

在儿童与成人之间，很多规则、惯例，包括成人对儿童的理解，并没有经过彼此的协商与对话，成人以一种强势的态度、先发制人的方式简单地将生存的规则推销给儿童，儿童不得不采取“逆来顺受”与“假意逢迎”的方式与成人开展“游击战术”。在儿童世界与成人世界之间很多时候就是一场“斗智斗勇”的较量，真正熟悉儿童、了解儿童的成人绝不会简单地否定儿童、贬低儿童，因为他们明白儿童也是成人生命中的重要他人，儿童有其独特的生命结构和社会角色。这里对于“谁是我”的追问正是基于这样一种判断与立场。

“我是谁”是儿童的自我追问，反映的是一种自我认同，而“谁是我”是社会、他者对儿童的一种追问，反映的是社会对儿童的认同，是一种社会认同。“我是谁”与“谁是我”反映的是儿童世界与成人世界的一种对话和相互聆听，在这样的相互聆听中，彼此有了进一步的了解，有了一种融合与共生的可能性。

一、“我是谁”

就一般意义上而言，“我是谁”是一种自我追问，只有当儿童的自我认同发生危机与混乱的时候才会产生这样的困扰，因此，它通常不会主动地发生在儿童身上，儿童的理性还没有发展到进行这样的哲学发问的程度。在传统的研究中，研究者通常可以通过两种方式了解儿童的自我认同，一种是与儿童进行交流，请其用语言来表达“我是谁”，还有一种是观察儿童的行为，通过行为推测儿童的自我认同。

当成人用“我是谁”来提问儿童的时候，儿童的回答是很有意思的，在笔者所访谈的几百名儿童中，说得最多的是“我是爸爸妈妈的孩子”、“我是小朋友”、“我是奥特曼（小仙女）”、“我是某某某”、“我是男孩”等。儿童在这种自我表达中，呈现的更多是自己的社会属性，儿童虽然在说话，但是实际上是“话说我”，是成人借儿童之口说出其对儿童的期待与判断，这不是儿童的一种自我认同，而是对社会认同的自我内化。中国儿童存在着奇怪的“集体失语症”，这典型的表现为儿童到镜头前不会说自己的话，一张口就是大人想听的话。如《实话实说》主持人崔永元问孩子：“你为什么看动画片?”孩子则回答道:“为了受教育。”再比如在纪录片《幼儿园》中,访谈者问:“你是怎么长这么高的?”幼儿答:“我是在爸爸妈妈、爷爷奶奶的帮助下长这么高的。”在媒体和成人社会对儿童的反复操纵下,儿童失去了表达自我的最本土语言,他们的语言与思维被成人文化彻头彻尾地包装起来。

除了这种直接询问外,了解儿童的自我认同还可进行行为观察,下面是三个故事片断。

故事一:“为什么不给我?”

在一次语言活动中,教师承诺给每个幼儿发言的机会,鼓励孩子踊跃发言,可在活动过程中,教师违背了其制定的规则。在教师每一次违背规则时,文文都会大声地抗议教师不公的表现,如“为什么又是她呀?”“每人只有一次机会,怎么还让她说?”“你说这是最后一个机会了,为什么不给我?”

故事二:“脏了!”

有一天,早操后回到教室,喝完水以后,老师询问有哪些小朋友没有还书,接着让没还书的小朋友站起来,老师一个一个询问原因。

师:你怎么没还书?

约翰:脏了。

师:脏了你就不拿来了?不还了?

约翰:我忘了。

师:忘了才是理由。

故事三:“和人家讲的不一样。”

在小班幼儿的一次活动结束后。

教师问:你觉得黑板上的图有没有帮助到你?

奇奇说:帮我念了这首儿歌,没有它就不会。

丁丁说:我第一遍没讲出来,第二遍我就动脑筋想,听老师好好讲,脑子、脑子就记住小朋友这个讲过了就讲那个,那个讲过了就再讲另外一个，和人家讲的不一样。

在这些对幼儿的行为观察里，儿童不同程度地扮演着一个非同一般的角色，如故事一中的挑战者、诘问者角色，故事二中的规则规避者角色，故事三中的自我评价者等。从这些故事片断中，我们发现，儿童在行动中的自我独白与纯粹的语言独白有很大的不同，在行动中幼儿更多是从本能欲望出发，并没有抑制自己的原始冲动和反抗意识。

因此，“我是谁”不是幼儿“说”出来的，而是“做”出来的。从上面的两种方式可以发现，儿童对语言、思想的同化过程要远远易于对身体、行动的同化。身体的行动出于本能，而语言和思想却要借助于语词，借助于语词的自我表达使得儿童不得不受制于文化化了的一系列概念。在儿童建立的语词体系里，并不存在儿童自己的概念，成人并没有给儿童独创属于自己语汇的机会，儿童只能借用成人世界已有的语词。而一旦使用成人世界已经习惯了的语词，成人的文化倾向便会伴随着概念的使用而进入儿童的表达中。

然而，成人可以控制儿童的语言，但控制不了儿童的身体和在身体的冲动下所引发的一系列行动。对儿童的研究必须借助于对儿童行为的考察，而不能简单地借助于儿童自己的语言，因为行动才是儿童表达自己的最好语言。儿童的行动表明儿童是一个不折不扣的行动者、反抗者、挑战者和质疑者。更夸张一点说，儿童甚至是成人世界的破坏者，儿童用自己的身体寻找适合自己的生存空间与生存方式，在儿童的行动中我们才能真正看到儿童的力量与儿童的本性。因此，“我是谁”不是借助于嘴巴的言说而是借助身体的行动。

说到底，“我是谁”是成人世界的一种提问方式，儿童并不会主动发问。而且，即使成人研究儿童的自我认同，也应该去关注儿童的一百种语言，而不仅仅是关注儿童的口头表达和行为表达。对于儿童而言，其最善长的表达方式是身体、行动和绘画，作为儿童的本土语言，绘画较直观地反映了儿童的内心世界和自我追求。从一百种语言的意义上来看，成人对儿童世界的聆听不仅仅是对有声言语的一种聆听，更包括对儿童的身体语言、绘画语言、行动语言的一种积极的聆听。布约克沃尔德认为，儿童是成人世界里“沉默的被关怀者”，他们的特殊表达几乎没有被倾听到，而且，即便如此，儿童也是作为一种口语文化的代表进入幼儿园的，但幼儿园所主张的却是一种书面语言，入园不久，儿童就陷入成人的书面语文化的包围之中。①

从某种意义上而言，儿童是他们周围世界最出色的倾听者，②他们具有“有吸收力的心智”，且拥有倾听的时间、耐心与从容。与成人不同，儿童在倾听时会打开所有的感觉通道，观察、触摸、闻、尝、探究都成为倾听的方式。他们倾听生活中的所有形态和颜色，他们也倾听其他人与同伴。在敞开的倾听中，儿童重新提炼、培养好奇心，进行暂时的悬置等。在瑞吉欧有一种广为流传的“倾听的教育学”。在那里，倾听成为一个积极的动词，包括了诠释，对别人提供的信息赋予意义，珍视提供信息的人等。倾听并不产生答案，但可以引发问题，倾听使每一个个体不再是一个无名小卒，它给了儿童权利，使每个儿童都可以被看见，使倾听的人和提供信息的人都更加充实和丰富。最重要的是，倾听不仅表现为身体上的倾听，更表现为一种行动上的、意向上的对幼儿的尊重，瑞吉欧幼儿园主张不仅要能听到孩子的声音，看到他们的脸庞，而且鼓励孩子有更高的曝光率。③

2000年6月，联合国儿童基金会、团中央“中青网”和中国社科院媒介传播与青少年发展研究中心共同发起成立了中国“儿童表达中心”。它以“中青网”、“儿童表达中心”为基地形成了一个儿童表达组织，鼓励儿童通过电子邮件、信函、传真等方式报道和评论新闻，讲述自己的故事，发表

---

① 让-罗尔·布约克沃尔德著，王毅等译：《本能的缪斯——激活潜在的艺术灵性》，上海人民出版社，1997年版，第128页。

② 零点方案、瑞吉欧儿童，朱家雄等译：《让儿童的学习看得见》，华东师范大学出版社，2007年版，第82页。

③ 露易丝·博伊德·卡德威尔著，刘鲲等译：《把学习带进生活》，华东师范大学出版社，2006年版，第97页。在这里“曝光”是指，以照片、摄像的形式记录孩子的学习过程，既让孩子的“学”可看得见，也让孩子看得见自己的成长轨迹。

自己的看法和观点。“儿童表达中心”的主要任务是发现并发出儿童的声音，创造机会，鼓励媒体采访和报道儿童声音。通过媒体放大儿童声音，用儿童自己的声音向社会传达信息，并影响社会。国际上有一个组织叫CE，即“Children's Express”，CE类似一个小通讯社，完全由儿童自己管理，包括确立新闻选题、组织采访、定稿以及编辑，然后由媒体来播发他们的新闻。CE的任务有三条：第一，提供不同背景的儿童的观点、经历和感受，发现儿童的重要性；第二，通过赋予儿童的责任感使他们的声音成为一种强大的力量；第三，放大儿童、青少年的声音、经历来教育社会。[①] 儿童进行媒介报道最重要的意义是儿童参与社会、文化和家庭的权利的实现。

了解“我是谁”并不难，儿童通过一百种语言向成人进行着各种信息的传递，对于成人而言，重要的是要学会倾听，并在倾听的基础上建立起与儿童世界的互动对话，从而建立起对“谁是我”的更客观的判断。

二、“谁是我”

“谁是我”是一个社会认同，是社会眼中的儿童，它有时可转换为“你是谁”或“儿童是谁”。在关于儿童的社会角色部分，笔者曾探讨了社会结构视野下的“儿童是谁”，但这里对于“谁是我”或“儿童是谁”的追问建立在行动者的视野上。社会学家吉登斯一直强调“控制的辩证法”[②]，强调个体作为行动者的行动能力。从社会看儿童，我们知道儿童是社会的一员；而从儿童来看社会时，我们发现社会是由儿童组成的。儿童的存在为社会成员的多样化贡献了自己的一份力量。在社会成员所构成的年龄系谱上，儿童是不可忽略的、具有生命能量的一极。儿童并不像成人世界经常描绘的那样生存于未来，儿童只生存于现在，过于凸显儿童未来的社会

① 卜卫：《媒介与儿童教育》，新世界出版社，2002年版，第45页。
② 吉登斯著，李康、李猛译：《社会的构成》，生活·读书·新知三联书店，1998年版，第522页。

价值就是对儿童当下生活的一种蔑视。从这个意义上来看,“儿童是谁”还可被言说成另外一种样子,即儿童是历史发展的见证者和享用者,也是当下社会发展的参与者,更是主动的贡献者。

1. 儿童是社会发展的见证者和享用者

以幼儿园的发展为例。在幼儿园刚刚诞生时,幼儿园的整个环境、制度并不是今天的这个样子。那时没有适合儿童身高的桌椅,没有适合儿童阅读的图书,没有儿童自己的服装。儿童不是儿童,儿童只是缩小的成人。儿童不断地用其不适来告知成人,对成人进行某种意义上的文化改造,使他们来认识儿童,理解儿童,服务儿童。当今的儿童则不再感受这种不适,他们享受的是适合其身高的桌椅,适合其年龄的服装和游戏。而在过去,这一切都是难以想像的。

从布朗芬·布伦纳的人类发展生态学来看,儿童是能够用自己的力量不断地作用于其所生存的微观生态系统的。而当儿童的微观生态系统有所变化时,必将影响到中观和宏观系统,使整个社会生活发生变化,使社会更适宜儿童的生存。在社会变迁的发展中,儿童走的是一条迂回曲折的道路,他并没有采用成人的暴力革命或思想革命的道路。儿童采取的是一个相对弱小的行动者的途径,当千万个行动者的能量进行有意义的叠加时,便具有了不可抗拒的力量。从这样一种行动者视角出发,儿童其实是参与了历史的发展,见证了历史的发展,并且享受了社会发展的成果。

2. 儿童是社会发展的参与者

毫无疑问,这个社会是成人主宰的社会。然而,在这个成人社会中,儿童真的只是一个旁观者吗?儿童难道没有以某种方式参与到社会生活中去吗?非也。儿童作为一个生命体生存于社会中,他必然需要消费,而消费就会促进社会的循环和更新。当然,需要解释的是,儿童不仅仅是个消费的主体,他也是生产主体,只不过在成人世界中,成人更多利用了儿童作为消费符号的价值。在目前的社会中,商家都有一个心照不宣的认识,那就是儿童的钱最好赚。儿童作为一个生命的未成熟体为商家提供了无限商机，儿童通过自身的消费使社会得以向前发展。此外，儿童还是一个最大的受教育群体，幼儿园、教育局、书店和研究群体都因为儿童的求学需要而有了市场。儿童通过自己的生存需要、求学需要加入到社会生产的循环之中，促进社会经济的不断增长。

儿童除了参与社会的经济生活外，还参与到社会的政治生活中去。儿童通过加入自己的同伴社群，成就着自己作为“接班人”的角色身份。同时，在国际的政治话语中，儿童还经常被描述成一个“受难者”的角色，成为博得人们政治同情的一种政治符号。当然，如果追溯至战争年代，儿童还是革命的直接参与者，他们成立儿童团，充当送信员等。

在文化发展方面，儿童也有自己独特的参与方式，大量儿童自己创作的文学作品、艺术作品在丰富人们视界的同时，也为成人打开了创作的另一扇窗户。海德格尔说，语言是存在的家，是存在者的家。儿童用自己的语言书写着自己对生活、对人生的看法，这是一种对成人文化的否定，也是一种对成人文化的丰富。对于幼儿教师而言，儿童的思想和智慧几乎成为其活动开展下去的主要依据和有力支撑，也成为其组织活动、反思自身的有力推动。

3. 儿童是主动的贡献者

儿童是历史发展的见证者与享用者，也是社会生活的参与者。在日常生活中，儿童还是主动的贡献者。儿童为家庭增添快乐，使家庭变得完满和谐。儿童为社会贡献生存的多样性，也为社会的将来贡献一位负责任的公民，儿童还为幼儿园的存在贡献了理由。成人社会对儿童贡献的理解多是立足于将来的，但儿童的贡献恰恰在于以儿童身份参与社会生活。儿童不仅对成人以及自己的童年有贡献，更重要的是，儿童还在成人的世界中去制造他们自己的儿童文化，延伸并拓展成人文化。

儿童像日常生活中的战略家，他们有旺盛的精力，充沛的好奇心，他们每时每刻都在用行动探索世界，用想像建构世界，用画笔描绘世界。他们从来也不会被动地遵守规则，他们会在规则的排斥下有意识地使用策略。美国学者魏莫瑞曾把电视比喻为“插电的毒品”[①]，担心媒介中传递的信息及意识形态对儿童的规训和塑造作用，然而，幼儿有自己的理解方式，他们没有成人世界那么多的刻板印象和固定模式，他们会用自己的眼睛建构一个儿童眼里的世界。

“我是谁”与“谁是我”的追问归根结底都是社会认同，没有一个儿童可以脱离他人影响而独自建立自我认同。在此，自我认同与社会认同的界限已经消失，儿童成为被社会力量同化了的一部分。但正如上文所言，儿童是一个特殊的存在，儿童在被同化的同时也在改变着同化自己的社会力量，从而使得两者之间越来越协调。

第四节
再造儿童

童年是一种社会现象，“儿童”这个概念也是社会发展到一定阶段的产物，在不同的历史时间段，人们用不同的方式描述儿童、建构儿童，所以才出现了科举时代的“读经儿童”、战争年代的“革命儿童”和改革开放时代的“留守儿童”等特殊的儿童形象。从某种意义上说，我们所能阅读到的有关童年或儿童的描述都是社会对儿童的再造。在这里，儿童是什么、童年是什么早已不重要，重要的是不同时代、不同社会的人对儿童所进行的不同赋义。在历史的长河中，儿童是沉默的、无声的，儿童的世界通过成人的描绘与再造呈现于我们的面前，历史一直在建构我们心目中的儿童的样子。

在这里，“再造”和“制造”不同，“制造”是“无中生有”，“再造”是“有中生有”。“再造”不在于“再”，而在于“造”，即历史上已经有了很多对儿童的“造”了，现在探寻的是再造的过程，是对“造”的过程、条件和逻辑的一个追寻和透视。“再造”有一个参照系、一个出发点、一个时间段，即研究

① 周芊等编著：《媒介与儿童》，台湾空中大学印行，2005 年版，第 65 页。

在什么样的历史条件下，以什么为基础，怎么来造就儿童。

一、再造儿童

杨念群在其《再造病人》①中描述了晚清以来中国人如何从“常态”变成“病态”，又如何在近代被当做“病人”来加以观察、改造和治疗的漫长历史。在他这里，对“病人”的定义既有中西医的权力和技术冲突，又有常态与病态之间的复杂交织。用这样的思路来审视儿童内涵的变迁与再造过程充满了诱惑与引力，在有关儿童的历时态的变迁中，历史是如何地再造“儿童”的内涵、属性、特征，重新为儿童赋义、增量，使儿童的内涵越来越丰富、多维、立体的。在对儿童的历时化的书写中增加了什么，减少了什么？如何增加与减少的，采用了什么策略？所需的社会条件是什么？而且，在众声喧哗的增量再造后面，是否还存在减量再造，即对儿童的集体性失语或沉默？用葛兆光思想史的逻辑来说，历史不可避免地存在着筛选、沉默与遗忘。然而，在历史的大筛子中，有关儿童的观念哪些被筛选出历史，又是如何筛选出去的？这里笔者力图凸显的是“人为的加减法”而非“自然的加减法”，凸显的是社会建构和社会再造的过程。

（一）再造儿童的历史进程

在历史的变迁中，儿童的内涵是因时而异，因地而迁的。从不同的角度来探讨儿童的再造可能会发现不同的类型，这里主要从两个层面，即纵横历史、国家政策维度探讨社会对儿童的再造。

1. 纵横历史变迁中的儿童

从纵向的长时段的角度来说，中国从隋朝以来大致经历了科举时代、战争时代与转型时代三个大的历史时段。在每一个历史时段中，历史造就了与这个历史时代相适应的儿童，如科举时代，儿童被制造成科举儿童、读经儿童和留美幼童。战争年代，儿童被再造成为流浪儿童、革命儿

① 杨念群：《再造“病人”——中西医冲突下的空间政治(1832—1985)》，中国人民大学出版社，2006年版，导言。

童。转型时代,儿童被再造成考试儿童、留守儿童、电视儿童、失学儿童、流动儿童等。从这里可以看出,儿童的命运和社会的发展息息相关,不同社会历史时期造就了不同性质和生活样态的儿童,赋予了儿童不同的内涵。

从横向的历史变迁来看,孙立平认为,中国的社会生活正日益从总体性的社会格局向分化性的社会格局转变,在总体性社会中,社会精英及精英的后代是不断被复制和再生产的,存在着一种"不落空"①现象。在分化性格局的社会中,社会已分化成十大阶层,儿童也因其父母的阶层划分归属于不同的阶层类型。如国家与社会管理者阶层,经理人员阶层,私营企业主阶层,专业技术人员阶层,办事人员阶层,个体工商户阶层,商业服务业员工阶层,产业工人阶层,农业劳动者阶层,城乡无业、失业、半失业者阶层。②

纵向的加减法体现得较多的是因时而异所带来的儿童内涵的变化,而横向的加减法则较多的体现为当下社会对儿童的不同赋义,赋义与书写的方式是在儿童的自然属性上增加一些人为的社会的属性,并以此为区隔把此儿童与彼儿童区别开来。"留守儿童"、"消费儿童"就是一个典型的当代的赋义,是社会的变迁为儿童所做的历时态的加减法,"留守"、"消费"的意涵随着时间的变化而发生着变化。

2. 国家政策变迁中的儿童

除了时间的流逝所造成的对儿童的内涵的增加外,还有一个很重要的改写力量,那就是国家。儿童与国家关系的确立是从有关儿童的法律法规切入的。从社会正义的角度出发,法律法规首先是保证弱者的利益的。儿童作为社会的一员,其社会身份一直比较模糊,强弱有别。不同的法律法规对儿童有着不断变化的的表述。

国家对儿童年限的规定和说明反映了不同社会条件下人们对儿童社

① 孙立平:《现代化与社会转型》,北京大学出版社,2005 年版,第 416 页。
② 陆学艺:《当代中国社会流动》,社会科学文献出版社,2004 年版,第 13 页。

会属性的认识，在不同的法律文本里关于儿童的年龄有不同的表述。在关于儿童的年龄表述中，儿童的生理年龄被转换为社会年龄，使自然性的生理要素带上了社会文化的制度化色彩。如《儿童权利公约》(1989)规定：为本公约之目的，儿童系指18岁以下的任何人。《中华人民共和国未成年人保护法》(1991)中，把未成年人也看成是指未满18周岁的公民。自此，儿童的年龄由原来的3—6岁向前向后延伸到0—18岁，儿童的生理年龄通过法律法规的转换成为一个具有社会意涵的社会年龄，即不具有民事行为能力和公民权利的法律个体。一个原本只具有生理标识意义的年龄符号，通过法律法规的合法化悄悄转换成社会年龄，成了人们对待儿童的合法化理由。

有关儿童的法律法规表明，中国的专门的儿童保护文献是在20世纪90年代以后才出现的。文献的内容较多从生理、心理和社会三个维度入手，反映了国家、社会不断地调整自己与儿童的关系的过程，体现出的是一种国家视角下的“儿童政治”。可以说，每一次儿童法律法规的修订与续写都是一个国家不断地再造儿童以及国家与儿童之间关系的过程。

（二）再造儿童的策略

在历史的轮回与社会的变迁中，儿童不断地被再造、打磨，成为社会所希望的那个样子。在这个过程中，儿童也许试图反抗、突围，但在国家机器、社会舆论、家庭期待、学校教化、同伴榜样的强大包围中，儿童只有放弃抗争，争取适应，从而最终使“客我”战胜“主我”。[①] 这里想要去追问的是，诸种力量使用了什么样的策略，进行了什么意义上的合谋？

1. 国家：生产与再生产

国家层面的再造策略主要是一种生产与再生产策略，它通过确定特定社会的儿童标准来生产符合特定阶层、特定社会的儿童。在具体操作上，国家通过实行计划生育、制定保障儿童权利的政策法规、发展学校教育、进行意识形态传承等方式来使儿童“标准化”，使儿童按既定的规格、

① 米德著，赵月瑟译：《心灵、自我与社会》，上海译文出版社，1993年版，第160—200页。

方向和模式进行生产与再生产。

在国家的生产与再生产策略的运作过程中，教育起到了一个重要的作用，它不仅使教育系统内部认同了社会对儿童的期待与标准，同时，也使这种期待与标准变得扩大化，成为家庭、社会，乃至儿童自身自我促进的一个标准，最终成为一个共同的社会认同。国家的再生产策略反映了一种国家意志，它具有不可抗性，一旦形成往往具有一种固化的力量。

2. 学校：筛选和社会化

学校层面的典型的再造策略是筛选策略和社会化策略，这也是帕森斯所说的学校的主要功能。对于学校而言，其主要任务便是培养具有一定社会属性和社会标准的儿童，把不合格的淘汰出局，把合格、可整形的留下。通过确定某种培养标准，学校再造出学校化儿童。

此外，学校的筛选策略和社会化策略，其运作的机制是有些不同的。筛选策略依赖于一系列标准的制定与执行，如认知、情感、社会性等方面，它诉求的是“取”与“舍”。而社会化策略强调教化的内容、过程与方式，它表现的是“优”与“劣”，两种策略在再造儿童过程中通过某种合围而实现其功能。

3. 家庭：情感化

家庭层面再造儿童的策略主要是情感化策略。与其他社会机构不同，家庭是一个首属群体、一个亲情空间，运作的是情感逻辑。在血脉相连的家庭氛围里，情感的交流是一种自然的流淌，一种无怨无悔的付出。在家庭的亲子互动中，家庭的伦理、秩序、规范以情感的方式不断被儿童内化、继承。

然而，当彼此的关怀由一种自然的流淌变成一种策略的运用时，情感就裹上了“糖衣”，成为了一种策略，具有了工具化的性质。此时，“我是为你好”成了家长们对孩子进行再造的合法借口，自然的亲情被隐蔽地转换成社会交换和社会控制的工具。

4. 同伴群体：榜样的力量

在儿童的社会化生存中，同伴是其生活中的重要他人，也是对儿童进行社会再造的一股不可小瞧的力量。学校与社会往往通过为儿童确立一个高级榜样来引导儿童，规训儿童。“好孩子”几乎是儿童几千年社会生活的不变榜样，虽然关于“好”的内涵一直在变，但儿童被激发起来的要做好孩子的欲望几乎是不变的。因为成为一个好孩子，意味着特殊的社会资源和地位的获得，具有傲视别人的社会资本，拥有耀眼的社会光环。

从上所述可见，再造儿童不是个人行为，而是一种社会行为、大众行为，甚至是国家行为。此外，社会对于儿童的再造是有积淀的，是延续、积累下来的，但儿童对成人或自己的再造是没有积淀的，讲得极端一点，是一无所有的。在儿童成长的任何一个阶段，在儿童生活的任何一个环节，社会都发挥了其再造的作用。对儿童而言，整个社会已演化成一个再造场、一个规训空间。当然，社会对儿童的再造也会遭受儿童的反抗、否定而表现出某些妥协、折中。而且，同样需要看到的是，社会对儿童的再造，儿童的自我再造，儿童的反再造，都是处于一个复杂的关系构成中的，这里有力量与力量间的制衡与博弈。在历史发展的特定空间，甚至会有儿童的局部突围与意外狂欢。从关系的视角出发，再造儿童是一个系统工程，它与再造家庭、再造学校、再造国家不可分离。说得复杂一些，再造过程也不仅仅是一个加减法的过程，还有乘除法，甚至可能是一个四则混合运算。

二、再造儿童观

梅欧认为，童年需要有新的观点，原因有二。首先，童年是一个政治议题。有关儿童需求、儿童发展及成人提供适当资源之相关理论，都是从成人的观点衍生而来，以符合特定社会中成人的社会及经济目的。因此在概念上，我们建议儿童及童年应该在一个政治空间中操作。其次，儿童是一个连结的观点。我们在定义儿童为成人社会化过程所需的一个次要客体时，是把儿童去个人化的；当我们说我们最知道什么对儿童最好时，就是否认儿童的权利，否认儿童有参与建构他们自己童年的权利。[1] 虽

① 许雅惠等著：《幼儿社会学》（谢义勇主编），台湾五南图书出版公司，2006年版，第36页。

然我们努力保护儿童，仍然发现认真地把儿童当做社会思考及社会政策的贡献者是相当困难的。但不管怎样，我们需要逐步建立起一种新的儿童观。①

1. 简单的儿童与复杂的儿童

在20世纪的历史上，人们从二元化的哲学思维方式出发，对“儿童是什么”作出无数判断，如“儿童是小大人”、“儿童是工具”、“儿童是未来”等。二元式的判断基于一个肯定的假设，即假定儿童是一个可以判断的对象，可以理解的存在，因此，二元哲学思维会在比较的意义上提出“儿童是什么”或“儿童不是什么”。复杂性哲学思维则回避对儿童的直接判断和描述，寻求复杂性关联，因此，复杂性哲学认为“儿童是什么”的追问方式是无解的，也是简单化的。复杂性哲学认为，儿童是一个可能，一个过程，一个谜，一个只能被理解、想像而不能被判断和描述的存在。②

2. 贫穷的儿童与富有的儿童

基于洛克的“白板说”和卢梭的“天性哲学”，研究者较多地认为儿童是不成熟的、无能的和贫穷的，他们如同空空的容器等待别人把知识、技能和文化价值观灌输进去。而崇尚差异性、多元性、特殊性和无序性的后现代思潮则帮助人们重新认识到儿童的“富有”③，如瑞吉欧教育者眼里的能用一百种语言表现、表达的“富有”的儿童，新课程改革纲要中充满思想活力的敢想敢做的儿童等。当我们从后现代视角重新审视儿童和教育时，就会看到一个全新的儿童与儿童群体，他们不再是“贫穷”的需要灌输的“容器”，相反，他们是“富有”的，拥有“一百个想法，一百种思考、游戏、说话的方式，一百种倾听、惊奇、爱的方式”④。

3. “有需要”的儿童与“有能力”的儿童

在现实生活中，儿童被界定为一个“有需要”的儿童，是一个弱者，因

① 王海英：《20世纪中国儿童观研究的反思》，载《华东师范大学学报》2008年第2期。
② 王海英：《复杂性思维视野下的儿童观》，载《学前教育研究》2004年第3期。
③ 叶小红：《从“贫穷”的儿童到“富有”的儿童》，载《幼儿教育》2006年第6期。
④ Edwards, C., Gandini, L. & Forman, G.编著，罗雅芬等译：《儿童的一百种语言》，心理出版社，2000年版，序言。

此需要成人世界给予帮助、关爱。我们以往的儿童几乎都是建立在这种儿童观的基础之上。这种儿童观看不到儿童的能力，也不尊重儿童的权利。“有能力”的儿童观的建立需要从对儿童的无视、忽视发展到对儿童的珍视和尊重。对于儿童，我们首先应将他们视为一个社会阶层、一个劳动者阶层，[①]他们在创造未来，不仅是儿童自己的未来，也是整个人类的未来。把儿童看成“有能力”的客体就会对其充满期待，也会较多地赋予儿童相应的责任。

① 蒙台梭利，胡纯玉译：《儿童的公民权利》，选自《发现孩子：了解和爱孩子的新方法》，中国发展出版社，2003年版，第55页。

第九章 教师与教师社会

从姓“公”到姓“私”:憧憬遭遇困惑;
招聘启事:美丽的谎言等着你;
匆匆过客:你方唱罢我登场;
家长啊家长:我的眼里只有你。
——摘自一幼儿教师博客

“教师”既是一种社会职业,也是一种社会身份。在教师的大家族中,有面向各个阶段的被称为“教师”的教育者,如幼儿教师、小学教师、中学教师、大学教师等。“幼儿教师”像是教师群体里的“另类”,虽然带了“教师”两个字,却更像是“教师”的远房亲戚。与她们的教育对象在社会生活中的中心地位不同,幼儿教师似乎较多地处于社会的边缘、教育的边缘。同时,从幼儿教师群体内部来看,幼儿教师之间也存在着严重的不均衡,如城市与乡村之间、公办园与民办园之间、在编与在聘之间、老教师与新教师之间等。在当下的社会生存中,幼儿教师的角色身份越来越模糊,社会地位充满一种不确定性,附属的色彩有增无减,幼儿教师成为海德格尔意义上的“被抛的存在”,越来越不能主宰自己的命运。

从世界范围来看,各国学前教育的历史有长有短,指向幼儿教师的政策也大相径庭,但幼儿教师的边缘性生存却具有普遍性。如果说中国的文化环境与教育传统存在职业阶梯的等级分布的话,那么为何西方那些提倡人与人之间平等的社会也对幼儿教师的工作充满了不尊重与不认可呢？为什么幼儿教师的低地位与低认可成为一种跨文化的存在呢？在所有以“教师”冠名的职业劳动中，难道“幼儿教师”这一职业真的是如此不值得人们去尊重和从事吗？是什么样的历史与现实造就了幼儿教师的当下生存？在实现教师解放的过程中，哪些力量可以改变或影响幼儿教师的生存状态？

第一节
幼儿教师是一种特殊的社会现象

与中小学“教师”不同，“幼儿教师”是教师大家庭中特殊的一群，她们拥有着“教师”的称谓，却不能享受教师的名分、权利。在从历史到当下、从西方到东方的社会生存中，幼儿教师扮演着模糊不清的社会角色，处于附属者、边缘人的社会地位，她们既被寄予较高的社会期待，又常常被社会体制、社会制度遗忘。她们是教育场域中独特的风景，她们的生存境遇诠释了“幼儿教师现象”，也隐射了学前教育的前景。

一、模糊化的社会角色

在我国，“幼儿教师”这一角色诞生于西学东渐和洋务运动的宏大背景中，它最初出现于张之洞在湖北武昌举办的武昌蒙养院。而在西方，“幼儿教师”这一角色则最早诞生于欧文创办的“幼儿学校”，是基于社会生产力的巨大推动和迫切需要。由此可见，“幼儿教师”角色的诞生基于不同的历史背景，而当下却面临着共同的境遇，无论是从世界范围内来看，还是从中国出发，幼儿教师的资格准入制度都不够完善，标准偏低。当下，很多学校都可以办幼教专业，很多人都可以办幼儿园，幼儿教师队伍良莠不齐。这种现象不仅在发展中国家存在，在发达国家，如美国也照样存在。甚至在北欧的福利国家，如挪威、瑞典等也是如此。幼儿教师是教师序列中最脆弱的一环，幼儿教育也是教育系统中最经常被人遗忘的

"基础"。本节对幼儿教师社会角色的分析从两条线展开,一条是历时态的角色变迁,一条是共时态的角色生存。

1. 历时态的角色变迁

历时态的角色变迁关注在历史的长河中幼儿教师的角色变化,这种变化既来源于幼儿教师的主动担当,也来源于社会期待的被动赋予。在社会生活中,每个人都是以特定的角色面目生存于世的,角色就是人的面具和文化外衣。个体扮演何种角色更多不是受制于其主动的选择,而通常来源于时代的召唤,所以特定的角色具有着特定的时代精神,每个个体都以自己奔腾的生命来顺应时代的诉求,因此,每个"我"都是一个"社会我",而不是一个"自然我"。

(1) 权力内涵下的角色变迁:从"立法者"到"阐释者"

在幼儿园诞生之初,人们对幼儿园教什么、怎么教并没有明确的认识与特殊的期待,教育权和学习权还只是一部分人的专利,人们还没有太多的渠道获得各种教育信息,家长只是用最朴素的思想教育着自己的孩子。在那时的家长和社会公众眼里,幼儿教师是知识分子中的一员,是老百姓心目中有知识有文化的人,人们像对待所有新生事物那样顶礼膜拜着幼儿教师,幼儿教师说什么家长都言听计从、点头称是,俨然一个"立法者"的角色。

幼儿教师立法者身份的获得来源于双重途径,既有家长的主动认同和真心服从,也有幼儿教师所具有的知识背景和制度赋予,而且这两者会相互强化,最终形成牢不可破的立法者形象。在那样的时代背景下,信息的不对称和获取教育知识途径的短缺使得幼儿教师成为幼儿教育的专家,成为最懂幼儿心理发展规律的人。

然而,时代的变迁、制度的变革逐渐打破了教师、家长和幼儿之间建立起来的社会生态,使得教师的生存境遇和社会地位发生根本性的逆转。在当下的社会中,不仅家长可以从各种途径获取育儿知识,而且幼儿也不再是原来意义上的乖巧服从的儿童,他们变得日益乖张、抗拒和不服从,家长和幼儿从不同的方向挑战幼儿教师的权威地位。而且最重要的是,体制改革打破了幼儿教师的铁饭碗，使得很多幼儿教师由原来的“公家人”变成了“社会人”，社会地位一落千丈，生存状态从稳定、安全走向漂泊、焦虑。

在这样的生存背景下，幼儿教师再也不能成为幼儿教育中唯一的“立法者”，家长从幼儿教师手中夺回了对幼儿教育的部分，甚至全部的“立法权”。此种生存状态下的教师只能成为“众声喧哗”中的一员，而不再是那种主宰的声音、决定的声音。在与家长、幼儿的互动中，幼儿教师不断调整与适应着自己的新角色，部分地担当着“立法者”的角色，部分地扮演着阐释者和关怀者的角色，幼儿教师的话语权和垄断权从此被打破。在许多民办幼儿园，幼儿教师的权力甚至完全丧失，沦为纯粹的“教育打工者”。

（2）社会期待视野中的角色变迁：从“养护者”、“启蒙者”到“专业人”

在文化学、社会学的研究路径中，研究者经常要追问的是：“是什么造就了今天的我们，我是如何成为现在的样子的？”为了能够很好地理解幼儿教师的当下的角色担当，回归历史的源头，回到幼儿教师角色诞生的最初样态也许是一种不错的分析思路。循着历史的进程，幼儿教师的文化角色和文化身份大致经历了这样几个阶段，即养护者——启蒙者——专业人。对应于每一个不同的阶段，幼儿教师有不同的文化生存方式，遭遇着不同的文化境遇和文化冲突，采用着或固化，或适应，或超越的生存策略。

首先来考察作为“养护者”的文化生存。中国历史上的制度化的幼儿教师始于1903年的《癸卯学制》，在《奏定蒙养院章程及家庭教育法章程》中，规定了蒙养园附设在敬节堂和育婴堂内，由乳媪和节妇来担当幼儿教师之职。在那样一种文化氛围下，社会对蒙养院师资的角色期待还未达及教与养双重职能，蒙养院的乳媪与节妇们更是乐得扮演习以为常的“养护者”角色，这是当时社会文化条件下幼儿教师的必然的角色担当，她们不可能超越社会对她们的角色期待而扮演起“越轨性角色”。既然“养护者”是当时社会文化对幼儿教师的一种角色期待，幼儿教师也就在这样一种“常态性角色”下悠然生存。幼儿教师既为“养护者”，因此其所遭遇的文化冲突就不可能来源于儿童、社会，而可能更多地来源于家长。然而家长们也很难和幼儿教师们有实质的文化冲突，因为他们都只是以经验进行养护而已，家长自身也还未走向文化自觉。

其次是作为“启蒙者”的文化生存。随着西方资产阶级教育思想在中国的传播，随着外国教会在中国所创办的各式各样幼儿园的出现，也随着中国幼儿园制度的日趋成熟，人们对作为儿童公育机构的幼儿园的社会期待也越来越高，“养护者”的单一角色已经不能满足社会需要，“启蒙者”的身份渐渐浮出水面。幼儿教师不仅要担当“养护”职责，而且要承担“教育”重任。诚然，在最初的角色转变中，“养”和“教”之间是有所偏重的，不管是“重教轻养”还是“重养轻教”，“启蒙者”已经成为那个时候的幼儿教师不可轻卸的文化身份。

“启蒙者”的文化身份赋予了幼儿教师更高的社会期待，不能仅仅具有“养护者”角色下的“富有爱心”、“身体健康”，还要“知识丰富”、“具有智慧”。然而伴随着幼儿教师社会身份转变，家长的身份、儿童的身份、制度的身份也发生了改变。一句话，即“启蒙者”角色期待下的整个文化场和“养护者”角色下的文化场已有了根本的不同。在整个文化场都已发生转向的情况下，幼儿教师所遭遇到的文化生存就不会像“养护者”角色下那么单纯和悠然，她们会不断地遭遇来自儿童文化、家长文化、制度文化的多重冲击，导致其生存生态发生巨大变化。

最后是作为“专业人”的文化生存。“专业人”是一个特定时代的产物，大约起始于20世纪末的“教师专业化运动”。这场专业化运动对教师的文化生存冲击力最大，“研究型教师”、“反思型教师”、“专业性教师”成了整个文化对幼儿教师的角色期待。幼儿教师在幼儿园教育场景中不能仅仅是一个“知识权威”、“纪律的维持者”，同时还要研究儿童，反思自身，成为一个由非制度化赋予的权威。这场专业化运动对原来的教师文化样态产生了全面的冲击，它要求幼儿教师不能仅仅进行局部的调适，它诉求的是重塑教师文化，重写教师身份，重述教师内涵。

幼儿教师要成为这样一个“专业人”，担当起这样一个角色身份，不仅要进行被动的适应，更要进行主动的超越。超越性成了这个社会文化场下教师文化应当具有的内涵。在这场适应与超越的文化转向中，幼儿教师自身的文化自觉意识不断地被外界唤醒，被自身唤醒，教师自身的文化在和儿童文化、制度文化、专家文化的遭遇中不断地丰盈、压抑，甚至变形。与原来的文化样态中的教师相比，“专业人”期待下的教师更具有了“陌生人”的特点，但这种陌生化的过程既给幼儿教师文化生存带来了危机，也带来了机遇，它促使教师文化得以更新。

2. 共时态的角色多元化

历时态的角色回溯反映了个人命运在社会命运冲击下变形、适应的过程，而共时态的角色生存则较多地关注幼儿教师当下的社会境遇，从横向的维度丰富对幼儿教师角色多样性的认识与建构。如果历时态反映的是幼儿教师角色的整体变迁的话，那么共时态则要描绘幼儿教师群体内部的多元化分布，呈现幼儿教师在当下社会环境中的生存状况和角色选择。

(1) 本原性角色

所谓本原性角色是指幼儿教师扮演着作为社会期待的教师所应承担的角色，如教育者、课程设计者、知识传递者、活动组织者、班级管理者等。本原性角色是教师角色区别于其他社会角色内在规定性的一种反映，也是幼儿教师进行职前教育与职后培训的主要内容。虽然，当下我国幼儿教师队伍构成极其复杂，分工各有不同，但教育者仍然是社会大众对幼儿教师的基本期待。而且，随着家长对幼儿教育社会需求的不断提高，随着家长所获幼儿教育相关信息渠道的不断拓宽，幼儿教师的教育者角色不断地受到来自家长的挑战。如何完善自己的本原性角色，更好地担当起教书育人的重任，这是幼儿教师在当下面对的严峻挑战。

然而，由于各地在幼儿教师的入职标准上缺少统一的标准，不少并不具备幼儿教师资质的人进入到幼儿教师队伍中来，使人们对幼儿教师作为教育者的本原性角色产生了诸多的质疑。

（2）扩展性角色

扩展性角色是指幼儿教师不仅承担着作为教育者的身份期待，而且与中小学教师不同，幼儿教师还扮演着情感性角色，如“幼儿园老师像妈妈”这样的儿歌所吟唱的那样。由于幼儿身心发展的特殊性，幼儿教师在其角色扮演中通常更多地扮演的是情感安慰者、生活帮助者。有时，在一些私立幼儿园，家长对幼儿教师的期待仅仅局限于其扩展性角色本身，过于强调幼儿教师为家长、为幼儿服务的角色。

一般而言，随着幼儿年龄的不同，家长对幼儿教师的角色期待也会有所变化，小班的幼儿教师更多地被期待为保育者，对幼儿的身体养护、日常生活关注较多；而中大班的家长则更多地期待教师扮演养护者与教育者的双重角色。这一角色期待要求幼儿教师不仅要有知识素养、弹唱说跳的技能，更要有一颗面向孩子的平等博爱之心。

无论是本原性角色还是扩展性角色，都不是幼儿教师的单一身份，在实际生活中，幼儿教师扮演的通常是一种复合角色，只不过公办幼儿园的在编教师更多地扮演其本原性角色，而私立幼儿园的幼儿教师更多地扮演其扩展性角色而已。

二、“陌生人”的文化生存

“陌生人”是借自齐美尔的空间社会学，它原指地域上的陌生感，这里借这个概念表达的是一种教师的身份认同危机感，也即教师在自己的文化身份的不断赋义过程中的角色生疏和角色困惑。从“养护者”、“启蒙者”到“专业人”，教师的文化身份不断地被社会重新建构，不断地被社会重新赋义。在这样一种赋义的过程中，对于教师的文化身份和身份内涵一直采用的是“做加法”，这种“加法思维”虽也有幼儿教师的自我赋加，但更多地是幼儿教师在面对社会的角色期待时的一种被动赋加，是幼儿教师的一种角色适应行为。这种适应行为和被动赋加使幼儿教师的文化疏离感日渐强烈，成为多重意义的陌生人。

1. 相对于儿童而言的陌生化

儿童是幼儿教师文化生存境遇中的重要他人。在“启蒙者”的文化身份中，幼儿教师在面对儿童文化时比较多地担当的是一个“立法者”的角色，这种立法者的身份是社会制度赋予幼儿教师的一种特权。在这样一种文化身份下，幼儿教师比较多地是去传授知识、教育儿童、控制儿童，师幼之间形成的是一种非对称相倚性的工具性关系。而在“专业人”的身份担当中，幼儿教师被期待为一个“阐释者”的角色，担当起儿童的朋友、伙伴、同路人这样一些角色。

在和儿童文化的互动过程中，教师不断地惊异于儿童文化的丰富与奇妙，原先那种“知识权威”的身份逐渐演变成“同学”的身份，教师不总是比幼儿知道得更多，教师也不总是比幼儿理解得更深，反而幼儿常成为教师文化丰富化的一个来源。在制度化的教学场景中，教师常常是一个人独自面对多个幼儿，多个幼儿具有文化的辐合力量，而且最为重要的是，儿童身后还有着强大的家长文化的支撑，教师的知识权威身份仅仅是一个制度的赋予，而不再是一个社会的事实。

在日益强大的儿童文化以及支撑在儿童文化背后的家长文化、网络文化影响下，教师开始找不到自己的那种“启蒙者”所具有的“知识权威”身份，幼儿教师在组织教学时，常常潜在地依赖于幼儿的现场发挥，依赖于儿童文化丰富性的及时呈现。教师不再是准备好了知识然后灌输给儿童，而是在和儿童的互动中，在教师文化和儿童文化的相互冲突与融合中建构和充盈。如是，对儿童文化的依赖成了教师组织教学活动的一个有效策略，幼儿教师也逐渐地建立起了新的作为“阐释者”的身份认同。相对于以前的知识权威身份下的“我说了算”、“我认为怎样就怎样”而言，幼儿教师的文化生存是相对陌生化了。

2. 相对于制度而言的陌生化

“专业人”的文化身份要求教师成为一个具有反思意识和反思能力的人，而教师一旦开始具有反思意识与反思能力，她们便开始问询各种幼儿园制度的合理性：为什么要按年龄分班教学，为什么要进行体制改革，为什么幼儿教育不能进入义务教育范畴，为什么幼儿教师的社会地位不被人们承认，为什么幼儿园要不断地接受这个验收那个检查，等等。在这样的一系列的问询之后，幼儿教师体会到的只能是个体在面对强大的制度压力时的困惑与无奈。

中国自古以来就是强国家弱社会，个体在面对强大的社会结构时往往是无能为力的。即使如吉登斯所说的“agent”，在面对制度的威胁时也只能选择“投机式”的生存。制度是一个悖论：人制定了制度，人又为他所制定的制度所限定。在这样一种制度化的重重包围中，幼儿教师的生存境遇就不容乐观。她们这样说：我们和孩子们在一起时觉得很幸福，也很充实，不是孩子让我们厌倦，让我们厌倦的是大量的日常事务和各式各样的不合理的要求。社会对幼儿教师的角色期待太高，给予她们的社会回报却很少。在这样的累积式循环中，幼儿教师的生存状态就越来越“灰色”，成了制度化场域中的陌生人。

3. 相对于教师群体的陌生化

幼儿园的教师群体是一个独特的群体，不仅是因为她们的性别特色，而且更因为这样一种单一性别环境所导致的生存惯习。在“养护者”和“启蒙者”的职业惯习中，教师形成了一种依赖经验的职业特性。“专业人”的文化期待要求她们自觉地成为一个研究型教师，走出经验的藩篱，从文化的自发状态走向文化自觉。而费孝通认为，走向文化自觉不仅需要对自身的文化进行反思，更要对自己所生存的文化土壤进行反思。幼儿园这样一个特定的文化场域造就了幼儿教师特有的文化生存方式。

在面对着“专业人”的身份转变和文化改造中，有些幼儿教师选择了主动的适应与主动的超越，有些幼儿教师选择了被动的适应与主动的撤退，她们或固化、或适应、或超越，然而无论是哪一种类型的文化选择相对于他者而言都是一个陌生化的过程。幼儿教师在选择一种文化生存方式的同时也就选择了一种有别于他者的文化认同，这种认同促使她成为一个有别于他者的陌生者。

4. 相对于专家的陌生化

“专家”是幼儿教师在“专业人”的身份重塑时的外部支援。现在很多幼儿园都有不同级别的专家定期或不定期地进行指导，由此幼儿教师的本土文化就不断地遭遇到外来的专家文化。专家文化在一开始时对幼儿教师有着强大的吸引力，幼儿教师期待着专家的来临又恐惧着专家的来临。期待是出于一种超越的动机，恐惧则出于一种本能的适应。专家们常常让幼儿教师又爱又恨，充满了复杂的情绪。

在专家进入幼儿园之前，幼儿教师基本是按照自己的“地方性知识”来进行教育教学的，这既有立足于经验层面的，又有立足于反思层面的。在遭遇专家文化之后，幼儿教师开始用专家文化来反观自己的实践，来清洗自己的本土文化，她们采取的是一种亲近策略。可当无数个专家亲临幼儿园教育现场时，幼儿教师困惑了，她们说：“我不知道该听哪位专家的话，一个专家说我墙上的这面钟应换一个方向，于是我换了一个方向；又一个专家说这个钟应该换一个方向，于是我又换了一个方向。”于是幼儿教师们在不断地跟风后突然反思到：专家各有各的理论，没有孰对孰错，我应该相信自己的头脑，不要让自己的脑袋成了专家思想的跑马场。

有了最初文化自觉的幼儿教师开始根据不同的“情境定义”来选择性地接受专家的观点，她们不再随意跟着专家的感觉走，她们也开始尝试让专家跟着她们的感觉走，于是专家在幼儿教师的教学活动中便不再完全担当权威的身份，摆出权威的架势。

5. 相对于自身而言的陌生化

教师的文化身份是经由社会和教师个体而不断地重新建构的过程，每一次新的身份的赋予，都是教师的一次自我陌生化过程。教师只有通过不断的文化改造使原来的文化角色内涵在现有需要的基础上重新更新，才能适应社会对教师文化角色的合理期待，才能使自己与原有的文化角色拉开距离，使自我达到陌生化的境界，超越原先的自我。与自我的陌生化过程也是教师的一种角色超越过程，是教师走向文化自觉的一种积极表现。

斯宾格勒说，文化是一个活生生的有机体，它具有着自己内在的生命能量。人作为一个文化的生物,既生于斯,长于斯,又反作用于斯。幼儿教师自身的文化生存状态是由这个特殊群体的特殊特性所造就的,幼儿教师的这种陌生化生存既是一种消极的适应,更是一种主动的超越,是幼儿教师在新的文化环境下对自我身份的一种重新调适和有效认同。我们的文化发展需要教师的主动陌生化,"陌生化"应是当代教师文化生存的一种自觉状态,因为这里的"陌生"是一种积极的陌生化过程,它喻示了幼儿教师超越自身自发文化生存的一种渴望。

三、有限的社会地位

幼儿教师在社会生活中的有限社会地位既有历史的延革、体制的认同,也有幼儿教师自身从业者队伍的良莠不齐所带的后遗症,它是一个结构化的产物,是由多种因素综合决定的。在当下的中国,决定幼儿教师社会地位的主要要素有三个:财富、权力和声望。

1. 财富

财富包括工资和各种可得性收入,由于我国的地区差异性,东西部之间在工资水平上存在着较大的悬殊,当发达地区教师达月薪 6000 元时,西部欠发达地区的幼儿教师也许月薪只有 600 元,甚至更低。相比于其他职业而言,幼儿教师的工资水平还是具有一定竞争力的,特别是有些地方政府加大对学前教育的财政投入,使幼儿教师的工资逐年提高。①

幼儿教师的薪水是否具有竞争力取决于两个因素:一是幼儿教师这一职业与其他职业的可比性,一是幼儿教师的工资收入较于地方平均工资的系数。我国的宁波地区就严格规定幼儿教师的平均工资不低于宁波整个大市人均工资的 1.5 倍,山东东营除了在全国首个宣布实施学前三年免费教育外,也要求地方政府要保证幼儿园农村幼儿教师工资是农民人均收入的 1.8 倍。

① 在山东东营调研时,利津县的陈庄镇已经有了幼儿教师的退养政策,退养实行新老交替,参照农村支部书记的标准来执行,一个月能拿 150 元左右,老师们相当满意。

2. 权力

与其他职业不同,教师的权力主要在于教育权,即教师是否拥有教育与评价儿童的权力,是否在家长和社会大众眼中被看成是专业工作者,是否感受到职业自尊与职业幸福。与中小学教师不同,幼儿教师的教育对象是身心尚未发育成熟的幼儿,无论在身高、年龄,还是在知识经验方面,师幼之间悬殊极大。倘若幼儿教师滥用自己的教育权与评价权,则可能会对幼儿造成不可挽回的伤害。做父母的都有这样的体验,当孩子未进入幼儿园时,父母是其生命中的重要他人,是孩子心中的权威,而当孩子进入幼儿园,家长的权威性地位就会被教师所取代,教师的话成了孩子心目中的圣旨。

鉴于此,幼儿教师在使用自己的教育权时必须有一种自觉的警惕,不要放大手中的权力,从而保证权力的实施促进幼儿的发展,而不是相反。对于家长而言,教师仍然具有引领与教育的权力,因为幼儿教师是专业工作者,接受过专门的职业训练,同时,更重要的是,教师每天面对的是一群幼儿,具有一种群体比较性,了解每个孩子的强项与弱项,而家长则不同,他们面对的只是一个孩子,且由于亲情血缘的关系,他们会更多地看到孩子的优势。因此,幼儿教师需要给予家长一种群体的比较,引导家长关注孩子的不同侧面,形成合理的期待与定位。

3. 声望

幼儿教师的职业声望在不同的时期有不同的表现。20 世纪 90 年代以前,幼儿教师这一职业是一个令人羡慕的职业,父母倾向于送孩子学幼师专业,因为幼师工作环境简单,面对的是心灵纯真的孩子,同时幼师还拥有稳定的收入,广泛的择婚对象。那时的学生倘若要想成为幼儿教师,还需经过激烈的竞争。

对于当下的幼儿教师而言,其职业声望也许不及 20 世纪 90 年代那时高,一方面由于现在幼儿教师的入职标准表现出两极分化状态,一方面因为市场体制的进入而导致的在聘教师的大量增多。但显而易见的是,市场转型既带来了挑战,更带来了机遇,市场在促使一部分幼儿教师沦落为教育打工者的同时，也造就了一批创业精英和教育精英。

某个职业的社会声望并不是一成不变的，更不是外界赋予的，它需要幼教工作者的共同维护与努力创造。同时，作为幼教大家庭成员一份子的家长，也需要对幼儿教师表现出真正的理解与尊重，自觉维护幼儿教师的专业性，提升其职业声望。因为只有当幼儿教师的职业声望不断提高时，其投入工作的热情，其在教育生活中所体验到的幸福指数才会有所提高，从而更用心地面对孩子，引导孩子的成长。

第二节
教师社会

与中小学教师一人独当课堂 45 分钟不一样，幼儿教师的工作环境是一个天然的社会构成，每个班级由 2—3 名教师构成，每次活动几乎都是三人共同在场。幼儿园实行的是三人包班制，而中小学通行的则是任课教师制。幼儿园的班级构成就仿佛家庭单元一样，其中有三位地位不同的教师，有一群个性各异的孩子。因此，在幼儿园里一个班级就是一个小社会，里面有儿童社会，也有教师社会，任何活动的开展都少不了教师与教师之间的分工与合作。

20 世纪 70 年代中期，美国历史上产生了一个具有战略意义的决定，让一个班级配备两名教师，共同对班上的孩子负责。[①] 在主张教育自由的美国，这是一个了不起的决定，因为这意味着教师不能完全以个人的方式对待儿童。两位教师共同负责制倡导的是一种合作与协调，而且更重要的，它在某种程度上消解了教师在文化上的孤立。中国幼儿园的班级配备早在 1952 年《幼儿园暂行规程草案》中便已规定："幼儿园各班采取

① 零点方案、瑞吉欧儿童，朱家雄等译：《让儿童的学习看得见》，华东师范大学出版社，2007 年版，第 69 页。

教养员责任制，每班设教养员二人，轮流兼任主任教养员，对幼儿负全面的教养责任。同时，幼儿园每班设生活助理员一人。”①

在社会关系中，三人关系是复杂社会关系的起点，它是一种超稳定的关系。在幼儿老师三人构成的教师小社会中，彼此之间的地位并不完全对等，所要履行的责任也有差异。在三位老师中，两位是教师，一位是保育员，这里面既是身份的差异，也是职责的差异。而在两位老师中，一位是班主任，一位是配班老师，两者之间在权力与地位上也有不同。在三位老师中有一种天然的差异与不平等存在着，主班老师是三人群体的负责人，有许多幼儿园在组建班级教师团队时，通常先选出每个班的班主任，再由这个班主任去聘其他两位老师。所以，从根本上来说，教师社会的形成出于一种相互选择，这种选择的依据不是情感主义，而是工具主义，即哪种组合对自己更有利。

一、教师社会的基本特性

从狭义上来说，这里的“教师社会”指每个班级中由三位老师所构成的天然的教师小社会，但有时也会突破三人教师社会的范畴，涉及幼儿教师群体这个更大的社会结合形式。幼儿园中的教师社会具有四个基本特征，即同质化的性别空间、竞争化的社会生存、联合化的社会生存与悬殊化的社会分层。

1. 同质化的性别空间

到目前为止，在绝大多数幼儿园中，教师社会还基本是一个女性独占天下的社会。虽然部分幼儿园也有男教师或男园长，但总体而言，不具普遍性，幼儿园仍然是女性为主的社会场所。从历史的发展来看，女性成为幼儿教师并不是一个偶然的现象，而是一种有意识的筛选。很多教育家，如“幼儿园运动之父”福禄贝尔就认为女性是幼儿教师的理想选择，认为女性天生的母性情怀是对幼儿进行教育的最好方法。伊丽莎白·皮博迪

① 中国学前教育研究会：《中华人民共和国幼儿教育重要文献汇编》，北京师范大学出版社，1999年版，第49页。

和比洛是美国幼儿园运动的推动者，她们认为，与一般男性工作不同，幼儿教师的资格认证是建立在爱孩子的感情基础之上的，是建立在明显的与女性行为相关的教学技术基础之上的，对于大多数美国女性而言，幼儿教师是她们可以考虑的最尊贵的职业。她们推动女性就业市场，使得幼儿教师这一职业，成为了男性一统职业领域的一块"飞地"。①

在美国文化中，民众基本能接受女性从事幼儿教师这一职业。但在中国文化中，最初的幼儿教师则是由未经任何专业训练的乳媪、节妇担当的，湖广总督张之洞特别反对兴女学，反对培养中国本土的幼儿教师。

其实，分析一下职业阶梯和职业阶梯中的性别构成，我们就会发现不光是幼儿教师，其实大部分处于职业阶梯较低位置的职业都是由女性来担当的，社会对女性有着根深蒂固的偏见。从目前幼儿教师的性别构成来看，全球范围内都存在着女性独占的情形。一些男性加入了幼儿教师队伍，但通常会在工作一段时间后悄然离开，很少会有男性以幼儿教师为职业志向。在一些国家，如挪威，政府鼓励男性成为保育员，他们这样做基于两个目的：一为性别平等，因为在女性投入就业市场后，男性需要负起更多的责任；二为孩子有权利接受来自两性的照顾。② 挪威政府希望在2000年时幼教工作者中有20%的男性，但直到目前还未达到。

2. 竞争化的社会生存

当下的整个社会就像一个竞技场，竞争成了人们生存的基本维度。在幼儿园的教师社会中，存在着两种竞争方式：排他性竞争与累积性竞争。排他性竞争遵循的是丛林法则，所谓"物竞天择、适者生存"，这种情况突出地表现在那些实行"末尾淘汰制"、"背靠背打分"的幼儿园中。这时，幼儿园管理者实际上是发动了一场人对人的战争——胜者留，败者去。排他性竞争使幼儿教师之间的根本利益发生了冲突，出于自卫，每个人在此时都会放弃一切伦理规则，指向唯一的目的，即不使自己成为那个

① 王明鹤：《幼儿园运动在美国(1856—1920)》，华中师范大学硕士学位论文，2005年。
② 简楚瑛：《幼儿教育与保育的行政与政策》，华东师范大学出版社，2005年版，第10页。

被淘汰出局的人。

除了这种你死我活的排他性竞争外，教师社会中还有相对温和一些的排他性竞争，如班级之间、教师之间的各种比赛。其实，只要是竞争，失败就会不可避免，而且竞争的奖赏总是一些稀缺资源，它不可能平均地分配给每个教师，它需要通过一定的规则与标准进行重新分配。

另一种竞争方式是累积性竞争，这是在排他性竞争的危机下，由个人主动发起的自己与自己的竞争，个人通过不断努力，不断克己，最终达到超越自我的目标。当下的幼儿教师经常会觉得工作很累，这种疲惫感主要来源于无休无止的竞争，尤其是自己与自己的较量，这种竞争严重影响了幼儿教师的人际关系，破坏了幼儿教师家庭的和谐。

3. 分群化的社会生态

一般说来，班级教师群体是一个天然的利益单元，幼儿园有多少个班级就会有多少个利益单元，在平行班之间，这种利益冲突会相对明显。与中小学班级之间因排名而产生的硬冲突不同，幼儿园班级之间几乎没有实质性分歧。在一些竞赛上，幼儿园采用的是奖励而不是筛选的方式，不是为了淘汰劣者，而是为了奖励参与者。在幼儿园这个具体空间中，能够进行分配的利益其实是非常有限的，教师之间最根本的利益冲突就是生存斗争。为了生存得好一些，她们必须建立联盟以更好地参与竞争。

幼儿教师通常是年轻人的职业，老教师与年轻教师之间有一种自然的分群，但在组建班级社会上，管理者倾向于年龄搭配、技能搭配与个性搭配，因此教师们之间彼此双向选择的时候也要考虑到年龄的差异性。一般而言，班级教师群体既是一种工作关系，也是一种情感关系，但工作关系往往超越情感关系。

除了在班级生活中因工作关系而形成的教师群体外，在幼儿园现实生活中，还存在着一些更大的教师分群，如教研组、年级组。对于教师个人而言，最具意义和价值的还是其与其他老师所形成的一种联盟，这是一种更大范围的教师小群体，在一些涉及利益分配与交换的事务方面，她们可以互相帮助、互相支持。在幼儿园里，教师与教师之间通常是既联合又分化的,“差序格局”式的人际关系在幼儿教师群体中比较典型。

4. 悬殊化的社会分层

幼儿教师社会内部是一个不平衡的社会生态,其中有着各种力量、因素所导致的社会分层。在班级教师社会中存在着因分工所导致的分层,如主班教师、配班教师、保育员。在幼儿园中存在着因编制、职称、声望而导致的分层,如在编教师、在聘教师、代课教师,高职教师、中职教师、低职教师以及“优秀教师”、“骨干教师”、“学科带头人”、“专家型教师”的分层等。[①] 在幼儿园与幼儿园之间存在着因体制、地域所导致的分层,如公办园、集体园、民办园以及城市园、乡镇园、农村园。

各种分层的力量使教师与教师之间充满了差异与不平等,幼儿教师群体内部的分层是社会分层的一种反映。当下的社会是一个日趋分层固化的社会,阶层与阶层之间流动的可能性在逐渐收缩。政府在兴办学前教育、保障幼儿教师获得有竞争力的薪水方面应该更有作为一些。

二、教师社会舆论

舆论是“一定范围内多数人的集合意识及共同意见”[②]。舆论是在社会生活中形成的,是公众社会关系的随行物。从社会关系的人数和范围来讲,有个人与个人的关系,个人与群体的关系,群体上下层之间的关系,群体与群体之间的关系等。教师与教师之间的交往产生了各种意见与话题,形成了具有一定影响范围的社会舆论。对于幼儿教师来说,其个体意识并不会构成社会舆论的一部分,个体意识总是服从于周围环境中稳固的社会意识。集合意识是舆论的内核,舆论一旦形成,就能无限地溶解个体意识。

与其他职业和行业不同,幼儿园是一个教育空间,教师社会舆论的内

① 吴康宁:《谁支持改革——兼论改革的社会基础》,载《教育研究与实验》2007 年第 6 期。
② 刘建明:《社会舆论原理》,华夏出版社,2002 年版,第 2 页。

容有其特殊性，总是关涉教育、关涉儿童、关涉自己的生存等方面。幼儿教师关于儿童、教育和教师的认识是在实践中产生的，具有一种现场性和真实性，但她们的儿童观、教育观、教师观很少进入主流舆论领域，从而成为一种引领人们观念的舆论。

教师社会的舆论力量是非常弱小的。一方面是因为教师社会的舆论常常是分散的，缺少有影响力的话题，缺少有影响力的人物。另一方面是因为教师社会的舆论常常是微观而又女性化的，往往局限于自己的职业处境，局限于幼儿园的狭小天地，缺少进行舆论扩散和传播的工具与策略。幼儿教师这一职业被社会舆论界定为“简单”，从事幼儿教育的教师也被社会舆论认定为“简单”。社会公共舆论很少耐心地倾听幼儿教师的心声。在这样的舆论背景下，幼儿教师慢慢地失语，最终消失在公共社会舆论之中。

社会舆论对幼儿教师社会舆论的忽视使得幼儿教师自身也对自己的价值观和立场产生了怀疑，丧失了改变自己舆论处境的勇气，最终也就慢慢放弃了自己生产舆论的权利，仅仅成为社会舆论的消费者。就教育而言，教师是其中的一支重要力量，教师的观念不改变，教师的意见得不到重视，又何来真正地影响儿童、影响家长？

在目前的幼儿园，最糟糕的莫过于教师社会舆论对家长社会舆论的让步，教师不再指导与引领家长，而是反过来，被家长逼迫着。当市场的力量介入教育，当盲目的宣传与模糊的信息使得家长处于一种高度焦虑与高度期待状态时，幼儿教师的声音起的作用是十分有限。

三、教师社会结构

教师所生存的外部世界对幼儿教师的呼吁和呐喊是置若罔闻的，幼儿教师社会内部又是充满结构与分层色彩的，幼儿教师的内外生存环境都不是一个生态化的“人居环境”，幼儿教师被迫在社会所设定的位置与框架中生活工作，她们似乎不再拥有打破结构与层级的力量。历史产生了社会结构，并通过行动不断使其具体化。在幼儿教师社会里，教师与教师之间所形成的结构化分层通常是一种刚性的结构，看起来简简单单，实际上无法跨越。而且所属机构越缺少权力与各种资源，这种刚性的结构色彩越明显，因为在有限的单位空间内资源的有限使得资源的争夺更激烈。

1. 主班老师

主班老师也就是通常意义上的班主任老师，通常由具有一定工龄、经验的老师担任。在所有班级老师中，主班老师的地位是最高的，责任也是最大的。她要负责全班孩子的安全、教育、家长工作等，还要协调好与其他两位老师的关系。在不同的幼儿园，主班老师的产生方式不一样，有的幼儿园采用的是层层聘用的方式，有的幼儿园采用的是老师自荐的方式，还有的幼儿园甚至采用家长选择的方式。

在班级生活中，主班老师就像是一家之长，班级的重大决策、重大事务都需她来决定。很多幼儿园，主班老师与其他老师的工资待遇是不一样的，有的主班老师特别善于利用自己的主班身份去协调各方面的关系，而有些主班老师则与其他老师之间关系失谐。

2. 配班老师

配班老师一般多由年轻老师担任，其与主班老师的关系既是主副关系，也是师徒关系。一般而言，班级的家长工作是由主班老师完成的，故配班老师在家长心目中的地位会稍逊一筹，家长有了什么事也一般会找主班老师。配班老师在语词表达上的“配”在现实的亲师互动中往往会被解读为“次”，这种他人解读出来的“次”，又会在某种程度上强化配班老师自身的“配”与“次”的意识。因为说到底，任何人的自我认同都不是来源于自我，而是来源于社会，社会认同的强制力使个体认同成为其自觉的附属物。正如社会学家库利所说，每个人都是一个“镜中我”，每个人也都是他人进行自我认同的一面镜子。人们，尤其是园领导与家长对配班老师的社会期待会通过某种潜在的方式变成配班老师的自我期待，这种潜在的转化过程使强权与舆论压力看起来似乎完全出于配班老师的自愿，这是“认同的重量”使然。

3. 保育老师

保育老师在我国幼儿园一般被称为保育员，主要负责班级的保育事务。保育老师在孩子们的心目中与在家长们心目中的地位是完全不一样的。在孩子眼里，保育老师就是他们的老师，而在家长眼里，保育老师只是照顾孩子的生活，并不教授知识。可见，人类的眼睛在看到一个丰富多彩的世界万物时，也在用各种方式将社会分层的思想渗透其中，难怪有人会惊呼，"人类的眼睛是有毒的"。当然，很明显，这里儿童的眼睛与成人的眼睛所看到的分层的效果是有巨大差异的。当人类面临一些自然的差异时，"有毒的眼睛"有时会将其解读为社会的差异，从而使其蒙上了一层人为的色彩，这是典型的社会建构的力量。

在幼儿园，人以群分的特性非常明显，保育员经常与别班的保育员一起聊天，很少与本班的老师聊孩子的情况。保育老师对自己的身份、地位有一种明确的自我意识。此外，很自然的是，主、配班老师似乎也很少与保育老师在一起聊天，很少真正地征求保育老师对孩子的看法。

幼儿园的等级越高、资源越丰富，教师之间的分层越不明显，因为这样的园所有足够的弹性使不同的老师获得不同的资源。而在一些资源极缺、级别较低的幼儿园情况则大不一样。

在幼儿教师所构成的社会里，教师社会结构较多受到年龄、职称、职务的影响。有的幼儿园在管理过程中采用一级考核一级的方式，即园长考核班组长，班组长考核班主任，班主任考核配班老师与保育员。由于考核与业绩与奖励挂钩，所以这从某种程度上助长了结构的刚性化。有研究者对河北省 11 所幼儿园 437 名教师的社会满意度进行过调查，结果发现：社会关系满意度在工作年限、婚姻、收入、岗位、劳动合同关系变量上的差异有统计学意义，工作年限长的教师社会差异满意度高于工作年限短的，收入高的高于收入低的，幼儿园管理及辅助人员高于教养员，教养员高于保育员，正式工高于临时工。[①] 幼儿教师社会的结构化在很多方

① 王艳芝等：《河北省幼儿教师生存质量及其影响因素调查》，载《中国学校卫生》2007 年第4 期。

面已经影响了她们的日常生活。

第三节
社会支持与教师解放

关爱儿童的观念从爱伦·凯的《儿童的世纪》一书出版，便成为20世纪教育工作者的共识。而作为学校生态系统中的教师，似乎还没有真正进入人们关爱的视野。在当下社会中，绝大多数幼儿教师的生存状态是不容乐观的，她们的收入太低、地位不高、没有明确的身份和国家相应政策的保障；她们是社会生活中的弱者，也是教师阶层中的弱者；她们中的很多人徒具教师的称号，却不能享受教师本应具有的权利与义务；她们是社会生活中被各种优惠政策遗忘的人群，是国企改革、人事制度改革代价的承担者。她们是一群女性，既是文化的弱者，也在职业竞争中被建构为弱者。在社会生活中，每个个体都生存在一定的社会场域中，需要获得别人的支持与认同，以形成一种人际安全。幼儿教师作为教师中的特殊人群，作为当下社会的特殊社会现象，尤其需要社会的支持。

在教师群体里，幼儿教师与中小学、大学教师相比，她们所能获得的社会关怀明显稀缺。而在幼儿教师群体内部，那些工作年限短、未婚、收入低、临时工、保育员及教养员的社会关系及生存质量更是弱势中的弱势，她们尤其需要社会支持。社会支持需要贯彻一种弱者优先原则，使最需要社会支持的群体首先得到支持与帮助，保障底线的公平。对于当下的幼儿教师而言，社会支持能有效地提升她们的生存质量，改善生存生态。给予教师社会支持有两种方式：一种是给予社会支持，一种是努力解放幼儿教师。

一、给予社会支持

给予教师社会支持，谁才是那个给予者，是社会吗？“社会”是个既抽象又生动的词汇，它真实存在于我们周围却又无法被触摸，在给予教师以支持与关怀的力量中它是其中的一极，但却不是最重要的一极。对教师的社会支持需要上到国家下到教师个体的全面关怀，因为任何一方力量的欠缺都不可能从根本上解决教师的生存困境。

1. 国家的支持

当下很多幼儿教师的生存困扰来自于身份的模糊性与不确定性，即幼儿教师不知道自己是谁，有一种强烈的身份迷失感。造成这种状况的根本原因在于幼儿教师权利的丧失，她们需要国家给予合法的、独立的身份。直到目前为止，我国幼儿教师中30％的编制仍然占用的是小学教师编制。

在我国的一些地方，如张家港、东营、宁波等地，地方政府出台了一系列针对教师的保护政策，如规定幼儿教师的工资不低于当地人均收入的1.5倍，给予幼儿教师分层次的编制，即有的教师享受省财政、有的享受市财政、有的享受镇财政等。在张家港，即便是民办幼儿园的教师也享有特殊的财政保障。各地方政府与幼儿教师之间的关系是复杂的，有的地方尊师重教，关心幼儿教师的需要，解决教师的后顾之忧，但也有很多地方政府与教师之间形成的是一种对立性关系。

我国也没有制定国家意义上或地方意义上的幼儿教师入职标准，这就导致在幼儿教育的现实中，不合格办学的幼儿园太多，优质师资太少，特别是农村地区更是匮乏。2003年有研究者用问卷调查与访谈的方式对福建省沿海几个地区（宁德市、南安市、永春县、南靖县）的52所农村幼儿园（学前班）的教师生存状态作了调查，结果发现福建省沿海地区农村幼儿教师学历结构多偏重于职专、职高的幼教专业及大专以上毕业生（其中相当一部分为非幼教专业），幼儿师范学校毕业的仅占11.17％，另有25.04％是只有初、高中文凭的人员和通过短期函授取得幼儿教师资格的人员，有28.7％尚未获得教师资格证。① 这还不是福建一个地区的现象，在全国范围内这种状况普遍地存在着，这严重影响了幼儿教育的质量，影

① 姚炳辉、谢雅芳：《对农村幼儿教师生存状态的思考》，载《幼儿教育》2004年第7、8期。

响了幼儿教师的社会声誉。

2. 家长的支持

家长是幼儿教师的教育合作者，是家园共育的教育合力中不可或缺的因素。家长将孩子送到幼儿园，不是其教育责任的移交，而是家长有幸在教育孩子方面增加了专业的合作者。从理想的观点出发，家长和幼儿教师都希望事情朝着最有利于孩子的方向发展，但事实上，他们有时却因误解而生活在不信任的氛围中。都希望孩子好，但却是不同的“好”，家长是为了自己孩子一个人的“好”，教师是为了全班所有孩子的“好”，在“一”与“多”之间冲突便不可避免。

面对唯一的希望，家长通常会全力以赴，而且常常会焦虑万分，因为家长没有机会重来一次，孩子的发展是不等人的，也是不能重复修补的。出于对自己孩子的关心，家长常常会对幼儿教师提出一些过分的要求，有时也会坚持认为自己的要求是合理的。例如，一位家长坚持认为自己的孩子有艺术潜力，要求教师应“因势”多加“利导”，多给予孩子课堂表现的机会。而教师却认为，所有的孩子都具有一定程度的艺术潜能，应该尽量公平地给予每一个孩子机会。

从根本上来说，教师与家长之间并不存在利益的对立，有差异的是他们对孩子的期待与认识。作为家长，首先要尊重幼儿教师对于儿童的教育权与引导权，不要对幼儿教师的教育行为妄加指责，更不要将自己的观点强加于老师，在教育孩子的问题上，教师与家长是伙伴而不是敌人。

3. 家庭的支持

令人担忧的是，幼儿教师与其家庭之间的和谐度与幸福度似乎也不如从前，这种感觉既是一种感性的体验也有一些理性的调查。与中小学对教师的期待一样，幼儿教师也越来越被各方专家期待为“反思性教师”、“专家型教师”。幼儿教师在工作场所体验到的压力越来越大。家庭的情感支持与心灵安慰对她们的身心健康非常重要。有许多幼儿教师反映，有时为了开展好一次公开活动，全家都要上阵，从不同的角度为其提供支持。

4. 同事的支持

幼儿教师的工作环境是一个纯女性的环境，群体内部的不团结或相互拆台不仅影响教师群体内部的团结，也会造成一种难以合作的工作氛围。幼儿教师同事之间需要相互支持，不管是工作上的还是情感上的，现在许多幼儿园正在努力组建的幼儿教师共同体，如专业共同体、情感共同体和生活共同体便是为了克服这类缺陷。

除了班级幼儿教师群体内部的团结外，幼儿教师还需要扩展自己的交际空间，组建属于幼儿教师自己的专业联盟，如某一地区的或全国性的幼儿教师联盟、幼儿教师协会等。教师协会可能有政府机构的，如教育局的纲要组、游戏组等，也可能有非政府组织的，如一些民间协会等。从目前幼儿教师的组织归属来看，幼儿教师的民间组织还很不健全，有限的幼儿教师协会也未能发挥其实质性的作用，这使得幼儿教师在面临一些危及自身利益的事件时，缺少一个可以依靠的组织和联盟。

5. 儿童的支持

后现代主义者认为人与人、人与自然都是相互依赖式的“生态式存在”。儿童、教师作为学校生态系统中的主要因子，并不是一种孤立式的“存在”，而是在相互作用、相互影响中成长发展的，教师会以他的知识、情感、人格影响儿童，儿童也会以其经验、情感、个性反作用于教师。每一个教育生态中的主体都具有一个弹性的可渗透的发展空间，每一个自我的发展也都是在与他人的互动中通过“去中心化”的“边缘我”的逐渐壮大来实现的，即是在人际互动中，“边缘我”由模糊到清晰再到模糊的一个螺旋发展的过程。

新生代的儿童是独生子女的一代，是自我意识极强的一代，他们并不甘于听任教师对他们的塑造。他们也在以这样那样的方式显示自己的力量，对教师实施着反馈性的改造。在学校生态中，儿童对教师的文化改造主要表现在物质文化方面、制度文化方面和意识形态文化方面，他们的质疑、挑战、诘难成为幼儿教师专业成长的重要力量，教师的自我效能感、职业幸福感离不开儿童的支持、肯定和参与，儿童是教师专业化过程中的重要他人。

理解教师体现在一种观念上，支持教师则更多地要落实到行动中。当社会的各种力量都能给予教师以情感与智慧上的支持时，幼儿教师的职业就会比现在要幸福，有吸引力得多。

二、解放教师

获取社会各方的支持是改善幼儿教师生存生态的一种方式，然而，最终让幼儿教师“诗意地安居”的却有待于她们自身的一系列解放。在现实生活中，幼儿教师身上背负了太多的不公正的文化期待、文化约束，社会在给予幼儿教师较高的社会期待的同时并没有给予其与社会期待相匹配的社会声誉。如何解放教师？谁来解放教师？被压迫者的解放需要的不仅是别人的力量支持，更需要的是被压迫者的自我觉醒、专业自尊和生存策略。而在当下，面对生活、生存中的诸多境遇，幼儿教师的本能反应不是反抗，而是“我要逃”。幼儿教师要逃到哪里去？她们有逃出的可能吗？长期的文化实践与社会传统已经使幼儿教师背负了沉重的“蜗壳”，她们像所有的教师一样表现出性格的双重性与行动的双重性。

其一，性格的双重性。在中国逐渐走向现代化的征途中，幼儿教师的身份与角色在不断地发生变化，主要扮演了“启蒙者”与“专业人”两大角色。而在现代国家的形成过程中，中国教师凸显出两大性格特征：批判性与技术性。而且，很明显的是，无论在现代化发展进程中的哪个时期，作为知识人的中国教师，其批判性一直作为副调烘托着技术性这一主旋律。与此相伴随的是，“启蒙者”一直作为配角伴随着“专业人”这一主角。幼儿教师承担的更多的是“教书匠”或“孩子王”而不是“思想启蒙者”与“思想生产者”。

其二，行动的双重性。教师既是权力实践的施行者，也是权力实践的产物，后者对前者有决定性的影响。追溯任何一位教师成为教师的生命历程，阅读其成长史，我们都不能忽略更宽泛的社会、文化与历史背景对教师的影响。成为教师的过程首先是一个被规训的过程,[1]一个被各种社会权力实践与操纵的过程,而操纵与规训的历史镌刻在幼儿教师的一言一行中,成为其习焉不察的日常惯习。当幼儿教师自身已被自己的成长史、受教育史包装与打造,如何希冀她们能冲破思想的樊篱来担当起“启蒙者”的角色?

在幼儿教师的教育生涯中,她们很少有真正的“自己的声音”,她们已被打造成合格的社会成员。她们已经不再去反思在幼儿园为什么要教孩子唱《让我们荡起双桨》,为什么要让孩子认识各种各样的符号标志。其实深刻地解剖一下,这些在幼儿园中一直传授的都只是城市的文明、城市的生活,是城市文化对乡村文化所行使的一种“符号暴力”。教师自身不仅没有反抗这种符号暴力,而且她们还是符号暴力的娴熟的使用者。幼儿教师们已习惯于不再去想,不再去反思。

第四节
教师与幼儿:一种非对称性关系

从社会学的意义上来看,师幼关系首先是一种社会关系,这种社会关系的性质取决于教师和幼儿在教育过程中受期待的社会角色和实际所扮演的社会角色。师幼关系作为幼儿园教育空间中的主要关系,她们的角色扮演是相互影响的。一般说来,在幼儿园教育空间中,教师扮演的是社会代表者、文化的传递者,而幼儿扮演的则是“受教育者”、“社会化的承担者”。阿普尔指出:“在幼儿园开学的第一天,教师就有一套高度组织化的、理所当然的规则,而儿童却没有,由于他(她)还拥有大部分权力以控制课堂中的事件和资源,因而他们的一系列价值就处于支配地位。”[2]即教师与幼儿的行为模式是由社会情境预先规定的,教师代表了成人世界和

---

① 刘云杉:《从启蒙者到专业人:中国现代化历程中教师角色演变》,北京师范大学出版社,2006年版,第2页。

② 阿普尔著,黄忠敬译:《意识形态与课程》,华东师范大学出版社,2001年版,第60页。

社会的一面，一旦幼儿进入这一社会情境就被要求遵守已有的社会规则。

一、师幼关系的社会特性

与幼儿与父母的关系不同，幼儿与教师之间的关系属于次级社会关系，[①]具有着一些不同的社会特征，如特殊性与两极性、相互性与强制性等。

1. 特殊性与两极性

在幼儿园这一特殊环境中，师幼关系兼具师生关系和亲子关系的特点，幼儿对老师既有依恋感也有敬畏感。在儿童入学早期，教师从某种意义上来说是母亲的代理人，她们或扮演着教师的角色，或扮演着母亲的角色，而这种双重角色在中小学以及其他教育机构中是不曾存在的，这是幼儿园师幼关系中最为独特的一面，它是由幼儿的年龄所决定的。幼儿的年龄越小，教师在这两种角色中进行游离的可能性就越大，有时甚至在教师身上表现出这两种角色的冲突。

任何角色、关系都是在一定的情境中，因互动对象的改变而改变的，教师和幼儿所建构起来的师幼关系也会因时间、空间和作用对象的不同而发生些细微的变化，有时情感性角色多一些，有时工具性角色明显一些。但无论如何，教师是社会的代表者，她与幼儿所结成的关系其社会性色彩要远远高于其亲子关系。即使脱离开幼儿园这一具体的教育空间，角色的连贯性也会促使其下意识地表现出一个教师的所作所为。

与中小学教师相比，幼儿教师与幼儿之间所形成的关系更具有两极性[②]，无论在知识、身体、心理、权威与地位方面都是如此，有一种天然的不对称性。在两极世界里，教师始终处于高位，而幼儿则始终处于一个低位，乃至最后教师与幼儿都习得了一种角色定型。

极性化的师幼关系不仅表现在身份的不对称上，还表现在权力地位

① 谢维和:《教育活动的社会学分析》，教育科学出版社，2001年版，第135页。
② 余珍有:《幼儿园班级的社会学分析》，载《学前教育研究》1994年第3期。

的不对称上。在幼儿园的具体场域中，教师制定规则，幼儿遵守规则，教师与幼儿之间是一种制度化的“支配与服从”关系，彼此间有着潜在的对立情绪。教师代表的是预定好的社会意愿、强制性的社会规范、固定化的社会内容，而幼儿在师幼互动中只能扮演一个服从者、学习者的角色。在这里，幼儿自身的意愿、兴趣便会受到忽视，从某种意义上来说，教师目标的实现是以幼儿意愿的牺牲为代价的。

2. 双向性与强制性

师幼关系不仅表现为一种静态的角色关系，也表现为一种动态的互动关系，在师幼所建构的各种关系中，双向性是一个重要的特征。师幼的互动总是基于一定情境的，情境的性质由互动双方的社会地位、利益与情境界定所决定。[①] 在实际的师幼互动中，教师发起的互动总是旨在指导、教育、命令幼儿，而幼儿发起的互动则主要指向请求、请示、求助等，互动的内容反映了参与互动双方社会地位上的不对称性，教师在师幼互动中较多地居于主导地位。

需要强调的是，尽管教师与幼儿在互动中的位置是不对等的，但教师和幼儿都互为对方社会化中的重要他人，幼儿对于教师同样如此。在日常互动中，幼儿通常是改造教师文化、反哺教师文化的重要力量，他们会以诘难、反抗、质询的方式挑战教师的权威，逼迫教师考虑到他们的特殊需要与兴趣指向。

除了师幼在互动过程表现出来的双向性外，师幼之间还具有一种强制性关系。这种强制性关系不仅表现在师幼关系建立之初，而且伴随着师幼关系发展的全过程。某位教师与某群幼儿的相遇通常是强制性的，教师与幼儿都没有进行双向选择，行政的命令促使她们最初走到一起。在建立关系的过程中教师对幼儿的强制性成为师幼关系的主要特征。在幼儿与教师所构成的关系中，幼儿要么是“受抑者角色”，即主要扮演遵从

① 莫琳·哈里楠主编，傅松涛等译：《教育社会学手册》，华东师范大学出版社，2004年版，第25页。

者、忍受者、取悦者的角色；要么是“适应角色”，即幼儿既有受抑的一面，也有反抗的一面，如幼儿在与教师交往过程中所扮演的旁观者、漠然者、诘难者、谈判者等角色。这两种观点虽然不同，却都反衬出幼儿在师幼关系中的低地位处境及受制约的角色。无论是受抑还是反抗，都是因为幼儿面对着一个比自己更强大、更权威的教师。

在涂尔干看来，“教育儿童的现象，无论过去还是现在，总是一个不断强迫的过程。儿童视听言动的方式不是生来就如此的，而是通过教育的强迫力使然。起初，是强迫儿童饮食有节、起居适当，然后强迫他爱清洁、守安静、听教训，接着强迫他懂得待人的礼节、社会习俗、行为规范，以后又强迫他学会做事，等等。等到儿童长大了，教育的强迫力逐渐消失，但是他幼时接受的教育行为已经成了他‘与生俱来’的习惯，不需要强迫他自己也知道照样做下去了”[①]。因此，人类教育儿童的过程就是一个不断强迫的过程，教师是社会强制儿童的代表者。相比于父母，教师的强制力更制度化、更规范、更有力，她们是社会的代言人，代表整个社会向儿童传递主流的价值观与文化取向，使儿童最终成为适应社会生活的一员。

二、师幼关系的社会演变

师幼关系是一种社会关系，建立在社会角色分工的基础上。在人类历史上，学前教育的历史比较早，它伴随着人类社会的出现而出现，而幼儿园的出现则要到近现代，正是幼儿园的出现才使制度化的师幼关系有了可能。严格来说，西方意义上的第一所公共学前教育机构诞生于1816年，是生产力大发展所导致的社会后果。而中国第一所公共学前教育机构，即1903年的湖北武昌蒙养院，则是西学东渐、洋务派爱国图强的结果。中国制度化学前教育机构从出现到现在不过百余年的历史，在这样一种历史的变迁中，师幼之间的关系大致经历了三个时期，即“人——人”关系时期、“社会——人”关系时期和“社会——社会”关系时期。在关系

① 涂尔干著，胡伟译：《社会学研究方法论》，华夏出版社，1988年版，第7页。

变迁的过程中，最核心的力量是社会期待和社会角色规定性的变化。

1.“人——人”关系

在幼儿园建立之初，师幼之间的关系极其简单，制度化色彩非常淡薄。在那时的幼儿园空间中，教师不是现在意义上的“教师”，幼儿也不是现在意义上的“幼儿”，幼儿园还只是一个“养护性场所”、“玩乐性场所”、“托管性场所”，幼儿园空间的“教育”色彩非常稀缺，人们对幼儿园、教师和幼儿的期待既简单又茫然，人们还没有发现幼儿园的社会教化功能，社会也只是期待幼儿在家庭中接受母育学校的教育，人们对幼儿园这样一个新生事物还充满不理解与好奇。

在这样一种社会文明下诞生的幼儿园，其“教育意识”远远超过老百姓的社会期待，所以，在那时的幼儿园，尽管有了教师和幼儿之间关系的确立，但附着在教师与幼儿角色上的社会性期待是非常低的，人们用一种生活常识来期待教师和幼儿的关系，教师可以不必识文断字，不必经过任何培训，只要能托管孩子就行了。师幼关系的社会性色彩特别弱，自然性色彩，即作为成年人与未成年人的色彩特别明显，人们并没有用一种超越“女人”与“孩子”的角色规范来要求“教师”与“幼儿”，教师与幼儿都还保持着各自的生活角色，哪怕她们所生活的空间发生了改变，从家庭转移到了育婴堂、敬节堂等。

在“人——人”关系下的教师与幼儿维持着她们日常生活的现状，如日常的生活角色、日常的生活内容、日常的生活互动等。教师还没有成为“教育者”，幼儿也没有成为“受教育者”，教师和幼儿还都只是“本原性角色”。

2.“社会——人”关系

与“人——人”关系下教师的“养护性角色”不同，“社会——人”的关系反映了社会对教师角色的规定性。教师不再是一个自然人，而是受国家委托来教育幼儿的“教育者”、“启蒙者”，教师成了国家的代理人、社会的代表者，教师的行动、教师的角色具有了社会规定的意义，“教师”成为一种制度化的身份，成为一种有别于日常角色的“教育角色”。当教师成为了一种制度化的身份，具有了社会化的期待时，教师自身就会将社会期待的角色内化为自我承担的角色，因此，在“教育者”这样一种角色担当下，幼儿教师在与幼儿互动时所采取的内容、方式都会有很大的不同，教师身份的转换与角色的变化最终也会导致幼儿的角色变化。

在“人——人”关系下，教师与母亲或幼儿日常生活中的任何重要他人一样，扮演的是一个养护者角色，而在“社会——人”关系下，教师担当的是有别于母亲的角色，她代表的是国家、社会对幼儿的期待。因此，一个合格的教师对幼儿的要求要比一个最优秀的母亲对孩子的要求更具有社会性色彩，[①]这是社会赋予教师的期待，也是一种强制性要求。从实质上而言，“教师”总是一种“受托”的角色，这种受托性角色使她不能率性而为，必须有所担当。

3. “社会——社会”关系

“社会——社会”的关系有三层内涵：第一层内涵表明，教师与幼儿的角色都具有了社会规定性；第二层内涵表明，教师与幼儿不仅是一个社会规定了的角色，而且教师与幼儿都代表了各自的社会，如教师社会与儿童社会；第三层内涵表明，由于当下的教师与幼儿因为改制的风险所逐渐形成的基于服务与交换的特殊的社会关系，幼儿园的教育性日渐式微，而作为一个生产与服务机构的功能日渐突出。

首先，“社会——社会”关系表现为教师和幼儿角色的双重社会规定性。

在“社会——社会”关系中，教师和幼儿都承担了特定的社会期待，都是一种社会规定性的角色。因为当下社会中的幼儿园已经不再是一个养护性场所，而是社会设置的一部分，进入幼儿园这样一个特定的场域，教师和幼儿都丧失了自然人的身份，承担了人们特定的社会期待。在这里，教师仍然是一个社会代表者的身份，而幼儿已不再是社会化的个体，而是转变成了未来社会的人力资源，幼儿的人力素质直接影响到“建设者”和

① 刘洪彬等：《师生关系的社会学分析》，载《现代中小学教育》1992年第4期。

“接班人”的质量。

其次，“社会——社会”关系表现为教师社会和幼儿社会之间的关系。

在幼儿园教育空间中，教师作为社会的代理人并不是独自面对数量众多的幼儿，站在教师身后的是教师角色所依附的整个社会规范和整个教师群体，教师的身份、权威是一种制度化的赋予，教师所代表的也始终是教师社会、教师文化。与此相对应，幼儿在生活中也不是独自面对教师的，幼儿也有其所生活的同伴群体，有自己的儿童社会与儿童文化。因此，当教师与幼儿在幼儿园这一教育空间中相遇时，实际上他们所面对的是对方所属的整个社会，而不是教师社会或儿童社会中的某一成员。

最后，“社会——社会”关系表现为教师和幼儿之间的交换性关系。

当下的社会中，改制、转制、民办幼儿园越来越多，投资主体、办园方式的变化必然会反映到师幼关系上来，原来在教师和幼儿之间建立起来的教育性关系正悄悄地被“交换性关系”、“服务性关系”所取代，教师和幼儿都被卷入世俗化的算计之中。教师不仅仅是社会的代表者，也是某一机构的代表者，幼儿是未来的人力资源或建设者、接班人，同时也是服务的对象、赢利的工具，教师与幼儿的角色与身份在遭遇市场经济时发生了颠覆性的改写。

从“人——人”、“社会——人”到“社会——社会”，教师与幼儿之间的关系发生了蜕变，但总体而言，教师与幼儿角色与关系的蜕变并不是他们的主动选择，而是一种社会变迁使然，每个人都抗拒不了社会变迁的巨大力量。

三、师幼关系的呈现方式

从历时态的师幼关系来看，社会变迁在很大程度上改变了幼儿园的生存环境，改变了教师和幼儿的生存境遇，也最终改变了教师和幼儿的关系建构与关系呈现。从静态意义上来看，当下幼儿园生活中，师幼之间的关系大致有以下三种呈现方式：俯视式、平视式与仰视式。这是一种基于教师立场的关系表述，反映的是幼儿在教师心目中三种不同的状态。

1.“俯视式”与社会控制

“俯视式”的师幼关系表达的是一种不对称和教师居高临下的架势，在这种关系中，教师在高处，幼儿在低处；教师是强势，幼儿是弱势；教师充满权力与能量，幼儿无权无势。这是中国文化语境中经典的师幼关系，它是成人与儿童、强者与弱者之间关系的缩影。“俯视”传递的是一种气势，一种不可抗拒的压迫力量，幼儿在这样的互动关系中是无足轻重的，他没有声音，也不能表达，他只有接受、认同，否则他就可能遭受惩罚。而且，这种惩罚通常不仅来自教师，也来自教师所代表的整个成人社会。在教师与幼儿所建构起来的的师幼关系中，幼儿处于一种完全被动的地位，教师成为师幼关系中唯一的“立法者”，她们制定师幼之间的互动规则、确定互动内容，教师完全掌控了师幼互动的主动权，幼儿只能采取服从的姿态。

师幼之间的这种关系缘于成人社会对儿童的不信任，他们把儿童贬抑为无能、无知、无力及一群需要成人帮助与塑造的对象。这样，成人便在与儿童的互动中确定了自己的轴心地位，获取主宰一切的自信与自我效能感。实际上，成人社会越是用一种压制、逼迫的方式来对待幼儿，越表明他们缺少起码的文化自信，因为他们看不到儿童社会的独特力量。而显而易见的是，在这种师幼关系影响下的儿童是不可能建立起自己的文化自信与独立自主的，他们会较多地依赖成人、蔑视自己，而当世界的重任必须由他们来担负时他们便会手足无措。成人世界以这种控制的方式来对待儿童其实是斩断了社会的未来，因为任何社会也不可能指望一直处于压迫地位的、没有自信的人来担当。

同样，值得追问的是，为何成人世界对儿童的文化压迫会一代一代地承继下去，永无更新的可能呢？儿童世界与成人世界之间真有如此不可逾越的鸿沟吗？

2.“平视式”与社会对话

“平视式”师幼关系描述的是教师与幼儿之间视线上的平齐与目光的交流。如何才能使身体显然处于高位的教师与幼儿的目光凝结成一条水平线，显然，唯一的办法便是蹲下身来平视幼儿的目光、领悟儿童的内心世界。体位的改变并不仅仅是一种生理现象，它透射出来的是教师对幼儿的信任、尊重与期待。在平视式的师幼关系中，教师和幼儿不是一种“看”与“被看”的“我——他”式关系，而是建立在相互阅读、相互敞现基础上的“我——你”式关系。在平视式的师幼关系下，教师相信幼儿有独特的精神世界，她会努力去读懂幼儿向她传递的每一个信息。

幼儿是拥有一百种语言的，她们有一百种表达自己、看待世界的方式，教师只有用相应的一百种语言回应幼儿的一百种语言才能建立起一种真正的对话关系，发现幼儿不同表达中的闪光之处，真正地理解儿童、走近儿童。显然，在教师与幼儿建立起来的社会对话中，教师是一个更为关键的角色，教师没有一种倾听的心向、理解的态度是很难与幼儿达成“视域融合”的，毕竟幼儿与教师具有不同的文化特征。

没有对话意识的师幼互动只能是教师传递、幼儿接受，且幼儿在接受的过程中会努力揣摩教师的意图，以讨好的方式迎合教师的需要。教师的对话姿态给了幼儿发展自己、表达自己的空间，也给教师许多惊喜与欣赏的机会。在师幼之间所展开的社会对话中，教师让儿童成为了儿童自己，而不是成人的复制品或传声筒。同样，师幼之间所展开的社会对话也给了教师成长的机会、自我挑战的机会，教师不再是把自己的观念推销、强加给幼儿，而是要尊重儿童的观点，并在此基础上提升儿童的观点。在这样一种互动中，师幼双方面临的都不是一种确定性，而是一种开放性。

3. “仰视式”与社会期待

与“俯视式”的师幼关系相反，“仰视式”的师幼关系表达的是成人对儿童的崇拜。在这样的师幼关系中，成人以低位者自居，充满期待与渴望地仰视幼儿，认为幼儿是最纯真、最接近上帝的人，幼儿身上充满了谜底、充满了神秘、充满了不可知的力量。在与幼儿的交往中，成人获得了灵感，发现了自己未知的一面。

“仰视式”师幼关系是当下师幼关系的一种特殊状态，它是一种近乎理想的师幼关系，表达的是成人对儿童的一种角色期待。在这样的关系建构中，成人对儿童寄予了巨大的希望，并有效地用这种期望调节自己所扮演的角色，给予幼儿展现自己的机会。

很明显的是，以上的师幼关系的研究基本上还是一种“单数”意义上的关系研究，而非“复数”意义上的关系研究。以往我们关注的是作为个体的教师与幼儿，而没有太多地关注作为群体一员教师与幼儿，没有关注他们在群体文化影响下的相互调适与相互让步。从某种意义上来说，儿童所置身的群体是儿童作为个体与教师进行互动的最基本的中介。同样，教师所置身的群体也是教师作为个体与儿童进行互动的基本中介。任何人都是文化之网中的一个点，教师与儿童一样都是在特定文化中成长的，没有独特的教师文化、儿童文化的滋养，教师与儿童的文化品质的形成是不可能的。因此，师幼之间所建立起来的关系实际上是一种文化关系，是文化生活与文化传统在师幼关系上的一种存续。

第十章 家长及家长社群

幼儿园与幼儿园的教师帮助我们去“发现”自己的孩子，并将其放到一个群体的背景中来加以考察。当你到幼儿园接小孩回家时，幼儿园并不只是一个你向老师询问孩子情况的停车场，而是你真正参与孩子所作所为的地方。

——卡洛琳·爱德华兹等:《儿童的一百种语言》

在义务教育制度下，中小学建立的最牢固的关系是学校与国家的关系，而在幼儿园则不一样，幼儿园发展最重要的关系是家园关系，家长的需求是推动学前教育发展的重要力量。无论在西方还是在中国，公共学前教育机构的诞生都经历了一个漫长的变化过程，家长并不是一下子就认可公共学前教育对于儿童发展的意义。即便到目前，家长与幼儿园之间对于儿童的养育权还存在着规模不等的争论，所以在世界上大多数国家，学前教育都未被纳入义务教育的范畴之内。在挪威，为了保证幼儿享受公共学前教育，政府规定每个孩子每年要接受一定时间的幼儿园教育，而除此之外，则可以在家庭中接受家庭或母亲的影响，这是一种典型的对于父母养育权的一种调和，既满足了孩子对于群体生活的需求，响应了国家公共学前教育的动员，又在一定程度上尊重了父母对于儿童的养育权。在中国，目前幼儿园的入园率仅占 41%，还有大量的孩子未进入公共学前教育机构接受教育，这是由多种因素造成的。

在我国，学前教育历来强调教育性与福利性的双重属性，教育性主要指向幼儿，而福利性主要指向家长。尽管对于家长而言，他有选择享受或不享受的权利。对于当下社会中的绝大多数家长而言，只要条件允许他们几乎都会送孩子上幼儿园的，目前我国59%的孩子未入园主要的原因不在于家长对幼儿园的不信任，而在于家庭经济条件、社会福利条件不允许。与一些发达国家采取的免费学前教育政策不同的是，我国的幼儿教育属于非义务教育范畴，幼儿的入园费用几乎完全由家长来承担。在计划经济体制时代，我国国企及各机关事业单位的家长还能在“单位制”下享受免费的、作为福利的幼儿教育，但随着单位制的解体，市场经济逐渐使免费的幼儿教育变成每个家庭自我买单的幼儿教育，原来体制下家长对幼儿教师言听计从的状态被打破，家长开始考虑自己所有付出应获得的相应收益，他们开始对幼儿教师的行为百般挑剔，最终使家园之间、亲师之间的关系发生了根本性变化，家长逐渐成为幼儿教育市场中的主导力量。

第一节
家长的社会属性

许多幼儿教师都已经或多或少地意识到当下的家长与过去的家长的不同，前者更豁达、自信，而后者似乎更自私、焦虑。而且，幼儿园办园体制变化得越彻底，家园关系与亲师关系变化的幅度越大，在幼儿教育中确定无疑的东西已经越来越少了，一切都在随着社会形势的变化而变化着。而且现在的家长比以往任何时候面临的工作压力、生存压力都要大，这使得他们对于家长角色的扮演、家长权利的诉求比任何时候要强烈。

一、家长的社会角色

任何角色都是关系视角下的角色，不基于一定的情境，个体是很难扮演好特定的角色的。作为非义务教育的一部分，学前教育的发展在很多方面是需要家长付费的，而家长付费的原则是以适当的费用换取适当的教育。因此，家长对学前教育的认识、需求、期待会在某种程度上影响学前教育的办学方向、服务宗旨，而家长所扮演的角色也必然会随着其所付费用的高低而发生变化。而且，当下核心化的家庭结构也使父母越来越多地投入学前教育，关注学前教育。这里分两个时期来考察家长的社会角色，一是在“单位制”下的家长角色，一是“单位制”解体后的家长角色。

1. “单位制”下的家长角色

“单位制”是我国在特殊年代实行的特殊的社会制度与社会分配制度。在单位体制下，家长对幼儿教育的要求是简单的，由于是免费提供，所以幼儿教育就像免费提供的任何商品一样，家长并没有挑三拣四，只是采取简单的拿来主义。而且，很明显的是，那时的家长对孩子的期待是不高的，对幼儿教育的了解也不多的，一个家庭通常有多个孩子，家长不用将所有的希望都寄托在一个孩子身上。在单位制下的幼儿园里，家长所扮演的主要角色就是福利享用者，他们并不会太多地苛求教师，对教师提出这样那样的要求。在那时的家长的概念里，教师是专业人员，有着对幼儿教育的专业认识，因此，家长较多地支持幼儿教师，响应幼儿教师提出来的家园合作性要求。

一些老教师认为，那时的家长不仅完全相信教师，甚至还会对教师有一种崇拜，觉得教师像神一样，既能弹又能唱，既能画又能跳，还能让那么调皮的孩子听话，所以，那时的家长将孩子交到教师手里时是一百个放心，将自己的惩罚权、养育权完全托付给教师。教师在家长心目中的权威地位使得她们在面对孩子时自信十足，她们可以采取任何自认为正确的方式对待孩子。家长对教师权力的赋予与让渡使教师无论在孩子面前还是在家长面前的地位都有所提高。

单位制下家园关系、亲师关系的和谐还有一个很重要的制度背景，即教师与家长大多同为一个单位的职工，他们是某种意义上的同事，只是分工不同、岗位有别而已。同为“单位人”的身份使家长与教师之间有一种自然的亲和力，家长愿意承认幼儿教师在教育幼儿方面的专业权，心甘情愿地做个跟随者、支持者与配合者。

2. “单位制”解体后的家长角色

显而易见的是,“单位制”下的家长角色是比较单一的,家长高度认同教师的专业地位。然而,与单位制下家园关系形成鲜明对比的是,单位制解体后以各种面目或体制出现的家园关系、亲师关系总是充满矛盾与冲突,幼儿园不时地成为社会舆论的中心。要么是传得沸沸扬扬的天价幼儿园,要么是摇号入园、家长搭帐篷排队入园,要么是幼儿园与家长之间的不断升级的官司,要么是幼儿教师虐待体罚幼儿,各种在旧体制下闻所未闻的咄咄怪事在各地不断上演。

在市场经济下,家长无论送孩子进哪种性质的幼儿园都要付费,只不过有的付得多一些,有的付得少一些,但无论如何,“付费者”的身份是无法改变的。在“付费者”的总体身份下,因所入园所的不同,家长扮演的角色也千差万别。对于一些公立幼儿园的家长来说,他们可能扮演的角色有参与者、支持者、合作者、伙伴;对于一些集体园的家长来说,他们扮演的角色则要复杂得多,他们既可能是参与者、支持者,也可能是挑剔者、质疑者;而对于一些民办幼儿园的家长来说,他们扮演的可能是消费者、享受服务者、被蒙蔽者。

(1) 参与者、支持者

参与者、支持者是公立幼儿园家长所扮演的常态角色。对于许多家长来说,公立幼儿园的门槛一般较高,进入幼儿园是一个资本竞争和资源动员的过程,家长对幼儿园提出来的各种要求虽然不太理解,但基本能给予支持。有时家长也会提出一些不合理的要求,如要求教师给予其孩子特殊的生活照顾和机会表现,要求幼儿园学习一些小学的内容,在课程中强化知识的系统性,举办一些拓展儿童才艺的兴趣班,等等。对于这种现象,幼儿园一般都能有效地说服家长,使其认同幼儿园的教育导向。在公立幼儿园与家长之间,幼儿园具有一种先在的优势,对于公立幼儿园而言,生源是不愁的,是幼儿园选择家长,而不是家长选择幼儿园。公立幼儿园的园长、教师其社会地位要比其他性质的幼儿园的教师要高。同时,因为公立幼儿园的财政支出绝大部分来源于政府投入，故教师的素质相对较高，教师有较多的机会进修与学习，园内的硬件设施也较好，幼儿园对家长的服务与引导也非常正确，她们不会误导家长，也不会迎合家长不合理的需求。

总之，公立幼儿园的幼儿家长相对而言具有较好的受教育背景，比较能够理解幼儿园的教育教学，理解教师的一些家园合作的请求，而且更重要的是，家长确实在参与幼儿园的各种活动中感受到了乐趣，感受到了孩子的成长与变化，看到了教师为孩子的成长所付出的辛劳，因此，家长们会自觉地配合幼儿园，成为一个积极的参与者与合作者。

(2) 挑剔者、质疑者

对于一些集体园的家长来说，他们扮演的角色则要复杂得多，他们既可能是参与者、支持者，也可能是挑剔者、质疑者，因为集体园没有公立园的强势地位，有较大一部分选择权掌握在家长手里。因此，如果幼儿园社会声誉不高，办学方向不坚定就可能会不得不跟风，像许多民办幼儿园一样，家长需要什么就教什么，甚至做一些违背教育规律的事。但一般而言，集体园有一定的积淀，在社会中也享有一定的声誉，集体园总是依附于某个企业、集团、学校或机关，与完全的个人办园性质有本质区别。

幼儿园的管理者特别注重幼儿园在当地的社会声誉，认为"金碑、银碑，总不如家长的口碑"，家长的口碑是幼儿园的最好宣传。家长在参与幼儿园过程中实际上所扮演的角色往往与幼儿园在老百姓心目中的地位有关，幼儿园在家长心目中的社会地位高，家长通常会以一种支持者的角色参与，给予幼儿园较多的信任；而当家长认为幼儿园的社会地位较低时，他们就会对幼儿园提出的合理要求也表现出一定的怀疑，以一种十分警惕的心态面对幼儿教师提出来的家园配合方面的要求。他们甚至经常担心自己遭到幼儿园的愚弄，一些家长表现出对幼儿园的极大不信任，家长的这种不信任有时也会引起教师的反感、反抗，家园之间的这种不信任不仅无助于关系的改善，反而使原本就僵化的关系更趋恶劣。

(3) 消费者、享受服务者、被蒙蔽者

民办幼儿园中的家长是完全意义上的消费者，付出一定的费用购买一定的服务，幼儿园与家长之间建构起来的首先是一种服务与被服务的关系，然后才是一种教育与受教育的关系。幼儿教育中许多新鲜的现象几乎都首先在民办幼儿园中萌发，幼儿园为了服务好家长，想出各种各样的服务策略，如 CIA 文化模式、家园网络互动、校车接送制等。为了迎合家长让孩子学习更多知识的需求，幼儿园还举办各种潜能培训班、黄金课程班、珠心算班、双语班等。在打出各种招牌不同的服务项目的同时，家长因为信息的不对称而对幼儿园的宣传盲信，幼儿园在此过程中获得了较大收益。难怪有的管理者说：家长就是我们的衣食父母，孩子就是我们的工资单。与公办园、集体园不一样，民办园的运作资金完全来源于家长的交费，家长是幼儿园生存下去的重要依靠，因此，幼儿园会较多地对家长的需求言听计从，以致于放弃幼儿园的教育职责与引导责任。

在民办幼儿园眼里，家长扮演的是类似上帝的角色，他们的满意度是幼儿园生存下去的唯一可能。在所有幼儿园，管理者都特别在意家园之间良好关系的建立，把家长工作放到重中之重的地位，原因就在于没有一个相互尊重、相互信任的家园环境，幼儿园的一些先进的教育观念是无法为家长所共享的，而民办园更要依赖家长的宣传来扩大自己的生源。

家长在幼儿园生存中的突出位置使幼儿园一再地将家长工作放到幼儿园工作的突出地位，一位园长在访谈中说："幼儿园工作主要是两大块：一是安全，一是家长。现在我们不得不对家长会、家长开放日给予特别的重视，有时遇到新老师甚至要反复地试讲、试教，作好充分的准备。而以前，家长会只是老师个人的事情，是某个班级的事情，而现在则变成全园的事情、重要的事情。"

二、家长的社会生存

在当下的社会中生存，家长的生存状态可以用"焦虑"两个字来形容，焦虑的源头是孩子。孩子出生前担心孩子不健康有残缺，出生后焦虑更多，首先面临的是成长焦虑，接着是入园焦虑、分离焦虑，再接着还有上学焦虑、工作焦虑、婚姻焦虑。中国家长通常要为孩子的一生负责，是一个“从摇篮到坟墓的过程”，堪称为“总体性焦虑”。在幼儿园阶段，家长的生存性焦虑主要包括以下几部分。

1. 育儿知识的一知半解

在与幼儿教师的访谈中，教师们认为，家长在孩子刚入园时对幼儿园充满了各种误解与期待，所以相比而言，家园之间的冲突会较多地发生在小班。小班阶段，家长以为自己懂得如何教育孩子，对年轻的幼儿教师充满了不信任，经常会用自己的方式来指导教师、要求教师。他们的知识多来源于网络、杂志、电视宣传等，但很多只是一知半解，道听途说，盲目地跟风与攀比，对幼儿园提出很多不合适的要求，如要求幼儿园要开各种兴趣班，认为让孩子睡移动床会影响幼儿发育等。但是随着与幼儿园打交道时间的延长，家长会更理智，更多地理解幼儿园，信任幼儿园，与幼儿园建立起一种比较适当的关系。

在幼儿教师的眼里，家长的素质有高有低，通常可分为三类：一类是受教育程度高的家长，对教育观念有一些了解，这部分家长就比较能够体谅和支持老师的尝试；一类是把孩子交给幼儿园就不再管，只要孩子在幼儿园里吃好、玩好；还有一类就是只注重学习，常常问孩子今天学了什么，并不注重孩子今天在幼儿园是不是很开心或者跟哪个小朋友成了好朋友，他们通常不会从短期内不容易表现出来的能力上评价自己的孩子获得了多少东西，他们更多地是从量的角度，如学了几个字，会了几首儿歌，能说出几个单词来评价老师的工作。[①] 总体而言，家长的知识本位观还是有很大的影响的，一位受访的家长说：“幼儿园一天的安排乱糟糟的，看起来生气勃勃，但很不系统。如果每天都这样，孩子学到的东西就太少了。因为孩子将来要生存，要考学校。所以孩子最好能从五岁开始学拼音与数学，否则上小学就会跟不上其他孩子。”

① 陈思帆：《转型时期的中国幼儿园》，华中师范大学硕士学位论文，2005年。

应该说，目前关于育儿的信息资源非常丰富，市场上有各种各样的早教信息，但显而易见的是，这些信息都或多或少地带有某种商业气息与炒作特征，有的甚至完全是误导。有研究者认为，高校的学前教育研究者提供给广大父母的普及类读物太少了，家长的育儿观念缺少正确的引导。[①]在泛滥的信息中，家长并不能明辨真伪，也许研究者可以多做一些普及工作，以科学的育儿知识影响家长，引导家长的育儿观念。

2. 接送的苦恼

与中小学不同，幼儿园的诞生带有一种服务性与福利性，是为解决家长的后顾之忧而举办的，因此，幼儿园的作息制度相比中小学要有弹性得多，会较多地考虑家长的工作情况，在入园时间与离园时间上有所延长，然而在实际的操作过程中，许多幼儿园并未遵循服务家长的宗旨，采用各种策略缩减幼儿在园时间。

日托幼儿家长的苦恼要远甚于全托家长，因为他们每天都面临着接与送的问题。在孩子上幼儿园这段时间，很多家长不得不调整自己的时间安排来迁就幼儿园的接送制度，有些家长甚至不得不在接完孩子后再回到单位继续上班，或带着孩子一起上班，家长的社会需求被幼儿园严重地忽视，家长对幼儿园的满意度大打折扣。幼儿园的接送制度造成了家长的接送焦虑，甚至导致那些没法按时接送孩子的家长选择逃离幼儿园。

除了接送时间上的矛盾外，家长的苦恼还有很多，如家长对幼儿园教育观念的不赞同，对其他家长所提要求的无奈，对幼儿园庞大班级规模的担忧，对幼儿教师所提要求的不满等。在很多地方，家长面临着两难选择，他们知道幼儿园有很多方面做得不对，不符合儿童身心发展规律，但作为少部分的家长，他们始终抗不过大多数的家长和幼儿园的整体决策。家长不能完全不上班在家教育孩子，也不愿让孩子脱离同伴孤独生活，但将孩子送到幼儿园又是他们心所不愿的。从我国目前来看，具有优质师

① 徐琳:《学前教育中“制度化”倾向的批判》，南京师范大学学前教育学博士沙龙，2008 年第 3 期。

资、正确观念和合理收费的幼儿园还是太少了，尤其在县镇地区，情况更是如此。

3. 累积性焦虑

随着独生子女现象成为我国的新现实，家长的期望由原来多子女时的选择性期待到对独生子女的唯一期待，家长对孩子不再抱着一种“望天收”的心态，而是把所有的期望、所有的力量全部投入到一个孩子的成长过程中，因为家长知道，孩子的成长是不等人的，错过了的机会不可能在第二个孩子身上得以弥补，所以整个家庭几乎是全力以赴地关注孩子的成长。家长的焦虑、忐忑比任何时候都更强烈，家长的脆弱也比任何时候都更明显，一个孩子的失败几乎会转变成一个家庭的失败。家长的焦虑已经相互传染，而且越来越提前。

笔者曾经接触过无数个因择园而苦恼不堪的家长，原本暑假才开始的招生因疯狂的竞争而一再地提前，现在很多园所的招生几乎是提前一学期完成的，家长不得不为孩子上一所幼儿园而提前加入各种各样的竞争中。据家长说，要想上一所好的幼儿园，原来需要先上幼儿园的托班，后来发现只上托班还不够，还得先上幼儿园的亲子班，这样家长就得为孩子入园提前支付两年的费用。尽管这样，能够顺利从亲子班一直读到大班仍然是一部分父母最大的期望，因为在五年的学前教育中，有很多孩子在竞争的过程中被中途抛下，孩子入园的每一个环节都需要进行资本动员和关系动员，送子入园的成本已经达到一般家庭难以承受的地步。

入了园以后家长还要焦虑。有研究者统计过两个托班幼儿的成长档案册，发现绝大多数家长都直接或间接地表达了一种入托初期的焦虑不堪的心情。①

案例一：我哭了

记得她才出生的那几天，医生说要带她去照蓝光，要整整离开一天，

① 王丽燕：《自失与重构——入托危机及解决策略研究》，南京师范大学硕士学位论文，2004年。

开始时没觉得,可医生来抱她时我哭了。天哪,她才那么小就要离开我整整 24 小时,会饿着吗?会冻着吗?会哭吗?睡得好吗?那一天我眼睛肿肿的。先生安慰我:"以后她总要离开你走向社会的。"是的,这一天是她走向社会的第一天,时间过得好快,女儿长大了。

老师问是否担心,我说不!是吗?我的眼睛又湿润了。虽然每个父母都期盼孩子快点长大、独立,可是又矛盾地希望孩子永远留在自己身边。这几天为她做好入园前的准备,心情总是激动的,可静下来写出自己的想法时越发觉得自己的不舍。

每次提到幼儿园,她总是很开心,玩本来就是孩子的天性,真的希望她能很快适应一个陌生的环境,能接受幼儿园大集体的生活习惯对孩子来说是很重要的,所以再舍不得也得咬咬牙呀,因为女儿长大了。

案例二:孩子很"可怜"

这么小就让她适应这个东西,就觉得于心不忍,所以觉得孩子很"可怜"。关键是我们心情很矛盾。一方面觉得这个环境对她有积极的因素,比如环境逼迫她把自己的想法表达出来,不然老师、小朋友就不知道她是什么意思。另一方面我觉得她这么小就要适应这样一个环境,所以我们觉得有点于心不忍。在家里,她一个眼神、一个手势我们就知道她什么意思。爸爸妈妈都宠着她,让着她,这是很正常的。

案例三:我们好紧张

我特别紧张。所以我作好准备他肯定会哭,而且我有两个月的(心理)准备,他拼命地哭,如果有吸引注意力的事情就不哭了,然后想起来又哭,特别担心!

家长的焦虑是无处不在的,除了孩子入托、入园所带来的焦虑外,送孩子入园时家长要左叮咛右嘱咐,家长焦虑的目光似乎总追随着孩子的身影,回家后还要不停地打电话来询问老师孩子有没有哭,要不要喝水等。家长的担心是可以理解的,但如果总把担心"写"在脸上,甚至觉得孩子可怜,这只会造就一个适应困难和处处依赖的儿童。

4. 自私化本位

亚当·斯密曾提出过一个“经济人”的假说，认为每个人都是一个经济人，以自利为第一目的。从现在的情况来看，当下的家长比过去任何时代的家长都更多地把孩子当做自己的“私有财产”。这意味着除了家长本人，谁也没有权利损害这笔“私有财产”，而让孩子掌握更多的知识，具备更强的能力，以便在将来的激烈竞争中具有优势是使“私有财产”保值增值的最好办法。当家长用一种功利性的目光来看待孩子的成长、期待孩子的进步时，孩子已经转换成为父母投资的一种方式与策略，这是完全站在父母立场上的一种观点与行为。

一位老教师表达了同样的看法，她说：“现在家长只是站在自己的角度考虑问题，无论如何也不会站在我们幼儿园的角度看问题。过去，我们老师就是老师，现在转变成服务型、市场型，家长认为他交了那么多钱，他是消费者，他就是上帝。”①

三、家长的权利

“家长”这个角色是相对于幼儿园而存在的，可以说，家长和幼儿园是互为重要的他人。在中国，学前教育未实行义务教育，因此，家长的权利并不针对国家与地方政府，而主要是面向幼儿园。我国于 1996 年颁布的《幼儿园工作规程》虽没有明确提出“家长权利”这一说法，但规程中的内容包括着家长权利的有关内容，如“幼儿园为家长参加社会工作、学习提供便利条件”、“家长参与幼儿园教育与管理工作”、“参与家长委员会或家长开放日活动”等。在许多民办幼儿园，往往以家园合同的方式规定幼儿园、家长的权利与义务。如一所民办幼儿园在合同中明确规定家长的权利主要包括：免除幼儿在园期间的教育义务及监护职责；要求幼儿园提供符合法定标准的教育教学设施和设备并让幼儿使用的权利；要求幼儿园为幼儿提供符合质量要求的保育和教育服务

① 陈思帆：《转型时期的中国幼儿园》，华中师范大学硕士学位论文，2005 年。

的权利;合同约定的其他权利等。[1] 除了明文规定的权利外,家长享受的最大的权利便是决定是否送孩子入园以及入什么样的幼儿园的权利。

第二节
家长社群

家长社群通常是家长的自发性组织,是家长为了交流育儿经验、维护自身权益、增进育儿信念的一个平台。在日常生活中,家长社群有多种形式,有实体世界的交往,如周末的家庭小组、亲子俱乐部;有虚拟世界的交往,如 QQ 群、家长论坛等。在瑞吉欧早期教育机构里,幼儿园鼓励家长与家长之间建立各种友好关系。比如,当一群家长在第一次送孩子入园注册时,幼儿园就会邀请他们和孩子一起呆上一个星期,并鼓励家长们一起工作,如可以在挨着游戏区的一个小房间里制作汽车或其他材料。这种入园活动不仅鼓励家长之间的合作关系,而且在鼓励家长发展他们和教师的协作关系。[2]

一、家长社群的形成

在中国幼儿园的具体空间中,还是有很多机会让家长相遇的,如家长开放日、亲子活动节、家长会、六一游园等。家长们会在不断比较、判断中发现孩子与孩子之间的差异,家庭与家庭之间的差异,从而有意识地改善家庭亲子关系。

家长与家长之间通常会在参与幼儿园组织的共同活动中形成一定的社群,有时家长们也会自发组织起来结成一定的互助小组或家庭联盟,有时家长们联合的目的只是为了与幼儿园进行斗争。在访谈中有一位园长

---

① 赖长春:《试论民办幼儿园与家长的教育合同——幼儿园伤害事故中责任认定的合同法基础》,载《学前教育研究》2003 年第 10 期。

② 王峥:《作为儿童发展和教育的生态环境》,载《生态学视角下的学前教育》,华东师范大学出版社,2007 年版,第 223 页。

说:“家长与家长之间也会形成小团体,如通过家长网站、家长QQ群,有些家长会在这些媒介上发布情绪化言论,提出各种条件与要求,如取消兴趣班、抗议儿童睡觉房的改造、去教育局静坐、找上级领导告状、找园长理论、找媒体曝光等。”

幼儿家长的社群是如何形成的?一位受访的园长认为,“主要有两种途径,一是无事者组合,一是双休日的交往,这些小团体几乎都是在园外产生的,但也有在园内萌芽的,如家长开放日等”。

二、家长社群的分层

我国当下的社会是一个分层的社会,且这种分层几乎是一种结构化的分层,即不同阶层的民众享受与其阶层属性相应的生活品质、教育质量和娱乐闲暇。儿童想要通过教育来改变其社会归属、实现社会流动的可能性已经降到很低的程度,教育仿佛就是布迪厄所说的一个“再生产的机制”,它将不同阶层的人牢牢地固着在他原有的社会阶层上。

在幼儿家长内部存在着明显的分层,学历的、职业的、经济的、文化的等。从我国目前幼儿园的家长群体来看,越是优质或劣质的幼儿园其家长群体的阶层属性越一致,这是一种自然筛选和社会筛选相结合的结果。在新中国成立初期,单位制下的幼儿园家长群体其身份、阶层也非常一致,但那种一致没有经过自然筛选,而是一种制度安排。在当下的大量的处于中间水平的幼儿园中,生存着大量的处于中间层次的家长群体,他们中有少部分来自社会上层,大部分来自社会中层,很少的部分来自社会下层,家长群体相对呈现出一种异质性。

对于幼儿园来说,家长群体的阶层越统一,其管理与服务的目标就越明确,遭遇的矛盾和冲突也会相对减少。罗红曾对以深圳中心城区中高收入家庭的家长为样本进行跟踪调查,结果发现中高收入家庭的家长对孩子的期望呈现出三个特征:第一,高期望。61%的家长希望孩子能成为企业家和社会管理者等所谓社会“中产阶级”。第二,补偿心理。一方面,许多家长由于高竞争的生活压力无暇顾及孩子的教育和教养,往往将金钱和物质消费作为对孩子情感的补偿;另一方面,一些家长为了弥补自己的某些遗憾,希望下一代能超越自我,也构成家长的补偿心理。第三,家长本位。表面上看家长的儿童观是"一切为了孩子"的价值取向,但实质上是"一切为家长"的私利。①

与此形成明显对比的是,草根阶层的家庭则对儿童寄予较低的社会期待,他们大多不相信教育能改变命运,也不全力投资教育,他们认为自己的现在就是孩子的将来。草根阶层家长的价值观往往会被他们的孩子所认同,所以在接受学校教育的过程中,这类家庭的孩子不是接受学校的"竞争性文化"、"筛选性文化",而是建构出与学校文化取向正好相反的同伴群体亚文化,威利斯的著名研究《学会劳动》非常生动地描述了这样一种文化现象。

除了家长与家长之间由于社会分层所导致的分层现象外,在任何家长群体或联盟内部也还存在着另一种结构化分层,如在一些园长看来,家长联盟里有主事者、煽动者、跟随者和起哄者。在一个相对组织化的团体内,必定有人担当领导者、组织者的角色,有人担当协调者、磋商者角色,有人扮演跟随者、服从者角色等。

三、家长社群的类型

家长社群的类型非常多,从范围来看,有为某个班级服务的,有为某个幼儿园服务的;有地区性的,也有全国性的。从发起者与组织者来看,有幼儿园发起的,有家长自己发起的,也有民间团体发起的。

1. 家长自发结成的联盟

家长自发结成的联盟带有很浓的临时性色彩,常常围绕某些需要而组织,如实体世界中的周末家庭小组,它成立的目的是为了增加幼儿在不同时间、地点、环境下与同伴、成人交往的机会,增进亲子间的互动,增强家长的教育信心,有效促进家长间的互动。如周末对对碰就是一种以游

① 罗红:《中高收入家长群体的幼儿教育行为分析》,载《学前教育研究》2005年第5期。

戏的方式组建的周末家庭活动小组。

此外，还有“爸爸社团”与“妈妈联谊会”，[①]“爸爸社团”主要是通过沙龙、辨析、小品表演、竞赛、游戏的方式，促使父亲走进学前家庭教育之中，分享家教心得，转变家庭教育观念，避免父亲角色缺席给孩子造成的不利影响。“妈妈联谊会”是妈妈们的一个自发组织，主要是交流育儿经验、交换日常用品等。

在一些发达国家的大城市，如瑞典，由于人口集中，幼教托育机构在供应上存在相对的短缺，造成幼儿等待进入幼教机构的时间较长，因此，家长组成的家长合作团体较为盛行。在挪威，每一所幼儿园都需有家长委员会及家长协调委员会，由同等数量的家长代表与职工代表共同组成。前者主要保障家长们的共同利益，并有权对幼儿园与家长相关议题发言；[②]后者则是为了协调家长之间的利益与冲突，达成一个共识。

而在芬兰，父母协会[③]是全芬兰最核心的父母组织机构，它由1 055个独立的团体组成，总会员数达20万家长。它与教育、社会、健康等各个机构联合起来，推行最重要的活动，支持小孩的养育、发挥影响力、提供政策建议和提供关于父母议题的研讨会等。

2. 班级家长社群

班级家长社群有班级家长自发组织的、幼儿园组织的，也有班级教师组织的。如哈哈幼儿园的一位家长曾经在班级论坛上号召其他家长来参与家长联盟，内容如下：

一个月以前我发过一个号召帖，希望孩子在哈哈幼儿园的家长们能联合组织一个家长联盟，以便更好地和幼儿园互动，加强相互了解，支持幼儿园工作。希望近期能在一起讨论一下怎样和哈哈幼儿园互动比较好，以及有哪些建议给哈哈幼儿园。我想到的几点建议是：

(1) 希望能够建立定期的园长、老师和家长代表的见面讨论会；

① 何幼华等主编：《幼儿园管理创意设计》，华东师范大学出版社，2006年版，第308页。
② 简楚瑛：《幼儿教育与保育的行政与政策》，华东师范大学出版社，2005年版，第7页。
③ 简楚瑛：《幼儿教育与保育的行政与政策》，华东师范大学出版社，2005年版，第47页。

(2)建立一个意见集中、反馈、公示讨论的渠道,这样方便双方相互了解;(3)不定期能有公开课等。

有的幼儿园在网上号召建立新生家长联盟,他们认为伴随着独生子女时代来临,“伙伴危机”日益明显。幼儿园建议在6个班的200多个孩子中间,推广家庭友好小组活动:每3—5户家庭组成一个小组,家长结成联盟,联盟家庭的孩子们也像兄弟姐妹一样共同玩耍。家庭友好小组的建立,使独生子女有了好伙伴,家长们也成了好朋友。友好小组打破了围墙的限制,使孩子离开幼儿园后不再感到孤独,能更好地培养孩子的社会性。

在幼儿园的班级中,教师也利用家长资源成立班级家长援助小组,自制家长刊物。如在班级的“爱心家园”上,一位教师写道:“我们发现家长有很多好的育儿经验值得推广,而且这些经验非常具有说服力和可操作性,需要幼儿园搭建交流分享的平台。我们萌发了这样的想法:将家长们的好经验好策略编辑成一本小册子供全园家长共同分享。当我们把想法告诉家委会的成员后,家长们的积极性出乎意料地高,纷纷说:‘我们觉得这是一件非常有意义、有价值的事,我们不是出小册子,而是要编辑一本高质量、高水准、精美的家长刊物,能引领全园家长教育观念和行为的刊物,让家长想看、喜欢看,看了有收获。’在家委会的组织下,家长们分工负责了刊物的策划、选题、组稿、审稿、编印、经费等,积极地投入到各项工作中。我园有一名家长是某杂志的编辑,他承担了文字编辑工作;有一名家长是开画廊的艺术家,她承担了美术编辑工作,并无私地提供了她从欧洲带回来的图片素材;还有的家长承担了写倡议书、组织捐款等系列工作。在家长们的齐心努力下,这本朴实而蕴含着鲜活、生动的教育理念的刊物出炉了,受到了全园家长的关注和喜爱。”①

3. 地区性的家长联盟

地区性的家长联盟是比较大的组织,是一个地区的家长之间有效的

① http://www.cnsece.com 2008-1-6 作者:重庆市巴蜀幼儿园

联络组织和活动机构。这里主要介绍两个家长联盟,江苏的幼儿家长联盟和台湾的一个家长团体联盟。

在江苏的幼儿家长联盟的主页上,发起者写道:“这里是江苏所有幼儿园家长的精神家园,是各位家长们、老师们交流和沟通的园地,也是家长们发发牢骚、开开玩笑、学学经验的自留地。请大家加入吧!谢谢。”

台湾的这个家长团体联盟网站内容比较详实,其宗旨有四个方面:1.保障学生学习权益,提升以学生为主体的优质教育。2.增进家长教育权及家长参与教育权之知能发展。3.推展亲师合作及爱的教育。4.促进国际教育交流。下面是家长团体联盟在家庭行动宣言记者会上的发言,从中可以看出其在发展幼儿教育中的作用:

家长应该要发声了!……幼教是政府与人民的事,支持幼教公共化,请政府担起更多责任。1996年《教育改革总咨议报告书》建议实施普及与免费的幼儿教育。2001年教育改革之检讨与改进会议提出幼儿教育普及化及义务化的改革方向。

2003年教育发展会议的结论是将5岁幼儿纳入公民教育正规体制的政策目标。但多年来只闻楼梯响,却未能见到具体政策推动,现况依旧是:未立案的托儿机构仍达35%,不合格幼托从业人员比例高达6成,公私立幼托园所3∶7,公立一学期1万多元,私立5万、6万不稀奇!

一、支持幼教公共化,政府在幼儿教育及照顾上应担负更多责任。

(一)立法:加速立法。

(二)经费:增加幼教经费办理公立或公办民营增设非营利之幼托机构。

二、对《幼儿教育及照顾法》之意见。

(一)零岁托婴,二岁入园,育儿支持体系启动,家长无后顾之忧。

(二)提升师资素质。

(三)加强质量监督。

……

4. 专业性的家长联盟

专业性的家长联盟通常是由相关的专业人士所开设的为家长服务的组织，如 K12 家长联盟，它宣传说：“孩子们都说，做孩子并不容易。相信每一位家长也会说，做家长也挺难。家长们在为人父母之前，都不知道怎样做好家长。因此，伴随着孩子们长大的历程，也是家长们成长和成熟的过程。我们有专门的学校来帮助孩子们成长，来培养更好的教师，但是，谁来帮助家长？来到 K12 吧，让我们互相帮助！为了孩子的成长，让我们联合起来！”

第三节
家园关系与亲师关系

目前，很多幼儿园都将服务好家长作为日常工作的重要内容，足见家长在幼儿园中的重要地位。与十年前相比，当下的家园关系和亲师关系非常复杂，里面掺杂了太多的因素、关系与力量，已经不再是相对纯粹的合作性教育关系，而是带有了经济关系、交换关系等色彩。一种关系的变化通常受内外两种因素的影响，一是家园之间力量关系、资源关系的变化，一是家园所生存的外部环境的变化。

自体制改革以来，幼儿园及幼儿教师在社会上的稳定地位逐渐被打破，幼儿园不再是“皇帝的女儿”，幼儿教师也不是待字闺中的优雅公主，体制与身份的变化使得幼儿园、幼儿教师在社会上的地位与声誉受到了严重的影响，而这自然会影响到其与家庭之间建立起来的合作性教育关系。而且，从家长来看，家长所面临的社会压力也越来越大，竞争已经成为一种看得见摸得着的社会事实，独生子女政策使每个家庭都面临着投资风险，家长们不得不将所有的希望都寄托在一个孩子身上。在这样的高风险下，家长对幼儿园、对教师的要求自然会有所提高，家长们已无法以平常心来对待自己的孩子。

一、家园关系

从目前来看，家园之间的关系呈现两种特殊的状态，一是经济性关系，一是交换性关系，这两种关系都是市场经济的产物，也是家园之间相互调适的结果。

1. 经济性关系

经济性关系一般发生在生产与流通领域，它意味着有买方市场与卖方市场、生产者与消费者。从幼儿园的性质来看，它是一个保教结合的教养机构，并非一个生产机构，更非一个流通市场，按理家园之间是一种教育性关系，最多成为一种服务性关系，但何以成为一种经济性关系呢？问题也许在于当下的混乱的幼儿园发展状态，在于政府在发展学前教育中的责任收缩。

由于我国的学前教育事权在地方，在财政投入上中央缺少专项的幼儿教育发展经费，且我国也没有专门的学前教育法，使得各地方政府在发展当地的学前教育过程中，盲目地放大政府的权力，启动一些有碍于学前教育发展的政策，如宿迁的卖园、深圳的转企、邗江的改制等。这些地方性政策不仅导致当地学前教育发展受到严重破坏，它还影响周边其他地区，甚至辐射全国，造成恶劣影响。

2001 年从全国的情况来看，集体园、公办园的数量降至历史最低水平，最近几年，学前教育不时地受到各种改制风的影响，使得大量的原来由集体、单位举办的幼儿园转制成了个人办的幼儿园。从某种意义上来说，中国并没有发达的非营利性组织，民间资本之所以进入幼儿园，不是因其为民服务的精神，而是冲着营利而来。有些幼儿园盲目地提高收费标准，市场上出现的那些所谓高档幼儿园、天价幼儿园实质即是有营利目的的机构。信息的不对称和家长对教育服务水准辨识能力的局限，以及家长对幼儿教育的强力期待，助长和拉高了个别幼儿园的赢利空间。在这样一种营利动机的驱使下，幼儿园完全沦落为“不冒烟的工厂”，成为经营者赚钱的最好工具。家园之间的关系完全转变成为一种经济性关系，两者通过市场来进行商品的买卖活动，家长如果想要获得优质的幼儿教育则需要付出高的价钱。高盈利的幼儿园不存在所谓的成本核算，更不存在成本分担，家长是唯一的买家，而幼儿园是彻底的赢家。

在一般的民办幼儿园，为了能够最大限度地营利，他们也经常利用家长爱子心切的心理举办各种名目的兴趣班、打出各种不切实际的广告，纯粹将幼儿教育看做商品，竭力地通过宣传、包装来博得家长的青睐。不明究底的家长往往被“不要让孩子输在起跑线上”的标语所感染，盲目地被卷入各种教育产品的试验洪流中去。

在改革开放前，幼儿园的收费通常有严格的成本核算，根据教育性需要来进行成本分担，但当下社会中大量的民办幼儿园可以采取非常极端的收费标准，高者一年 10 万元，低者一年只有 200 元，如此大的差距足以反映幼教管理的混乱与无序。这也正是家园之间经济性关系得以可能的重要原因之一。

除了幼儿园收费标准中所体现出来的经济性关系外，家园之间矛盾冲突的增多也从另外一个侧面反映了这样一种倾向。原来家园之间的冲突通常能大事化小，小事化了，而现在不仅大事无法化小，小事还会升级成大事，甚至对簿公堂，最终以经济的方式来裁决，凡事不与经济挂钩似乎便显得极不正常。据说，在有些幼儿园，孩子之间的友谊也要通过经济的方式来解决。

相比公办园而言，民办园、集体园的成本更多来自于对家长的收费，家长投入比重过大导致政府教育监控力的下降。同时，由于民办园过度依赖家长的投入，因而在办园的宗旨和方向上过多关注家长的需求，满足家长的各种要求甚于引导家长。而在公办园，由于政府的投入，其在办园成本上并不完全依赖家长，所以家园之间的关系相对简单一些，但在经济关系减弱的同时，交换关系则有所上升。

2. 交换性关系

交换性关系的确立通常基于一种资源的差异性拥有，在幼儿园与家庭之间有着各种名目的交换中介，如权力资本、文化资本、经济资本、社会声望等。家园之间交换性关系的建立通常发生在优质的公办园与社会地位相对较高的家长之间，一般的家长与园所之间更多的是一种相对简单的经济性关系。当下的公办园之“公”，是特指幼儿园的经费来源于政府拨付，是公家办的。

而对于企业家、个体经营者而言，进入公办园则更多是一种经济交换，他们会以不同的方式资助幼儿园，或以图书、玩具的方式，或以承担印刷与出版园报的方式，或以无偿为幼儿园进行装修的方式。而且，对于幼儿园而言，接受谁的资助本身还要经过选择，幼儿园并不会照单全收。

对于专业技术人员而言，能够拿出来交换的便只有技术与文化资本。如高校研究者，因为幼儿园要经常性地开展各种教研、课题活动，特别需要高校研究者的帮助与支持，故他的孩子能较容易地被公办园录取。

每年到招生季节，家园之间都会经历一番相互打量、观望的过程，猜度双方可拿出来交换的资源的数量与质量，从而决定交换的可能性与可行性。

二、亲师关系

最近十年来，亲师关系经历了一个根本性的变化，可谓十年河东，十年河西。十年前，幼儿教师受雇于国家，是“吃皇粮的”人，因此在家园关系中，教师比家长更权威。在市场经济时代，教师比家长更权威的现象已经逐渐消失。现在大多数幼儿园是必须按照市场规律运作的“商品”，幼儿教师必须逐渐建立起为家长服务的意识。

十年前，幼儿园为家长服务的前提是，孩子是家长的也是国家的，幼儿园和家长的共同目标是培养好孩子，同时为国家建设作出贡献。所以，家长对老师基本上是信任的。而现在，幼儿园和家长的关系更多地建立在“服务与消费”的交换关系上，家长成为了消费者和购买教育服务的主体，他们自然渴望获得优质服务。而家长一旦对教师不满意就可以层层上告，园长们为了生存也不再把维护教育的尊严、教师的尊严作为首要任务。家长俨然成了幼儿园的上帝、幼儿教师的上帝。

由于幼儿园的性质不同，家长对幼儿教育的重视程度不同，亲师关系在不同幼儿园有不同的表现，主要有以下几种关系状态。

1. 支持性关系

在幼儿的不同发展时期，家长对幼儿园的期待是不一样的，因此亲师互动的内容与支持的方式也是不一样的。在刚入园时，家长会更多地关注孩子在园的状态，如小班的家长更多关注有没有吃好、睡好等生理方面的事，有的家长会给老师提出各种要求，如送来一包毛巾，要求老师要经常性地给其孩子擦汗。再如家长在孩子感冒时反复嘱咐老师要提醒孩子多喝水。对于家长的这一关照，老师要给予充分的理解，并且努力配合好让家长放心。有经验的老师都知道，要重视对家长的承诺和家长提出的合理要求。当下午家长来接孩子时，老师要首先告诉他孩子喝了几杯水，换了几次毛巾，让家长感觉到你对孩子的关注，这是一个将心比心的过程，看到老师对其孩子好，家长自然会感激老师。中班的时候，家长会比较多地关注孩子的认知、交往、情绪等方面，而大班末期则会较多关注入学适应，围绕着家长关注点的不同，老师要很好地给予支持、引导。

亲师之间的支持性关系往往是一种工作上的关系，而不是一种私人情感上的关系。一位受访的园长说："在家长与老师的关系中，老师要与家长保持工作上的关系状态。通过家长调查反映，尤其是毕业班的调查，越是那些平时与老师很熟悉的家长越容易对老师产生不满意的感觉。如一家长对老师说：'当老师真不容易呀，一天下来也够累的。'假如是面对一个熟悉人，老师会说：'是呀是呀，真不想干了，有的时候直想发火，回到家一句话也不想讲。'家长在这样的交流中获得的是老师的真实反映，而面对一个不太熟悉的家长，老师则会说：'是呀，累归累，可是看到孩子高兴也就不觉得累了。'两种不同的回答导致了两种不同的效果。而且，有的时候家长在送孩子入园时，看到老师与一些家长特别熟络就会产生误解与猜想，她们关系怎么这么好，老师会不会对她家孩子特别好，而对我家孩子则会不太好。是不是因为这个家长给她送了什么礼物，我该怎么办？"

家长与教师目的非常一致，都是为了孩子，亲师之间支持性关系建立的基础便是孩子。为了孩子，家长会特别支持幼儿园开展的各项活动，有的幼儿园实行家长助理制，不仅为本班孩子服务，而且为全园孩子服务，幼儿园在家长主动自愿的基础上，根据家长的特长、文化程度、空闲时间等安排参加园内的教育活动或教师辅助工作。在意大利的瑞吉欧，家长参与志愿活动是一件非常平常的事。瑞吉欧教育工作者非常倡导亲师之间的合作与互动，他们的"驻校研究教师"经常说的便是："你们有没有召集晚间交流会，和家长讨论一下孩子最近在做什么？有没有把孩子的活动制作成幻灯片放给家长看，有没有把和孩子的对话读给家长听，有没有跟家长探讨孩子在学校究竟做些什么？"他们不仅邀请家长参与班级互动，而且主张班级环境中要体现家长的存在，征求家长的意见。教师不断努力接近不同的家庭，采取各种不同方式与他们联系，与此同时，幼儿教师还为家长们创造更多的方式与幼儿园以及与其他家长保持长久的联系。[①]

2. 冲突性关系

在与教师的访谈中，经常性听到的不是教师与家长之间的亲密合作，而更多是她们之间的诸多冲突，这种现象不管是在公办园，还是集体园、民办园都是如此，亲师之间似乎变得越来越不友好。有位老师说："家长像是手里拿着一根小鞭子，在不停地赶着我们，家长认为你比别的班多搞一些活动是应该的，你比别人少是不合理的。家长逐渐成为影响幼儿园发展的一支重要力量。家长为什么对幼儿园越来越有发言权，我的专业信心在哪？"另一位老师则气愤地说："家长经常会用质疑的口吻指责老师，我家孩子今天怎么尿裤子了，我家孩子今天的衣服怎么没拉好，老师你帮我孩子倒水喝了吗，老师你要帮我孩子上厕所呢，老师你要帮我孩子脱衣服呢，家长根本不把老师当老师，在他的眼中我完全是个带孩子的

① 露易丝·博伊德·卡德威尔著，刘鲲等译：《把学习带进生活》，华东师范大学出版社，2006年版，第58页。

保姆。”

有的老师认为：“现在的家长由于信息渠道多元化，所以不再像以前那样信任老师，而会更多地挑剔，如老师批评孩子了，家长就会说，不可以多用一点鼓励吗，我家孩子需要鼓励，他回家经常做噩梦的，经常闹着不愿意上幼儿园的。”一位老师无奈地说：“有时面对家长提出的尖锐批评，我只能不停地为自己辩护：我做了什么，还有什么。我总感觉到有人在对我的工作指手画脚，告诉我该做什么，不该做什么。于是，我感到很沮丧，甚至恼怒。面对家长的不满，我会忍不住生气和心烦。但我却只能保持镇静，尽量给家长解释，来缓和气氛。”①

面对家长的不理解，幼儿教师更多的是无奈、愤怒与苦恼，亲师之间原来的那种合作性关系似乎再难重建，市场的力量已经侵入到幼儿园的角角落落，幼儿教师已非昔日的幼儿教师，家长也不再是原来的家长，一切都在市场的冲击下发生着变化，经济性关系、交换性关系的出现使得亲师之间的关系沦落为买卖关系，难怪一些研究者大声疾呼，“学前教育应该从对家长进行教育开始”②。

3. 迎合性关系

由于亲师双方地位与资源占有量的变化与转换，幼儿教师有时不得不放弃自己的职业信仰，单纯地迎合家长。访谈中一位幼儿教师说：“由于家长的满意度决定着老师们的年终考核，所以现在许多老师也不再太执著于去纠正孩子的不良习惯，因为介入太多会导致家长不满，多一事不如少一事，但很明显的是，这样下去最终会害了孩子。家长以为这样做可以控制老师，但是她们不知道，受害的是她自己的孩子。一开始这样放任的时候我心里还会有些自责，但现在我已经很漠然了。”

迎合性关系无论是双向的还是单向的最终都是一种责任的放弃、原

① 王彦力：《让家长有效参与幼儿园管理》，载《教育导刊》2004年第9期。
② 陈思帆：《转型时期的中国幼儿园》，华中师范大学硕士学位论文，2005年。

则的放弃,“迎合”本身描述的便是不对称、不公平。在市场因素越来越明显地介入幼儿教育的情况下,家长确实越来越成为一支改造幼儿教师的力量,家长使幼儿教师的专业自信、专业自尊以及由此形成的职业幸福感彻底地被改写。家长与幼儿教师,作为幼儿生命早期的重要他人,如果他们不能很好地合作,如何期待孩子拥有美好的未来?

第五部分　学前教育的社会文化

学前教育中的社会文化主要指幼儿园课程。本部分梳理了幼儿园课程的社会变迁历史，探讨了幼儿园课程的文化属性、文化品质与社会实施。

第十一章 幼儿园课程：一种文化再生产

在一个给定的社会构成中，教育行动，无论从它的强加方式来看，还是从它强加的内容及对象的范围来看，都最全面地符合统治集团或阶级的客观利益，尽管采取的形式总是间接的。

——布迪厄：《再生产》

张宗麟认为："幼稚园课程者，由广义的说之，乃幼稚生在幼稚园一切之活动也。"①张雪门则认为："课程是什么？课程是经验，是人类的经验用最经济的手段，按有组织的调制，用各种方法，以引起孩子的反应和活动。幼儿园的课程就是给三足岁到六足岁的孩子所能够做而且喜欢做的经验的预备。"②从社会学的意义来看，课程即劳顿所说的"从一定社会的文化里选择出来的材料"，或者阿普尔所说的"法定知识"③。幼儿园课程是由处于特定社会位置的课程编制者，根据特定的标准，从社会文化中选择出来的传递给幼儿的法定知识的总和。幼儿园课程受多种因素的影响，如课程编制者、课程标准、社会文化、法定知识等，其中最核心的因素

① 张泸编：《张宗麟幼儿教育文集》，湖南教育出版社，1985 年版，第 31 页。
② 张雪门著：《幼儿园的课程》，载《张雪门幼儿教育文集》（上卷）（戴自庵主编），北京少年儿童出版社，1994 年版，第 25 页。
③ 转引自吴康宁：《教育社会学》，人民教育出版社，1998 年版，第 306 页。

是文化。从某种意义上来说，课程就是特定文化的浓缩，是文化的代言人，它传承的是特定社会的文化取向。社会文化不仅与幼儿园中“教什么”和“如何教”等有关，而且在很大程度上影响甚至决定着幼儿园课程政策中“为什么教”的问题。因为教育的主要目的是为了把儿童培养成合格的社会成员，使其继承所在国家的社会文化。社会文化不仅决定了个体的发展方向，也决定了培养人的教育机构的发展方向。[①]

第一节
幼儿园课程的历史变迁

有研究者曾以纵向的时间发展为线索，对中国学前课程百年的发展、变革历程进行了五个阶段的研究，分析了不同历史时期幼儿园课程的社会文化背景、教育指导思想、学前课程变革理论与实践。王春燕认为，中国学前课程的发展、变革受各种教育流派的影响，与世界学前教育发展的脉络相关；变革的主线在中外教育文化的交流中不断地进行引进与本土化；学前课程变革受民族文化传统的影响；学前课程百年变革中主流知识观也是嬗变的，经历了经验主义——理性主义——经验主义——建构主义知识观的变化；学前课程研究范式从封闭走向开放，从预设走向生成，课程意义不断地在动态过程中建构。[②] 基于她对百年课程的梳理与分析，笔者对其进行了社会学意义上的分析，使用的是历史社会学的研究方法。

在《物质文明和资本主义》中，历史社会学家布罗代尔将历史时间分为短时段、中时段和长时段，并用“事件”、“态势”、“结构”分别与之对应。所谓“事件”是指在某一时间段所发生的具有重大历史意义的事件，如 1903 年颁布的《奏定蒙养院章程及家庭教育法章程》、1932 年的《幼儿园课程标准》便是幼儿园课程变迁史中的重大事件。所谓“态势”是指课程

① 朱家雄、王峥：《从教育人类学视角看学前教育的政策走向和政策制定》，载《幼儿教育》2006 年第 1 期。

② 王春燕：《中国学前课程百年发展变革的历史与思考》，南京师范大学博士学位论文，2005 年。

变迁史中的周期性变动，这种变动表现为从一个状态到另一个状态，如在幼儿园课程内容的变迁中，从幼儿园课程诞生初期的崇尚经验主义的知识观到新中国成立初期的理性主义的知识观，从单一的课程模式到多元课程模式，从盲目学习国外到逐渐形成本土课程理论等。所谓“结构”是指幼儿园课程现实和文化传承、政治制度、经济发展水平之间所形成的一种有机的、严密的和相当稳定的关系。

一、短时段的“事件”分析

短时段的事件分析截取的是课程变迁历程中的某一个历史瞬间，并不着重将其还原到历史情境或历史境脉中，而是对事件本身进行“深描”，以期对某一事件本身达到一种洞察式的把握。在幼儿园课程的变迁史中，有太多值得去描摹的历史瞬间，这里选择三个有代表性的文件：《奏定蒙养院章程及家庭教育法章程》、《幼稚园课程标准》、《幼儿园教育指导纲要（试行）》。这三个文件分别代表三个不同时期、三种不同关系。《奏定蒙养院章程及家庭教育法章程》代表的是政府意志主导下的课程文本，《幼稚园课程标准》是民间学术力量自发产生，但经由政府权力机构合法化的课程文本，而《幼儿园教育指导纲要（试行）》则是政府权力机构与民间学术研究力量互动的产物。

1.《奏定蒙养院章程及家庭教育法章程》的社会学分析

《奏定蒙养院章程及家庭教育法章程》（以下简称《章程》）是我国学前教育史上第一部以政府的名义颁布施行的幼儿教育法规，它既是当时中国社会政治、经济发展的产物，也是洋务运动“中学为体，西学为用”社会文化思想的集中体现，它凝聚了当时政府高层变革图强的意志和决心，也表达了他们对未来儿童的一种文化期待。通过章程的颁布与施行，游戏、歌谣、谈话、手技成为蒙养院之为蒙养院，区别于中小学的独特的课程体系和合法性知识。然而，由于当时中国学前教育的贫弱状态，对蒙养院具体如何操作却一片茫然，最后不得不完全模仿日本《幼稚园保育及设备规程》，完全忽视了课程的文化适宜性与文化共生性。

其实,在当时的中国,康有为的儿童公育思想及学前课程思想已有了一定范围的传播。康有为主张儿童一生下来,就要由公家所办的"育婴院"、"怀幼院"来抚养,然后再经"小学院"、"中学院"、"大学院"等公养之、公教之,使每一个社会成员都受到优秀的文化熏陶,成为一个合格的公民。由于康有为的公育思想带有浓烈的浪漫主义情怀,并不能与当时中国的政治、经济、文化取向相一致,所以尽管他提出了公育思想,但并没能成为教育现实。

蒙养院制度的确立标志着中国的学前教育开始由家庭走向社会。然而,事实上,那时的中国社会并不具备公育的社会根基与舆论氛围,人们对将孩子送到蒙养院表示了十二分的不理解,最初的蒙养院也几乎接收的全是官宦子弟和开明士绅的孩子,幼儿园在其创办之初就已经开启了"阶层化"的社会分化历程。更重要的是,公养公育思想在西方是一个相对普遍的概念,而在中国,家长与幼儿园之间还没有就养育权与教育权达成一致,两者之间还在为权力的争夺而冲突、斗争着。《章程》在很大程度上只是高层决策者的一种社会期待,它完全建立在理想的基础上,既没有进行相应的社会动员与社会宣传,也没有对日本的一套价值规范与文化取向进行中国化的改造。

2.《幼稚园课程标准》的社会学分析

《幼稚园课程标准》颁布于 1932 年,其时的思想文化环境与社会权力格局同《章程》颁布时相比已有了很大不同。1903 年《章程》颁布时,统治阶层的核心思想是"中学为体、西学为用",本土的研究力量与民间势力还没有得到充分的发展。而 1932 年的《课程标准》则完全是民间学术团体的研究成果,且当时所处的政治环境是南京国民政府统治下,由蔡元培担任教育部长。政府的开明与学术研究者的旨趣有着某种共同性,所以在那样一种历史背景下才能诞生这样一部充满实用主义、儿童本位和学术精神的课程标准。

从某种意义上来说,课程标准乃是课程知识的一种"最高法规"①,是

① 吴康宁:《课程社会学研究》,江苏教育出版社,2004 年版,第 101 页。

政府意志的集中体现，也是学校何以能够实现“社会再生产”的根本原因。一般而言，课程标准是以文本的形式来呈现统治阶层对于幼儿园教学内容的“直白式”规定，课程标准的启动者是政府，而课程标准的制定者却是专业人员，这两者之间在很多情况下存在着社会身份与文化认同的差异，因此，在课程标准的制定过程中通常要经历“政治权力”与“学术权力”的反复较量、磋商与妥协。说到底，课程标准并不是规定“教什么”、“怎么教”的“专业性文本”，它更是一个规定“为什么教”的“政治性文本”。表面看来，课程标准的编制是一个根据儿童、社会和学科三要素进行权衡的“技术性过程”，但事实上，课程标准的编制在很大程度上是传播统治阶层价值取向的“社会性过程”。

《幼稚园课程标准》的制定似乎是一个例外，它较少地经历了学术力量与政治力量的反复对抗，课程标准中所传递的儿童观、教育观都有民主色彩非常浓厚的取向，这既延伸了新文化运动以来对儿童、教育的新的认识，又是对传统文化中对儿童的“被动性”、“使动性”认识的一种否定。课程标准的颁布与实施在很大程度上得益于当时的教育行政部门的支持，也在某种程度上得益于幼儿园作为意识形态“飞地”的日常判断。然而，遗憾的是，这样一部儿童本位立场和“另类思想”的课程标准由于战争的因素并没有在现实中发挥实际的影响。但作为中国学前教育史上第一部课程标准，它确立一个标杆，表达了一种文化期待。

3.《幼儿园教育指导纲要(试行)》的社会学分析

《幼儿园教育指导纲要(试行)》(以下简称《纲要》)诞生于基础教育改革的大背景下，是对《基础教育课程改革》的衔接与回应，它既是某种意义上的课程标准，也是幼儿教育的行动指南。《纲要》集行政权力与专业权力于一体，是行政权力与专家权力相互借力、相互赋权的过程。《纲要》对五大领域的划分，既是对陈鹤琴“五指活动”的一种发掘与弘扬，也是《纲要》制定者借行政权力对学术圈内不同领域的一种重新划界。在原来的分科教学体系中有六门教学法，即语言、数学、科学、音乐、美术与体育。从“六法”到五大领域，语言被保留了下来，音乐、美术被整合为艺术领域，数学和科学被整合为科学领域，体育被拓展为健康领域，社会领域则是在“六法”中新增加的。从《纲要》制定者对学科、知识和领域的“加法”与“减法”中，可以看出知识的重新分配与组合，“什么知识最有价值”、“谁的知识最有价值”通过《纲要》的颁布得以彰显。

二、中时段的“态势”分析

与短时段的事件分析不同，中时段的研究强调课程变迁的一种态势和趋向，这是一种远距离的打量，力图从这种打量中寻找到课程变迁的脉络与轨迹，这里分别从课程知识、课程模式、课程改革和课程研究四个方面来探讨课程变迁的一般趋势。

1. 课程知识：经验主义——理性主义——建构主义

课程社会学研究首先关注的问题是，为什么在特定的社会历史时期，有些知识能够进入幼儿园课程体系，有些知识却被排除在外？决定知识进入幼儿园课程的标准是什么？是儿童、社会与学科研究，还是三者的合力，抑或是其他未显明的因素？谁来决定知识筛选的标准？知识社会学尤其关注知识的社会决定、社会运作与历史生成，其最早的源头——马克思主义哲学的基本命题便是：社会存在决定社会意识，即知识作为一种社会意识是由社会存在的方式所决定了的。知识社会学的第二大源头——尼采哲学，则将人类的思想看成是寻求生存与争夺权力的工具，谁拥有了“什么知识最有价值”及“谁的知识最有价值”的发言权，谁便拥有了主宰世界的权力。知识社会学的第三大源头——历史主义坚持认为，历史脉络与社会情境是思想产生的“社会场域”[①]，任何知识都是历史地生成的。

在幼儿园课程的变迁历史中，主流知识观是嬗变的，经历了从经验主义、理性主义再到经验主义、建构主义的演变。从知识社会学的视角来看，任何知识都具有社会特质、历史特质、意识形态特质、权力特质。在某

① 高水红：《从知识社会学的视角审视课程知识的呈现策略：一个导论》，载《湖南师范大学学报》2005年第4期。

个特定时代，经验是“真正的知识”，而在另一个特定时代，“学科知识”即理性主义的知识才是真正的知识。“真正的知识”往往受制于特定时代的主流价值观、知识观，在实用主义思想成为主流意识形态的时期，经验主义的知识观往往会成为课程中的合法性知识，而当主流的价值观是苏联的分科教学思想时，理性主义的知识观便会成为课程中的“高位知识”。幼儿园课程变迁的过程首先是一个知识变迁和知识筛选的过程，什么样的知识在什么样的时代占据什么样的地位，并非一种偶然现象，而是一种有意选择。选择的标准不是儿童的发展需要什么知识、学科的研究有什么新的成果，而是儿童社会化的过程需要儿童接受什么样的知识，社会的需要、统治阶层的意志成为知识筛选的根本标准。

2. 课程模式：从单一到多元

综观幼儿园课程的变迁历程，课程模式经历了抄日、仿美、学苏及全面引进与学习世界上先进教育理论的过程。张雪门在《我国三十年来幼稚教育的回顾》中记载，当时国内的学前课程主要有三种类型：一种是蒙养院的日本式课程，一种是教会幼稚园的宗教式课程，还有一种是福禄贝尔、蒙台梭利课程。[①]《幼稚园课程标准》颁布后，单元课程曾一统天下，而在新中国成立以后，分科课程也曾一统天下。

与单元课程的影响相比，分科课程更持久，因为分科课程是在政府意志影响下的一种绝对统一。如统一的课程目标与内容体系、统一的课程实施计划、统一的分科教学模式等，指导思想极其单一，完全照搬苏联经验，严重忽视本土的文化根基与课程的文化适宜性。

20世纪90年代后期，随着社会的日益开放，越来越多的教育思想和课程理论传入中国，分科思想一统天下的垄断地位逐渐被打破，幼儿园课程有了更大的选择空间，然而由于在文化交流与对话中地位的不平等性，在不同的课程文化纷纷涌进中国的同时，幼儿园课程也失去了

① 转引自王春燕：《中国学前课程百年发展变革的历史与思考》，南京师范大学博士学位论文，2005年。

核心的追求，人们追逐着不同的理论与模式，直到完全被模式所淹没。有一位幼儿教师曾深有感慨地说："我们的幼儿园经常在学习、更新一些前沿理论与课程模式，以前我们学习综合主题教育，后来又搞活动区活动，再往后又搞创新教育、自主活动，现在大家又在忙于学习瑞吉欧课程，在搞方案活动方面，幼儿园似乎已成了各种课程理论与模式的'实验田'，幼儿园如果不包装自己的课程，就显得你没有变革意识，不具备创新精神，而且上级机关在检查时，也往往把是否具有改革的动向作为一个指标，所以追逐时尚、看重形式已成为一种风气，至于我们所要学习的那种课程模式的精神实质是什么，人们往往很茫然。"①

课程模式的多元并非随波逐流，而是要在立足文化根基，在找对本土经验的基础上提倡多元，当下的幼儿园课程模式众多，有本土的五大领域课程、渗透式课程、体验式课程、生态式课程，有外来的高瞻课程、方案课程。幼儿园无论选择何种课程模式都要有一种清醒的文化自觉，关注到本土的文化经验与外来的课程经验之间的衔接与相融。

3. 课程改革：自由探索——国家统一——自由探索②

根据石筠弢的研究，我国的学前课程改革可分为三个阶段：即自由探索——国家统一——相对自由探索的三阶段发展。

第一次改革发生在20世纪二三十年代，其主要目的是进行本土化改造。改革以陶行知、陈鹤琴等著名教育家为主体，辅以国家教育部的行政支持。很显然，这一时期的改革既具有国家性质也具有个人性质，且两者之间配合默契、相得益彰。改革的最主要成果便是《幼稚园课程标准》的诞生。

第二次改革发生在20世纪的50年代，它是社会主义改造的一种伴随物，其目的就是要明确幼儿园的社会主义性质。这一次改革是由国家主导的，借助了意识形态的手段和行政力量的推动，改革的结果是建立了

---

① 王春燕：《中国学前课程百年发展变革的历史与思考》，南京师范大学博士学位论文，2005年。
② 石筠弢：《学前教育课程论》，北京师范大学出版社，1999年版，第255页。

分科教学和分科课程的模式，把“教学”或“上课”引入幼教领域。国家意志的完全主导不仅使那个时期的课程刻板单一，而且对后来的幼儿园课程产生了深远的影响。

第三次改革始于20世纪80年代后期，改革的方式是国家统一要求，个人自发组织，再由国家教育部门倡导促进，改革从局部内容的调整走向整体变革，范围不断扩大，程度逐渐加强；改革的主要成果是国家教委1989年和1996年《幼儿园工作规程》的颁布，初步产生了“教育活动”和“领域”这两个重要的课程组织形式，“教育活动”不同于“上课”，“领域”不同于“科目”，它强调教育的整体性和综合性。①

综观幼儿园课程改革的历程可以发现，国家意志的过度介入常常会导致课程的僵化与单一，但缺少国家权力的介入，学术研究的成果又不足以影响现实，所以，在课程改革的过程中如何合理地在国家意志与学术研究之间进行权力的合理分配是极其重要的。

4. 课程研究：从“城市偏向”到兼及农村

1951年新学制明确规定，幼儿园应在有条件的城市中首先设立，然后逐步推广。1979年我国就已经颁布了《幼儿园城市工作条例》，而直到1983年，《教育部关于发展农村幼儿教育的几点意见》才出台。在全国这盘棋上，农村的发展总要滞后于城市，这是自新中国成立后的一种政治选择，也是一种策略应对。

“城市偏向”的政策很大程度上源于人力、财力的不足，是一种“权宜之计”，并非一种永恒的选择，当社会经济、文化发展到一定阶段，对农村的关注必将成为各项工作的重点。我国自20世纪90年代后期开始就有一批研究者开始关注农村的学前教育，尤其是南京师范大学（以下简称南师大）的“农村学前一年课题组”作了大量的扎实的研究，对丰富学前教育的理论研究、拓展农村学前一年的课程实践都起了很大的作用。

就我国当下的课程实践而言，最不足的地方仍然在农村，农村幼儿占

① 石筠弢：《学前教育课程论》，北京师范大学出版社，1999年版，第258页。

全国适龄幼儿的比例一直较高，而受到的关怀却始终较少。大量的课程、教材是面向城市儿童的，农村成了一块被遗忘的地方。课程研究者必须面向广大的农村儿童，了解他们的社会需要，发展出适合农村文化氛围的课程模式。

三、长时段的“结构”分析

长时段的“结构”分析需要跳出具体的课程事件、隐约的课程脉络本身，追问隐藏在这些事件与趋势背后的结构性制约因素，寻求导致课程为什么是这样而不是那样的最根本的原因与机制。简言之，长时段的结构分析实际上是追问课程产生与发展的社会基础、社会逻辑，阐明一系列社会系统要素对课程的制约。

1. 幼儿园课程与社会系统各要素的关系

幼儿园课程与社会系统中各要素都密切相关。政治因素对课程的影响主要表现在课程价值取向上，即课程是为什么人服务的。政治因素对课程价值取向的影响主要表现为意识形态与政治权力两个方面，它们合力作用于课程知识的选择、课程内容的编排、课程标准的制定以及课程评价的实行。阿普尔在《意识形态与课程》中曾系统论述了意识形态与课程的紧密关系，认为课程知识实质是意识形态的体现，是为了保护和再生产当前的意识形态和社会结构而由统治阶级任意建构起来的，课程知识的研究就是意识形态的研究。在现实的课程运作中，政治因素对课程的影响是无处不在且相当直接的。

经济因素对课程的影响有直接与间接两个方面。直接方面表现为政府经济投入的多少所导致的课程开发、课程授受的变化；间接方面表现为由社会主导经济模式的变化所带来的课程模式的变化。如我国在计划经济体制下的课程模式是刻板单一的分科教学模式，而当计划经济向市场经济转轨时，课程模式表现为一种逐渐多元的状态，及至市场经济模式成为社会生活的主导模式时，课程模式已变得日趋多元和成熟，课程的开放性越来越明显。

文化因素对课程的影响主要表现在课程内容上。如在蒙养院制度下，我国幼儿园课程内容中包含大量的孝悌、仁信内容，而在《幼儿园课程标准》中则较多地强调了自然、社会中与儿童生活相联系的内容，及至当下，幼儿园课程的内容更是越来越多地表现出信息社会、网络社会的特征。全球化、多民族的文化共同作用于幼儿园的课程，使幼儿园课程越来越多地具有了时代气息，成为时代文化的代言人。

幼儿园课程是在特定社会环境背景下的课程，它不能逃离社会的特征、文化的要素对其的影响，它只能被动地反映着社会、适应着社会。说到底，幼儿园课程只是社会用来进行社会控制的一种工具，它从来不是中立的，而是有价值倾向与文化偏好的。阿普尔通过对美国社会学科教科书的分析发现，教材提供给学生的是一个高度理想化的政治结构和过程，强调对国家的忠诚与爱，却隐藏着社会中包含的对立、冲突和争论。他认为，“学校的知识形式，不论是正式的或潜在的，都含有权力、经济资源和社会控制之间的相互关系问题”①。

2. 幼儿园课程变迁史是一部社会控制史

在幼儿园课程变迁的历程中，主导性的要素是社会的需要，而非儿童或学科研究。无论是 1903 年的《奏定蒙养院章程及家庭教育法章程》，还是新中国成立后的《暂行规程》、《暂行教学纲要》、《幼儿园教育工作指南》，其根本的出发点都更加强调社会的需要。如《暂行规程》就多次明确提出“我国幼儿教育的目的是向幼儿进行共产主义教育，为培养社会主义及共产主义祖国的建设人才打好基础”。如何才能使课程满足社会的需要，而非儿童或学科的需要呢？最重要的途径便是实行有效的社会控制，通过意识形态对课程内容的渗透，政治权力对课程标准的确定，经济因素对课程模式的影响来进行。

从幼儿园课程的变迁历程来看，课程产生与发展的过程实际上是

---

① Michael W. Apple. Making curriculum problematic. *The review of Education*, 1996,(2): pp. 210－214.

社会控制和社会冲突的过程。课程实现社会控制的主要方式是进行思想控制、社会知识的控制,即把什么样的知识教给幼儿,使幼儿形成何种影响的社会化等,它是通过各种社会力量逼迫幼儿遵从社会规范、维护社会秩序的过程。用马克思的话来说,就是社会存在决定社会意识,有什么样的社会存在就会有什么样的课程内涵,也就会有什么样的儿童社会化。

任何课程都是由社会决定的,并在社会中运作、演变,社会塑造了课程的今天,也影响了课程的明天。显而易见的是,这里的"社会"并不是一个全称,而是一个特称,它指的是任何社会中的支配阶层或统治阶层。

曼海姆认为,社会控制的结果是使每个人都在双重意义上被不断形成的历史事实所预先决定:一方面是他发现一个早已准备好的环境;另一方面是他发现该环境中有一套准备好的思想模式和行为模式。每个人都是在这种事先由历史和社会环境所准备好的思想模式与行为模式中慢慢建构起了关于课程、关于世界的不同"视角"。很显然,对于这些"事先准备好"的存在因素、思想模式、行为模式,没有人能够逃避,即便是伟大天才的孤立灵感与深刻洞见也一样难以"幸免"。因为,任何人都是具体社会体系中的人,其狭隘的位置赋予其局限的、片断化的认识,也许,知识的"真实性"只有在转换不同视角的探讨中才会更加清晰。然而,在现实的诸多规限中,视角的转换又何以可能呢?

第二节
幼儿园课程的现实状态

与中小学的课程一样,幼儿园的课程也是文化的载体,带有明显的意识形态色彩。在阿普尔看来,"进入学校的知识是对较大可能范围的社会知识和原理进行选择的结果,它是一种来自某个方面的文化资本形式,经常反映我们社会集体中有权势者的观点和信仰”[①]。课程知识从来不是中立知识的组合，而是权力竞争的结果，因此，教科书是政治性的，其内容必然带有意识形态色彩和文化价值取向，即便是呈现客观知识的自然科学类教科书也不例外，在“说什么”与“怎么说”的叙述逻辑与思维呈现中，“什么知识最有价值”、“谁的知识最有价值”完全敞现。因此，在课程的运作过程中，课程标准、课程政策都是统治阶层权力作用的对象，通过确立一定的标准，他们拥有了“课程为谁服务，课程用来培养什么样的人”的话语权。

一、幼儿园课程的社会特性

从1903年《奏定蒙养院章程及家庭教育法章程》起，课程制定者便清醒地意识到幼儿园课程与中小学课程的差异性。在20世纪二三十年代的学前教育家们眼里，幼稚园课程最明显的特点是整体的、直接的、偏重于个体的发育的。而在当下的许多学前课程研究者眼里，幼儿园课程具有全面性、根基性、适切性、发展性与衔接性。从社会学的视角来看幼儿园课程，便会发现幼儿园课程特殊的社会特性。

1. 非强制性

与中小学课程的强制性不同，幼儿园课程是非强制性的，它是一块“飞地”，没有强制实行的课程标准、课程目标、课程内容、课程评价，也没有强制统一的教材体系。在课程内容与课程模式上，幼儿园课程有较大的选择权与自主权。为了凸显幼儿园课程与中小学课程的差异，有研究者将幼儿园课程定义为：是处于终生教育开端阶段的学习者在教育者有意识指导下与学前教育情境相互作用而获得全面基础素质适宜性发展的非义务教育课程。[②] 正是“非义务性”将幼儿园课程与中小学课程从根本上区别开来，它既解除了国家权力对幼儿园课程的直接干预，也同时赋予

① 迈克尔·W.阿普尔著，黄忠敬译：《意识形态与课程》，华东师范大学出版社，2001年版，第8页。

② 石筠弢：《学前教育课程论》，北京师范大学出版社，1999年版，第54页。

了幼儿园以课程选择的自主权,“非义务”是双方的非义务,而不是一方解除,另一方履行。

由于幼儿园课程的非强制性,在实际的课程运行中,各幼儿园常常构成一个独立的课程体系和课程王国。在A幼儿园可能实行的是五大领域课程,在B幼儿园则可能实行的是渗透式课程,而在C幼儿园则可能是整合式课程。对于家长们而言,他们也分不清优与劣,他们只关心幼儿园在当地人心目中的口碑,至于其运行的是何种课程模式似乎并不特别重要。在一个城市内,常常是少至几种,多至几十种课程并存着,甚至在一所幼儿园内就有好几套不同的课程。一些历史较悠久、底子较厚实的幼儿园会专心专意地探索、开发、完善着自己的园本课程,如南京市实验幼儿园,他们从20世纪80年代以来一直不断完善的主题综合课程便是如此。

幼儿园所选课程的不同在带来生机与活力的同时,也有一定的负面影响。因为不同的课程奉行的是不同的课程观与知识观,选择了某套课程也就选择了某种价值观,这就使不同幼儿园之间的对话与交流产生一定的困难。在一些省份,各幼儿园之间强制实行统一的省编教材,这虽方便了行政管理却模糊了幼儿园之间的差异性。

2. 弱制度性

正是因为幼儿园课程的非强制性,所以幼儿园课程在运作过程中表现出明显的弱制度色彩。幼儿园可以自主选择一套或多套教材,也可完全使用自编的教材,文化品位越高的幼儿园其课程自主性越强,教什么、如何教完全是幼儿园的自我偏好,幼儿园课程是一片制度的“桃花源”。

除了课程选择上的弱制度性外,在课程的执行上,幼儿园课程的弱制度性也非常突出。与中小学一样,幼儿园也有课程表或活动计划表,但幼儿园的课程表是相对弹性的,并不像中小学那样刚性。在一些节日前后,很多幼儿园的正常教学基本是停滞的,是为节日服务的;而中小学则不一样,没有什么节日、事件可以打断教学秩序,改变教学进程。幼儿园是幼儿生活的场所，而中小学则是学生学习的地方，学校的性质决定了课程及其运作方式的差异。

在中小学，无论两所学校在空间上相距多远，学生使用的是同样的教材，教师采用的是同样的教学步骤，即使在现在，在一个省的范围内还通行着省编教材。而幼儿园则不同，教材编写者往往有不同的定位，什么类型的教材为什么类型的幼儿园服务，如高结构的、主智类的教材主要是为偏远、农村地区服务，而弱结构的、主题化的、领域渗透的教材则面向城市中较优质的幼儿园。

3. 社会本位

与中小学课程一样，幼儿园课程也是社会本位的，是为促进儿童社会化、传承社会文化而服务的。表面看来，幼儿园课程在内容选择、模式确认上是自由而开放的，但无论选择性有多大，课程编制者总是处于特定社会位置、特定文化空间中的个体，他在一个崇尚社会本位的文化中接受教育，形成的认知方式与行为模式必定带有文化的痕迹，因此，从社会出发几乎是一种下意识的文化惯习。在中国的课程变迁史中，1932 年的《幼稚园课程标准》在很大程度上带有儿童本位的印迹，但区别在于制定者的文化身份与文化认知。

而且，即便课程制定者奉行儿童本位的倾向，但课程的执行者却未必能完全领悟课程的真谛，将儿童本位的理想变成现实。相比课程编制者而言，大量的一线幼儿教师受文化的影响程度要深得多，如果没有对自身习以为常的文化惯习作反思的勇气，幼儿教师便很难使儿童本位的思想真正变为现实。

4. 动态可变性

与中小学课程的固定与封闭不同，幼儿园课程有着较大的开放性，这种开放性不仅表现在课程文本上，而且表现在活动进行中。从文本看来，幼儿园课程有太多的价值取向可以选择，主张领域的、渗透的、体验的、游戏的、多元智能的，不一而足。幼儿园不需要固定采用哪一种取向，只需要根据自己的需要来加以选择与组合。

从活动来看,幼儿园课程并没有中小学那样固定的教学程序、固定的考试格式、统一的教学评价。幼儿园称课程的展开为"活动",而中小学称课程的展开为"上课"。"活动"强调的是幼儿,强调的是开放与生成,有太多的不确定性。其实幼儿园之间即使采用的课程是一模一样的,幼儿所获得的社会成长也是不一样的,因为关键不在于选择了什么,而在于社会互动的丰富性,在于教师对课程展开的方式和教师与幼儿在活动中所结成的关系。越是优质师资的活动课,其对课程的把握能力越强,活动进程的动态性越明显,幼儿所获得的收获也越丰富。

5. 市场调节

与中小学教科书的行政运作方式不同,幼儿园教材几乎是完全市场化操作的。教育部只出台了《幼儿园教育指导纲要(试行)》,并没有编制统一的教材,各省有一些省编教材,但只要不是完全采取强制式的行政摊派的方式,在全国绝大多数幼儿园里课程模式都是百花齐放的。一套教材要在市场占据较大份额或绝对份额,不是像中小学那样靠指定用书,不是采用行政的手段,而是通过市场竞争、优胜劣汰的方式。

在市场中通行的规则不是行政命令,而是质量、观念与营销策略。大多数幼儿园选择某种课程可能是理性的选择,但在不少幼儿园选择某种课程可能只是营销的结果,利益驱动的结果。市场就是一个良莠并存的世界,关键就看谁能真正地把住市场的脉搏。

二、幼儿园课程的基本类型

幼儿园课程究竟有多少种大概是不胜枚举的,从现有的状态来看,大约有几十种,如单元课程、生活课程、生活教育课程、分科课程、主题课程、五大领域课程、渗透课程、整合课程、特色课程(生态课程、和谐人格课程、蒙台梭利课程、高瞻课程、幸福课程、学习课程、游戏课程、多元智能课程)、地域课程,等等。这里并不想去简单地罗列,而是从不同的分类角度来描述幼儿园课程的"事实类型",分析这种事实课程类型的存在原因与受制因素。从事实类型的角度来说,幼儿园课程大概包括四大类。

1. 统一与多样:国家课程与地方性课程

在不同的历史时期、不同的国家,国家课程与地方课程在幼儿园中不同程度地存在着。如我国在新中国成立以后的分科课程便是国家课程,当下的韩国幼儿园也主张统一教材,统一课程标准。1988 年英国教育改革法规定,对小学阶段即 5 周岁以上的儿童要实施正规的国家课程,对学前教育阶段的课程则不作要求。但考虑到幼小衔接的问题及教育的一致性、一贯性,学前教育机构一般都围绕国家课程来展开。

但从幼儿园课程的变迁历史与国际比较来说,地方性课程还是占据了幼儿园课程的主流。在《章程》中规定有四个条目:游戏、歌谣、谈话、手技。但在随后的湖北武昌蒙养院(1903 年)开办章程中却规定,本园所定保育课目凡七:行仪、训话、幼稚园语、日语、手技、唱歌、游嬉。① 在湖南蒙养院"教课说略"(1905 年)中则规定为:谈话(修身话、庶物话)、行仪、读方、数方、手技、乐歌、游戏。而在同时的天津严氏蒙养院课程(1905 年)中则规定为:手工、唱歌、游戏、故事。上海公立幼稚舍(1907 年)则规定为:谈话(修身、博物)、手工(纸木豆等)、识字、图画、游戏、唱歌。

在此后的厦门集美幼稚园(1919 年)中将课程规定为:故事、音乐、游戏、自然与社会、识字与计算、工作、餐点、静息、家庭联络工作;南京高等师范附属小学校的幼稚园(1919 年)课程内容为:音乐修身、社会生活、自然研究、工艺美术、体育卫生、国语文学、数量;北京香山慈幼院(1919 年)的课程为:教育的内容和方法完全采用欧美的单元教学;南京鼓楼幼稚园(1923 年)的课程为:音乐、游戏、工作、常识、故事、读法、数法、餐点、静息。

从以上的课程门类可以发现,幼儿园课程带有很大的地方性、园本性特色,及至今天,这种地方性就更加明显与突出。地方性课程的繁荣一方面表明幼儿园课程成为制度的"飞地",一方面表明了"地方性知识"的兴盛。然而,幼儿园课程的地方化也在一定程度上使学前教育的制度地位

① 中国学前教育史编写组:《中国学前教育史资料选》,人民教育出版社,1995 年版,第 104 页。

受到了影响。

2. 分类与构架:集合课程与整合课程

伯恩斯坦曾以“分类”与“构架”两个核心概念来探讨课程。所谓“分类”是指不同教学内容之间界限的清晰程度,反映着社会中的权力关系。分类又包括强分类和弱分类。强分类是指内容与内容之间彼此隔离、界限清晰,这是一种“集合编码”的方式,如新中国成立初期实行的“分科”课程便是如此。弱分类则反之,指课程内容与内容之间边界模糊、内容相互渗透,这是一种“整合编码”的方式,如主题课程、单元课程、渗透课程等。

“构架”是指教学情境中的教师与学生在教育知识的选择、构成及教学进展中的自由程度,反映的是社会中的控制关系。[①] 构架也分强构架和弱构架。强构架表现的是一种高结构化的知识体系,较少的选择空间和自由度,而弱构架则正相反,是一种非结构化的知识体系,有较大的选择空间与自由度。

课程的基本结构取决于分类强度,教学的基本结构取决于构架强度。按照知识的编码方式,伯恩斯坦将课程划分为两类:集合课程与整合课程。[②] 所谓集合课程即强分类、强构架的课程,内容与内容之间相互分离,且教师与幼儿在教与学的活动中自由程度较低;所谓整合课程是指弱分类、弱构架的课程,即内容与内容之间相互渗透,教师与幼儿对内容有较高的自主权。

在伯恩斯坦看来,集合课程体现着等级制的思想,目的在于维持社会现状,传递社会控制。[③] 而整合课程则强调权力的共享,强调师幼之间的互动与合作,它打破了传统分科课程中高度控制的权力结构,使教师、幼儿获得课程的话语权。

3. 结构与行动:预成课程与生成课程

根据课程内容的结构性程度,幼儿园课程又可分为预成课程与生成

---

① 吴康宁:《教育社会学》,人民教育出版社,1998 年版,第 309 页。

② Bernstein B. *Class, Codes and Control* (*vol.* 3): *Towards a Theory of Educational Transmissions*. London: Routledge & Kegan Paul. 1973, pp. 85 - 115.

③ 吴永军:《课程社会学》,南京师范大学出版社,1999 年版,第 206 页。

课程两类,其中预成课程是一种高结构性的课程,课程编制者、教师完全控制了课程的实施过程,幼儿只是被动地参与课程的展开,对课程的丰富并没有任何意义。在预成课程模式下,教师转而成为课程方案的执行者,甚至表演者,而此时的幼儿几乎成了观看者或局外人。

生成课程则不同,它是低结构性的,为行动者留下了充足的行动空间,课程运作之前并没有一个清晰的框架,更没有一个固定的文本。在生成课程的运作过程中,教师、幼儿,甚至家长都是课程的实际参与者、设计者,教师与幼儿一改预成课程中的被动局面,获得了课程的主宰权。

正如社会范畴中的"结构"与"行动"不会决然对立一样,预成课程与生成课程之间也没有一条泾渭分明的楚河汉界。在课程的实际运作中,常常是结构中有行动的空间,行动中又生成新的结构,强调绝对的"结构"与强调彻底的"行动"都毫无意义,在"结构"与"行动"之间,课程设计者、参与者同样需要保持合适的张力。

4. 外控与内控:显性课程与隐性课程

课程文本具有双重意义结构:一是表面的文字结构,一是深层的意义结构。表面的文字结构即语言文字表面的意义世界,它是有目的的、预先设计好的内容,也是按计划、有组织地来进行实施的,是典型的显性课程。深层的意义结构,是语言文字背后的意义世界,它内隐和镶嵌在文本之中,但其"意"却在文本之外,它是显性文本背后的隐性课程,通常借助于隐喻来产生"意义",隐性课程就是一个隐藏在教材背后的"意义场"①。

课程是文化的代言人,传递的是主流的价值观与文化取向。就显性课程而言,其实现的是一种显性控制,它以直白的方式、单向的传递进行告知、命令、要求,凸显的是一种外在的强权,它完全阻断了个体进行反抗、反思的途径。在显性课程的包装下,教师与幼儿视课程中的一切为理所当然,只一味地接受,从不尝试着去拒绝、质疑。

---

① 刘丽群:《"言"外之"意"——论教科书中的隐性课程》,载《湖南师范大学教育科学学报》2007年第5期。

隐性课程与显性课程不同，它不只表现在课程文本中，它融化在幼儿园的整个环境里。如果说显性课程对个体的影响是直接而单向的，那么隐性课程对个体的控制则是无处不在、极具弥散性的，它塑造的是一个巨大的控制场。

三、幼儿园课程的运作状态

与中小学课程不同，幼儿园课程多是一种市场运作方式，或者是市场力量与专业力量相互结盟。在有的情况下，专业力量为市场营销服务；有的时候，专业力量与市场力量相互妥协；有的时候，专业力量引领市场导向。当下幼儿园课程的运作表现为三种不同的状态：曾经的“一枝独秀”、当下的“地方割据”与中外课程的“本土竞争”。

1. “中国模式”的“一枝独秀”

20 世纪 90 年代，南师大的专业团队与南师大出版社合力推出了“五大领域”教材，当时的幼儿园课程还没有像现在这样品种繁多，“五大领域”教材以陈鹤琴五指活动为基础，对原来幼儿园通行的“六法”进行了改造。由于“五大领域”教材操作性强，全国很多幼儿园很快地使用了这套教材。应该说，“五大领域”代表了南师大学前教育专业 20 世纪末的研究成果，每个领域都有相当深入的研究与实践。“五大领域”在 20 世纪末呈现出典型的“一枝独秀”状态，被联合国国际幼儿教育组织盛誉为“中国模式”①。

“五大领域”教材的普及与使用不仅使学术研究与教育实践密切挂钩，而且，最重要的是，它使“领域”与“渗透”的观念逐渐成为幼儿教育工作者的新共识。此后，以领域思想为基础的各种课程版本不断地出现，推动了课程实践的丰富化与多元化。“五大领域”课程的探索与实践也最终为 2001 年《幼儿园教育指导纲要（试行）》的颁布提供了实践基础。

2. “地方割据”与“势力范围”

幼儿园课程的开发与实践历来是借助大学的力量来达成的，教材开

---

①② http://press.njnu.edu.cn/news1.asp? lb=幼教天地，幼教天地动态&article=708.

发起步最早、最成熟的是南京以赵寄石为首的南师大团队，接着有北京以王月媛为首的幼儿园课程研究组。除此两地以外，其他地方也有各自的研究成果，如上海的“幼儿园新课程”，浙江的“发展幼儿能力课程”，东北的“幼儿园整体优化课程”等。不难发现，以大学为中心，各课程已实现了不同程度的“地方割据”与“势力瓜分”，其“势力范围”的大小，主要取决于两个因素：一是教材的质量，一是出版社的营销能力。南师大出版社的总编这样来描述当下的幼教图书市场：

总体来说，大学社、教育社和少儿社统治着幼教主流图书的出版，合资幼教图书公司和民营幼教图书公司在一定层面上的影响力也不可低估。②

横向的、共时态的课程类型表明，幼儿园课程类型日益多元化，价值选择日益开放，课程的地方性色彩越来越浓。特定的课程类型实现着不同程度的“课程割据”与“势力范围”，“板块分割”现象比较突出。

3. “本土课程”与“外来课程”的竞争

在本土课程划分“势力范围”，实现“地方割据”的同时，西方的一些课程模式也在不断地被引进来，也许是“距离产生美”或者是“外来的和尚好念经”，外来的课程对中国本土幼儿园有不小的吸引力。在进入幼儿园之前，外来课程一般要经过本土化的改造，以符合本土文化的需要，蒙氏课程模式是在中国市场中占据重要位置的外来课程，它往往成为很多贵族幼儿园的招牌课程。

除了蒙氏课程外，还有以皮亚杰思想为基础的“高瞻课程”、瑞吉欧的方案课程、福禄贝尔课程等，这些课程分别面向不同类型的幼儿园，面向不同的人群。总体而言，外来课程常常以“专业”、“成熟”的面目出现，它主要服务于高端阶层，它的引进成本太高又无法满足最广大百姓的需求，因此，外来课程的竞争力是比较弱的。

四、幼儿园课程的文化品质

文化与课程之间存在着密切的联系，文化是课程的核心内涵，课程是文化的载体和代言人,没有文化便没有课程。课程的实质就是按照过去和现在固定的、外在的社会化标准塑造人,促进幼儿的社会化。在当下的中国,社会文化的变迁已越来越清楚地体现在课程上,传统文化的内容越来越少,传统文化所强调的品质越来越不被重视。在幼儿园课程中,被反复强调的不是中国的传统节日、传统文化、传统游戏,而是外国语言、外国节日、外国童谣、外国故事,甚至连幼儿用书里都是外来的卡通和儿童形象。

课程是一种选择性文化,并不能够传承文化的全部。课程是教育实现社会再生产的重要工具,没有对知识的筛选,课程就不可能成为有效的"文化代码",成为主流意识形态的代言人。因此,任何幼儿园课程总带有一定的文化性,具备某种文化品质,或留着时代的烙印,或有着地方的气息,或镌刻着编制者的文化理想。

从事实层面来看,课程是一种文化锁定机制,它明确地表现在课程对社会文化的适应、维持、复演、传递、选择、加工过程中,不同的课程类型蕴含着不同的文化品质。分科课程传承的是系统化的人类知识,知识的排列是有序的、精致的,幼儿在课程接触与文化学习中习得的是课程所传递的那种序列化的知识、逻辑化的思维,幼儿心目中所建构出来的世界是规则的、有序的。领域课程则不同,它以经验的互渗为基础,是对分科课程与综合课程的一种折中与综合,也是对体系化的成人知识与以经验为基础的幼儿的建构知识之间的一种对话与综合,它关注了城乡的差异,突出了指导性、实用性和可操作性。综合课程是以主题或单元的方式来呈现课程内容,它的文化起点是:任何知识都是相互关联的,知识与知识之间并不存在明显的界限与分隔,幼儿建构世界的方式是整体的,因而课程内容的提供必须是整体的。

分科课程、领域课程与综合课程各有其不同的文化品质,当下每所幼儿园所自行开发的园本课程也蕴含其自身的文化品质。事实上,一所幼儿园的文化品位和文化属性较大程度是以其课程为载体的,课程向阅读者提供着一种文化取向、文化偏好和文化内涵。文化品位越高的幼儿园其课程自主性越强,从某种意义上来说,幼儿园课程已经成为幼儿园提升竞争力的一种文化资本、一张文化名片。

不过，需要警觉的是，当下幼儿园中五花八门的园本课程只是制造了一种表面的繁荣，太多的课程内容缺少一种文化自觉，缺少一种文化适宜性。课程知识是由行动者有系统地组织与集合起来，并由行动者在某种适当的知识体观念支持下开展行动的，特定的知识体就是行为的格言。[①] 离开观念和内涵的内化，课程就会成为一个空壳，很难形成一种文化氛围，传递一种文化理想。当下也有很多幼儿园宣称自己的园本课程是一种中西交融的课程，带有一种文化杂食性。但同样需要反省的是，文化杂食性并不是一种文化上的饥不择食，而是一种能够鉴赏一切文化现象的开放心态，舍此之外的任何文化杂食可能都是一种文化谄媚，是缺少文化自信、放弃文化自尊的表现。

第三节
幼儿园课程的内容与实施

课程内容是按照一定标准进行文化选择的结果。在陈鹤琴看来，凡能使儿童适应自然、社会的，就可取为教材，他反对那些软化儿童的“绵羊式训练”和“兔子式逃避”的课程内容。在课程文本中蕴含着双重的意义结构：可见的文字世界与不可见的意义世界。课程的意义结构正是通过课程的授受而成为幼儿的一种文化知觉和思维工具，课程是进行文化传承和有效的社会控制的重要工具。

一、课程内容与社会控制

课程是实现社会控制、促进社会再生产的重要工具。作为一种法定文化，不同学科、领域其实现社会控制的意涵和方式并不一样。数学和科

① 麦克·F. D. 扬著，谢维和、朱旭东译：《知识与控制：教育社会学新探》，华东师范大学出版社，2002年版，第164页。

学课程传递的是一种表面看来客观而普适的知识，社会、语言、艺术领域则非价值中立，通常是社会支配文化与统治阶级意识形态的缩影，是社会进行符号控制的重要领域。在社会这个领域，控制是全方位的、显性的、不言自明的。而语言则不一样，既有浅层的控制，也有外显的控制、内隐的控制。

1. 思想性内容与社会控制

课程是不同知识的链接，在社会、语言、健康等领域中有大量关于社会生活的道德规范、人我关系、群己关系等。幼儿通过课程的学习获得了文本所传递的人生观、价值观和世界观。对个体而言，进行思想控制的前提是传授产生思想认同的知识，并在传授知识的过程中达到潜移默化的效果。课程的思想性控制不需要一兵一卒，只需要将某种价值观、知识取向以客观、必然的知识传递给下一代。思想控制是一场没有硝烟的战争，谁掌握了课程编制的主动权谁就赢得了下一代。

威廉姆斯认为，课程的思想性传承常常是历久不变的，在亲代与子代之间，科学技术的知识可以迅速地发生更替，但意识形态和文化根基性的东西不会随着时间的流逝迅速成为过去。"教育课程，正如我们在过去各时期反复看到的，表现了新旧观念之间的一种调和。在历史的转折时期，这种调和甚至可能被耽搁很长时间，并且通常很模糊。我们现行的课程实际上基本是根据 18 世纪的模型在 19 世纪创立的，其中心附近还保留了中世纪课程的成分。"①

思想性内容所实现的社会控制通常是代代相传的，只要政治体制不发生根本性的变化，文化根基不发生突然的断裂，沉淀在文化中的观念、价值与思想意识便会随着课程的传播而传播。

2. 文化性内容与社会控制

课程是特定社会的文化代码，凝聚着社会的文化理想与文化安排，通

---

① 斯蒂芬·鲍尔著，王玉秋等译：《政治与教育政策制定——政策社会学探索》，华东师范大学出版社，2003 年版，第 2 页。

过课程的授受，课程中所蕴含的文化取向便得以传递，成为幼儿自身看世界的方式。课程中文化性内容所实现的社会控制通常是通过思维方式的养成、对课程文化的认同所达成的。

从思维方式的养成来看，个体的思维方式并不是天生秉赋的，它是文化熏陶的产物。中国人典型的思维方式便是辩证、中庸、不偏不倚，它明显地区别于其他文化语境中个体的思维方式。辩证、中庸是中国人典型的文化心理与文化风格，而这种思维风格的养成正是通过课程的日熏月染而实现的。因为，从一定意义上来说，课程就是民族品位的表现，它详细地表述了国民的偏好、自然观与社会观、历史观以及对学前儿童的理解。更重要的是，课程代表的是精英社会的共识，宣扬的是主流的价值观，然而，就当下的幼儿园课程而言，具备了太浓厚的个人色彩。[①]

从文化的认同来看，在中国文化中，“人情”、“关系”、“面子”是非常独特的文化概念，幼儿园课程中不可避免地流淌着“关系文化”。“关系”一词言明着两重含义：一是由不同主体之间某种性质所构成的表象静态关系；二是由不同主体之间相互作用、相互影响所形成的状态内在动力关系。由于中国文化中社会规范的模糊性和差序性，每种性质的表象静态关系都对应一套内在动力关系的游戏性规则。[②] 在幼儿园课程的文本呈现与活动展开中，这种文化关系学慢慢成为幼儿之间、幼儿与他人之间建构关系的一种基本游戏性逻辑。个体社会化的过程也就是不断解读各种关系规则的过程，通过解读各种关系规则，进而领会、把握普遍的社会规范。

3. 情意性内容与社会控制

课程并非纯粹的知识性文本，它同时也附着着情感，并且在课程授受的过程中，情感的传递与养成也是一个很重要的方面。无论是课程内容

① 约翰·W. 梅厄等：《课程的内容：一个制度主义者的视角》，载《教育社会学手册》（哈里楠主编），华东师范大学出版社，2004 年版，第 264 页。

② 陈午晴：《中国人关系的游戏意涵》，载《社会学研究》1997 年第 2 期。

中所蕴含的情感还是教师在课程授受过程中所传递的情感都具有一种社会决定性。

在课程的学习过程中，课程内容塑造着幼儿的情感，规范着幼儿的情感。如何进行情感表达，获得何种情感体验，享受什么样的情感氛围都是在课程所规定的情感框架内进行的，可以说，课程所实现的情感控制是一种触及个体生命体验底层的深层的社会控制。① 在课程内容和课程情感取向的包围下，幼儿所形成的情感都是一种合乎社会规范的情感，不论是情感的内容、情感的表达、情感的体验还是情感的交流都是如此。与显性的控制相比，情意性内容所实现的规范与控制往往是潜移默化的。

二、课程内容与社会差异

知识社会学认为，我们并不认识世界本来的样子，我们认识的只是通过一种概念框架所理解的世界，而这一概念框架属于一种社会建构。知识社会学感兴趣的是在某一社会、某一时刻被认为是知识的东西，是人们从中选择的认为值得的东西。一般而言，课程知识的价值都有助于维持社会等级，②因为课程知识里有社会痕迹、文化痕迹，对课程知识的分析必然会牵扯到社会控制和社会差异。在幼儿园的课程内容里，视域的分歧是造成社会差异的主要原因。

1. 课程内容的角色分析

角色一词包含两种主要成分：社会的客观期望和个体的主观表演。因此，角色可被定义为处于一定社会地位的个体，依据社会客观期望，借助自己的主观能力适应社会环境所表现出的行为模式。③ 角色有结构性角色与过程性角色、先赋性角色与自致性角色之分。结构性角色强调的是角色表演或角色行使的过程，而过程性角色强调角色表演过程也是一种角色创造过程。先赋性角色是一种与生俱来的角色身份，而自致性角

① 吴康宁：《课程社会学研究》，江苏教育出版社，2004年版，第165页。
② 玛丽著，汪凌译：《学校社会学》，华东师范大学出版社，2001年版，第126页。
③ 周晓虹：《现代社会心理学史》，中国人民大学出版社，1993年版，第274—277页。

色则是通过后天努力能够达成的角色，前者如母亲、父亲、子女、姐姐、少数民族，后者如老师、知识分子、农民、军人、共产党员等。

有研究者曾对中国大陆、香港和台湾三地的课程方案作过分析①，发现在性别角色上，三地课程内容中都存在着男性角色多于女性角色的情况，其中大陆版课程方案中出现的男性角色有 180 个，女性角色有 148 个；香港版课程方案中男性角色有 154 个，女性角色有 136 个；台湾版课程方案中男性角色有 104 个，女性角色有 88 个。进一步分析发现，三地课程方案中"妈妈"都承担了更多的家务劳动与养育子女的责任。这表明在三地中，男女角色在家庭中的分工具有某种共同性，都渗透着男主外、女主内的传统文化。

从课程方案中具体的角色类型来看，三地方案中绝大部分角色都是自致性角色，表明社会文化弘扬的是一种进取性文化，而非一种身份性文化。考察这些自致性角色发现，男性从事的社会职业种类要比女性从事的社会职业种类多，女性较多固定在一些刻板的角色上，如幼儿教师、护士、巫婆、工人等，而男性从事的职业则包括不同的类别，上至企业家、银行家、海员、飞行员、警察、医生，下至建筑工人、农民、小偷、坏蛋等。这个社会虽然是一个倡导男女平等的世界，但在文化的潜意识里，性别的不平等依旧根深蒂固地存在着，它通过课程文本和日常生活一代代地承继下去。

与中小学教材中多是真实角色不同，幼儿园课程中大量使用虚拟角色，同时，课程编写者为这些虚拟的角色赋予性别色彩，如课程文本通常将自然界中的太阳、风，动物中的老虎、狮子，植物中的松树、梧桐赋予男性性别，而将一些阴柔的自然现象、动植物，如春天、小草、柳树等赋予女性性别。这种对自然界与动植物角色的拟人化处理隐喻的是男女两性的生存处境。

---

① 杨冬梅:《中国大陆、香港和台湾三地幼儿园课程方案之比较》，南京师范大学硕士学位论文，2007 年。采用的三套课程方案分别是:幼儿园活动体验课程(人民教育出版社 2005 年出版)，创意学习课程(香港教育出版社有限公司 2002 年出版)，小袋鼠系列之探索·发现·学习课程(台湾信谊出版社 2003 年版)。

2. 课程内容的阶层分析

任何社会的课程知识都是成层化的，是用来传播特定阶层的价值观与文化取向的。不同数量和不同种类的知识被分配给不同阶层的人，课程分化是普遍的，任何一所学校、任何一个班级、任何一个课堂都存在着。在任何社会形态中，课程内容的选择权总是把握在特权阶层的手中，他们倡导一种所谓学术取向的课程，或称精英取向的课程，制造知识的等级性。[①] 从课程知识的事实层面来看，大凡文学化、个别化、抽象化、孤立化程度越高的知识，位阶便越高，阶层属性越明显。在伯恩斯坦看来，精英阶层的课程内容大多使用"精致编码"的方式，强调逻辑、理性、完美无缺，而劳工阶层在其日常生活中习惯的是"局限编码"，常常依据情境、现场来进行理解与判断，不关注思维的逻辑性与流畅性。当幼儿园的课程文本由精英阶层来编制时，其所使用的编码方式必然是精致编码，而这与劳工阶层日常使用的编码方式有着根本的区别，所以劳工阶层要想在幼儿园中获得成功是相当困难的，必须经历一个文化的脱胎换骨才有可能。

有一则对话比较经典地说明了课程内容、课程评价中的阶层色彩，如下面的对话：

校长对一位黑人家长说："你的孩子今年得了个H，祝贺你，他已经很不容易了。"

接着，校长对一位白人家长说："你的孩子只得了个B，不太好，需要加紧努力。"

黑人家长反问道："为什么她的孩子已经得了个B，你还要批评她的孩子?"

校长肯定地说："你的孩子就是得H的料。"

在我国，虽然没有如此明显的阶层差异，但实际上按照陆学艺等人的调查，中国社会已经分化为十大阶层，在高阶层与低阶层之间，对"谁的知

① 张建成：《批判的教育社会学研究》，学富文化事业有限公司，2002年版，第113页。

识更有价值”的争夺权不言自明，处于弱势地位的阶层在各种话语权上都是无声的，他们是中国当下社会中“沉默的大多数”。麦克·扬认为：“课程并不是必然正确的，它仅仅反映了某一社会特定的权力分配的情况。课程的知识是被社会地、历史地建构的，有意无意地反映了社会文化的选择，这种选择与统治阶级的价值、信念相适应。”课程知识从来就不是中立的、客观的，幼儿园课程也不例外，它只代表统治阶层和优势团体的利益与需要。为了宣扬自身的文化取向和价值观，在社会中占据高层的优势团体总会利用手中的的权力牢牢控制课程知识的选择权与分配权，他们会选择那些更利于他们的后代所掌握的知识，会赋予那些体现自身利益的知识以高位。

学前教育中的不公平是显而易见的，但公平的学前教育并不是去消除这些业已存在的社会差异，而是要尊重差异本身，为幼儿提供有差别的课程，如美国政府为社会弱势群体提供的“开端计划”、英国政府为弱势阶层提供的“确保计划”等。公平并不是取消差异，[①]而是要使每个阶层各得其所，享有一定的受教育权，获得适应社会生存的能力。

3. 课程内容的文化分析

课程是文化的代言人，在知识量的分配中充满了文化的暗示，这里分别从课程中所蕴含的中外文化、城乡文化、关系文化来加以说明。

(1) 中外文化

从“文化杂食”的意义上来说，幼儿园课程中既有大量的中国文化元素，又有西方的文化元素，是一个既具民族性又具世界性的文本。然而，在众多的中外文化中，幼儿园课程该如何选择，如何才能通过课程的授受形成一个既具本土意识又具国际视野的文化儿童？有研究者对幼儿园教材文本中的故事材料进行过调查和抽样分析，发现中国传统故事，如寓言、神话、民间故事等在幼儿园课程中的数量很少，品德类故事和情感类

① 朱家雄：《为处于社会经济劣势地位的幼儿提供怎样的课程》，载《幼儿教育》2007年第6期。

故事都带有明显的西方文化倾向。[①] 杨冬梅在对大陆、香港、台湾三地的课程材料进行比较时也发现，三地课程中有大量的文学作品、音乐作品、美术作品是来自于国外，那些感动儿童、感动老师的经典故事不再是《小蝌蚪找妈妈》，而是英国作品《猜猜我有多爱你》，幼儿的童年被各种国外卡通、圣诞节和外国歌曲所包围，传统文化在课程中所占空间越来越有限。

（2）城乡文化

课程编制的过程是一个知识与权力结盟的过程，也是将城市生活、城市文化确定为合法化知识、合法性文化的过程。在各种版本的幼儿园课程里，大量充斥的是城市特征的插图，如高楼、电脑、汽车、图书馆、娱乐场所、广告牌、高架桥、门铃、公交车、出租车、公园等。乡村特征的插图，如农作物、拖拉机、篱笆、家禽、农民、果园、农具、田野、池塘等微乎其微。[②] 课程内容提供给幼儿认识的机构也大多带有明显的城市特征，如幼儿园、照相馆、邮局、花店、游泳池、菜场、银行、邮局、交通岗亭、医院、超市、图书馆等。

幼儿园课程文本中有太过明显的城市化倾向，这种文本拿来给城市儿童学习显然是适合且相宜的，但一旦这些文本展现在农村儿童面前时又是一种什么样的状态呢？所有课本中所说的都是他生活中没有的，是一种完全异己的存在，这种课程的传授完全是一种忽视乡村的过程，乡村儿童在这样一种文本的熏陶下会形成一种什么样的家乡观？

不仅一般的幼儿园课程如此作城乡内容上的安排，即便是专为农村儿童编制的教材也带有大量的城市印迹。

（3）关系文化

在五大领域课程中，《社会》领域最典型地反映了人与自然、人与社会、人与人之间的各种关系。然而《幼儿园教育指导纲要（试行）》中"社

① 江岚：《从五省市幼儿园教材文本的故事材料看我国幼儿园课程的文化倾向》，华东师范大学硕士学位论文，2007年。

② 张勇：《教科书城市偏向的课程社会学思考》，载《浙江教育科学》2007年第4期。

会”领域的目标有五个，分别是：能主动地参与各项活动，有自信心；乐意与人交往，学习互助、合作和分享，有同情心；理解并遵守日常生活中基本的社会行为规则；能努力做好力所能及的事，不怕困难，有初步的责任感；爱父母长辈、老师和同伴，爱集体、爱家乡、爱祖国。在五个目标中，表达得最多的是“人与社会”之间的关系，而人与自然、人与自己的关系则几近于无，表现为“社会的全面占场与自然的完全缺场”[①]。而且，从个体与群体的关系来看，集体吞没了个人，课程目标过于强调“集体精神”而忽视“个人意识”，如自尊、自重、自护、自我挑战等。

总之，课程文本中的社会差异体现出来的是一种社会秩序、知识秩序和文化秩序。在任何社会中，一种秩序一旦确立就常常被认为是一种连续性、一种自然而然的结果。

三、课程的实施

从某种意义上来说，课程是“法定文化”的代言人，它凝聚了社会统治阶层的价值观念与文化取向。然而，在实际的文化再生产过程中，课程并不是文化传递的终点，而只是一个中介，课程价值观的顺利传递还需要通过作为“社会代表者”的教师的课程授受。对于幼儿而言，课程文本的观念并不会自然内化成其思想与行动，课程文化传递功能的实现离不开教师的传递，也离不开幼儿自身的建构。因此，考察课程不能不关注作为文化传递核心过程的课程实施与课程授受。

在教师的课程授受与幼儿的知识建构过程中，课程文本中所蕴藏的价值取向真的能原封不动地转变为幼儿的价值观，成为幼儿看世界的根本方式吗？这里会不会遭遇各种解构与变形，从而发生价值的断裂、观念的漂移？可以肯定的是，课程授受的过程并不是简单的复制与扫描，它必定要经过教师的意义诠释、幼儿的经验建构，在此诠释与建构中，“法定知识”必定会经历一个撕裂与疼痛过程，产生一些非预期的后果。

① 吴康宁：《课程社会学研究》，江苏教育出版社，2004 年版，第 116 页。

1.“法定知识”的传递与变形

毫无疑问，课程是法定知识的大集合，它标明什么是正确的、什么是真理、什么是正义、什么是意义，它给出了判断世界的标准，也给出了教师进行自我诠释的底线与空间。课程文本是某种意义上的“符号暴力”，它以一种合法者的姿态将其价值观、文化取向定义为“唯一”、“标准”。然而，事实是，课程文化转变为幼儿的文化信仰并不是一个直线的、静态的过程，而是一个动态的、可变的社会存在，教师在这里担当了一个重要的“重构者”的角色。

教师重构课程的基本方式有两种：一是将“法定知识”转换成“师定知识”[①]，一是将“师定知识”自我合法化。可以毫不夸张地说，“师定知识”弥漫于教学的全过程，无论是最初的课程选择、课程设计，还是后来的课程实施、课程组织与课程评价，教师都在用自己的方式、自己的经验诠释和解读着课程文本中所呈现出来的价值观与文化内涵，幼儿所直接感受到的并不是来自文本的影响，而是来自教师力量的塑造。在中国的文化中，教师就是社会的代表者，具有一种权威的架势与不容置疑的合法性，这种文化身份使教师的“师定知识”也具有了“法定知识”的护身符，从而使“法定知识”与“师定知识”合为一体。

严格来说，教师并不会成为绝对意义上的社会代表者，从而成为法定知识的教授者。很多情况下，教师扮演的恰恰是“非社会代表者”或“反社会代表者”，此时，他们不再代表国家、社会，而只代表他们自身。一个社会的制度、权力关系、学生的文化需求以及教师自身的社会角色及地位[②]在很大程度上影响了教师的重构课程的能力与效果。

当教师以个体的经验来诠释、解读课程文本时，由于其社会代表者身份的掩护，他们很容易地就将其个人的知识转换成法定的知识，从而使其个人知识也具有了一种合法化的力量。

---

① “师定知识”是吴康宁教授提出的一个概念，指教师理解与建构了的“法定知识”，带有教师个人的价值观与文化取向。

② 周艳、马勇：《教师重构课程的社会学分析》，载《高等教育研究》2003年第1期。

2.“幼定知识”的认同与建构

“幼定知识”是一种以幼儿个人经验为起点的知识，它凸显的是幼儿与幼儿之间的特殊性。幼儿的社会背景、文化风格不仅造就了幼儿之间千差万别的认知风格和思维图式，而且这种差异还印刻在他们的身体上，成为他们特定的行为方式。知识是历史地建构、历史地生成的，[①]掌握知识的幼儿既是这种建构的主体，也是这种建构的产物。

正如“师定知识”不是对“法定知识”的复制一样，“幼定知识”也不是对“师定知识”的完全模仿与认同，它是幼儿的个人建构。与中小学不同，幼儿对教师的权威认同度较高，不太质疑教师的权威身份与合法地位，“幼定知识”无法形成一种对抗与瓦解“师定知识”的力量。

在活动进行中，虽然说知识的建构是双向的，既有教师权威性知识的抛售与传递，又有幼儿对权威性知识的内化与认同。但很明显，在幼儿与教师之间，知识的占有量是不均等的，幼儿根本无法以一种平等的方式来达成知识的双向建构。在师幼的知识建构中，教师仍然是一个彻底的“立法者”，两者达成默契的可能性多来自于教师对幼儿经验的尊重与拓展，而不是幼儿对教师的质疑与反驳。

① 高水红:《从知识社会学的视角审视课程知识的呈现策略:一个导论》,载《湖南师范大学教育科学学报》2005年第3期。

第六部分　学前教育的社会活动

学前教育中的主要活动包括三部分的内容，即集体教学活动、游戏活动和生活活动，反映的是幼儿在幼儿园生活中的三重社会，即课堂社会、游戏社会和日常生活社会。集体教学活动是在中国文化语境中的特殊活动内容，是对幼儿进行知识启蒙的重要形式。第十二章重点分析了课堂社会的时空逻辑、互动结构与师幼双方的社会行为。第十三章讲的是，游戏活动关注了幼儿游戏与社会文化、经济因素之间的关联，分析了幼儿游戏的规则、角色、象征资本和玩具。笔者认为，游戏是幼儿连接自己与他人，获得社会自我感，成为社团成员的一种途径。第十四章则着重介绍幼儿园生活活动。生活活动是幼儿在园活动的主要内容之一，本章主要关注了生活活动的时空交织、主要内容和幼儿园中的身体实践。幼儿社会化正是在平淡而绵延的日常生活过程中“被发现”和“被创造”的。

第十二章 课堂社会：幼儿园集体教学活动

从教育行动是由一种专断权力所强加的一种文化专断的意义上说，所有的教育行动客观上都是一种符号暴力。

——布迪厄：《再生产》

与中小学围绕升学、考试这类核心事件不同，学前教育活动是丰富而多样的，教育、游戏、营养、卫生保健一样也不能少。从本章起，研究者将探讨幼儿园中不同的活动内容，将幼儿在园的一日生活分成不同的块面，分别研究幼儿的课堂社会、游戏社会和日常社会。

“集体化教学活动”是幼儿园中区别于游戏活动、体育活动的一种重要组织形式，反映的是课堂社会的基本状态。从某种意义上来说，“集体化教学”是苏联分科课程的产物，是中国对幼儿园教学活动的一种特殊称谓。在西方许多国家里，“集体化教学”现象是不存在的，一方面是因为这些国家幼儿园的班级规模较小，多采用小组活动；另一方面是因为西方国家较多地强调幼儿的自主探索，反对以一种划一的方式来限制幼儿。“集体化”表明的是中国幼儿园中的一种课堂组织状态，它追求的是效率，强调的是严肃的纪律和教师的权威。

幼儿园教学是如何“集体化”的，“集体化”何以成为了核心的价值追求、主导的教学组织形式？“集体化教学”呈现出一种什么样的课堂社会，又建构出一种什么样的师幼关系和教学行为？应该说，中国社会历来有一种崇尚权威的文化传统。“师者，所以传道授业解惑也。”教师在教育过程中的权威地位是不容置疑的，集体化教学重塑了教师的权威，实现了教学效率，也再造了幼儿的行为。卡朋特和休斯顿研究发现，那些经常参加高结构化活动的儿童不论其性别如何，都表现得比较顺从，而且缺乏创造性。相反，那些更多介入低结构化活动的儿童则更倾向于与同伴互动。长时间持续从事低结构化或高结构化活动，可以使儿童形成与环境互动的不同风格。高结构化的活动有助于儿童学习规则，顺应环境；而低结构化的活动则可能会促进儿童以新的方式适应环境。①

与小组教学、游戏活动所构成的小社会相比，集体化教学建构的是一个更大的、更复杂的课堂社会。在本章中，研究者将聚焦集体化教学，将集体化教学首先看成一个“社会活动场”，其次才是一个“教育活动场”②，从而追问集体化教学活动的时空逻辑、互动结构和社会行为。

第一节
教学活动的时空逻辑

任何教学活动都是在一定的时空背景中完成的。米德认为，时间是根植于行动、事件和角色中的，时间并非是一种抽象的框架。③ 与生活时间的绵延性相比，教学活动是在机械的时钟控制下展开的一系列师幼互动。同时，教学活动也是在一定的空间中完成的，这里的空间可能是开放的，也可能是封闭的，它构成教学活动发生的物理背景。在时空交织所形成的坐标系中，教师和幼儿借助于特定的活动内容形成特定的教学关系。

① T. 胡森、T. N. 波斯尔斯维特：《教育大百科全书》(第 3 卷)，西南师范大学出版社、海南出版社，2006 年版，第 713 页。
② 吴康宁等：《课堂教学社会学》，南京师范大学出版社，1999 年版，第 3 页。
③ 布赖恩特纳著，李康译：《社会理论指南》，上海人民出版社，2003 年版，第 507—508 页。

一、教学活动的时间逻辑

教学活动是以互动的方式来占满和填充时间的。一般而言，活动并非是凝固不变的，而是以绵延的方式流淌着的。在教育的最初阶段，并没有严格的钟表时间，人们只是按照生命的自然节奏来安排活动的进程，工业化的大生产在摧毁了自然时间在社会生活中的主宰地位的同时，也将各种技术应用于人们的生活，时钟对于教学节奏的控制便是一种典型的方式。在当下的幼儿园教学中，主宰活动进程的往往不是自然的进程、活动的需要，而是钟表与作息制度。与生活、活动的自然性相比，钟表时间是一种机械的装置，带有一种强制性、精确性、刻板性色彩。

幼儿园教学活动虽然是以钟表时间来管理的，但与中小学刚性的上下课铃声相比，幼儿园的教学时间稍微带有一定的弹性，可作适当的延展，不需像中小学那样经历时间的突然断裂与停止。但在幼儿早已习以为常的催促声中，钟表时间的不可违性已经成为套在教师和幼儿头上的紧箍咒，师幼双方都不能随心所欲地把握活动的自然流程。

从幼儿园的活动进程以及进程中的关系状态来看，集体化教学活动的时间结构通常有两种类型：

一是从教师的时间分配的意义上来看，可分为唤醒时间、教育时间和常规时间。这种时间分配的方式实际上反映了教师对活动时间权的主宰与掌控，凸显的是教师的权威以及教师对活动进程的控制，幼儿完全成为被动的参与者。在不同老师的活动课上，时间的构成是不一样的，有的老师会经常性地将教育时间转换为常规时间，以保证活动的纪律与秩序，而有的老师则会遵循自身的时间节奏与幼儿的时间节奏有策略地分配这三类时间。正如米德所言，时间不是一种抽象的状态，而是一种关系的表达，在时间的绵延与流逝中，师幼之间的非对称性关系得以建构。

一是从师幼互动的时间构成来看，可分为师班互动、师组互动与师个互动。与中小学一样，幼儿园的活动进程也几乎是一种以师班互动为主体的师幼互动模式，教师完全占据教学的“前台”，教学变成了一种表演，幼儿也因此变成观众。师组互动是一种化解教师权威的方式，它让教师原本聚集的社会控制变成一种散射，而且，最重要的是，师组互动给了幼儿更多的权力，也给了幼儿同伴间互动以更多的机会。由此可见，“化整为零”不仅是一种瓦解教师权力的有效策略，也是一种增进幼儿主动权的可能路径。

无论教学时间以什么样的结构类型、分配方式呈现，它实际上反映了师幼之间的一种关系状态，反映了教师的价值取向与文化态度。教学时间结构是师幼之间的非对称关系在时间纬度上的表现。

二、教学活动的空间建构

在学校教育的演变历程中，我国曾创造了类型迥异的学校空间模式，如社学、私塾、书院、学校、网络等，学校空间在不断流动与变换的同时，学校的教学空间也在不断地发生变化。一般来说，“空间”在人们的概念里是一个极容易被遗忘的概念，人们通常从“物”的意义和“关系”的意义上两个层面来谈论空间，如“空间的围护”、“空间的尺度”等物质形式与“空间的制造”、“空间的等级”等社会关系。

1.“物”的层面的空间建构

在幼儿园的具体情境中，物质层面的教学空间的建构通常是以活动室的环境为基础的。在中国的幼儿园中，教学活动的空间状态包括四种：半圆式、小组式、双列式、秧田式。半圆式的空间格局可能是当下幼儿园的一种普遍状态，而秧田式、双列式则相对较少，较多地出现在学前班中。小组式教学空间则是一种特殊的选择，通常在需要桌面材料和进餐时使用，在集体化教学活动中，教师较少选择这种空间布局方式。从便于控制的角度出发，半圆式、双列式、秧田式都是一种“聚集式”的控制，而小组式则会使教师的权力分散。从方便管理的立场出发，教师们通常不会选择小组式的空间格局。

此外,在不同的空间类型中,个体所感受到的空间密度是不一样的,秧田式的空间格局给人的心理感受是最拥挤的、最方正的和规范的,而半圆式的空间格局给人的感觉则较疏松,且压力与张力也最小。因此,这种空间的围护方式多在幼儿园使用而非中小学。在不同的空间类型中生活,幼儿会形成不同的空间知觉、空间认知和空间态度。大体来说,空间知觉是指幼儿对于幼儿园活动室环境刺激的直接感官经验;空间认知是幼儿对环境信息加以储存、组织与重构的过程;空间态度则是幼儿对于空间特性是否喜欢的感觉。①

2. "关系"层面的空间建构

任何空间都不能被简单地看成是社会行动发生的外部背景或舞台,空间是内在社会性的,是由人们创造并实践的,是行动者的实践习惯的集合体。在幼儿园中,师幼对于活动室空间的心理感受是教师和幼儿的个体行动、相互作用的产物。所谓教学的"前台",既可能是教师对于教学控制权的一种占有与维护,也可能是因为教师的退位所造成的幼儿对于活动权的一种获得与分享。同样,"后台"也是师幼行动相互建构的结果,当任何控制作用力不及时,某一区域便成为了后台。

"前台"并不必然是一个固定的地方,"前台"是可以建构出来的。当教师以一个权威者身份在活动室内移动时,前台便跟随其而发生位移。"前台"与"后台"是随着控制的转移、师幼之间的力量关系而发生变化的。"前台"与"后台"作为一个典型的社会空间较好地体现了空间与行动者之间的辩证法,即师幼生活在一定的空间中,受活动室空间限制与鼓动,也以自己的行动与互动改变和调整空间的社会意义。说到底,在社会空间与个体之间,存在着一个连续的双向过程。

① 石艳:《我们的"异托邦":学校空间的意蕴》,南京师范大学博士学位论文,2008年。

毫无疑问,一定的空间结构是幼儿园开展集体化教学的社会基础,中国的幼儿园多是大而齐全的单元套房。与西方幼儿园中各式各样的活动区与操作区不同,走进中国幼儿园中首先映入眼帘的是摆放整齐的桌椅,幼儿园的活动室既是以"家"为模板来设置的,也是以中小学的"教室"为模板来设计的。在幼儿园中,"家"的要素与"学校"的要素是两种截然不同的力量,但这两种极不协调的力量在中国的幼儿园中却长期并存着,而且一直以来便是"学校"的力量压制着"家"的力量。

空间并不是空洞的,它充满了意义与关系,教学空间作为师幼互动的平台更是充满了动态与善变的特性,带有教师和幼儿的个人特质。空间的生命感不是自身所拥有的,而是空间中的行动者所赋予的。一个喧闹、热情的空间在某些参与者看来充满了意义与想像,而在另一些参与者看来可能恰恰是相反的体验。空间的个体性与社会性并不矛盾,它们只是空间的两种不同关系状态而已。空间意义的丰富程度通常也与师幼双方的"在场可得性"相关,所谓在场可得性是指在某人所处的社会情境里,人们共同在场的程度和所借助的形式。如果师幼双方都有一种"在场的敷衍",那么,教学空间固有的意义与生成的意义都可能非常贫乏。

三、教学活动中的空间位移

与中小学中教师站、学生坐的体态不同,在幼儿园集体化教学活动中,教师和幼儿基本都是以坐姿出现的,且幼儿园的教学活动强调动静交替。绝大多数情况下,空间位移的主动权掌握在教师的手中,幼儿则是随着老师的位移而被动地位移,幼儿要想改变自己的空间处境需要得到老师的批准。无论教师还是幼儿,当位移发生时,原有的建构起来的教学空间以及空间秩序就会被打破,需要建立新的空间与空间秩序。在集体化教学活动的展开过程中,空间通常是不断位移、不断转换的,空间所蕴含的社会意义也不断地得到重新建构。

在教学活动中,师幼空间位移有不同的目的。对于教师来说,位移是一种主动的选择,通常有“退位”与“控制”两大主要目的。“退位”表现的是教师对于前台权力的一种主动让渡,它有程度的不同,有的时候教师退位比较明显,有的时候退位比较有限。“控制”表现的不仅是教师对于权力与个人空间的固守与维护,而且还表现为对幼儿空间的占有与侵犯。社会学家吉登斯认为,人们为什么要旅行是因为有覆盖更多空间的兴趣。[①] 教师对幼儿集体空间的侵犯常常是教师权力控制欲的表现。一般而言,每个人都有着自我空间的捍卫情结,幼儿在活动中常常表现出对自己的空间边界与他者的空间边界的清晰认识,然而,在面对教师的入侵时,幼儿往往无力捍卫自己的个人空间的完整性与神圣性。在集体化教学中,教师和幼儿都会最大限度地获取个体的空间,压缩别人的空间,以争取自己的生存生态。

在集体化教学中,位移的方式有两大类。从位移的开放程度来看,有固着与开放两种方式;从位移的体位来看,有高位位移与低位位移。固着的位移表明的是教师对前台位置的坚守,即无论在何种情况下,教师很少采取移位的方式来解决问题,而是较多地选择语言控制。开放的位移表明的是教师的坚守与退让游刃有余,教师完全根据活动的需要来进行相关的位移。高位位移表明的是教师以一种站立的方式从一个地点转移到另一个地点,而低位位移则是教师以蹲着的体位实现的位移。无论教师在位移时采取何种方式,位移都是以空间关系与空间结构的改变为前提的,如果教师在集体化教学中固着于自己的前台区域,几乎不位移或只进行有限的位移,那么课堂的情绪、节奏会比较稳定,但从另一个方面来看,也会显得很刻板。但倘若一个教师在活动中频繁地位移,则会造成较大的情绪扰动与认知失序。

---

① 安东尼·吉登斯著,李康、李猛译:《社会的构成——结构化理论大纲》,生活·读书·新知三联书店,1998年版,第345页。

齐美尔曾说：空间具有空洞性与充实性，人与人之间存在着空白，相互作用就在于填补空间。① 如何使课堂教学中的物理场变成一个师幼认同的心理场？如何填补人际之间的空白与距离？个体空间的适度开放也许是必须的选择，尤其是教师必须有一种退让的心态，给幼儿更多表现自己的机会。任何个体对于社会空间的需要都远甚于对物理空间的需要，空间的"热度"正是人际之间关系的一种折射。

第二节
集体教学活动的互动结构

社会是结构化的，它由个体行为及其互动构成。同样，课堂也是一个小社会，它由教师与幼儿的单个行动与双向互动构成。在这里，角色是连接个体行动与社会结构的关键概念，也是互动理论的核心用语。在教学互动中，教师与幼儿分别扮演不同的角色，既承担着"社会的客观期望"，又表现着"个体的主观表演"②。从这个意义上说，互动是角色的互动，角色是通过互动表现出来的。当师幼双方在社会的客观期望下，根据自身的社会地位、互动情境进行各自的表演时，就可能产成不同的互动结构类型。

师幼互动并非简单的相互作用，而是对教师长期"一言堂"、"一人独白"的挑战。教学互动之"动"，是指通过教学活动，使受教育者"情感起反应，开始行动"。现实教学中有许多"似动现象"。例如，老师提问，全班举手，回答问题众口一词；老师无疑而问，学生不假思索张口就答；脱离教学实际，追求热闹场面，等等，这些教学互动现象属于"似动现象"。这种"动"是"形动"，不是"神动"。"神动"是心动、脑动，而"形动"则只是手动、

① 格奥尔格·齐美尔著，林荣远译：《社会学：关于社会化形式的研究》，华夏出版社，2002年版，第231页。

② 周晓虹：《现代社会心理学史》，中国人民大学出版社，1993年版，第275—277页。

口动。①

一、互动类型

教师与幼儿是教学活动中的主要角色，与中小学课堂教学中的师生互动、生生互动不同，幼儿园的集体教学中还存在着师师互动。不同的互动由不同的角色构成，因此，具有不同的互动规范、互动结构。

1. 师师互动

在幼儿园的班级生活中通常有三位老师，且三位老师各有分工、地位、权责。主班老师负责班级的所有事务，配班老师在保育与教育方面密切配合主班老师开展各项活动，保育老师主要职责是照顾幼儿的日常生活，并配合其他两位老师开展教学活动。在实际的工作中，三位老师既有分工不同，也有地位的差异。在下列案例中，三位老师呈现出明显的结构化分布：

中班午餐的时候，孩子们都在吃饭。突然，宝宝叫了起来："老师，小静哭了。""怎么了？"D老师走过来。"她想妈妈了。"宝宝小声地回答。果然，小静眼睛里充满了泪水，D老师看了她一眼，厉声说道："吃掉，不许哭！"小静哽咽得更厉害了，她用含泪的眼睛怯怯地看着D老师，试图将嘴里的饭咽下去，但鼓起来的腮帮子没多大变化。D老师有些生气，看着她，大声说道："快点吃，不许哭！"旁边的保育员W过来了，D老师责怪地说："今天W老师盛饭盛多了，下次替她少盛点。"配班老师Y看到这个情形，走到小静的身边，悄悄地问她："是不是吃不下了？""嗯。"小静连忙点点头，一双哀求的大眼睛看着Y老师。于是Y老师对D老师说："她可能真的是吃不了这么多，要不，去掉点吧。"D老师很干脆地回答："吃！不能惯她毛病。"说完严肃地看着小静，小静低下头，啜泣着。午饭时间结束了，D老师发现小静没有吃下一口饭，疾步走到她面前，将小静利索地拉到自己面前："就知道是你，这么慢，快吃！"D老师端起小静的碗，拿起小

① 何尚武：《对教学互动本质的探析》，载《长春工业大学学报》2005年第2期。

勺，开始一口接一口地喂小静，小静的嘴里也立刻鼓了起来，眼睛里还有泪，几分钟的时间，D老师就喂完了，她大声说道："我说吧，能吃下去，就能吃下去，走，去擦嘴巴！"小静赶紧跑进洗手间，找到自己的毛巾，抹了抹嘴，走出来，这时D老师已经忙别的事情去了，小静又开始站在一边看着其他的孩子玩了。①

在这个案例中，三位老师之间的交往是不对称的，D老师处于中心与权威的地位，她不仅对幼儿施加权威，而且对Y老师、W老师也表现出一种权威意识。在这样的互动中，D老师所维护的互动规范是自我中心式的，互动结构也是等级化的，她缺少一种对其他两位老师意见的起码尊重，三者之间所建构起来的同事关系较明显地表现为一种工作关系或工具取向。而在下列案例中，三位老师之间的关系则有明显不同，表现出较多的平等倾向。

在孩子们从户外活动回到教室喝水的空当，主班A老师忙于制作第二天要用的教具，配班B老师在给孩子们"贴红旗"，保育员C老师则在看孩子们喝水。当B老师给彤彤贴红旗时，问小朋友："彤彤今天的表现如何？"这时，A老师说："C老师知道彤彤今天的表现，我们听听她是怎么说的，好不好？""好！"C老师走到教室中间讲道："彤彤今天的表现非常好，午休时很快就睡着了，没有吵其他小朋友，而且下午吃午点时还帮乐乐搬椅子，我觉得应该给她多贴一个小红旗，其他小朋友都要向彤彤学习哦。"B老师说："好，那今天就给彤彤贴2个小红旗！"……②

在这个班级中，三位老师之间的关系是平等的，只有任务上的分工，没有地位上的差异，而且A老师奉行"保育员就是老师"。她们三者之间

① 魏蕾：《老师，我好害怕你——浅析师幼互动中的惧师现象》，载《教育教学研讨》2007年第5期。

② 任慧娟：《由保育员就是教师想到的——幼儿园保育员角色探析》，载《教育导刊》2006年第1期。

的语言不是案例一中的断然性、命令性语言，而是充满了协商、尊重色彩。在班级的三位老师之间，除了平等的、权威式的互动之外，有时老师之间还会有或大或小的冲突。在教师与教师之间互动的各种状态都是可能存在的。

2. 师幼互动

师幼互动可以分为不同的类型。根据教师与幼儿的关系来看，可分为支持性互动、合作性互动和引导性互动。支持性互动是指以支持幼儿主动活动、消除幼儿活动障碍为宗旨的互动方式，包括抚慰式、赞赏式、帮助式、评价式、激趣式、照顾式、调解式等互动方式；合作性互动是指教师以平等身份介入幼儿活动，合作完成活动任务的互动方式，包括参与式、协商式、讨论式等互动方式；引导性互动是指教师对幼儿的活动行为趋向与方式加以指导的互动方式，包括提醒式、建议式、启发式、提问式、示范式、指导式等互动方式。

按照权威的主导地位这一分类标准，可以将师幼互动类型划分为师权型师幼互动、生权型师幼互动和平等型师幼互动三种基本类型。根据社会学家帕森斯的社会体系的观点，也可将师幼互动分为教师中心式、幼儿中心式和知识中心式三种。① 从自我的"主我"与"客我"入手，可以将师幼的互动分为主我与主我之间、主我与客我之间、客我与客我之间三个阶段。② 根据互动中的话题数量可将师幼互动分为单中心互动模式与多中心互动模式。③ 单中心互动模式，其互动关系是围绕一个话题确立的。此时，相应"话头"的发起者往往处于中心位置。多中心互动模式，其互动关系是围绕两个以上相互关联的话题确立的，或者在同一话题的讨论中存在两个以上的意见领袖。此时，有两个以上的参与者处于中心位置。

根据教师在互动中所面对的对象可分为师班互动、师组互动和师个

① 傅维利、张恬恬等：《关于师生互动类型划分的研究》，载《教育理论与实践》2007年第3期。
② 石艳：《师生互动过程中的自我生成》，载《广西社会科学》2004年第4期。
③ 白淑英、何明升：《BBS互动的结构与过程》，载《社会学研究》2003年第5期。

互动。师班互动是指教师和全班幼儿的互动，主要包括提问、交流、惩罚、控制；师组互动是在集体教学中，教师与小组幼儿之间的交流，主要包括分配、任命、挑选等；而师个交流是教师与幼儿个体之间的交流，存在着互动内容、性质、对象、性质上的差异与不公平。当教师作为一个互动发起者时，互动内容多为约束——服从、指导——接受、帮助——受助、示范——模仿、激趣——兴奋、提问——思考、批评——忧虑、协商——探讨等。而幼儿作为发起者的互动内容则多为请求——允许、求助——帮助、求慰——抚慰、告状——调解、表白——赞赏、表达——评价、质疑——解答、询问——回答、展示——评价、邀请——参与、帮助——表扬等。

3. *幼幼互动*

在集体教学过程中，幼儿与幼儿之间所开展的互动是相对稀少的，中国大部分幼儿园的活动课都是教师占据教学的前台，发起与全班、小组、个人的互动。幼儿与幼儿之间的互动多出现在小组教学或教师引导下的同伴互动中，如教师建议幼儿结成小组来探索一种配器方法，或教师在活动结束时引导幼儿玩“找朋友”游戏。后一种幼幼互动是非常有限的，因为幼儿之间的互动只是教师集体教学中的一个装饰性环节。而分组探索则不同，它是一种实质性的幼幼互动。在分组教学中，幼儿有充分的机会与同伴进行交流，展开协作性互动或冲突性互动。如下面的案例所表明的：

在《春天里的活动》中，老师请幼儿自愿结成六个小组，完成一个任务。即幼儿先推选一个组长，然后确定本组开展哪些春天里的活动，但每个活动的提出需要经过全组幼儿的同意，接着每个人将要开展的春天的活动画出来，最后每组推选一个报告人代表本组进行全班交流。在这样的分组活动中，幼儿之间需要进行充分的交流、协商。在其中的一个小组中，六名幼儿在最初的推选组长上没有问题，可在筛选确定何种内容是春天里的活动时，六个人之间出现了程度不同的分歧。幼儿不知如何避免自己所画下来的内容与其他幼儿重复，在遇到内容上的分歧时也缺少协商，如男孩子多倾向于体育活动，而女孩子更倾向于花草种植、郊游等。

在最后推选每组的报告人时更是充满了竞争,每个人都想代表本组进行交流,于是幼儿之间进行了投票表决,表决的结果是两个幼儿的得票数相等,幼儿又提议用“点兵点将”的方式来最终确定。

幼儿与幼儿之间的互动是一种对称性互动,他们在能力、资本方面大体相当。在一个相对固定的小群体中,幼儿之间才会有明显的结构化关系,形成一种领袖——附和者——跟从者——服从者的等级化关系。但即便是一种等级化关系,幼儿之间所形成的结构性关系也比师幼之间所形成的结构性关系更具弹性和开放性。在同伴关系中,幼儿的结构位置是可能得到逆转、有所改变的,而在师幼之间,结构性关系是不可改变的。

二、互动过程

师幼在教学活动中的互动过程主要包括三个环节:情境定义、情境互动、关系重建。师幼在课堂生活中的互动实际上是两种文化碰撞交流的过程,即教师所代表的是“师定文化”,幼儿所代表的是“幼定文化”。在交流过程中,两者会经历文化的碰撞,并且在碰撞、冲突的过程中产生新质。倘若教师和幼儿都是坚守自己的文化立场,抗拒对方的文化立场,那么对话和融通就不可能形成。在师幼互动的过程中,起至关重要作用的是教师的文化立场,如果教师具有文化融通性与开放性,主张可生成的、多元的知识,那么就会形成师幼之间的开放的、接纳的、生成的态度;如果教师坚持固化的、客观的、封闭的知识观与文化立场,那么教师就会否定幼儿争辩的权利,利用权威迫使幼儿接受教师的价值取向与文化态度。

1. 情境定义

在教学活动中,教师和幼儿互动的状态、水平、过程取决于师幼双方对互动情境的个人定义,如果教师和幼儿对情境的定义存在某种一致性,那么师幼之间的对话与互动就会比较流畅与顺利,反之,师幼之间的文化冲突与碰撞就会比较多,有时甚至会造成师幼之间的对立。托马斯认为,当行动者将某种情境定义为真的时候,他通常会以真的逻辑来开启其行动。在幼儿园的集体教学活动中，教师与幼儿的情境定义很难达成一致，教师的目的在于教，在于促进幼儿掌握文化知识，而幼儿的目的在于游戏、探索、做中学。师幼双方对教学活动的期待与认同在原始定义上存在着截然不同的取向。

一般而言，教师和幼儿对教学情境的定义是受彼此的文化立场、知识观念、互动规则和活动情境影响的。在教学活动中，教师担当着文化代表者的身份，以传递人类的经验与知识为己任，她所确立的互动规则是“师教幼学”，教学活动只是传递知识经验的一种媒介与路径。因此，在教师和幼儿所建构起来的教学现场中，教师的文化主位色彩非常突出，幼儿更多地被置于文化客位的立场上。

2. 情境互动

从某种意义上来说，教学活动是教师文化与幼儿文化相遇、磋商、碰撞、融合的过程，由于师幼双方对教学情境界定的差异性，师幼双方在教学互动中的表现是大相径庭的，其行动所恪守的行动规范也是大异其趣的。在教学活动中，幼儿的行动策略是游击战式的、见缝插针的；而教师的行动策略是追击战式的，刻不容缓的。有时，师幼之间的教学互动会演变成一场“斗智斗勇”的战斗。

在集体教学中，教师在很大程度上依赖于幼儿，无论是在智慧上、情感上，还是在社会关系上都是如此。教师一人的智慧往往是有限的，她必须学会从幼儿那儿获得启迪，相信幼儿、期待幼儿。幼儿的智慧支持对教师来说既是一种思想的启发，更是一种情感的支撑，它让教师看到了幼儿的力量，这种力量有助于教师不带成见地看待幼儿文化，欣赏幼儿文化，从而改造、重建自己对于幼儿的刻板认识。

3. 关系重建

马丁·布伯认为，人与人之间是一种“我与你”的相遇关系，任何人都不可将他人作为工具。在教师与幼儿的互动、冲突中，教师看到了幼儿的立场、力量与旨趣，幼儿也看到了教师的立场、态度与倾向，师幼双方在相遇中都必须调整自己的视线，以一种适宜的方式相互悦纳，从而建立起一种和谐的人际关系。师幼互动的动态过程见下图所示：

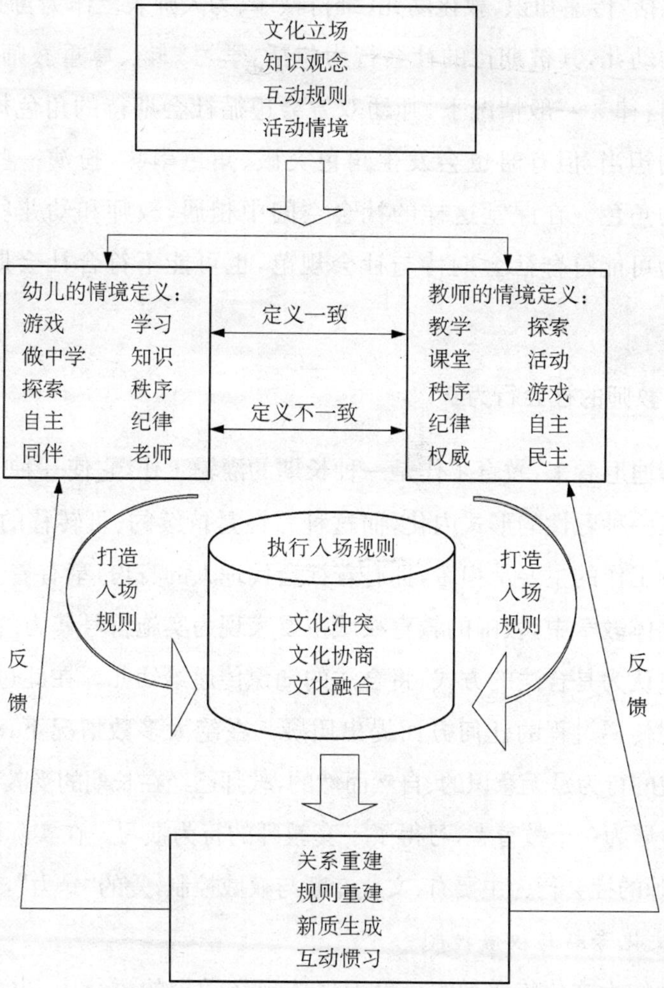

图 12.1 教师与幼儿的互动过程图

第三节
教学活动中的社会行为

课堂是一个小社会，教师与幼儿都是其中最主要的社会角色，教师是社会的代表者，幼儿是自身社会化的承担者，师幼双方的角色担当决定了他们在教学活动中的行为表现。作为社会代表者的教师,其被期待的社会行为包括:传递知识、教化幼儿、维持秩序、为人师表。作为自身社会化承担者的幼儿,其被期待的社会行为包括:学习知识、尊重教师、友爱同伴、严于自律。一般情况下,师幼双方会遵循社会期待的角色规范来进行角色的担当,但有时也会发生角色突破、角色串味,扮演一些社会期待之外的角色。在课堂这样的社会空间中相遇,教师和幼儿所采取的社会行为可能符合社会期待与社会规范,也可能不符合社会期待与社会规范。

一、教师的社会行为

在布迪厄看来,教育工作是一种长期的灌输工作,它使一种文化专断的原则以一种习性的形式内化,而这种习性是持续的、可转移的。① 教师作为教育工作的主要承担者,拥有着社会代理人的身份,享有着天然的权威。在集体教学中,教师的教育权威主要表现为实施符号暴力的权力,即以一种自认为是合法的方式,将合法的知识传递给幼儿。在此过程中,幼儿无权对传递过程的任何方面提出质疑。在绝大多数情况下,教师实施教育权威的行为是无意识的、自然而然的,教师已经在长期的受教育过程中将自己自居为一个教育者,习得了一套教师的行为惯习。在实际的集体教学中,教师的社会行为主要有:文化专断与权威控制,爱的"暴力",借力。

1. 文化专断与权威控制

教师作为文化传递者的身份不仅体现在学校的语境中,也融化在整个社会期待中,"教师"这一称谓的核心内涵几乎就是进行文化传承。在幼儿园这一特殊空间中,教师与幼儿之间有极其悬殊的差异性,教师不容置疑地处于文化的高位、制度的高位、身份的高位、体位的高位。师幼之间的悬殊在激发教师爱孩子的同时,也会激发出另一种相反的情感,即控

① 布迪厄、帕森隆著,邢克超译:《再生产:一种教育系统理论的要点》,商务印书馆,2002 年版,第 21 页。

制与专断。这是人性的弱点,也是在差异较大的人群中极易发生的现象,况且教师还被赋予了社会代表者的合法身份。

在集体教学中,教师的文化专断较典型地表现在教师向幼儿发出的连续不断的提问上,教师俨然是课堂的主人,主宰着整个活动的进程,幼儿只是被动地跟随着,幼儿很少有机会在课堂中向教师、同伴提问。教师不仅拥有着提问儿童的权利,还拥有着对儿童的回答采取或接应或忽略的权利,而接应和忽略的标准、方式完全由教师决定。

教师在集体教学中的文化专断是一种隐性的文化控制,它试图摧毁幼儿对世界的粗糙认识,将一种主流的、经过筛选了价值取向、知识类型和文化态度传递给幼儿,建立起幼儿对世界的初步认同。除此之外,教师还以各种方式对幼儿实施显性的控制,如身体姿态、学习习惯、集体常规等。

2. 爱的"暴力"

爱孩子是幼儿教师的基本职业道德,在实际的教学中,爱孩子几乎成为教师惩罚幼儿的一个合法借口,一种心理性的、道德性的控制力。社会学家涂尔干认为:"不存在自由的教育,如果说,人们今天相信能有一种既无强迫又无惩罚的教育行动,那是因为一种种族中心主义产生了作用,它使人看不到我们社会特有的教育行动强加方式所进行的惩罚的真面目:用情感填充学生。"①在教师与幼儿的教学互动中,教师使用着对孩子的爱称、昵称和热情的修饰语,构建着情感的场效应。然而事实上,正是因为有了这种灵活的、充满情感色彩的控制工具,情感的后撤才成为一种教育技术,成为教师掌控幼儿的一种温和暴力,它的专断性并不比体罚或侮辱性训斥少。

在集体教学中,教师不仅娴熟地使用着爱的技术,还动员所有幼儿对个别幼儿实施爱的收回、撤退与包围。在这里,爱孩子成为教师控制孩子的一种有力工具,一种隐性技术,一种"温和的暴力"。教师用爱与被爱的纯心理关系掩盖了具有暴力、侵犯性质的社会关系,师幼之间的不平等用

---

① 爱弥尔·涂尔干著,陈光金等译:《道德教育》,上海人民出版社,2001年版,第33页。

爱的彩衣包装起来,"爱的秩序"[1]使主体能够按照它的规定在道德上生活和生存,从而维护了社会秩序。如下列案例:

在电影《看上去很美》中,李老师让方枪枪在全班面前学习脱衣服,结果方枪枪怎么也脱不下套头衫,全班的小朋友围坐成半圆,方枪枪站在中间。李老师冷冷地说:"你就耗着吧,没人帮你。"结果逼得方枪枪当场小便。而在方枪枪骂人以后,李老师对全班小朋友说:"某某小朋友不听话,小朋友都不要跟他说话,把他孤立起来。"

3. 借力

在实际的教学活动中,作为强者的教师与作为弱者的幼儿,其身份与境遇时常会受到一些不可控因素的影响而发生强弱的转换。在集体教学中,教师虽然是活动的主宰,但在"一对多"的"看与被看"的关系建构中,教师也会幻化为弱者,因此,教师通常会向幼儿借力,以助长自己的权威。如下例所示:

师:我们来玩"我的火车开"的游戏。嘿!嘿!……

幼:(不齐声,杂乱)……

师:我说的时候你们要不要说?嘿!嘿!……

幼:(边鼓掌边说)嘿!嘿!我的火车就要开。往哪开?南京开!谁来开?XX来开!

幼:嘿!嘿!……

师:(在幼在说"嘿!嘿!"同时)来,王晓刚不拍手,他不是小一班的人,你看我们都在玩游戏,他不在玩游戏,谁来把他送给李老师?问他拍不拍?

幼:(零散地问)拍不拍?

师:他拍的话我们就原谅他,给他一次机会,他不拍的话就不是我们小一班的对不对?大家都在玩游戏,拍不拍?

幼:拍不拍?

---

① 马克斯·舍勒著,林克等译:《爱的秩序》,上海三联书店,1995年版,第36页。

王晓刚：拍！

师：好，拍，给他一次机会哦！来！预备齐！

幼：嘿！嘿！……王晓刚来开！王晓刚来开！

（王晓刚没有接下去拍）

师：他不拍我们就把他送走，他不是我们班的，拍不拍？

幼：再给他一次机会吗？

师：对！给他一次机会，拍不拍？

幼：（纷纷说）拍不拍？再给你一次机会……

师：拍不拍？

王晓刚：嘿！嘿！我的火车就要开……

幼：嘿！嘿！……

师：嘿！嘿！我的火车到站喽。我要表扬，他的火车啊肯定加了很多的油，所以开得非常有劲，声音很大，对不对啊？①

在集体教学中，教师通常占据教学的前台，维护着教师的身份，传递着教师的权威，其社会行为较多的表现在教与学的关系建构上，无论是文化专断、爱的"暴力"还是向幼儿借力都是教师建构关系的结果。

二、儿童的社会行为

幼儿园是幼儿与幼儿相遇、结成游戏群体与儿童社会的地方，在儿童社会中，幼儿与幼儿之间通过各种方式建立起亲疏远近的关系。与教师的身份不同，幼儿在集体教学中主要是一个游戏者、学习者，其社会行为主要针对同伴和教师展开。

1. 指向教师的社会行为

在集体教学中，幼儿基本处于被控的状态，其指向教师的社会行为以服从为主，质疑、反抗、诘问等较具主动色彩的行为非常稀少，而且多以个

① 杨艳：《"你不是我们班的"——反思现实中的"师幼共同体"》，载《学前教育研究》2007年第8期。

体状态出现，很少是一种集体行为。在教师与幼儿所结成的教与学的关系中，幼儿常常是被打压与控制的一方，幼儿很少能成功地反抗教师的控制，教师会用各种权力、手段来控制幼儿。久而久之，幼儿便习惯于不再反抗，只是默认顺从。

在集体教学中，幼儿向教师主动发起的互动几乎都是以告状、询问、请求仲裁为目的，这种状态表明了教师的权威，也表明了幼儿对这种权威的认同。在地位极不对称的互动双方中，关系的固定化往往是双方共同努力的结果，教师试图控制幼儿，而幼儿则努力服从教师，“好孩子”在幼儿很小的时候起就已经在心中扎下了根，中国文化对“好孩子”的认同与规范更是使整个社会都变成“好孩子”的成长摇篮。

2. 指向同伴的社会行为

幼儿在师幼关系上的忍耐、服从并没有同样表现在同伴关系中。在同伴互动中，幼儿表现得更为积极、主动，既有相互友好的一面，也有相互敌对、矛盾的一面。

案例一：我来帮帮你

小托班的孩子们正在户外玩大型玩具，柏杨一直跟在睿睿的后面跑来跑去，由于他个子太小，在爬绳状台阶时，他怎么也爬不上去，还一个趔趄摔了下去。旁边的天天看见了，忙走过来拉柏杨，还关心地询问他疼不疼。哪知柏杨被绳子绊住了，天天没拉稳，也一下子摔倒在地。睿睿从滑梯上滑了下去，却发现柏杨没跟来，见到柏杨和天天摔倒在绳梯下，他赶紧过来将他俩从地上拉起来。三个人开心地抱成一团，嗬哟嗬哟地叫着。

案例二：我们不欢迎你

师：××小朋友今天又打人了，老是不思悔改，我们把他送到小班去好不好？

幼（齐声）：好。

幼1：你把××的鼻子打伤了，流血了，请你离开我们班。

幼2：对，我们不欢迎你。

幼3:或者你明天不要来上幼儿园了,我们不想再看见你。

幼4:××,和我一起来把他拖走。(一幼儿使劲地拖打人的那个孩子的衣服,要把他送到小班去。打别人的孩子奋起还击,打了来拖他的那个男孩一拳)

幼1:老师,××又打人了。

幼2:(冲过来与原先幼儿一起要把××拖到小班去)

幼3:(打××的头)

幼4:(打××的肩膀)

幼5:(拉××的衣服)

幼6:(把××的书包、衣服拿给他,推他走)

幼7:(拉××的椅子,使劲地拉他起来)

幼8:(向××做鬼脸)

案例三:王涛真讨厌

下午一到班上,见班上炸开了锅。孩子们纷纷冲到我面前:"范老师,王涛又犯错误了!""王涛把金鱼弄死了!""王涛被廖老师关进小房间了!""王涛中午不睡觉,还把我们全都吵醒!还……"话还没说完,廖老师已经气冲冲地站到我面前:"范老师,这个王涛真气死我了,管他一个人比管十个孩子还累!只要他一来,我的头就疼!哪天他要没来,我保准心情舒畅!"我把小房间的门打开,只见王涛正拎着一根从衣服上扯下来的小线头,用嘴对着吹气。"看,他还像没事儿似的!"廖老师气得肺都快炸了!小朋友们全都堵在了小门口,嚷嚷着:"王涛真讨厌!""坏王涛!"还有幼儿竟拿起粉笔头掷向王涛。一时间,我惊呆了!从孩子们谴责的话语、愤怒的目光中,我分明看到了一种"仇视",用一种仇视的眼光去看待自己的同伴,将会给幼儿的将来留下什么样的痕迹?[①]

笔者曾在多个场合询问过幼儿教师同样的问题,即"你们印象中的儿

① 范桂宁:《快乐的艺术——师幼互动案例分析》,载《广西教育》2003年第10期。

童社会是什么样的，用关键词的方式列举”，结果老师们说得最多的是：简单、幼稚、朴素、纯真、可爱，儿童社会的另一面，即复杂、冲突、矛盾、竞争、对抗、排斥、孤立则鲜有提及。在教师的眼里，儿童社会与成人社会是很不相同、极其简单的，她们像功能主义者那样，将儿童社会中复杂、冲突的一面过滤掉，只看到其积极、稳定、简单的一面。她们的这种儿童社会观来源于她们的儿童观，即儿童是弱小的、简单的、需要保护的。从根本上来说，这种儿童观、儿童社会观反映的是成人世界对儿童的不信任，它彰显的是成人对儿童的控制、保护的权力。在儿童与成人之间，控制是必须的，但尊重与信任也是必须的，甚至是更重要的。

第十三章 游戏社会：幼儿园游戏活动

只有当人在充分意义上是人的时候，他才游戏；只有当人游戏的时候，他才是完整的人。

——席勒：《审美书简》

游戏一词其相应的英文有两种：一是“play”，一是“game”。在《游戏的人》中，赫伊津哈认为“play”、“to play”在字源学上源于盎格鲁-撒克逊语 plega、plegan，原义即指“游戏”或“玩”，也指快速运动、姿态，手的抓握、鼓掌喝彩、演奏乐器和种种身体活动。[①] “game”一词更多具有“竞赛”、“规则”的意识。在中国文化的特定语境中，游戏表明两种不同的状态：“游”和“戏”。“游”既是生物的一种活动状态，也是旌旗飘下的绥带；“戏”指玩耍、嬉戏。在社会学的视野中，游戏是幼儿连接自己与他人，获得社会自我感，成为社团成员的一种途径。

中国古代游戏史研究表明，先秦时期是中国游戏的滥觞时期，汉魏六朝时期是中国游戏的发展时期，唐宋时期则是中国游戏最为兴盛、最为繁

① 约翰·赫伊津哈著，多人译：《游戏的人——关于文化的游戏成分的研究》，中国美术学院出版社，1997年版，第41页。

荣的时期。[①] 最初的人类游戏产生于物质生产和生活，是对生活的一种模仿。幼儿作为特殊的游戏群体，他们是生于游戏，随游戏而生的。游戏与幼儿的童年生活是一种典型的互生关系，游戏产生于幼儿的童年生活，童年生活给予幼儿以游戏。

一般认为，游戏进入幼儿园并成为幼儿的主要活动是从福禄贝尔开始的，他不仅为幼儿设计了游戏材料“恩物”，而且在幼儿园倡导游戏制度。在福禄贝尔之前，欧文创办的幼儿学校更是一个实质上的幼儿游戏场。从这个意义上来看，幼儿园从其诞生那一天起几乎就与游戏紧密相关。在当下的幼儿园，游戏更是成为幼儿一日生活的重要内容，既有作为“课程”的游戏，又有作为“活动”的游戏，更有作为幼儿自主选择的区域游戏。许多研究者认为，当下幼儿园的诸多游戏已经成为教育的一种手段，而不是目的，游戏精神在教育的旗帜下不断地蜕变、缺失。在进入幼儿园的过程中，游戏具有了特殊的文化气息。

第一节
幼儿游戏与社会背景

毫无疑问，游戏是文化意识形态、社会经济背景的一部分。幼儿园游戏产生于一定的社会空间，其游戏角色的分配、情节的开展、规则的制订都必须依循一定的文化规则，遵守一定的社会秩序。一种特定文化中的游戏内容就是一种文化的隐喻，是只能在特定文化群体内定义或理解的信号。[②] 不同文化的幼儿园有着差异较大的游戏文化。游戏的文化人类学研究表明，一个社会游戏的复杂性和类型的多样性与这个社会本身文化类型的发展水平或复杂性程度有关。文化类型的发展水平越高、越复杂，游戏的样式就越多；游戏所需要的技能与策略越复杂，社会的文明化

① 蔡丰明：《游戏史》，上海文艺出版社，1997年版，第124页。

② 约翰逊等著，华爱华等译：《游戏与儿童早期发展》(第2版)，华东师范大学出版社，2006年版，第2页。

程度就越高，对人的素质要求也就越高。[①] 人是生活在一定文化背景中的人，人的一言一行都带有其文化环境的色彩。韦伯认为，人是自我编织的意义之网中的生物，而这种意义之网就是其所生存的文化。人是文化化了的人，人所从事的游戏也是一种文化化了的游戏，带有文化的或深或浅的烙印。在我们的研究视域中，文化通常被视为对人们普遍行为进行解释和联想的背景或基础，[②]因为没有一种行为、一种游戏能够脱离文化的约束和濡化，在个体的生长过程中，文化已经深入其骨髓，成为其身体的一部分。

一、幼儿游戏与社会文化

幼儿游戏与文化是一个双向构建的过程。游戏是幼儿文化得以形成的原因，也是主流文化影响的结果。在所有文化样态中，游戏都是幼儿文化的重要内容，是幼儿进行文化学习和传承的重要背景和途径，也是幼儿发展的指示器和反应器。文化差异性导致了世界各地幼儿游戏在内容、方式、性别、主题上的多样性。Judith E. Kieff 等人认为，幼儿游戏反映并影响他或她所生活的文化背景，并受文化背景的影响。[③] Bob Hughes 则认为游戏是幼儿同其所处的文化环境接触的过程，童年是一段要穿过陌生境地的旅途，幼儿是这段旅途中的游客，而游戏是他们进行探索发现的工具。[④]

在不同的文化语境中，幼儿园对游戏的选择、认同是有很大差异的。在中国的幼儿园中，孩子们玩大量的角色扮演游戏，而瑞吉欧幼儿园中幼儿的扮演游戏似乎只局限于娃娃家。中国幼儿园的孩子们可能进行各种表演游戏，但题材和来源多具中国文化特色，而外国幼儿园的幼儿则会玩

---

① 刘焱:《儿童游戏通论》，北京师范大学出版社，2004 年版，第 12 页。

② 张珊明:《国外有关儿童游戏文化研究的几个焦点问题》，载《上海教育科研》2005 年第12 期。

③ Judith E. Kieff & Renee M. Casberggue. *playful learning and teaching*: *An introduction*. Boston: Allyn and Bacon, 2000, p. 16.

④ Zahirun Sayeed & Ellen Guerin. *Early year play*. London: David Fulton Publishers, 2000, p. 17.

大量的宗教类游戏。幼儿游戏像成年人的娱乐活动一样，表达了一种文化价值观，有着丰富的文化因素的影响，简单地以幼儿游戏的类型来区别文化语境是不可取的。比较不同文化境脉中的幼儿游戏，不仅要看其游戏的类型，更要看其具体内容、角色呈现、游戏规则，后者才是更具文化内涵的方面。如潘(Pan)把对中国台湾 62 所幼儿园的游戏研究同鲁宾(Rubin)、沃森(Watson)和詹伯(Jam-Bor)的研究结果进行了比较，发现建筑游戏在中国台湾和美国都是极为普遍的，但互动性的扮演游戏在美国幼儿中更为流行，而平行建筑游戏和有规则的互动游戏在中国台湾幼儿中更为普遍。①

维果斯基认为，在分析幼儿游戏与文化的关系时应同时考虑三个背景纬度：(1)自然和社会环境；(2)参与者的内部心理状态，尤其是照看者关于幼儿发展、社会化和教育的心理表征；(3)有关照看和教育幼儿的文化风俗。②成人对幼儿游戏、发展和学习的看法决定了游戏环境和幼儿即将拥有的经验，同时，他们的看法同文化习俗相互联系。这些文化习俗大部分是无意识的，但对文化中的参与者的内部心理状态有着普遍深入的影响。如美国幼儿的母亲不认可规则游戏，在很大程度上更喜欢建筑游戏和表演游戏。而韩裔美国幼儿比欧裔美国幼儿更具有合作性、更为犹豫不决、更为友善，这与他们相互依赖和场依存性的文化价值观是一致的。在韩裔美国幼儿中，游戏活动包括记忆任务、要求坚持和努力的任务以及被动的学习任务，这些活动以所取得的成绩为中心。在欧裔美国幼儿中，游戏活动的目的是通过让幼儿主动参与到想像的和其他综合的解决问题的情景中来，以培养幼儿的社会和认知技能，在他们的活动中，更为受重视的是个体的表达，而不是群体的合作。这与其成人文化观点是密不可分的：前者的父母把游戏视为幼儿娱乐和逃避倦怠的一种方式；而后者的父母认为游戏，尤其是假装游戏是认知和语言发展的一种工具，为入学作的一种准备。

①② 张珊明：《国外有关儿童游戏的文化研究概述》，载《比较教育研究》2005 年第 11 期。

在北美文化中，大部分的父母将幼儿的游戏认定为至关重要的活动，所以，很多父母依然在控制孩子的游戏——控制买什么样的玩具、游戏的环境以及游戏的伙伴。在其他文化中则并非如此，如意大利的母亲们会把幼儿游戏看做是自然而然的、不需要成人进行干涉的活动。因此，这些孩子往往会在没有大人监管的情况下玩耍，伙伴也混杂了各个年龄段的孩子，并由年长一些的幼儿负责其他幼儿的安全。

总之，游戏对幼儿意味着什么，这不在于幼儿的主动选择，而在于幼儿所生存的文化，在于这一文化中的成员对游戏的态度、评价和支持幼儿游戏的程度。即便在中国文化范围内，由于地域、民族的差异所形成的游戏多样性就已经非常明显，文化对幼儿游戏的影响既是绝对的，又是相对的。

二、幼儿游戏与社会经济

幼儿游戏的差异性既受文化脉络的影响，又受到经济因素的制约。早期研究发现，幼儿游戏在每种文化中的发展水平随着社会经济功能的不同而不同。生活在贫困国家中的幼儿的游戏技能未能充分发展，想像类游戏在俄国和东非、以色列和南非等一些国家的下层社会中都有缺失，他们的父母对游戏持一种消极态度，并没有帮助幼儿发展想像游戏。而与此相反，经济较发达的社会、处于社会上层家庭中的幼儿，其游戏水平、想像水平会表现得相当高。

W. George Scarlett 等人对不同文化背景和不同社会经济地位的幼儿游戏的观察研究发现，这些幼儿的游戏能力存在差异，而这些差异有时会反映出其潜在的缺陷。[①] 例如，在具有乡村特点、集体主义观念、缺乏工业化及印刷品的传统型社会中，幼儿的游戏有时会呈现出高模仿性、低想像性，而且往往缺乏趣味。然而，这种结论的得出可能是由于观察

① W. George Scarlett 等著，谭晨译：《儿童游戏：在游戏中成长》，中国轻工业出版社，2008 年版，第 68 页。

者的方式问题而非幼儿游戏本身。当观察者跟随幼儿到成人所不知的秘密角落时，他们会发现这些幼儿的游戏与工业化环境下幼儿的游戏极为相似。

Sara Smilansky 对不同社会经济地位的幼儿游戏进行了研究。她认为，低社会经济地位的幼儿游戏更缺乏想象力，更具重复性、模仿性，总之发展水平低下。但她的研究结果只能概括在这种特殊场合下贫困幼儿的游戏特点，而不能泛化到幼儿的游戏能力上，因为 Smilansky 只在教室内进行了观察研究，她并没有在其他的场合对这类幼儿的游戏进行观察。在下例中，两种不同的场合造就了两种不同的游戏水平：

在一所中产阶级的幼儿园中，一个贫困家庭的小男孩似乎很迷茫。在室内他总是徘徊很久，显得很烦乱，不怎么游戏，而且玩得也并不很好。但是一旦到了户外的操场上，一切就不同了。在户外，在一个叫做超级英雄的极富想象力的游戏中，他变成了领导者。显然，他在家中的游戏方式和材料与教室中的存在有很大差异。

很多关于幼儿游戏水平与社会经济地位关系的研究或多或少地带有种族中心主义和经济决定论倾向。事实上，经济因素只是幼儿游戏的一个背景，并不是决定因素，任何经济背景下的儿童都会发展出适应其经济现状的高水平的游戏来。当我们用一种固定的标准、一个刻板的视角来看待不同经济地位下的幼儿游戏时，容易受自己所处的社会经济地位的左右。

第二节 幼儿游戏角色与规则

什么是幼儿的游戏？借用赫伊津哈的话来说，幼儿游戏是幼儿在某一固定时空中进行的自愿活动，依据从外规则向内规则的演化规律，关注其活动过程甚于活动结果，并伴以紧张、愉悦的感受和“有别于”“平常生活”的意识。[①]

一、幼儿游戏的类型

不同的研究视角会衍生出不同的游戏类型。皮亚杰根据其对幼儿的心理特征的研究，对游戏作过三种类型的划分：练习性游戏、象征性游戏和规则性游戏。一般的教育学书籍也把幼儿的游戏划分为创造性游戏和规则性游戏两种，其中前者包括角色游戏、表演游戏、结构游戏。赵汀阳在其自选集《直观》中认为任何问题研究都要关注它的“问题间性”，使每一个问题都把其他问题看做是它的生态条件，关注问题间的合作交往，建立问题间的有活力的生态关系。这里笔者试图结合米德对代际文化的三种划分，将幼儿的游戏划分为三种类型，即“后喻游戏”、“前喻游戏”和“互喻游戏”。

所谓“前喻游戏”、“后喻游戏”是从幼儿与成人的关系角度来说的，在这种身份非对称性的游戏构成中，幼儿和成人很难进行游戏的协商，达成一种运行规则。于是便会根据游戏内容的不同带有“前喻”或“后喻”的特点。在“前喻式”的游戏中，幼儿制定游戏规则，成人参与游戏。如在小学生中流行的各种游戏，游戏规则来源于孩子们，而且似乎同幼儿园的孩子的游戏相比，他们的游戏更多具有自身生活的特点。然而，也许“前喻性”只是在幼儿和成人共同游戏的初期存在，随着成人对幼儿游戏的熟悉，成人也会介入幼儿的规则制定中，并试图突破规则。

“后喻式”的游戏也是在幼儿和成人之间的游戏，但此时游戏的策划权在成人，而不在幼儿，幼儿只是接受成人为其规定好的规则，并按既定的规则进行游戏。这种幼儿游戏的形式和成人童年时代的游戏形式基本相差无几，文化以一种相对静态的方式留存。新生代的幼儿或许会在游戏过程中挑战规则的合理性，但由于游戏的策划权在成人那儿，成人有权

① 约翰·赫伊津哈著，多人译：《游戏的人——关于文化的游戏成分的研究》，中国美术学院出版社，1997年版，第41页。

发起和终止一项游戏，成人甚至可能打断幼儿正在进行的游戏，于是在“后喻式”的幼儿游戏中，幼儿更多地带有被动色彩。为了使游戏能够得以进行下去，幼儿不得不不断地让度自己的游戏策划权。在这样的让度中，幼儿不断地丧失游戏的自主权，也丧失对游戏规则重新问询的意识和能力。他们会视成人已制定好的规则为理所当然。

“互喻式”的幼儿游戏，如果真的能够存在的话，它倒是较多地彰显了幼儿进行游戏的自由，彰显了幼儿自我游戏的权利。所谓“互喻”，强调的是一种相互性，是幼儿之间的一种对称性协商，不再带有某种非对称式的压迫。然而，在现实的幼儿游戏中，幼儿游戏群体对游戏规则的发言权也不是均衡分布的，幼儿的同伴群体中仍然有等级与非对称的存在，总是有些幼儿在游戏群体中对规则说了算，有些幼儿采取服从的方式。幼儿的世界也不比成人世界纯净和湛蓝，幼儿社会中的人情法则和关系网络与成人世界一样的复杂。成人世界的善恶美丑在幼儿世界都有不同程度的折射，幼儿在模仿成人社会的生存法则时几乎有过之而无不及，幼儿社会也遵循着“丛林法则”，幼儿社会也需要“弱者联盟”。只要幼儿是一个社会生活中的人，要适应社会生活中的社会生存，他就必须学会“适者生存”的基本法则。这是无法改变的社会事实，作为社会一分子的幼儿也不能被排除在外。

幼儿在游戏活动时，总会倾向于某一类型的游戏，幼儿对于游戏的这种倾向性选择与偏好，其根源是什么？从常识来看，幼儿是比较喜欢和同伴游戏的，即“互喻式”的游戏，幼儿和成人的游戏也许是一种无奈的选择，当没有同伴时，有人一起游戏总比没人游戏要好，不管此时的游戏对象是谁，自己在游戏中有多大的自由度。幼儿对于同伴的青睐也许正是对同伴游戏中自由空间的选择和向往，有谁会心甘情愿地让度自己的自由呢？我们常说，幼儿具有权威意识，对老师的话言听计从，为什么会这样呢？并非幼儿天性如此，这只是幼儿的一种社会适应。在学校场域，教师拥有着孩子们期盼得到的稀缺资源，他不让度自己的自主意识就无法获得老师的赏识，获得稀缺资源。韦伯说过，只有当违反规则的危害大于遵守规则的利益时，人们才会遵守规则。人们的所有行为都是一个理性算计的结果。幼儿在“前喻式”和“后喻式”游戏中的行为也许只是一种权宜行为，只是一种“权且利用”吧。

除了以上从人与人的关系视角出发的游戏类型划分外，幼儿的游戏还有指向于物的游戏，包括有生命象征意义的物，如洋娃娃；无生命象征的物，如积木等的游戏。这种指向于物的游戏是幼年生活中人际关系游戏的一种有益补充。

二、幼儿游戏角色

社会心理学家米德认为，人在本质上是扮演角色的动物。幼儿在游戏中扮演的角色经历了一个演化的过程。在角色扮演游戏阶段，幼儿扮演的只是某一个人的角色，而在多角色扮演的熟练阶段，幼儿扮演的是概化他人的角色，一种复合性的角色。对于幼儿来说，从日常生活世界进入游戏世界首先意味着角色和身份的转变。在现实生活中，幼儿是一个“弱者”，而在游戏世界中，幼儿可以成为任意一个有力量和支配权的“强者”。正是由于这样一种强弱身份和生存方式的转换，幼儿才那么欣然于角色扮演游戏。仔细体会幼儿扮演的这些角色，我们也许能更好地理解幼儿游戏和幼儿作为游戏者在游戏中的种种遭遇。

1. 游戏角色类型

综合幼儿在游戏中扮演的角色，我们发现，幼儿所扮演的角色大致有这四种类型：物的角色、日常角色、幻想角色、反面角色。

物的角色。幼儿具有泛灵倾向，任何事物在幼儿的眼里都具有生命的存在。幼儿不仅在故事创作中拟人，在游戏、戏剧表演中也表现出拟物的倾向。如幼儿经常会说“我是一只大南瓜”、“我是一棵树”，皮亚杰的女儿曾说过，“我就是那只死去的鸭子”。拟物的角色扮演在幼儿的表演性游戏中较为突出。这些在表演中成为物的幼儿不仅是抽象的物，同时也是有生命的人。

日常角色。除了物的角色扮演外，幼儿在游戏中还扮演一些日常角色，如医生、警察、消防员、服务员、收银员、保安、司机等。从幼儿所扮演的角色来看，其日常性的色彩仿佛拉近了游戏世界和生活世界的距离，然而尽管距离拉近了，但两个世界的游戏规则并不一样，有时甚至截然相反。海德格尔曾言，每个人在其生活中都只是为“常人”所控，为“烦”所扰，日常生活是幼儿无所选择又极想逃离的地方。为了能在游戏中获得一种自我主宰感，幼儿特别喜欢进入游戏，使其在日常生活中所积累的无奈得以释放。

幻想角色。幼儿是不甘寂寞的一群，除了日常角色的扮演外，他们还试图颠覆自己的日常生活，进入想像的、诗意的、充满神仙鬼怪的魔幻世界。魔鬼、巫师、超人、机器人，在某种程度上满足了幼儿对现实自我的超越诉求。“成为一个与众不同的人”，是幼儿那时最大的愿望，而游戏正好满足了幼儿对自我的一种希冀。

反面角色。与成人世界一样，幼儿的生活也有阴有阳，有善有恶。但对于游戏中的反面角色，幼儿似乎有一种天性的排斥，骗子、小偷、坏蛋是游戏中常有的角色，但每次扮演这些角色，幼儿总要采用“点兵点将”、“包剪锤”的方式来决定。没有一个幼儿愿意主动担当这样一种反面角色，“好孩子”定向的道德标准已经使幼儿自觉地远离了负面的角色。

2. 幼儿在游戏中的角色

进入游戏中，幼儿自然要扮演起特定的角色，就幼儿在游戏中的角色身份来看，大致有四种：游戏者、同戏者、旁边者、打断者。

(1) 游戏者

幼儿在游戏中所扮演的角色使其成为一种类型的游戏主体。在康德看来，游戏的主体就是游戏者本人，因为康德的“游戏说”主要是关于创作者主体“境界”的学说。在他看来，艺术品之所以成为艺术品，完全受制于创作者的心境是否摆脱了功利的牵系。而伽答默尔的游戏观是反主体的，他一开始就把游戏置于存在本体论的范围之内。他认为在游戏中没有任何从事游戏的主体被把握住，“如果我们指望从游戏者的主观反思出发去探讨游戏本身的本质问题，那么我们所探讨的这个问题就找不到任何答案”[1]。如果一定要说有什么主体的话，那么这个主体不是别的，而只能是游戏本身。在这里，游戏超越于游戏者而成为主宰。

在游戏中，幼儿要能扮演好一种角色，成为一个游戏者，他必须有相应的角色储备、角色规范，因为游戏是幼儿对成人和自身社会生活的一种投射。如上所说，幼儿在游戏中可能扮演娃娃家游戏中的爸爸、妈妈、姐姐，理发店游戏中的理发师与顾客，医院游戏中的医生、护士与病人，建筑游戏中的建筑工人，超市游戏中的营业员和顾客，银行游戏中的出纳和保安等。在这些游戏中并非只有成人角色，但成人的角色是孩子们最心仪的，孩子们并不乐意担当游戏中的幼儿角色。而当一个游戏中不得不有一些幼儿角色时，担当者通常是那些在同伴中地位较低的。仔细玩味幼儿扮演的这些角色，我们也许能更好地理解幼儿游戏和幼儿作为游戏者在游戏中的种种遭遇。

不仅幼儿进行角色选择值得玩味，幼儿扮演这些角色的过程同样值得玩味。幼儿通常是天才的模仿家，他们在模仿和再现成人角色时往往并不显得陌生，他们所扮演的成人角色就仿佛是他们本身所处的角色一样流畅和自然，只是偶尔会出现一些“角色串味”和“上演崩溃”。[2] 在幼儿的游戏中，我们还发现，“资本”在生活世界和游戏世界具有共通性，并不因幼儿进入游戏世界，扮演起某一个游戏角色而有所变化，幼儿在日常生活中的诸多“资本”在游戏世界中会一样地呈现。也就是说，那些在生活中处于“资本”优势的幼儿并不因为进入游戏世界而改变或削弱他们的资本，反之亦然。

此外，从某种意义上来说，游戏还能使幼儿在日常生活世界获得的“先赋性”资本在游戏世界中实现增值，即幼儿通过在游戏中对角色的自居来获得一种“后致性”资本，改变“先赋性”的资本缺失状况。然而，总体来说，改变是有限的，资本具有固着性。

---

① 伽答默尔著，洪汉鼎译：《真理与方法》，上海译文出版社，1999年版，第130—166页。
② 戈夫曼著，赵旭东译：《日常生活中的自我表现》，浙江人民出版社，1989年版，第239页。

(2) 同戏者

人生活在世界之中，就是生活在人与世界的关系之中。这种关系是人与世界不可切断的纽带，人和世界都被这种关系所决定着。这样，人们所主张的"自我中心主义"、"自我决定一切"只不过是狂人呓语。这个关系就像一张网，对于有些人来说，这张网只不过是无形的牢笼和束缚，但对于另一些人来说，这张网则是伸延出去的无限道路。幼儿游戏总是游戏者之间的活动，游戏者独自一人很难称其为在游戏。参与游戏活动的游戏者，不论其身份、角色、地位，他们既处于同一游戏场景中，就都会被游戏活动所规定，成为"同戏者"。

这里的"同戏者"仅仅指同一个游戏空间而言，这里的"同"其实隐含了太多的"异"。就像社会世界的参差多态才构成罗素意义上的"幸福状态"一样，游戏世界中也是充满了差异性的，没有了差异，游戏世界便会失却发展的能量，造成发展的最大熵①。因此，即使在游戏世界，即使在幼儿的游戏世界，追求不平等、追求差异性仍然是一个很自然而然的合理要求。

(3) 旁观者

当说到游戏者的时候，我们自然会想到旁观者。游戏者和旁观者的关系正如演员在台上表演而观众在台下观看一样。但事实上游戏没有游戏者和旁观者之分。旁观者在观看游戏者的游戏的时候也使自己成为了游戏者，并进入到游戏之中。

不过，幼儿在游戏中似乎是拒斥旁观者的，他们的游戏带有一种"神秘"的色彩，他们通过"假扮"而使自己"附魅"，同时增加自己的游戏愉悦感。

(4) 打断者

游戏是一种生活世界和游戏世界的转换，遵循着不同的运作逻辑。日常生活世界因其强大的运转惯性，有时会突然闯入游戏世界，导致游戏

① 熵：热力学术语，是德国物理学家克劳修在1850年创造的一个术语。他用熵来表示任何一种能量在空间中分布的均匀程度，熵越大说明系统越混乱。在社会科学中，熵通常用来表明系统混沌程度。

世界“上演崩溃”。这种“上演崩溃”有时是幼儿自身的生活逻辑转不过弯，有时是教师的“教师意识”太强。其实，在任何时候，“日常生活”都会一再维持自己的权利，或从外面猛然打断游戏，或在内部冒犯规矩，或由一种冷漠、一种虚幻作用瓦解幼儿游戏的精神。

我们说幼儿的游戏和幼儿的生活是互生的、一体的，幼儿的游戏很难和幼儿的生活、幼儿的教育完全分离开来。从历史的角度来看，游戏比文明更古老、更原始，在游戏与文化的双生联合体中，游戏是第一位的，先于文化的、超乎文化的。对于幼儿而言，游戏与生活、游戏与教育是不应该分开的。然而现在教育的通常做法是用学习侵占幼儿的游戏，而不是将学习寓于幼儿的游戏之中。游戏形式在现代生活中已经缺失或者已经变形，这可能使游戏成为一种“失德”的游戏，使教育成为一种“失德”的教育。

三、幼儿游戏规则

所谓游戏也就是按规则去游戏，规则是游戏的核心和灵魂。游戏过程就是游戏规则的运用过程。游戏规则划定了一条边界，它使游戏与非游戏、一种游戏与另一种游戏相区分。当游戏按照某种规则游戏的时候，它会始终撞击着边界，或遵守或违背。在边界内活动，游戏是自由的；在边界外活动，游戏是受限的。为了获得对自我的被主宰性的主宰，在游戏中，幼儿必须严格地在逻辑上模仿日常生活，即外在的必然性和限定性。在游戏中，游戏必须有规则，有了规则才有游戏的神圣性，才能呈现游戏者对规则的无条件的被动服从。游戏中的规则不仅是为了维护一种外秩序，也是为了维护一种内秩序。所谓外秩序即游戏秩序，内秩序是幼儿内心的秩序，如安全感、条理感、有序感、和谐感等。游戏的一个重要特征就是，它创造秩序，它就是秩序，它把一种暂时而有限的完美带入不完善的世界和混乱的生活当中。[①] 游戏要求的秩序完全而又超然，哪怕微小的偏离都会“败

① 约翰·赫伊津哈著，多人译：《游戏的人——关于文化的游戏成分的研究》，中国美术学院出版社，1997年版，第12页。

兴”，剥去游戏的特点并使之索然无味。

游戏规则与幼儿之间的精神密度、熟悉程度、情感程度都有某种相关。当年长的幼儿彼此之间并不熟悉的时候，他们往往会选择简单规则的游戏，如掷沙包游戏。简单的游戏为幼儿提供相对安全的环境，因为出现分歧的可能性被减到最小。在幼儿后期临近结束时，这种为了适应相对陌生的伙伴的简单规则游戏越来越少。幼儿彼此之间越熟悉，游戏的规则便会越复杂。[①] 在游戏中，幼儿既遵守着成人为其预先约定的先在规则、外部规则，又在游戏过程中不断地通过同伴协商创生着新的规则。在游戏过程中，规则始终是流变的。

1. 规则的制定：谁为游戏立法

游戏是有规则的，这看来毫无疑问，正是规则使游戏是其所是。然而问题在于，规则从何而来，规则是如何制定的呢？从游戏的历史来看，最早的游戏起源于对物质生活的模仿，最早的游戏也是一种成人世界的生活投射。

如果对幼儿世界的游戏规则来源进行追溯的话，根源恐怕在成人世界，因为最开始哪有什么游戏规则呢！一方面因为幼儿所生活的世界就是一个成人文化占统治地位的世界，成人并没有为幼儿的诞生创造一个“有准备的环境”，因此幼儿的游戏世界的规则其实只不过是成人的一种先在规定；另一方面幼儿在其游戏世界中担当和模仿的也多是成人世界中的角色，于是游戏便必须按照成人社会的游戏规则来进行。无论从游戏过程的哪个方面来说，幼儿都是没有规则制定权的。幼儿所要做的只是遵守和模仿。

对于幼儿来说，所谓的游戏规则只不过是成人的规则，是成人世界的规则，幼儿世界在社会生活中是不被重视的。在游戏活动里，幼儿不是在模仿和再现幼儿自己的生活，而是在模仿成人生活，这就带来另外

① W. George Scarlett 等著，谭晨译：《儿童游戏：在游戏中成长》，中国轻工业出版社，2008 年版，第 81 页。

一层很有深意的内涵,幼儿为什么不对自己的当下生活感兴趣,幼儿为什么欣然于成人世界的生活?也许根源在于幼儿受到成人世界太多的压抑与束缚。为了摆脱这种束缚,逃逸出这种现实生活,幼儿才那么欣然地进入游戏世界,扮演起成人角色,模仿成人的现实生活。

当然,尽管游戏规则多为成人预先设定,但幼儿并不是规则的简单执行者,他具有着使规则变形的力量。如果幼儿只是按成人制定的规则在游戏,实际上便不存在幼儿自己的游戏,幼儿就是在为成人游戏了。在执行成人规则的过程中,幼儿总会替自己立言,生成一些新规则。游戏的魅力正在于这些新规则,幼儿参加游戏的部分乐趣就在于创生新规则。

2. 规则的执行:通过被主宰获得主宰

规则具有强制性与限定性,它必然会束缚人的行动自由,正所谓谁不遵守规则,谁就是游戏的破坏者。游戏者在游戏过程中自始至终都会受到由规则带来的束缚感与紧张感,可规则既有如此的强制性,而游戏的特点又往往被人们理解为自由、自愿,那么游戏者为什么那么心甘情愿地为规则所限而投身游戏呢?理由也许只有一个,那就是游戏者通过被主宰而获得了主宰感。

诚如幼儿的游戏,虽然其中充满了成人制定的规则,但幼儿对游戏规则的认可仍然是一种主动的认可,而非一种被动的认可,幼儿自觉将成人为其制定的规则内化成自己的,甚至是必须遵守的规则。从一定程度上来说,幼儿在游戏中也许还能保留并享有修改游戏规则的权利,但游戏规则的神圣性,游戏规则对游戏者的支配超越了幼儿自身的修改能力,并使幼儿最终只是按规则来游戏。

3. 规则的演化:寻求合法化

维特根斯坦曾运用“语言游戏”概念来表明日常语言的意义主要取决于人们对它的使用。他认为语言游戏正如孩子们的游戏一样有着不精确的或正在变化的规则。幼儿在游戏中遵守规则的过程,也是一个规则意识的生成和规则边界的突破过程。

幼儿的游戏是在特定的游戏时空中,与特定的游戏伙伴一起进行的。

不同的游戏时间、不同的游戏空间、不同的游戏同伴都可能导致对游戏规则的突破，进行游戏边界的创生。我们常听说一种游戏有多种玩法，所谓一种游戏多种玩法，实际上是指一种游戏可以有多个游戏规则，游戏空间比较有弹性，此游戏与彼游戏的边界也比较模糊。这种多种玩法充分体现了游戏者的主观能动性，体现了游戏者重新创生游戏规则的能力。

然而规则的突破是一回事，规则的合法化过程却是另外一回事，幼儿可以通过自身游戏的不断传播来扩大影响，但在幼儿园的幼儿却不得不依赖教师来将其突破的规则进行重新合法化，否则就会被斥之为破坏规则而逐出游戏。

四、幼儿游戏的结构

幼儿游戏活动是一种社会性活动，具有结构性特点，它由老师、幼儿、游戏主题、游戏材料、游戏场地、游戏情节的展开与发展等共同构成，主要表现为幼儿之间的关系结构、互动结构以及角色结构。游戏结构既可以是静态的，也可以是动态的，一旦形成便具有相对稳定性和模式化的特点。

在游戏活动中，幼儿会自发形成一个比较固定的小团体，在这个团体中，他们基于一定的等级进行管理、互动、协调和分配，有的幼儿在游戏中扮演领导者的角色，有的幼儿扮演附和者的角色，有的幼儿扮演服从者的角色。幼儿游戏中的社会结构通常是其日常生活中社会结构的反映、复制或变形，很少有幼儿能够在游戏中实现社会位置的位移和变化。幼儿游戏的社会结构反映了幼儿最初的交往倾向和同伴关系，揭示了幼儿社会内部的价值选择和社会秩序。

幼儿游戏活动的社会结构是在幼儿社会内部生成的，具有与幼儿社会相应的建构逻辑和运作逻辑。幼儿游戏在解决个体与社会、结构与行动之间的矛盾时起着中介的作用，通过游戏化（戏仿），幼儿可以颠覆制度与规则，获得解放与自由。

第三节
幼儿游戏中的象征资本

人类所生存的世界是一部不断积累着的复杂的历史，幼儿游戏是对复杂生活世界的一种简单化处理，[①]是幼儿加入复杂社会生活的一种方式。在游戏中，幼儿进入一个与其生活世界似像非像的社会空间。在这个空间中，有与幼儿生活世界不一样的生存法则，在这里他们可以自由自在。幼儿在生活世界中所体验到的束缚、压抑都可能在这儿得到释放与瓦解。游戏是幼儿日常生活世界的富有魅力的缝隙，幼儿不愿呆在真实的生活世界中，幼儿更愿意到游戏中来。对于幼儿而言，其生活的主要任务便是去游戏，进入游戏，沉迷于游戏。

幼儿在生活世界里有通行的社会规则，也拥有幼儿赖以生存的生活资本，而在游戏世界中，通行的规则和赖以生存的资本都有些不一样。生活世界的规则是强制的、外在的，而游戏世界的规则是内生的、自为的。游戏世界的资本和生活世界的资本具有某种通约性和可转换性，同时，游戏世界又随着其场景的变化而衍生出特殊的资本类型。就资本而言，有经济资本、文化资本、社会资本，此外还有衍生出的大量的相关的资本类型，如符号资本、政治资本、生活资本、象征资本等。在幼儿游戏这样一个特殊的场域中，能发挥作用的资本类型也许就是象征资本。然而幼儿游戏中的象征资本是什么，有哪些类型，它是如何运作，又是如何实现场内效应的呢？

一、象征资本的内涵

按照布迪厄的理解，象征资本与其提出的经济资本、文化资本和社会资本不是同一个层面的概念，它指的是特定的社会空间中公认的知名度、

① 周慧之：《财富游戏：社会的非理性繁荣》，载《社会》2002年第6期。

声誉、成就感、领袖地位。[①] 他认为，象征资本是一种建构的权力，一种通过社会动员造成新群体的力量。经济资本、文化资本和社会资本可以在社会空间不断地生产出来，而象征资本永远是稀缺的、总量有限的。象征资本呈现出两个要点：一是所有的资本都要呈现为象征资本，它是一种一般性的资本；二是象征资本的再生产性，可通过不断积累、运作而再生产出来。布迪厄认为，每一种资本都是在特定的场域、特定的关系中才发挥作用的。他将场域比作是一场游戏，里面有着大量游戏参与者所认可和追逐的"幻像"，一种游戏者所渴望得到的资源。在场域的竞争与角逐中，游戏者积累起自己的各种资本，并成为嵌入自身的客观力量，[②] 内化为主体的一部分。

不难发现，布迪厄的象征资本是某种意义上的文化资本和社会资本的复合，具有较大的隐蔽性。一般情况下，人们并不把它看成是一种资本，而是一种合法的能力或权威，有时甚至只具有象征意义。然而，在幼儿游戏这一特殊的场域中，象征资本则具有实体性和象征性的双重属性，发挥着增值的利润功能和象征功能。具体地说，幼儿游戏中的象征资本是幼儿在游戏世界中所表现出来的象征性权力。它包括两个方面的内容：一是指幼儿在游戏世界中通过主动扮演特定的游戏角色所获得的一种被游戏伙伴所认可的能力或权威；一是幼儿在生活世界中积累并通行于游戏世界的威望、名声、身体特征等。

二、象征资本的类型

幼儿游戏中的象征资本更多地具有超功利性，它不完全以成人世界的衡量标准来衡量，但在很多方面又具有与生活世界、成人世界的一致性。按照不同的分类标准，象征资本有不同的类型。在这里，主要从三个维度去划分，即象征资本的存在方式、获得方式和呈现方式，笔者这里主

①② 布迪厄著，包亚民译：《文化资本和社会炼金术》，上海人民出版社，1998 年版，第 189—211 页。

要探讨第三个层次。

（一）显在的象征资本与潜在的象征资本

从呈现方式上看，象征资本存在着两种，即显在的和潜在的。所谓显在的象征资本是指被资本拥有者自身和同伴共同认可的资本，如身体特征、同伴地位、智慧水平等。潜在的象征资本是指既没有被资本拥有者自身意识到，也没有被同伴意识到的资本内容。潜在的资本呈现或运作的过程往往需要外力来进行干预，即需要一个资本动员的过程。如在表演《三只小猪》的故事时，大家都只想当小猪，没人愿意当那个独白的人。于是老师说，讲故事的人就像中央电视台的赵忠祥，是一个非常厉害的角色，你们都不想当最厉害的人哪？于是一个原本被孩子排斥的角色在老师的赋义和孩子的自我认同后便成了一个人人想争夺的资源。在这个时候谁拥有了这个角色，谁的象征资本便会实现增值。

这个游戏中资本的建构与赋予过程反映了一个基本的事实：很多情况下，孩子并不理解角色所具有的象征资本优势，他们会用其固化的角色立场来进行角色选择。一旦一个孩子扮演过类似角色，那么这种角色扮演的经历就会成为其象征资本的一部分，由潜在状态变成显在状态，因为在显在的状况下，不仅个体认同了自己所具有的这种资源，同伴的羡慕也会不断强化其所拥有的象征资本的价值。当然，在这个案例中，资本动员是由老师来完成的。其实，在孩子的日常游戏中，资本的动员很多也是由孩子自我完成的。如很多孩子热衷于扮演警察游戏中的哨兵，他们觉得哨兵很光荣，能手握钢枪坚守岗位。当然也会有孩子认为，这种角色太没意思，不能动，也不能玩，只能笔直地站着。在娃娃家的游戏中，有的孩子不愿意当妈妈，她更喜欢当爸爸。在她看来，爸爸能够出去玩、去上班，而妈妈却只能呆在家里烧饭、照顾宝宝，很没有意思。

孩子对其自身拥有的象征资本和角色赋予的象征资本，可能会由于生活经验、认识水平、成人引导的不同而不同。不管怎样，游戏是幼儿积累象征资本的场所，也是再生产其已经拥有的象征资本的场所。孩子自身所拥有的象征资本在有的游戏中是潜在的，在有些游戏中则会转化为显在的。

当然，反过来的转换也同样成立。

（二）先赋性象征资本与后致性象征资本

先赋性象征资本是指与生俱来，与幼儿的个人努力无关，而更多受之于遗传、家庭背景及社会地位的资本类型。如幼儿的身体特征，包括身体的外貌、身体的服饰品位，这些都是家庭的生理特征、家庭的经济、文化背景等在幼儿身上的凝缩。姣好的外表、有品位的服饰有助于孩子在游戏生活中获得较好的角色、较高的地位。如一个外表优雅帅气的孩子通常会在游戏中获得一些正面角色、强势角色，同伴在商量游戏角色时一般不会把负面的角色给予他或她来承担。当然，如果一个孩子外表美丽，但性格恶劣，同伴仍不会欢迎其加入游戏，即使勉强让其加入游戏，通常也只能扮演一些无足轻重的、没有什么表演内容的，甚至是一些负面的角色。如《狐狸和公鸡》里的狐狸、《三只小猪》中的恶狼、娃娃家中的宝宝、医院里的挂号员等。

后致性象征资本，主要指那些不是与生俱来，而是通过孩子的自我努力所获得的资本，如幼儿在同伴中的威望、班级地位、解决问题的智慧以及性格的魅力等，这些社会属性都是在后天的环境中通过相互作用不断获得的，与幼儿的先天秉赋无关，它是后天在社会生活中建构起来的。幼儿的这样一些特征有助于其在游戏世界中获得领袖地位，成为游戏中主题的策划者、角色的分配者、进程的调控者。即使偶尔由于时间上的落差没能赶上游戏的起始时间，这类孩子也能通过策略性的方式加入游戏，主宰游戏。如有一个孩子某一天由于来园太迟，游戏区活动已经开始了一段时间。为了能够玩她喜欢玩的游戏，她跟娃娃家的主人说，我来做你们家的客人吧，三名游戏者不同意，理由是她们家的角色已经够了，不要再有其他角色了。于是这个孩子说，要不我做你们家的一只小狗吧，三名游戏者勉强答应。这个孩子扮演的宠物狗活灵活现，很快就成为游戏的中心角色，让这一家三口围着"它"团团转。通过角色扮演，通过运用自己的智慧，这个孩子很快从游戏的边缘进入游戏的中心，最终成为一个焦点型人物，改变了其起始位置上的弱势身份。

（三）实体性的象征资本与象征性的象征资本

按照呈现方式的不同，象征资本还可分为实体性的象征资本和象征性的象征资本。其中，实体性象征资本是指象征资本的积累、运作都是以实体方式呈现的资本。如幼儿在游戏中扮演的角色类型、幼儿的身体特征（身体强壮还是柔弱，服装华丽还是朴素，外表干净还是肮脏）等。象征性的象征资本是指那些具有象征意义的资本呈现，如幼儿的认知水平、社交地位、情感特质、性格魅力等。

1. 实体性的象征资本

（1）幼儿在游戏中扮演的角色

游戏世界是成人社会生活世界的一种投射，它不是一个理想的乌托邦，也不是一个美丽的桃花源。游戏世界里照样有等级与差异、不公平与受控制、强者与弱者。幼儿喜欢游戏，沉迷于游戏，以游戏为生活，也许只是因为游戏提供了一个“通过被主宰而实现自我主宰”[①]的途径。在生活世界中，相对于教师、相对于家长，幼儿无疑是个后来者，是必须听话和服从的。而在游戏世界，尽管有规则，然而他却可以通过遵守规则而达到追求自由与自我主宰的可能。所以幼儿在游戏中，态度是极其认真严肃的，幼儿正是通过沉迷、投入来获得一种放飞的快乐。

然而，幼儿在游戏中都能扮演一些什么角色呢，这些角色的资本含量是否有高低之别呢？答案是显而易见的。幼儿在游戏中所能扮演的角色和他在生活中经历的、看到的几乎一样多。然而，对于幼儿而言，只有一类角色是具有吸引力的，那就是强势角色。在幼儿的游戏角色争夺战中，娃娃家的妈妈、医院的医生、理发店的理发师、警察局的警察常常是幼儿必争的角色。在幼儿游戏的开始环节中，孩子几乎是冲向自己中意的游戏区，迅速抓住某个道具，他们似乎并不问对方扮演什么角色，游戏世界里默认的规则就是谁拥有了某种道具谁就担当了某个角色。

---

① 董志强：《析伽答默尔的游戏观——兼论游戏的本质》，载《学术月刊》2002 年第 12 期。

对于游戏中的幼儿而言，所谓的强势角色至少有三层含义。一是指这类角色能够指挥、控制别人。幼儿有这样一个假定，即角色所占据的社会等级越高，其附着的象征资本越足，其再生产的利润空间就越大。二是这类角色常常拥有新颖的、不可替代的功能性道具，具有较多的操作机会。幼儿认为，其所扮演的角色在游戏中的操作性机会越多，其附着的象征资本越多。如在火车游戏中，火车司机相对于列车长来说便具有更多的象征资本。同时幼儿还认为，角色所附加的游戏道具越新颖、充分，其象征资本也就越高，如面点师傅的帽子、围裙、口罩等。幼儿常常对远离其日常装扮的方式更感兴趣。三是指这类角色具有道德的力量。幼儿通常不愿意扮演一些在其看来是反面的角色，如小偷、坏蛋、汉奸、失败者等。

在游戏世界里，幼儿最不乐意扮演的大概是自我的角色，当然，也不乐意扮演一个同龄人的角色，幼儿常常扮演的是一些成人角色。在这样的角色扮演中，首先要求的便是幼儿对自我角色意识的放弃，进入一个“熟悉的陌生世界”以成人来自居。即使是放弃自己的角色，幼儿仍然对这种装扮性的游戏乐此不疲，其原因在于幼儿通过进入游戏获得了一种自我主宰感，积累了相应的象征资本。

(2) 幼儿的身体特征

幼儿的身体特征不仅是游戏世界的象征资本，也是幼儿在生活世界中的实体资本。幼儿身体的内在素养、外在表现都会影响幼儿在同伴社会中的社会地位。一个身体强壮、充满力量感的孩子，一个衣着美丽、充满优雅感的孩子都拥有非同一般的象征资本。在幼儿的游戏中，作为象征资本的身体特征大概包括以下三个方面：

一是幼儿的服饰打扮。这种打扮可能是游戏中的一种角色装扮行为，如医生的白大褂、妈妈的围裙、面点师的帽子。当然这种服饰打扮也可能与幼儿的生活服饰一致，倘若一个孩子某天正好打扮得很漂亮，穿着漂亮的纱裙（帅气的西装），那么伙伴们会一致推选她（他）当公主（王子），这种游戏资本就非她（他）莫属，不需要争和夺。

二是幼儿的身体外貌。在幼儿的游戏世界里，身体外貌常常是他们的一种不需言说的象征资本。一个幼儿如果长相甜美、讨喜、帅气，同伴一般不会让她（他）扮演反面角色和失败角色。他们身体外表的优势会使他们较多地获得一种强势角色。

三是幼儿的身体活动能力。幼儿动作发展的协调性常常因人而异，有些孩子动作灵活、表现力强、身体语言丰富，有的孩子则不然。对于那些身体活动能力强、协调性好的孩子而言，他们生理上的优势会自然而然地使他们在游戏角色的获取和游戏过程的扮演中表现突出。一个身体活动能力强的孩子常常较易解决同伴中的冲突，化解对立情绪，成为一个大家公认的小首领。一般说来，在幼儿园里那些具有独特身体特征的孩子人缘更好，被同伴接纳和受欢迎的程度更大，在游戏中扮演角色的优越性也更强，角色的可选择性和优先选择权会很大。

2. 象征化的象征资本

在幼儿的游戏世界中，有一些和幼儿生活世界通行的资本类型。如幼儿在生活世界中积累的认知经验、同伴威望、情感特质在游戏世界中也会发挥作用，只是发挥作用的方式更具有象征意味。因为在游戏世界中幼儿毕竟只是游戏者，一个角色扮演者。其原有的自我经验并不能完全转化成角色经验，但自我经验和角色经验之间具有某种可化约性（即可转换性）。对于游戏中的幼儿而言，其生活世界所获得的社会资本在游戏世界中较多地是隐蔽地发挥作用的。与客观化的资本呈现形式相比，象征化的象征资本是指幼儿在生活世界中积累的认知经验、同伴威望、情感特质等。具体表现在以下三个方面。

（1）幼儿在游戏中以物代物的智慧

幼儿的游戏是借助于特定的道具进行的，年龄越小的孩子对道具的形象逼真的要求越高。游戏中的玩具不仅是幼儿开展游戏活动的一个基本工具，也是教师调节、拓展、变更、控制幼儿游戏情节的一个重要工具。教师为幼儿提供的游戏玩具通常有两种类型：功能性玩具和开放性玩具。就功能性玩具而言，教师不仅控制了幼儿在游戏中对玩具的功能处理，即外在的游戏表现，同时还预设了幼儿在操作玩具时的内部心理想像，实现一种内外兼控的功能，如幼儿游戏中的听诊器、枪等。幼儿能够发挥其心智想象力的大都是指向开放性玩具的。

教师在何种类型的游戏中提供何种比例的功能性玩具与开放性玩具是有一个大概的考虑的。在幼儿园小班幼儿的角色游戏中，教师提供的功能性玩具常常超过开放性玩具的数量，而在中大班的孩子的游戏玩具中，功能性玩具的数量则越来越少。对于小班的幼儿而言，规范和初始社会化是教师首选的游戏价值，而对于中大班而言，以物代物的智慧和次级社会化则是教师首选的游戏价值。由于教师对不同年龄幼儿游戏的预设价值不同，提供的玩具便大相径庭。因此，对于幼儿而言，在不同的年龄阶段，教师所能允许幼儿拥有的象征资本类型其实也是有限的。

对于拥有较多的开放性玩具的中大班幼儿而言，其所能发挥的以物代物的象征方式是存在着差异的。一方面，面对功能性玩具的稀少和开放性玩具的增多，需要幼儿能够发挥生活经验充分地以物代物，拓展游戏的情节，加强角色的互动。而那些能够充分地以物代物、具有高象征处理能力的孩子相比于其他孩子便会在游戏中拥有更多的象征资本，产生更多的象征利润，进一步强化其在游戏中的支配地位，并使其支配地位向生活世界延伸。另一方面，当功能性玩具处于稀缺资源的地位时，谁能够拥有功能性玩具也便会增加幼儿的象征资本含量。因此，在游戏中，功能性玩具经常会成为幼儿争夺的一个象征资本。谁拥有它，谁就拥有了相应的权力。如拿到了枪的孩子自然当警察，而其他的则只能当小偷；拿到了钱包的孩子可当娃娃家的妈妈，其他的则只能选择其他角色。再比如，拿到了听诊器的孩子顺理成章地扮演医生，而其他孩子只能扮演护士、药剂师等角色。

(2) 幼儿的同伴威望

幼儿在与同伴朝夕相处的过程中会不断地积累起自身的社会资本，这些资本以同伴威望的形式呈现出来，它反映了幼儿在同伴社会中的社交地位和认可程度。幼儿的同伴威望来源于三个方面。一是幼儿在日常生活中不断积累的强势经验，如幼儿指挥、控制、协调活动或人员的经历，也即幼儿领导他人的能力，这种能力常常导致幼儿成为被择游戏伙伴的重要原因。二是幼儿在游戏活动中制定新规则、发展新情节的能力。当幼儿在游戏中的以物代物有所突破，当幼儿在游戏中建构出一个新异的造型时，游戏情节就会自然发生转折。而在这样的转折时刻，通常会产生新的首领，突破原有规则的限制。三是幼儿所获得的“好孩子”标签。被贴上“好孩子”标签的孩子在游戏世界中也会表现出一种自律性，获得优秀的角色，而“坏孩子”则似乎相反。在孩子们三五成群来决定游戏角色时，“好孩子”和“坏孩子”都被固着于某种角色惯习。

幼儿的游戏世界和生活世界一样，也是需要某种均衡的。在资源相对有限和固定的情况下，总有一部分孩子占有优势资源，一部分孩子成为追随者。幼儿所能获得的同伴威望不会在孩子中间均匀地进行分配，这种获得来源于竞争。但在资源竞争的胜出者中总是那些具有独特特征的孩子。在幼儿的游戏世界里，领导者也不是轮流坐庄，而经常是一些人长期“执政”。

三、象征资本的运作

幼儿游戏中的象征资本有不同的类型，因此，资本运作便会有不同的方式。然而，通过考察资本运作的过程，我们便会发现，资本运作的目的既是为了生产和再生产象征利润，也是为了不断建构与积累新的资本。幼儿在游戏中的象征资本运作既有资本拥有者自身的确认，同时也需要游戏参与者的认可，它是一种集体建构，或者说是一种集体无意识。

（一）象征资本的运作策略

通过对幼儿游戏的考察，我们发现，幼儿游戏中的象征资本尽管类型很多，但其运作逻辑基本是双重的，既有对实体世界的复制与变形策略，又有运用于游戏世界的弱者权宜策略。

1. 虚构的“真实”：生活世界与游戏世界的趋同

在对幼儿的各类游戏进行长期的不间断的观察中，笔者发现了一个现象，那就是游戏世界和生活世界的趋同与复制，生活成了幼儿游戏的参照摹本。幼儿的游戏经验与在游戏中扮演的角色多与他们的生活经验和生活角色有关，生活中接触过什么社会活动，则游戏中会反映出某种社会活动的运作环节，这种反映更多地具有"复制"和"再现"的意味，幼儿能够惟妙惟肖地通过游戏模仿和再现其在生活中的某次现实经历或假想经历，表现出较大程度的一致性。

在某种意义上，幼儿的生活经验更多的具有同质性：去超市、饭店、医院、旅游或剧院等。与此相对应，幼儿玩超市游戏、小吃店游戏、医院游戏、旅游团游戏、小舞台游戏。而那些生活经验较丰富的精英阶层的幼儿，他们经常随同父母参加高级俱乐部、赛马、商务旅行等社交活动，然而这些经验并不能在幼儿园的游戏区中呈现。幼儿园的游戏设置在某种程度上限制了一些生活经验丰富幼儿的内在表现力，或者说幼儿园的游戏设置遵循的是大众取向原则。精英们的生活方式、生活经验在游戏世界中无法呈现。而且，与幼儿教师的社会生活相适应，她们多属于大众阶层，很难在幼儿园的游戏中设置远离其生活经验的精英类游戏。这种游戏设置的方式在某种意义上弱化了精英阶层幼儿的游戏资本含量和象征资本竞争力。

除了教师在游戏设置上的影响因素外，还有孩子自身的因素导致生活世界和游戏世界的资本运作方式表现出不一致。如父母都是领导干部的孩子，其在游戏中并不经常地扮演领导者的角色，尽管这些孩子相比其他孩子而言具有一些先在性的领导资本，但其在游戏中的表现则有时会倾向于扮演与其生活世界中相反的角色。如他们不是较多地去扮演经理、医院院长或店长这类角色，而是较多地去扮演服务员、面点师等服务性角色。这种不一致在某种程度上说明了幼儿在游戏中的象征资本与在生活中的象征资本的不一致，也可能说明了游戏世界和生活世界运作逻辑的不一致。游戏世界追求的是动作逻辑，是幼儿自己的逻辑，而生活世界追求的则是支配的逻辑，是成人世界的逻辑映射。只有在游戏世界中，幼儿才能够按自己的逻辑来生活，按自己的喜好来选择。

在生活世界和游戏世界的资本较量中，幼儿遵循的是生活的逻辑、动作的逻辑，这种遵循有时是一种主动的选择，有时又是一种被迫的无奈。

2. 暂时的“飞地”：弱者的权宜

从常理上来推断，游戏世界如果只是生活世界的一种复制和再现，幼儿就没有必要投入游戏，沉迷于游戏。幼儿之所以对游戏千般钟爱，自有其非同一般的道理。然而，这个引发幼儿沉迷的因素是什么呢？游戏区别于日常生活的关键点在哪呢？也许，游戏对于所有的人的最大吸引力莫过于其“通过被主宰而获得主宰感”，获得与日常生活中完全不一样的体验。在幼儿的游戏中存在着一种普遍的狂欢，一种对现实规则的颠覆和解构。

幼儿在游戏中获得的一种类似狂欢般的体验致使他们沉迷、流连。尤其对于那些在生活中经常被别人控制，处于服从地位的、资本匮乏的幼儿而言，游戏更是他们获得释放的绝好机会。在游戏中，并且通过游戏，这一部分孩子获得了一种暂时的自我释放。他们可以当妈妈、经理、医生，他们可以教训不听话的宝宝，训斥犯了错的员工，给不听话的孩子打针挂水。通过游戏，幼儿宣泄了生活中积累的压抑情绪，获得了自居强势角色的机会。

对于这类幼儿而言，游戏只是他们的一个暂时港湾，一旦游戏中有强势幼儿加入，这些幼儿所扮演的妈妈、经理或医生角色便会形同虚设。在幼儿的游戏里经常会有“儿子”支配“妈妈”干这干那、“员工”教训“经理”不尽职守、“护士”指挥“医生”抢救病人的现象。那些在生活中缺少资本和地位的孩子有时会试图通过扮演游戏中的强势角色来改变在现实生活中的不利状态，进行弱者的权宜。但他们往往很难扮演成功，一旦有强势幼儿加入游戏，他便会将这种强势角色被迫相让，因为他无法主宰游戏的进程，也无法进行决断。生活中的服从经历使其在面对强势幼儿时采取了一种下意识的服从反应。就像怀特在其《街角社会》中所描述的，一个原本很有水平的保龄球手一旦和与其身份地位悬殊的人进行实力较量，他往往不能正常发挥，[①]强者或社会地位比其高的人给他造成了一种巨

① 威廉·富特·怀特著，黄育馥译：《街角社会》，商务印书馆，1994年版，第126—132页。

大的心理压力。幼儿在游戏中的境遇也不例外。游戏,有时只是幼儿的一种暂时的权宜,一种积极的面对。

（二）象征资本的运作效果

幼儿游戏中的象征资本通过复制变形、弱者权宜进行了运作,然而运作的效果如何呢?按照帕森斯的双维主客法至少可以有以下四种效果。

表 13.1　幼儿游戏中象征资本的运作效果

		生活世界	
		高	低
游戏世界	高	高高型	低高型
	低	高低型	低低型

1. 高高型

高高型是指幼儿在生活世界中具有高象征资本,在游戏世界中仍然具有高象征资本,生活世界和游戏世界具有高度一致性,甚至在某种程度上说,生活世界决定了游戏世界。在这种类型中,象征资本的运作策略是复制。

2. 低高型

低高型是指在生活世界拥有低象征资本,但在游戏世界却获得和积累了高象征资本的个体。这种类型典型地表现在那些生活世界中被同伴排斥,在游戏世界中通过扮演特定的角色来改变自己资本匮乏处境的一类幼儿,如通过生动扮演被同伴放弃的反面角色、困难角色等来积累自己在游戏中的象征资本。

3. 高低型

高低型是指在生活世界中拥有高象征资本,但在游戏世界中却表现平平,甚至具有较低水平的象征资本的个体。这里可分两种情况:一种是个体在生活世界中先赋性资本较高,具有某种强势身份,但因其表演天赋上有欠缺,或游戏中缺乏其所常扮演的那种精英生活方式,因此在游戏世界中只能获得较低的象征资本;一种是个体在生活世界中认知水平较高,但游戏世界的游戏难度落在其最近发展区之外,对那些简单的装扮性游戏反而无所适从，表现出较低的象征资本。

4. 低低型

这是和高高型具有同质性的一种类型，反映出生活世界和游戏世界的某种趋同。这类幼儿不论是生活世界还是游戏世界都是一个彻头彻尾的弱者。

我们知道，一种资本类型总是在特定的社会空间、特定的关系网络中才发挥作用的，幼儿在生活中、游戏中所建构的关系错综复杂，所经历的场景千变万化，因此，对于幼儿游戏中象征资本的运作策略、运作效果还可再作进一步的分析，如幼儿在游戏中所建构的情境是一个人的游戏情境、两个人的游戏情境，还是更多人的游戏情境。在不同数量、属性的同伴所构成的游戏环境中，象征资本的运作方式是不一样的。而且，在游戏情境中，幼儿是与人互动，还是与物互动；是把同伴当成同伴，还是把同伴当成物，这也都会影响象征资本的运作和呈现。幼儿游戏的生态是复杂的、动态的呈现，并不是一个可以绝对抽象、能以三言两语加以描述与揭示的。之所以在这里加以分类与描述，只是为了表述的清晰。

第四节
幼儿玩具的社会学分析

所谓幼儿玩具，顾名思义，也就是指幼儿游戏时所使用的工具，是游戏的物质条件。在不同的学科领域人们对玩具功能有不同的解释，营销学认为“玩具是生产者根据消费者的需求提供的一种商品”；心理学认为“每个人都有玩耍的童心，这种童心依靠玩具而释放出来”；经济学认为“玩具是我国出口加工产业的重要组成部分”；教育学认为“玩具可以在一定程度上开发幼儿的智力”。[①] 站在社会学的学科立场，玩具比较多地扮演的是一种符号控制角色，它通过孩子玩玩具的过程而不知不觉地达成

① 周慧之:《作为社会规训的儿童玩具》，载《社会》2002 年第 10 期。

对幼儿观念、取向的控制和纯化作用。我们知道，玩具作为一种物质产品是生产力发展到一定阶段后才在社会生活中畅行开来的。对于幼儿的生存和发展而言，玩具并非一种必需品。但当玩具进入人类的生活，进入幼儿的生活时，它却具有了双重诱惑性，它既诱使孩子，又诱使父母，而且只有玩具达到对幼儿和父母的双重诱惑时，才能激发起父母的购买欲望。因为说到底，孩子是一个彻头彻尾的消费者，并不具有相应的购买力。这种幼儿玩具使用者与购买者相分离的特殊性导致玩具必须具有双重诱惑性。

一、幼儿玩具的演变

在中国的古代，玩具最先发端于宫廷，是达官贵人闲暇生活的点缀，那时的玩具有石球、陶球、斗鸡、走狗、踏鞠、弈棋等。[①] 在古希腊，早先的玩具也主要是由成人的劳动工具衍化而来，是为成人服务的。从诞生的角度来看，玩具一开始并不为幼儿所专享，恰恰相反，它是成人生活和劳动工具的一种延伸，是一种祭祀物品。从游戏史的角度来考证的话，玩具经历了一个从生产劳动工具到娱乐工具的演变过程，在此过程中，起决定作用的仍然是生产力的发展。真正意义上为幼儿游戏而制造的玩具是福禄贝尔的“恩物”，它设计的出发点是为了对幼儿进行宗教教育，使幼儿成为“神”性的幼儿。在洛克看来，幼儿是不能在同一时刻给予其多种玩具的，幼儿所能拥有的玩具必须是幼儿自己制作的，这样幼儿才能珍惜，也才能真正对其有所助益。

黄进认为，人们对玩具内涵的认识经历了一个从“物的层面”的存在到“关系层面”的存在，再到“文化层面”的存在的变化过程。从“物的层面”来看，玩具就是一个游戏的材料，具有客观属性；而从“关系层面”来看，玩具不仅仅是静态的“物”，而是折射了幼儿与成人，幼儿与幼儿，玩具使用者与制造者、销售者、广告者之间的复杂关系。游戏区中新增加的某

① 蔡丰明：《游戏史》，上海文艺出版社，1997 年版，第 17 页。

个游戏材料并不是教师随意的摆放，而是教师对幼儿游戏情节的有意拓展与引导。医院游戏中的白大褂之所以会成为幼儿竞相争抢的对象，那是因为抢到了白大褂便可以当医生，拥有行医治病的权力。电视广告中绚丽的玩具、幸福的孩子并不只是一个背景，而是广告人在用广告语言在说："你不想成为那个拥有玩具的快乐孩子吗？""你不想让你的孩子拥有与他一样的开心与幸福吗？"从"文化层面"来看，玩具本身附着着文化，原始的、现代的，东方的、西方的，男性的、女性的不一而足。

从社会学的视野来看，玩具虽然是一个物质化的工具，但其身上附着的却是制造者、购买者、销售者所附加的各种文化意义。所以从这个意义上来说，玩具首先是一个文化的产品、社会的产品、人工的产品。玩具的内涵因人类的不同赋义而有所不同。社会学作为一个独特的学科，关注社会现象背后所揭示出来的问题与意义，它不就玩具而解释玩具，而是去寻找玩具如何由宫廷下移到民间，由"物的层面"演变到"文化层面"，由成人独享而达致成人和幼儿共享，又如何变成幼儿专享的过程。显而易见的是，在这样的属性演变中，"谁的"玩具其实一直是处于动态演化中的，而促使这种演变成为可能的动力是社会的变迁和权力的变迁。

二、谁需要玩具

谁需要玩具？听起来这似乎是一个假问题，然而，真的如人们所认为的那样是游戏者需要玩具，幼儿需要玩具吗？在玩具这样一个最熟悉的事物身上我们能看出什么陌生的现象来呢？社会学的"化熟为生、化生为熟"的想象力如何能帮助我们思考，并打开我们思考的另类空间呢？其实这个问题我们可以将其层层剖开来进行审视，通过不断剥茧的过程来看清蕴藏在玩具背后的社会根源和社会机制。[①]

1. 表层的事实

从表面看来，玩具自是玩耍的工具，因此，既为幼儿玩耍时所用，当然

① 王海英：《作为社会控制的儿童玩具》，载《学前课程研究》2007年第8期。

为幼儿所需。这似乎不需要什么拐弯抹角的解释,大家会心照不宣一致认同。家长们给孩子买玩具时基于此假设,幼儿园在购买玩具时基于此假设,媒介在广告宣传时也这么说。在这样的文化宣传和习惯积淀中,我们把幼儿需要玩具当成一个毋庸置疑的社会事实,当做一个不需要进行检验和质疑的事实来接受,而接受和不反思的结果就是我们迎合大众取向,采取大众行为。

然而,仔细审查一下这个假设,我们便会发现,幼儿的玩具多是成人购买的,在家庭中如此,在幼儿园中也是如此。同时,玩具先于幼儿来到这个世界,幼儿对玩具并没有什么选择性,幼儿更多地是接受玩具,而不是选择玩具。幼儿是按成人的提供、成人的意图在玩玩具,而不是基于自己的兴趣在玩玩具。此玩具与彼玩具虽具有维特根斯坦意义上的"家族相似",但这种"形似"实质是"差之毫厘,谬以千里"的。

在一次关于玩具与教学的研讨活动中,我问老师们为什么在幼儿园的娃娃家游戏中要放一个小娃娃玩具,为什么只放一个,而不是放两个或一群。老师们当下的反应便是孩子玩娃娃家当然需要娃娃了。可为什么在娃娃家游戏里不给孩子提供爸爸、妈妈等类似的玩具布偶呢?当老师为幼儿角色扮演区提供各种玩具时,因为有太多的先在假设,于是实际上局限了孩子们的角色选择。而我们一旦局限了孩子的角色选择,也就会在一定程度上局限幼儿的游戏过程。我们现在获得的普遍印象是,在角色扮演活动中,孩子喜欢扮演成人的角色。然而深思一下,从玩具的提供的角度来说,你是否为孩子提供了扮演娃娃、同伴等角色的机会?如果我们不是用一个象征性的娃娃来代表娃娃家游戏区域,而是让孩子进行更多的开放性角色选择,孩子也许可以更多地扮演自己或同龄人。在这样一个假设的世界中生存,很多时候我们都是以假设对假设,把别人的假设当成公认的法则。①

2. 中层的事实

把"幼儿需要玩具"这个表层现象再往前追问一下,也许我们会发现

① 吴康宁:《在假设的世界中生存——关于人的一个假设》,载《高等教育研究》2005年第10期。

在幼儿需要玩具的背后其实大有问题。幼儿为什么需要玩具呢？幼儿是怎么知道自己需要玩具的呢？我们知道，这个世界是一个人为建构出来的世界，一切都是人类进行意义编织的结果。在幼儿园里，孩子真的需要玩具吗？一个满是玩具的幼儿园和一个拥有同伴的幼儿园，我想大部分孩子会选择有同伴的幼儿园的。

在幼儿园，孩子喜欢玩具，只是因为老师提供了玩具。在教师提供的诸多物品中，玩具比之于其他而言对幼儿更有吸引力一些。其实，追问一下便会发现，老师为什么要提供玩具呢？可能的原因：一是这是常态，大家都这么做；二是玩具可以使幼儿的时间被占满，可以使幼儿从玩具的探索中、同伴的互动中获得社会规则。所以从这个意义上来说，是老师首先需要玩具，此刻的玩具不是"玩具"而更多地是"教具"、"工具"。在家庭中，孩子们为什么需要玩具，也有两种可能，一是因为父母没时间陪孩子玩，于是给孩子买玩具，让玩具来陪伴孩子；一是因为家长认为玩具可以开发智力，发展孩子的诸多能力，这是一个被大众接受的"假设"，于是父母为了迎合这样一种需要而给孩子买玩具。这时的"玩具"也不再是玩具，而是地道的"工具"，一种替代品。

3. 深层的事实

再把目光投向琳琅满目的玩具商店、新奇夺目的玩具广告，我们便可以更深地知道到底谁需要玩具。成人世界制造了一个自己的对立面——幼儿，又制造了一个需求不同于自己的幼儿世界。在这个世界中，幼儿不再是幼儿，而是成人建构了的、一个有别于成人自己的符号。这个符号具有政治、经济、文化等诸多功能和价值。在消费市场上，幼儿的符号价值被大大地挖掘。商家通过各种媒介和广告不仅调动起幼儿的购买欲望，更激发起家长的购买动机。因为，说到底，幼儿是彻底的"无产"阶级，哪有能力来获得其所青睐的玩具呢?！于是，商家想出各种各样的高招，不惜将幼儿符号化、抽象化，将母爱商品化、庸俗化，将攀比、差异显性化、等级化。试想，有哪一个家长在面对"为了孩子的明天"这样的诱惑时能无动于衷？有哪一个妈妈面对"爱心妈妈的首选"能不为之汗颜？又有哪一个家长能忍受孩子“我有，你有吗”的尴尬与自卑呢？当我们这样来追问谁需要玩具时，我们便知道不是幼儿、家长、老师需要玩具，而是这个消费化的社会需要玩具，需要以幼儿作为一个诱人的符号来宣传、建构消费社会的价值观。

言及此，幼儿已不再是一个纯粹的年龄概念，它已经具有了社会意涵、符号意涵。幼儿，不再是我们在一般的假设里所认定的只是社会消费者。在幼儿被建构为消费符号的过程中，幼儿也用自己独特的方式为这个社会、为文明的进程贡献了自己特殊的力量。也正是从这个意义上，我们可以说，幼儿不仅仅是一个社会消费者，幼儿还是一个社会生产者，只不过，幼儿作为社会生产者的身份不是建立在生产劳动的基础上，而是建立在作为一个消费符号的基础上。

没有一样物品不具有社会属性，不和社会的生成机制有关。玩具，这个看似幼儿独有的东西，说到底只是消费社会建构的结果。社会建构了幼儿这样一个特定的消费符号，再把玩具这样一个消费品赋义给他，在这样的概念转借过程中，幼儿便和玩具紧密联系在了一起。而原来的幼儿和消费符号，消费符号和玩具之间的关系便被隐藏、抽空了。

三、玩具的社会功能

从上面的追问中，我们得知，不是幼儿需要玩具，真正需要玩具的是社会，是一个远比幼儿要强大和抽象的社会，然而社会借助于玩具达成了什么样的目的呢？在这样的借助与赋予中，玩具又有怎样的社会功能呢？

1. 玩具有助于社会控制和规训

玩具是一种社会产品，在其设计、生产和消费的过程中，每一个流程都被赋予了一些新的意义。玩具并不是一个单纯的物品，它是文化的产物，承载着文化的意义。在设计者的视野中，玩具是有其特定的消费人群，有其特定的消费导向的，这其中蕴藏了太多的预设与前提。以风靡世界的芭比娃娃为例，最初芭比是以白人形象为特征来设计与规划的，这就意味着所有购买芭比的孩子她所获得的是虚幻的自我，是对真实的自我的一种否定。根据调查，有60%的黑人孩子认为白色芭比要比黑色芭比好看，如果让其进行选择她们都会选择白色芭比。[1] 在黑人孩子和白色芭比的相互作用中，“白色”的价值观和身份文化便占据了主流，成了孩子们满心向往的东西。在芭比娃娃的销售中，与芭比相应的文化也就传播到了世界各地，成为孩子们思考问题的出发点。除了白人形象外，芭比还以其成熟女性的身体诱使幼儿，她诱使着孩童不断地去打扮芭比的身体，致使孩子关注的目光从自身移向他者，一个虚幻的他者。在幼儿的芭比世界里，女性的要远远超过男性的，成人的要远远超过孩童的。芭比在用其玩具娃娃的身份不断地告诉孩子，这是一个成人控制的世界，成人扮演着世界的主角，白人文化占据着文化的主流。

2. 玩具有助于幼儿进行社会认同

作为一种文化商品，玩具起着社会黏合剂和安全阀的作用，它促进幼儿对这个社会的认同。在这种认同中，不仅有主流的价值观，还有幼儿自身的性别、种族、身份、阶层等具体性特征。社会通过生产不同种类的玩具把玩具的消费人群进行了一个潜在分类。一般而言，同样一种玩具会有不同的价格，适合不同的消费人群。

众所周知，幼儿获得自我认知较多地是依赖环境中的他者的，在和他者的比较中，幼儿开始了自我认识。玩具便是幼儿认识自己的一个窗口，也是幼儿融入社会的一种媒介。清点幼儿拥有的玩具，我们便会发现成人在无意识地引导幼儿进行自我认同：你是女孩，你该拥有女孩的玩具；你是男孩，你该拥有男孩的玩具。不管是父母买的还是他人送的，玩具在其设计过程中就已经有了先在的性别分化，玩具的购买和使用又强化了这一分化过程。幼儿是在和玩具的不断互动过程中，习得玩具所传递的规则和文化的。

在玩具消费中，不同的阶层倾向于不同的消费观，其在孩子的玩具投入上是有较大差异的。同样的玩具，由于其产地、色泽、销售地的不一样而有巨大的差异。在和玩具的相互作用中，幼儿逐渐地认同了自身的社

① 安·杜西尔：《跨文化的芭比娃娃》，载《天涯》2001年第2期。

会地位和与此相匹配的消费观。人总是在比较中发现自己的不足和欠缺的,心理上的不平衡和社会认同上的偏差往往源于不同阶层之间的近距离的接触和比较。教育正是各个社会实现其社会整合的有效的安全阀,它既促使不利情绪以某种方式进行宣泄,又使同质化的感情和社会认同得以代代传递。社会通过教育复制和再生产了社会的结构和社会的秩序,使每个阶层的人各安其分。而玩具在教育发挥再生产的作用中无疑出了一份力,它有助于幼儿从早期的家庭生活就开始进行自我认同和社会认同。

往深处一点说,我们现存的社会是倾向于把不同阶层的人进行区域化定位的,这种阶层和阶层之间的相对隔绝导致了人们心理和社会发展上的封闭,这是有利于社会整合和社会稳定的。然而这种封闭和隔绝却阻断了人们对差异性的比较和发现,导致了幼儿对自身以外的世界的无知与妄想。

在当今,玩具促进幼儿社会认同的过程就是一种性别认同、身份认同和阶层认同的过程,它促使幼儿安于现状,面对现实。工人阶层的幼儿消费的多是中低档玩具,这和他所生存的生活现实一致,也和他所接触的同伴的生活环境一致。虽然我们这样的社会并不像印度的种姓制一样的实行阶层隔离,但一种社会出身就在某种程度上限定了幼儿的交往圈、文化圈。幼儿无法摆脱他自身的文化标识,他的人际圈固着了他的身份突破的可能性。社会也因此通过相对的封闭而得以稳定。

3. 玩具强化社会区隔

幼儿占有玩具,占有高档的玩具,是一种有品质的生活、一种消费的时尚,也是一种精英阶层的生活标准。于是,这种精英的生活方式就把人们的购买欲望调动起来。那些为了使孩子成年后能跻身精英阶层的父母不惜在孩子幼年时就给予其一种精英般的生活。当然在很多情况下生活方式的阶层化是带有传递性的,父母过着精英阶层的生活,其子女也会享有精英阶层般的生活。父母会在日常生活中不断通过玩具消费这样一种看似简单的方式向幼儿传递其价值倾向。同样是拥有玩具娃娃,但拥有芭比的孩子和拥有普通娃娃的孩子其社会生活方式是很不一样的,芭比造就了一种明显的社会区隔。再如汽车玩具，拥有梅赛德斯—奔驰车模的孩子和拥有一辆普通汽车玩具的孩子其生活方式也是不一样的。孩子们通过消费不同类型的玩具而进行了社会分类，什么样的人能够享有什么类型的玩具。由此，幼儿玩具不仅具有玩乐功能，更具有了符号功能、象征功能、意指功能和分类功能，它把拥有这类玩具的幼儿和拥有那类玩具的幼儿从根本上区别开来。

对幼儿而言，在和同伴相比较的关系视角中，玩具代表了不同的社会身份、社会地位。玩具制造了高贵和平庸、精英和世俗，成了一种象征符码和社会地位的标签。我们的教育、我们的社会正是借助于玩具这种隐蔽的社会规训功能来实现其所力图建构的美丽新世界的。

4. 幼儿玩玩具的过程是教师全程控制过程

幼儿玩具的类型大致可分为两类：功能性玩具和开放性玩具。功能性玩具有封闭性，其玩法比较固定，如听诊器只能玩医院类游戏，枪只能用于警察类游戏。通过玩这类固定功能的玩具，幼儿习得了社会化规范，内化了社会规则；开放性玩具则不然，其更多带有生成、创造和想像的意味。前者要求的是模仿、内化、训练，后者要求的是创造、生成、拓展。通过提供不同类型的玩具，教师不仅控制了幼儿的游戏过程，控制了幼儿的外在社会表现，甚至还控制了幼儿游戏时的内部心理反应，达到一种全程的、兼及内外的社会控制。

我们常说，幼儿是好游戏的，以游戏为生命的。然而，当游戏不再是一种令人愉悦的体验，而是一种外在的强加和硬性的赋予时，游戏便被异化了。承载游戏的社会功能的玩具，如果其对于幼儿只是一个“工具”、一个控制和规训的手段，那玩具便也失却了其可爱的一面，变得面目狰狞。我们的社会对于幼儿而言绝不应是“韦伯的铁笼”①，而更应成为“诗意的栖居之地”②。

① 马克斯·韦伯著，于晓等译：《新教伦理与资本主义精神》，商务出版社，1987年版，第29—41页。
② 海德格尔著，郜元宝译：《人，诗意地安居》，广西师范大学出版社，2002年版，第71—72页。

第十四章 日常社会：幼儿园生活活动

日常生活是一个“平面”，它同社会的其他“平面”相比，各有其自己的意义。现在，日常生活的平面，要比生产场合那个平面更加突出，因为“人”正是在这里“被发现”和“被创造”的。

——列斐伏尔：《日常生活批判》

与教学活动、游戏活动的生成性不同，幼儿园的日常生活带有很大的习惯性与重复性，它充满了秩序感、安全感，有时甚至是一种可怕的“历史无意识”和“社会健忘症”。[①] 它忽略每天的新奇，将熟悉归于平庸。有研究者认为，幼儿园的生活带有制度化的色彩，具有重复性、规律性、规范性和强制性。[②] 社会学研究关注，在时间嘀嗒嘀嗒的流淌中，幼儿园的日常生活所具有的不一样的风景。

① 卡列尔·科西克著，傅小平译：《具体的辩证法》，社会科学文献出版社，1989 年版，第 53—54 页。历史无意识、社会健忘症，在这里泛指人们习于对幼儿园日常生活的常识化理解，很少反思和追问这种日常何以成为“日常”的生活无意识。

② 郑三元：《幼儿园制度化生活的特征与反思》，北京师范大学出版社，2004 年版，第 56 页。

第一节
幼儿园中的时空交织

幼儿园中的日常生活是发生在一定的时空背景中的，不同文化语境中的幼儿园，其空间围护、时间设定是有较大的差异的，有的追求封闭与开放的均衡，有的追求自然与社会的融合，有的追求时间的绵延与闲适，有的追求时间的精确与刻板。空间围护与时间设定的不同，不仅仅是时空坐标系所呈现的显在的区别，在这种差别背后有着更多在文化上的区分。任何空间与时间都不只是以物理的意义呈现的，它们还具有社会性、历史性与文化性。就幼儿园的生活空间而言，它首先是一个幼儿生活的场所；其次是一个展开空间实践、进行空间控制与统治的场所；最后，空间还是一个关系体系。本章中提到的时间、空间都是从社会时间与社会空间的意义上来谈的。

毫无疑问，社会空间、社会时间和物理意义上的地理空间、钟表时间相关，但幼儿园中社会时空的建构是由空间中的行动者、群体、制度所决定的。影响行动者时空建构的因素有两条：一是行动者所拥有的资本，即经济资本、文化资本、社会资本和符号资本的相关比重；另一个是惯习，即行动者居于一定的社会空间所形成的个人地方感，以及由此形成的留在共同空间的倾向。在时空交织的幼儿园舞台上，幼儿感受着日复一日的生活，建构着对学校生活的最初认知。

一、空间的隐喻

作为一个特定的社会空间，幼儿园以其各种建筑形态表达了不同阶层、不同社会角色的个体之间交往的需要。莲实重彦曾对日本的学校建筑与法国的进行了一定的比较，他发现："日本的学校建筑进入正门是校园广场，其后校舍排成 T 字型或 L 字型。与此相比，高高耸立俯瞰街道的法国学校犹如兵营或者警局，冰冷的大门似乎将父母心理上的伴随也拒之门外。然而实际上，日本开放式的空间，却是在其周围拉上了一张不可视的网，将孩子从社会、世界、大人那里隔开并遮蔽起来，而相反法国学校貌似冷酷地操作着父母与孩子的分离，但实际上却将孩子直接投入到了与大人相通的'社会'。"①

不同文化语境中的幼儿园正是用其特定的建筑风格、空间围护方式在向人们传递着特定的信息，建构起不同的空间话语与空间隐喻。如中国幼儿园的建筑一般只允许3—4层，幼儿的活动室必须在3层以下，3层以上只能做辅助用房或办公用房。在绝大多数幼儿园，园长的办公室设在二楼，且通常与教师办公室、幼儿活动室隔开一段距离，人为地制造着一种区隔与分离。在康有为所构建的"大同社会"中，所设场室凡十有一：开诱室、训话室、游戏室、陈列图书玩具室。室外有场，如游戏场，场有山称游戏山，山有亭称游戏亭，凡以资养教育者皆备。其他则为保姆助教休息室、看管小儿仆妇室、会计办公室、接应宾客室等。②

1. 建筑风格的隐喻——塑造童话乐园

中国的幼儿园几乎都是色彩亮丽、风格独特型的，在绵延的建筑群里，任何人都能凭直觉判断一所幼儿园的所在。瑞吉欧的幼儿园则有些不同，它们大多隐藏在社区之中，与社区建筑融为一体。而挪威人认为孩子应该在户外度过一个活跃的童年，尤其是接触环境及大自然，他们并不关注幼儿园的园内建筑，而是更关注幼儿园周围的户外环境，特别是森林资源。而同为北欧国家的芬兰则不同，其日托机构拥有高品质的环境设备、高水准的建筑设计，许多日托机构甚至提供蒸气浴和游泳池等硬件设备，具有"像家一般舒适"的氛围。

福禄贝尔在创办世界上第一所幼儿园时，特别喻意幼儿园为"花园"、"乐园"。中国当下大多数幼儿园的建筑风格似乎借鉴了20世纪二三十年代外国教会所创办的幼儿园，这种幼儿园以亮丽的色彩、城堡般的造

① 莲实重彦著，贺晓星译：《反日语论》，南京大学出版社，2005年版，第4页。
② 中国学前教育史编写组：《中国学前教育史资料选》，人民教育出版社，1995年版，第104页。

型、童话般的风格为特色，它使幼儿园首先从形式上变得有吸引力，迎合了幼儿的好奇心理，也安抚了成人对孩子的不舍。这种建筑风格一直延续至今，成为幼儿园的专享。

童话般的建筑风格不仅从形式上充满了吸引力与安抚力，在意义内涵上也充满了各种极富温馨、幻想的空间话语，它仿佛在以各种方式告诉行人：这是幼儿园，这是童话世界，这里充满快乐、想像与魅力。对于幼儿来说，他们渴望进入一个新奇、安全的世界，而幼儿园建筑空间所营造的恰恰就是这样一种安全又神奇的梦幻之地。对于身在其中的幼儿而言，幼儿园的独特建筑风格也将成为其一生对于学校空间的独特记忆。

2. 广场的隐喻——融入社区文化

广场是西方意义上特殊的公共领域，它代表着民主、自治与交往。在意大利爱米尼亚，“广场”是社区生活中人们可以见面、谈天、讨论以及参与政治、生意往来、街头卖艺或是抗议示威的地方，是一个讯息川流不息的地方。瑞吉欧幼儿园的建筑设计中通常包括着中庭设计与聚会广场。在瑞吉欧幼儿园，“广场”不仅仅是教室空间的延伸，也是一个想法降临和出发的地方，这里鼓励许多不同的意见与活动，不论是在幼儿还是成人之间，此处所进行的意见交流都会变得更有品质，幼儿愈经常地在此碰面，就会有愈多的点子出现。我们甚至可以这样说，幼儿园中的“广场中心”就是幼儿在社区生活中的广场文化的一种反映，孩子通过“广场中心”形成对社区生活中广场文化的认同。反过来，幼儿园中的已经习惯于广场文化的人们也需要在幼儿园中有一个论坛和发表自己意见的地方。“广场”正是这样一个交流思想、生产智慧、扩大认同的地方。

瑞吉欧幼儿园的“广场”通常作透明化处理，即用透明玻璃做墙壁，让室内花园与户外的花园结合在一起，同时也让自然的光线映照入室内，让幼儿有更多的机会与光线或影子一起游戏。透明的玻璃往往给人一种开放、共享的感觉，它让幼儿产生一种融入环境、被环境接纳的美好体验。瑞吉欧幼儿园中的“广场”并不在于空间设计中的拥有，更在于瑞吉欧人对广场空间的运用。每天全园、全班、小组幼儿都会有机会进入广场，逗留于广场，幼儿可以在这里表演戏剧、探索光影、召开会议、进行讨论，对主题活动、班级事务进行策划、决策与评价。同时，广场也是一个教师、家长相遇、集中、交流的地方。

3. 班级生活空间——以家庭为喻

幼儿园的班级是以家庭为原型而建构起来的，有客厅（活动室）、餐厅、卧室、盥洗间，有父母（老师）和孩子。无论是从形式的意义上而言，还是从实质的意义上而言，班级都是幼儿快乐生活的家，幼儿在园的大部分时间是在班级中度过的。当下很多幼儿园的活动室原本的色彩越来越弱，教室的意味越来越重。活动室已不再是幼儿活动、交往、聚集的地方，而纯粹变成了学习、操作的地方。有些幼儿园甚至将桌椅排成秧田式，幼儿一个挨着一个坐，幼儿之间有桌子和椅子作为人为的障碍和间隔，这种空间排列造成了幼儿与幼儿之间"形式距离"的接近和"意义距离"的疏远。即便大部分幼儿园采用半圆或马蹄形空间排列，幼儿之间的交往也充满障碍。

幼儿园的班级空间必须考虑到三方面的利益，即幼儿、教师、家长。我国当下的幼儿园班级从空间设计上似乎更多地考虑到了管理者的方便，而非幼儿的活动需要、家长的认同感等。班级的家长园地大多位于班级的门外，而非班级内部，这实际上是以某种方式告诉家长：不宜入内。班级不仅是幼儿的家，也是老师的家、家长的家，三方面的利益与需要缺一不可，否则家的色彩、家的感觉会被大大弱化。

4. 户外活动场地的隐喻——自然与社会

幼儿园户外活动场地通常包括活动室外的走廊、晒台以及户外公共空间。走廊基本上是属各班所有，用于陈列自然角、种植角等，也可用于一些区域游戏。公共的晒台通常是幼儿冬天做操的地方，户外活动场地通常安放着各种规格的大型玩具。

幼儿园户外活动场地原来较多由泥土、草皮、鹅卵石、水泥地等构成，人与环境之间和谐相处，但现在幼儿园的户外场地大多变成了塑胶地，自然的生态、野趣消失不见，环境本身的可探索性、互动性越来越低，安全成了人们考虑的唯一因素,人与自然被人为地分隔开来。随着人与环境关系的转变,幼儿不再了解其身边的自然,幼儿在幼儿园的生活被人与人之间的社会关系所填充和占满,自然与社会的和谐在幼儿个体身上失去了平衡。

5. 私密空间——我与你

中国幼儿园空间的物理密度都比较高,显得相对拥挤,而且在有限的空间中,桌椅又占据了很大一片区域。空间的拥挤不仅会导致幼儿之间攻击性行为的增多,还会导致幼儿之间的互动性、合作性行为减少,较多采取单独活动的方式,致使幼儿园的社会密度和精神密度降低。① 幼儿园的空间包括地理空间和社会空间。地理空间是指区域、场所、地点、空间距离、位移、规模、密度、空间的扩张延展与收缩内敛;社会空间是指社会场和心理场中的人际竞争与互动。幼儿对地理空间具有特别的选择倾向,如幼儿在游戏时喜欢开放的、离教师视线较远的敞亮的空间,在和同伴进行亲密交流时又喜欢那种有所遮蔽的瑞吉欧式的私密空间。无论是在什么类型的认知活动中,幼儿都有一种捍卫自己空间,同时入侵他人的空间的倾向。如幼儿经常会说:"这是我的位置,你干吗要坐到我这儿?""你不是我们这一组的,请你走开。"

环境心理学特别看重个体空间,认为个体空间具有私密性、领域性与拥挤感三个特点。在个体空间中,个体的互动活动存在着公共性与私密性的矛盾统一。在现实生活中,幼儿一方面对与同伴交往、沟通予以极大的关注,希望建立互动关系,获得信息,另一方面,幼儿也需要一定程度的自我封闭、自我隐匿。这也就直接产生了幼儿对于私密空间的心理需求。其实,不仅幼儿如此,私密性是任何人对于空间的第一需要,是有选择地控制他人、接近自我或其他群体的方式。② 私密性存在四种基本形态:匿名、亲密、独处、保留。为了维护个人行动的自由,需要匿名;为了能自我

① 朱家雄:《作为儿童发展和教育的生态环境:托幼机构》,载《生态学视角下的学前教育》,华东师范大学出版社,2007年版,第180页。

② 俞国良、王青兰、杨治良:《环境心理学》,人民教育出版社,1999年版,第116页。

表现和自我放松，需要亲密；为了自我反省，需要独处；为了避免干扰，限制沟通，需要有所保留。①

个体在行动中总会对“我的”与“你的”加以区分，并力图扩大自己的私密空间，挤压他人的私密空间。幼儿园空间设置必须满足幼儿对于私密空间的心理需求，给予少一点的监视与敞现，多一点的封闭与围护。

二、时间逻辑

对于幼儿来说，当下中国的幼儿园并不是一个生活空间，而是一个教养空间，这里实行着与生活逻辑相悖的时间制度与时间逻辑。从日常生活的逻辑来看，时间是绵延、连续，合乎幼儿的生理节奏的。在生活的时间逻辑下，幼儿是不需要钟表，只需要遵循自己的生理节律的。然而，幼儿园的时间管理与生活逻辑是相悖的，它要求幼儿遵循严格的钟表时间，教师以固定的作息时间表对幼儿行为的起止加以规范与引导。

时间表通常是一种刚性的、断裂的时间观，它把幼儿的一日生活分隔为不同的时间单元，并引导着幼儿从一个时间单元转向另一个时间单元，这里的转换与过渡都是突然的、强加的，彰显的是制度的严肃性，而不是生活的人文性。在幼儿园的班级生活中，教师使用了太多的催促、警告，造成一种时间的紧迫感、压抑感，有时教师甚至动用惩罚机器惩罚幼儿的拖拉行为。

幼儿园的时间逻辑是机械的、刻板的，它不以幼儿为本，而是以制度为本。在幼儿日常生活的每一个环节，几乎都要展开一场时间比赛，做得快、吃得快、收得快、穿得快，成为好孩子的评判标准。在这样的刚性生活中，幼儿慢慢地以时钟为准绳来控制自己的起止行息，有的幼儿甚至还学会了自我时间管理和监控。

---

① 俞国良、王青兰、杨治良：《环境心理学》，人民教育出版社，1999年版，第118页。

第二节
幼儿园生活内容

幼儿园童话般的建筑风格常常会引发人们的不同想像，人们不禁要问，在这种神秘氛围环绕中的幼儿园会上演一种什么样的日常生活？这里的孩子会经历一种什么样的童年？应该说，幼儿在园的一日生活是丰富多彩的，既有学习活动，又有游戏活动、生活活动。这里重点关注幼儿日常生活中的一些特殊事件：日常生活仪式、六一节、健康实践等。

一、日常生活仪式

马克斯·韦伯认为，人是悬挂在由其自己编织的意义之网中的动物。[①] 人类特别善于创造意义、利用意义、规定意义。在幼儿园仪式活动的整个过程中，表演活动的场景、实物都是表达或表现意义的手段。幼儿园仪式就是具有象征性的、表演性的，由文化传统所规定的整套行为方式、一系列专门设计的程序化活动，一个较为集体和公开地予以陈述的事件。它既可以是涂尔干意义上的神圣的活动，也可以是凡俗活动。

人类社会生活中充满了各种仪式，如祭祀、节庆、典礼等。一个人从出生到死亡也要经历无数不同的仪式，如出生、生日、结婚、葬礼等，仪式把个人生活事件演化为社会事件。幼儿园中的仪式活动大致包括仪式化、礼仪、典礼和庆典四大类。幼儿园中仪式的存在使幼儿的日常生活变得有些神秘化、喜剧化，并带有某种庄重的色彩。

1. 仪式化

仪式化是指具有仪式意味的动作或姿态，是仪式的简单形态，任何非实用性的、富有象征意义的姿态、行为都可以包括在内。幼儿园中的仪式化活动主要指升旗仪式，它是一种最为普遍的仪式化活动。一直以来，幼

---

① 克利福德·吉尔兹著，韩莉译：《文化的解释》，译林出版社，1999年版，第5页。

儿园都把升旗仪式看成是对幼儿进行初步的爱国主义教育的基本手段。升旗仪式至少每周一次。在一些特殊的日子里还要举行特别升旗仪式。仪式化活动一般是集体活动，具有神圣和庄重的色彩，教育意味非常浓厚。在仪式的展开过程中，使仪式参与者有一种精神的触动，激发起某种生命的能量和豪情，达到情感控制和教育引导的目的。

2. 礼仪

礼仪起源于公众交际和社会生活，如见面礼、社交礼等，其特征是个人间的、形式化的。而幼儿园的礼仪活动不单是个人间的仪式化的行为，如见面礼、社交礼、吃饭礼，还包括个群、群群间的仪式化行为，如师幼在集体教学活动中所表演的仪式化行为、班级与班级之间在比赛前的仪式化行为等。

“吃饭”不仅是为了营养，要吃好、吃饱，还要遵守一定的规则，我国大部分幼儿园认为吃饭的基本礼仪是“食不语”。《论语》中认为，“夫礼之初，始于饮食”，饮食礼仪是一切礼仪制度的基础。礼仪活动可能在身份平等的两个人或两个团体之间展开，也可能在身份不平等的两个人或团体之间展开，其目的都是为了规范社会互动，强化既有的社会等级和社会秩序，促进社会的整合和稳固。幼儿园中所规定的大量的餐桌礼仪、就餐仪式，其目的是通过礼仪对幼儿进行文化控制，培养幼儿符合社会文化的身体习性。

3. 典礼

典礼是大型群体的互动，其典型特征是群体间的、大规模的。幼儿园中的典礼通常是指入园典礼、离园典礼等。在这类典礼中总免不了园史介绍、园规园纪教育和各式各样的迎新或欢送致词，权力和包装了的温情在典礼中具有中心意义。在这里，言说的个体和倾听的集体之间叙说着一种非对称的交流，参与者更多地是被要求、被规约的。宽敞的礼堂空间映射了人与人之间无形的心理距离。康德曾把空间界定为“呆在一起的可能性”；齐美尔也曾认为，人们之间的相互作用是对空间的一种填充①。

① 齐美尔著，林荣远译：《社会学》，华夏出版社，2001年版，第480—490页。

只有通过人与人的平等的相互作用，空间和距离才有可能被填满，空间才能变得生机勃勃。而在礼堂这样一个典礼举行的特定地点，空间变得很冷漠、坚硬，新入园的孩子多了一份对新生活的深一层的敬畏，毕业了的孩子多了一份对母校的感激和留恋。福柯意义上的隐蔽的权力控制术在这里精心地上演，恩威并重式的言说达到了其对参与者进行身心驯化的目的。

4. 庆典

庆典具有游戏性、戏剧性、玩耍性和审美性。幼儿园中的庆典活动一般有节日庆典和庆功庆典两类：前者是为了丰富幼儿的业余生活，提高其艺术与审美情趣，如庆六一等；后者是为了树立典型，提升幼儿园知名度，如绘画、故事、歌唱比赛、庆功会等。与非学校的庆典活动不同的是，幼儿园中的庆典活动除了具有娱乐性外，还带有较大程度的竞赛性。

一般而言，仪式总出现在社会生活和个人生活的某些紧要关头，在最基本的意义上来说，仪式总是社会性的，[①]经历了从神圣到娱乐的演化过程。在幼儿园，各种仪式充满了文化传承的味道，它将细节放大，将平凡变成非凡，从而使日常的问候、进餐变得更有品质，使仪式具有更强的威慑力与震撼力。而升旗仪式、节庆仪式则是另一种情况，它本身就是非凡，就是不平常，仪式化的过程是要使其变得更加有别于日常生活，使幼儿园成为一个渗透了文化传统和神秘象征意味的场所。

二、六一节

六一节是幼儿园中特殊而又隆重的大事，每年的上半年，幼儿园都要拼全力办好六一联欢。每到五月份，几乎所有的日常工作都要为六一让路，六一庆典成为幼儿园工作的重心，教师和幼儿都要加班加点排练节目，教师累，幼儿更累。自六一成为法定节日以来，幼儿园的日常生活就多了一个狂欢的内容。最初，幼儿园以节目表演的方式庆祝六一，包括各

① 耿占春:《没有神话的仪式》，载《天涯》，2008 年第 2 期。

个班级幼儿的个人表演、团体表演和教师表演，此时观众通常是幼儿、家长和幼儿园的上级主管部门的领导。后来，幼儿园不再单纯地以文艺演出的方式，而是采用了大型团体操表演的方式，表演的地点也由幼儿园的礼堂转移至了社区广场，此时观众通常是各方宾客。现在，很多幼儿园已意识到纯粹的表演、排练不仅打乱了幼儿园正常的教学秩序、生活秩序，也并未给幼儿带来真正的快乐，他们现在多采用一些更有意义的方式，让幼儿真正成为六一的主人，享受六一节的快乐。如有的幼儿园开展爱心捐赠义卖，有的幼儿园举办故事会，有的幼儿园举行亲子游园活动等，幼儿园的六一庆典从内容到形式都有了相当大的改变。

原来的表演，幼儿只是节日的装饰品，而不是节日的主角。很多报纸在报道六一时通常会使用“欢聚一堂”、“兴高采烈”、“喜气洋洋”等词汇，也会把幼儿表演的照片放在极其显著的版面，仿佛不这样做就不能表达节日的快乐，就是举办者的失败一样。卜卫曾对1996—1999年六家主流大报的286篇六一报道进行过定性与定量分析，发现即使是在六一国际儿童节，幼儿仍然不是新闻报道的主角，很少有记者去寻找、发现和报道他们的声音。大多数新闻报道强调的是成人的幼儿工作成绩，即成人如何改善了幼儿发展状况，为幼儿建成了多少活动场所或乐园，捐赠了多少本书，有多少幼儿受到社会捐赠，有多少失学幼儿重返校园，出版社如何为幼儿创造精神食粮，百家少儿报刊如何送报刊下乡等。在这类报道中，新闻主体是成人或成人组织机构，他们是事件的发动者和主要参与者。幼儿的角色仅仅是被教育者、被关注者和被帮助者，他们是被动且沉默的人。①

在当下的六一庆典中，成人与幼儿、幼儿与社会的关系已经有了很大的变化，幼儿不再是“看与被看”，需要关怀、爱护的对象，幼儿有能力回馈社会，幼儿也有能力主宰自己的节日，幼儿不再完全处于被动、被施舍的位置。

---

① 卜卫：《媒介与儿童教育》，新世界出版社，2002年版，第25—27页。

当人们的儿童观在变化时，人们对六一的庆典方式也会发生变化，媒体关注六一、报道六一的方式也会发生变化。在《全国报纸索引》上以"六一"为关键词进行搜索时，笔者发现，从1949年初六一成为法定节日起，各报纸的报道内容多为庆祝、关心、呼吁，而且报纸的性质多为党报，如《人民日报》、《解放日报》等。1978年后，其他报纸对六一活动的报道相对多起来，内容也从关心、社论转向儿童食品、消费品检查、图书捐赠、特殊儿童等。儿童由国家层面的抽象关心对象逐渐变成民间的具体关心对象，幼儿的形象越来越具体。

三、健康实践

健康实践，即保育活动，是幼儿园生活的重要内容，它意在为幼儿提供一个健康、安全的环境。在幼儿的一日生活中，保育活动始终都伴随着，如晨检、游戏和活动操作后的洗手、餐桌规范、睡觉规范等。幼儿园的保育活动通常由专职的保育老师担任。在很多国家，保教是分离的两条线，托儿所的老师称保育老师，而幼儿园的老师则称教育老师。我国幼儿园实行的是保教结合。《幼儿园工作规程》中规定：保育员应具备初中毕业以上学历，并受过幼儿保育职业培训。幼儿园保育员的主要职责如下：1. 负责本班房舍、设备、环境的清洁卫生工作；2. 在教师指导下管理幼儿生活，并配合本班教师组织教育活动；3. 在医务人员和本班教师指导下，严格执行幼儿园安全、卫生保健制度。

1. 健康实践是一种社会建构活动

在不同的文化语境、不同的幼儿园中，人们对"什么是健康"、"如何获得健康"、"什么是保育"、"如何进行保育"往往持不太一样的看法。如中国幼儿园主张安全第一、不出事故，因此，保护、防范、控制措施比较多；而挪威幼儿园则主张要多给孩子户外活动的机会，感受阳光、森林的变化；日本幼儿园更是主张冬天的时候要给予幼儿充分的冷刺激，以锻炼其身体。其实，人们的健康观、保育观在很大程度上受文化与信仰的影响，就像中国的"坐月子"一样，我们正是用一种中国式的健康观、保育观来塑造幼儿园中孩子的身体状态、健康状态，幼儿的身体不仅是其生理状态、心理状态的承载体，也是社会文化、历史脉络的承载体，是大社会、小社会的一个缩影。

人是自然的产物，社会是高级阶段的自然。人体缩影着自然与社会。自然运动和社会运动的一切规律都将在人体内找到对应。疾病的自然性与社会性就是人体自然性与社会性的表现。就现代人而言，社会信息对人体刺激、干扰的强度和频度远甚于自然信息的干扰。[①] 在幼儿园，教师对幼儿进行进餐规范教育的目的是为了其身体上的健康，避免孩子噎着、呛着，更重要的是，良好的进餐习惯显示了一种教养、修养与文明。

2. “问题幼儿”的社会根源

许多有一定教龄的幼儿教师都有这样一个切身感受，现在幼儿园中的孩子越来越难带了，班级中出现的“问题幼儿”也似乎越来越多，家长生活方式、生活压力、生活环境的变化以各种各样的方式影响着幼儿，不少幼儿经历着自闭症、多动症的困扰。从医学社会学看来，健康与疾病并不仅仅是一个医学的概念，它所描述的也不仅仅是幼儿生理器官的一种功能性与器质性的状态，它还包括幼儿所处的那个社会环境中人们的社会行为方式对幼儿身体状况的影响。换句话说，幼儿的健康与疾病更多的是一个社会的概念、一个社会医学的概念。[②]

第三节
幼儿园中的身体实践

我们的身体是社会的肉身，[③]社会将其记忆刻画在我们的身体上，并通过我们的身体加以传递。因此，有什么样的社会要求，就会有什么样的

① 张丽宁：《人体疾病与社会文化的全息：对应及相互转换——关于医学社会学的几点思考》，载《学海》1996 年第 4 期。

② 王召平、李汉林：《行为取向、行为方式与疾病——一项医学社会学的调查》，载《社会学研究》，2002 年第4 期。

③ 布莱恩·特纳著，马海良译：《身体与社会》，春风文艺出版社，2000 年版，序言。

身体形态。幼儿的身体既是一个生理的身体，又是一个社会的、文化的身体，社会的一切规范都体现在幼儿的身体形态之中。约翰·奥尼尔曾说，人类有五种身体：世界身体、社会身体、政治身体、消费身体和医学身体。我们的身体是我们赖以栖居的大社会和小社会所共有的工具。[①] 儿童的社会化首先是身体的社会化，是使儿童的身体习于幼儿园的日常生活，形成适应幼儿园生活的身体习性的过程。

为了使幼儿形成适应幼儿园生活的身体习性，幼儿园进行了大量的身体实践，对幼儿的身体进行了类似微型体操[②]的细节操纵。在这样的不断累加的型塑中，幼儿的身体逐渐地被学校化。

一、幼儿身体的社会属性

生理属性是人的身体的第一属性，除此之外，还有文化属性、社会属性。对于幼儿而言，幼儿园的生活过程就是一个身体的社会化过程，也就是一个幼儿的身体实践，形成幼儿园所认可的那种身体习性的过程。

1. 谁的身体

一般说来，身体总是特定主体的身体，有一定的从属性，如我的、你的或他的身体等。然而仔细推敲一下便不免存疑：有真正意义上的“我的身体”存在吗？或者退一步说，有真正意义上的“我”存在吗？毋庸讳言，人在社会上生存，从头至尾扮演的只是一个社会人角色，单一的“我”并不存在，“我”只是那个社会生活中的我，是人群中的我。“我”从来不是我，“我”是社会、家庭、幼儿园的投射。

如此说来，本没有属“我”的身体存在，所有人的身体都是社会的身体、文化的身体，是一个被建构了的身体。世界看起来五彩缤纷，各种身体纷纷上台表演，然而事实上身体只是一个符号，一个社会的符号，它是承载社会意义的媒介和工具。因此从某种意义上来说，身体是无主体的、

---

① 约翰·奥尼尔著，张旭春译：《身体形态》，春风文艺出版社，1998年版，第45页。
② 微型体操，是福柯在描述权力关系时使用的一个概念，表达了权力对个体的精细操纵，以至于达到一种毛细血管化的状态。

非我的，是社会建构出来的。

在社会场域中生存，属“我”的身体是缺席的，社会会利用其各种机制和资源来打造社会化的身体，使其具有社会属性，打上社会烙印。幼儿园是幼儿人生加入的第一个正式组织，①其制度化的力量相对于家庭、同伴具有无法比拟的型塑力量，而教育一直是作为社会文化再生产②的工具而存在的。既是一种文化工具，国家势必会动员各种力量进入学校教育场域，从其根基开始进行型塑和渗透。在这样一种制度化的氛围中，幼儿身体的自然属性逐渐地消失，社会习性越来越多，“我的身体”变成了一个纯粹社会建构的“学校化的身体”。在幼儿身体的社会属性与身体的自然属性的竞争与演绎中，社会化属性的身体无疑占有绝对优势。

2. 身体是一个表达空间③

福柯曾言：人的身体是一个表达空间，承载着历史的积淀。这种“表达空间”的身体独白象征性地表明了身体作为一个文本或表达空间的可读性和敞开性。因为其可视性，身体不再为个人所独有，它不但承载了历史和社会的诸多记忆，而且它还向阅读者表达着当下的文化、当下的历史。社会的文明在人类的身体上实现时空凝缩，幼儿的身体成了我们透视幼儿园教育的一扇窗户。

维特根斯坦说，人的身体是人的心灵的最好图画。④ 当身体进入学校场域，身体就会逐渐地具有一种学校化色彩。如前所述，人的身体是意义的载体，是文化的积淀，是“可读”的。幼儿身体是在文化中，尤其是在学校文化中不断型塑起来的，它承载着学校的文化密码，代表着学校文化与其他文化的差异，因此，幼儿身体作为学校文本的阅读功能和承载功能就会特别地受到重视。

既然幼儿的身体承载着幼儿园的文化信息，凝缩着幼儿园的文化密

---

① 吴康宁：《教育社会学》，人民教育出版社，1998 年版，第 275 页。

② 布迪厄等著，邢克超译：《再生产——一种教育系统理论的要点》，商务印书馆，2002 年版，第 18 页。

③ 福柯著，刘北成译：《规训与惩罚》，生活 · 读书 · 新知三联书店，1999 年版，第 145 页。

④ 安德鲁 · 斯特拉桑著，王业伟等译：《身体思想》，春风文艺出版社，1999 年版，序言。

码，那么随着孩子的身体的活动，这种凝聚在孩子身体上的文化要素也一并得以传播。幼儿身体所赋加的文化资本在这种连续不断的传播中也就能够不断地进行重新赋义、增值、再生产。

此外，人的身体还是一个象征体系，它自身充满了秩序，有着特有的活动节奏。这种秩序和节律是和学校生活互相适配的、互相建构的。幼儿园的日常生活强调秩序、常规，幼儿的身体便在这种长久的濡化中变得更为秩序化、节律化。从好的方面来说，这是幼儿身体对学校生活的适应；从坏的方面来说，则是幼儿园生活抹平幼儿个性、悬置幼儿独特性的过程。社会学家齐美尔把社会和文化的异化视为人生无法消解的悲剧。[①] 在社会的发展中，个人虽然越来越社会化，摆脱传统和原始的束缚，但这种社会化过程在创造个性、为个人争得更多自由空间的同时，也在不断地抹平个性、制造同一。

学校化身体的型塑过程背后是强大的社会压力机制，社会为了使其个体成员在其压力圈中生存就要不断地动员各种力量进行幼儿身体的驯化，使之养成适合这一特定空间生存的特定的身体习性。幼儿园中的大量身体实践意在制造“量上的个人主义”或“量的意义上的个性”，而非“质的意义上的个人主义”或“质的意义上的个性”。所谓“量的个人主义”其实是米德意义上的“概化他人”[②]，是一个“客我”身份，“主我”早已在幼儿园的日常身体实践中被消解。社会需要造就一个适应社会生存的人，首先要造就的是其适应社会需要的身体。社会化的第一步便是身体的社会化，幼儿学校化或幼儿园化的第一步也便是从对幼儿身体的细节干预入手。就像福柯在追溯监狱的诞生时所梳理出的，起初监狱对犯人的改造是从改造其身体开始的，然后才是消灭他们的精神。社会化的第二步便是消灭个性。

毫无疑问，幼儿处于人生的社会化初期，其身体具有巨大的再生和

---

① 齐美尔著，林荣远译：《社会学——关于社会化形式的研究》，华夏出版社，2002 年版，第3 页。
② 乔治・米德著，赵月瑟译：《心灵、自我与社会》，上海译文出版社，1992 年版，第 137 页。

更新的能力。社会和文化的密码因不同的社会形态而有所不同,与之相应,个人也就形成了特定的身体习性和身体规范,这种规范和习性具有一定阶段的可复制性,它甚至能通过遗传密码以基因的方式在代际间进行传递。文化打在个体身体上的烙印,尤其是在学校中的受教育经历往往打造出截然不同的身体形态来。非学校化的身体在和学校化的身体遭遇中并不具有优势,社会宣扬的是符合社会规范的身体规则,于是学校化身体的模塑便成为幼儿园生活中一个必不可少的日常事件。

二、幼儿身体的社会建构

我们说,幼儿的身体是社会地构成的,是在幼儿身体作为知识对象或者是话语对象的意义上来说的。这里有两层含义:一是无数个幼儿的身体构成了社会的身体,型塑了社会的文化;一是社会反过来又以其强大的文化惯性来重塑幼儿的身体,把幼儿的身体改造成社会认可的身体。[①]这是一个相互型塑的过程。幼儿园是通过教师对幼儿身体的密切关注来引发幼儿的不断自我关注达成的。具体来说,学校化身体的社会建构策略至少包括三个方面:关于身体的仪式、关于身体的规范和关于身体的技术。

1. 身体仪式

保罗·康纳顿认为,文化即是一套身体的管理学。在不同的社会文化中,文化通过不同的方式对身体进行打造。有的关注于宏观,有的关注于细节。而学校较多地关注了微观的身体细节塑造,进行的是一场有关身体的微型体操表演,身体仪式作为"体化实践"的核心成了幼儿园进行身体社会化的一个必然策略。

什么是身体仪式?康纳顿认为,身体仪式是一系列的举止礼仪、名分与礼仪、权力与礼仪以及等级之间的礼仪,是一种身体记忆术,它形成的

① 保罗·康纳顿著,纳日碧力戈译:《社会如何记忆》,上海人民出版社,2000年版,第127页。

是幼儿的身体教养和身体素质。[1] 幼儿身体教养所体现出来的文化与效率，既具有政治意义，也具有经济和文化价值。从人类学的立场来看，身体仪式表现的是其蕴含的象征意义，如尊卑、高低、贵贱、差异等。在幼儿园这样一个具体场域，当身体成为仪式表演的一部分，当身体成为秩序凸显的工具时，幼儿的身体便不复存在，幼儿园会通过各种身体技术将其打磨，最终成为社会或制度化学校所认可的那个样子。在幼儿园中最为常见的身体仪式莫过于举手、回答问题时的站立状态等。这些仪式演绎的既是一种权力与等级，也是一种礼仪与名分。在幼儿园的长期熏陶下，幼儿的身体仪式内化为身体教养，成为一种惯常化的身体实践。福柯通过研究发现，规训性控制就是在一套身势和整个身体的姿势之间建立最佳联系，这是效率和速度的条件。受过训练的身体是高效身势的前提，也是社会秩序和等级观念的折射。

（1）举手仪式

"举手"是学校情境中的"日常事实"，也是集体化教学中的一条基本规则。当我们困惑不解时，我们举手；当我们成竹在胸时，我们也举手。举手成了我们学校生活中的一个早已不成"问题"的良好"习惯"，成了一种仪式化的行为。与"举手"相比，"插嘴"则成了一个极具负面意义的词汇。对于儿童来说，举手仪式带有一定的强制性，它和儿童天真率直的自由本性相悖。

在幼儿园的教学场景中，我们经常会听到老师这样的表达："会的小朋友请举手"、"你的手没有举好，我不请你"、"有些小朋友又忘记了，手应该怎么举啊"。我们也会听到幼儿这样的表达："老师，××没举手就说了"、"老师，××举两只手"。

毋庸讳言，"举手"是成人为儿童更好地参与社会生活，更好地进入班级生态所制定的一条规则。"举手"这一仪式虽很细小，但学校正是通过

① 保罗·康纳顿著，纳日碧力戈译：《社会如何记忆》，上海人民出版社，2000年版，第98—108页。

对幼儿身体细节的操纵不断地将自由伸展、多姿多态的幼儿身体纳入学校化的有序范畴内的。

（2）站立仪式

站立是一种身体的空间呈现状态，体现的是下对上的权力和威望的服从与认可，它可能是身体的主动选择，也可能是身体的被动服从。幼儿园教学活动中所宣称的“站立仪式”首先是一种身体的被动服从，幼儿常常是被要求，甚至是被强制采取站立仪式的。如“××，请起立”、“站好了再说”等。

幼儿园对幼儿的身体改造和型塑力量是巨大的，型塑的结果常常是幼儿自然身体的消失和学校化身体的凸显。自此，一个受过学校教育的孩子和一个没有受过学校教育的孩子的身体便有了完全不一样的表达方式和呈现方式。幼儿的身体由内而外地呈现了幼儿园的教育场景，承载了幼儿园的文化密码，并在其不断的社会活动中传递着幼儿园的文化信息，表达着“彼”与“此”的界限。幼儿的身体作为一个“可读”的文本和“可视”的图画在不断地向其周围递送着作为幼儿园身体习性的独特性。

2. 身体规范

幼儿的身体携带着各种各样的文化信息，身体的姿态也在向阅读者表达着不同的文化意义。对幼儿来说，特定的生活环境、特定的受教育经历使其形成了特定的身体习语。身体，成为每个个体过去生活的标记，它携带着人的生命历史并将其永远镌刻其中。一个接受过幼儿园教育的孩子和一个没有接受过幼儿园教育的孩子具有着不同的身体形态和身体实践方式。幼儿的这种学校化身体的型塑过程较多地来源于幼儿园各种身体规范的操演。幼儿园的身体规范细细说来会包括很多，它渗透在日常生活的点滴之中，这里仅以餐桌上的身体规范和课堂中的身体规范为例。

（1）餐桌规范

人们常说，一个人的外部属性会反映其内部人格，倘若一个幼儿站没站相、坐没坐相，则会由外推内，此幼儿必是顽劣、难于自控的。在幼儿园的就餐过程中，有大大小小、不胜枚举的身体规范描述。如餐前如何洗手、如何擦手、如何抹桌子、如何拿筷子、如何端杯子，如何吃饼干或吃饭菜等。这一系列的餐桌上的规范和流程实行的是一种全程的文化控制，通过让幼儿习得社会所认可的一套就餐规范来进行区分、比较、奖励和惩罚。在教师的不断关注中，幼儿开始了自我关注、自我矫正与克制，通过礼仪、就餐仪式的模塑化过程幼儿不断地形成了与幼儿园生活相适应的身体习性和身体实践。

当然幼儿园的就餐规范与礼仪是比较多地从幼儿的健康出发，关注的是就餐的功能和内容，而非纯粹的形式和方式。在古代宫廷的用餐中，规范的仪式功能远远超过其实质功能，用餐显现的是一种荣誉、一种地位和等级。自然，幼儿园传授的是顺应主流社会的规范取向。在这样的主流规范的传递中，学校的再生产功能得以实现，学校在不知不觉中承担起了促进社会稳定和整合的功能。

也许正是由于幼儿园所传递的是主流社会认可的一套身体规范，接受过幼儿园教育的孩子才能在某种程度上与未接受过幼儿园教育的孩子区分开来，从而更好地适应社会的生存，获得更多的社会机会和发展空间。接受教育的过程就是一个接受筛选和模塑、放弃主我和个性的过程。诚然，即使在幼儿园同一个班级中，由于其社会出身的差异，每个孩子所获得的社会资本仍有较大的差异，出身于中下阶层的幼儿由于其家庭的身体实践方式和幼儿园的身体实践方式之间存在着较大的距离，因此其在幼儿园的身体习性的获得中往往会经历一个艰难的适应过程，甚至是抗拒过程。相反，那些出身于中上阶层的孩子，其家庭的身体实践方式和幼儿园的身体实践方式之间在较大程度上保持了一致性，其习得身体规范只需要较少的努力。

我们认可社会的多元性，但在学校场域中，大行其道的其实只是主流文化价值取向、主流的生活方式，所以从某种意义上来说，学校教育就是把多元变成一元、把复杂变成简单的过程。

(2) 课堂规范

比之于家庭，幼儿园是一个制度化的场所，而制度化的核心就是课堂。也许幼儿园的课堂我们可以添加两个字，即“课堂生活”。台湾学者欧用生认为，幼儿园的课堂是一个师幼的自传文本的书写过程，是一个生活表演的过程。然而根据观察，幼儿园课堂中的身体规范比之于中小学是有过之而无不及，我们可以来看看下面的例子：

在幼儿园的活动过程中，教师关注的目光始终指向幼儿的身体实践方式，她们在一节活动课中通常会提出如下要求。

① 坐姿：小眼睛看老师，小耳朵听声音，小手放在小腿上，小脚并并拢，小屁股坐前半张椅子，小嘴巴不讲话。具体的细节有：眼睛——注视与否，眼神投入程度，眼睛向上看还是向下看，目光的坚定与游离；手是否交叉握住放于腿上；手是否去掏口袋里的东西，去玩身上的东西，如手帕、带子、花边，是否去摸旁边幼儿的衣服。

② 举手的姿势：右手举起，四指并拢，左手托住右手的胳膊肘；有无在举手的同时嘴巴里发出哼哼声。

③ 做操：两臂伸平，动作有力。睡觉：小眼睛闭闭好，小嘴巴不讲话。走路：手牵手，一个跟着一个走，不追逐不打闹。

④ 回答问题时身体要立正，声音要响亮。

教师在日常教学中常用的身体控制语言有：“你没有坐好，就说明你没有在动脑筋，在想其他的事。”“现在眼睛会看我的人很好，现在我的眼睛在找眼睛。随便插嘴的人我不请。某某起立。”“小手全部握好，放在腿上。”“我第一个找到了某某的眼睛。”“宁宁和冬冬，你们俩换一个位置。杭杭坐到我这儿。宋星，你管不住自己的手，让我来替你管着(教师抓住幼儿的手、身体，帮助其控制)。”“好，现在计令尹起立。好，请坐。”“今天爱动脑筋的人我来摸摸他的头。”“不对，我请小朋友小便了吗？你先上位，到该小便的时候我会让你去小便。”“上课时小腿怎么放，小手、小脚怎么放？”

福柯曾说，现代社会对人的规训是通过零敲碎打的形式将人的身体的每一个关节都实行严格的控制。幼儿园中对幼儿的身体也存在着这样一种严格的控制，从幼儿的头——眼睛——嘴巴——耳朵——手——腿——脚——身体等每一个器官、每一个毛孔入手，教育渗透了这种权力的机制，美其名曰是为了促进幼儿的身体社会化，为了儿童的健康成长。然而在这样一种对儿童的身体的精密操纵中，权力得以实现，文化得以传递。

在教师的精密操纵中，幼儿逐渐习得了一整套关于幼儿园生活的身体实践技术和自我管理技巧。但是，在幼儿的身体被幼儿园模塑化的过程中，在幼儿学校化身体的建构过程中，不同的幼儿大致表现出两种不同的规范习得方式：一类是机械地遵守身体规范，局促不安地进行身体控制，力争用自己对社会认可价值的强烈认同来表现自己的臣服，在这种身体社会化的过程中，幼儿小心翼翼和胆战心惊，这是一种社会地位的差别在身体实践上的反映。还有一类身体控制方式是优雅自在的身体控制，体现的是以精制编码方式生存的身体实践方式。这一类幼儿不需要审慎地遵守规范，其自身积淀的规范与幼儿园中的身体规范有很大程度上的融通性和一致性，他们能获得一种放松的生存方式，很少体现出身体实践上的焦虑和紧张。

3. 身体技术

哈贝马斯认为，我们拥有三种形式的技术：生产的技术、交流的技术和控制的技术。在此基础上，福柯认为还存在一种技术，即自我技术[①]。这是使得个体对自己的身体、灵魂、思想、行为实施一定量的动作得以可能的技术。个体凭借这一技术在自己那里获得一种改造、修正，达到某种完善、幸福和超自然的状态。这种自我的身体安置策略大致可归纳出以下三种。

（1）习惯化

从某种意义上来说，身体习惯也是一种身体技术，而且是一种极其有

① 杨大春：《身体经验与自我关怀——米歇尔·福柯的生存哲学研究》，载《浙江大学学报》2000年第4期。

效的技术。何谓习惯？习惯即是一种内在的倾向，是一种冲动，并且强大到足以让我们惯性地做我们告诉自己最好不做的事情，去做背离我们的理性的事情，或推翻业已正式决定的事情。

习惯有一个习得的过程，它以知识的积累为前提，是幼儿身体的记忆，它受到先前活动的影响。在培养幼儿身体习惯的时候，首先着力要做的是培养幼儿身体的“理解力”，即用身体去理解规范，用身体去习得规则，并最终使规范镌刻于幼儿的身体之上，成为幼儿身体的下意识反应。于是，作为习惯记忆的姿势和动作，被积养成为幼儿身体的外形。生活史和受教育史也通过身体呈现的方式得以投射，岁月在幼儿的身体上刻写下历史的痕迹，社会记忆通过体化实践的方式得以传递。

(2) 关系化

人在社会中生存，始终处于关系之中，关系成为我们看问题时一个回避不了的视角。在关系的视角中，幼儿和幼儿、幼儿和教师之间因“边缘我”的开放而建构起身体间性。在这样一种“间性”中，“我”与他人之间的关系首先是一种原始的知觉关系，“我”通过身体认识他人，“我”在身体知觉中见证了他人的存在，他人也在身体知觉中见证了“我”的存在。在此种相互见证中，幼儿获得了一种社会认可的身体图式，并用这套身体图式来规范自己的身体。在儿童形成身体图式的同时，对他人的知觉也形成了。

当幼儿形成初步的自我身体意识时，幼儿就会不断地感受到自己的身体表演与社会认可的社会表演之间的距离和裂隙，感受到这种距离和裂隙带来的焦虑和紧张。于是，幼儿总是会不断地从他人的视角来关注、修正自己的身体表演和身体呈现，习得一种外部的控制方式。我们经常会发现在幼儿园的各种场景中幼儿对自我身体的调控和修正，有时甚至会局促不安、表演崩溃，徒劳地控制自己的身体，导致无关动作的增多和自我操控的无效。身体控制本身所能体现的政治、经济和文化价值在这种过度的焦虑中很难实现。

此外，如前所述，具有不同社会资本的幼儿对自我身体的安置方式、参照方式是不一样的，他们或轻松优雅，或拘谨局促。就整体而言，幼儿拥有的是一个被监视和被规训的身体，处于寻求和建构理想身体的途中，在社会文化和教师的不断督促下，幼儿会逐渐地形成一个学校化的身体，具有一套标准化的身体实践，形成社会认可的身体习性。

(3) 细节化

幼儿教师对幼儿的身体操纵和规训，通常不采取暴烈的方式，而以简单温和的方式进行，在不知不觉中取得持久的效果：既把幼儿作为权力实施的对象，又把幼儿作为实施的工具。在幼儿园的生活实践中，老师通常以“因为爱”和“为你好”为起点对幼儿提出一系列身体控制的要求，在这样一种“向爱借力”的叙说中，教师找到了实施控制和规训的合法化理由。在这样的隐蔽策略下，幼儿便会对老师提出的身体要求进行另一番合法化。如一个幼儿是这样来回答“什么是表现好”的，他说：“坐得好算得上表现好。”其理由是“只有这样坐坐好了，身体才会紧张，脑子才会转”。在这个幼儿的解释中，幼儿以成人的思维来进行了合法化论证。在福柯看来，规训主要是透过身体的空间定位、活动的节奏控制、训练的有效组织、力量的合理构成等技巧来达到如此效果的。

为了使幼儿的身体不断地学校化，教师会不断地对幼儿身体细节加以关注，以极其精致的微观技术来打造幼儿的身体形态。在前面的描述中所叙述的微型体操就是一种强有力的型塑技术。幼儿教师对幼儿身体的细节化关注不是要让它消失，而是让它驯顺，让它学校化、社会化。

结语：学前教育社会学的「为」与「不为」

有研究者认为，中国教育社会学的研究，在研究范式上，功能论一直居于主导地位；在研究思路上，围绕教育与社会的关系而展开；在研究目的上，重"体系"构建；在研究方法上，以"定性"为主。① 本书是用社会学的视野关注学前教育中问题与现象的一种尝试，其研究范式、研究思路、研究方法与目前的教育社会学研究主流基本一致。而从教育与社会的关系来看，由于功能论的研究范式，笔者在本书中并没有太多地去关注学前教育对社会的影响，只是在第三章中略有提及。

美国学者克莱恩认为，任何一个"学科每天都在经历着众多领域的推拉和强大的新概念、新范式的拽扯"，学科之间的边界渗透与边界跨越已经越来越成为日常事实。在描述学科互渗的状态时，克莱恩用了一个极

① 董泽芳、张国强：《我国大陆教育社会学研究的特点与演变（1979—2005）——基于对教育社会学重建以来概论性著作的文本分析》，载《高等教育研究》2007 年第 7 期。

其形象的说法:“住在房间里的人在房门紧闭的情况下,从敞开的窗户里探出身去,与周围的邻居愉快地交谈。”而更多的情形是,“一些人在愉快地交谈,另一些人在和邻居辩论,还有一些人已经跳出窗外。也有很多房门依旧紧闭,但也有一些已被撞开,有的甚至建造了全新的房子”①。

作为教育学的二级学科,学前教育学的学科理论基础相对是不够完善的,还缺少更多学科的理论滋养与学术供给。从目前学前教育学的学科借鉴来看,哲学、心理学的理论供给已经相对完善,但社会学的理论供给比较缺乏而又未成体系。当其他学科都已经“打开窗户”、“走出房门”,展开与“邻居”的交流时,学前教育学也必须顺应时势的变化,寻求“他山之石”的灵感滋养,本书正是这样一种“对话”的结果。

本书六个部分的描述与解释只是一个开始,其中还有很多未及阐释与研究的问题。书中所描述的现象、对现象作出的解释,都不可避免地受制于研究者个人的社会学观、个人的生活史。在结构与行动兼顾的取向上,研究者较多地关注了结构而相对地忽略了行动者的行动。虽然在儿童、班级与课程部分,研究者突出了行动者的立场,但与整体的结构主义取向相比,这一点的阐述就像是缝隙中的阳光,能量不大,不足以让读者看到行动者改造结构、突破制度、进行反抗的力量。笔者在描述中的不足可能在当下的文化环境中并不能得到解决,中国的文化环境、中国的话语语境并不彰显个人,而是习惯于将个人湮灭于社会,这大概也是一种文化的宿命。

与《教育社会学》等诸多教材相比,本书还只是一种尝试、一个起点,其中还有许多未及描述、揭示、分析与建构的问题。对于已经阐释的问题,也仍然有很多方面还阐释、揭示得不到位。作为一种尝试,本书会在一定程度上弥补学前教育基础理论研究不足的现状,但显而易见的是,对于任何一个问题的清楚阐释都不可能仅仅借助于一种分析眼光、一种研

① 朱丽·汤普森·克莱恩著,姜智芹译:《跨越边界——知识学科互涉》,南京大学出版社,2005年版,第47页。

究视角，学前教育更丰满的形象有待于多学科的共渗。

目前，国内的教育社会学研究已经形成了一些新的研究取向，如由原来的学科体系研究转向问题域研究，由坚守价值中立、社会学批判、社会机制的揭示而转向建构式的批判、批判性改造，[①]由只重视学术使命而逐渐走向学术使命与社会使命并重，由原来的单一的社会学的常用发问方式，如“谁的……”与“……何以可能”，逐渐走向“能否可以”或“有无其他”。在布迪厄看来，社会学的任务就是去开辟，去创生，去尝试。如果不能塑造一个“新人”，那至少也要培养一种“新的观注方式”，一种社会学的眼光。[②]

对于学前教育中的诸多问题与现象，社会学的观注方式只是许多观注方式中的一种，它直面问题本身、实践本身，执著于问题与现象背后的社会原因、社会根源、社会机制。然而，正如教育社会学一直遭人所诟病的：教育活动是一件有价值参与、价值诉求的活动，面对描述、揭示出来的社会现实，学前教育社会学何为？难道仅止于揭示，是否可以有所建构？教育社会学是要坚守自己的批判取向，还是也要再向前一步，进行一种社会学意义上的有限建构？曼海姆认为，只有当研究者有能力既能从思想“之内”研究思想，也能从思想“之外”研究思想[③]时，社会学的研究才可能获得长足进展，学前教育社会学的研究方向也许也是如此。

---

① 马维娜：《教育社会学拓展的可能空间》，载《北京师范大学学报（社会科学版）》2007 年第 3 期。

② 布迪厄、华康德著，李猛、李康译：《实践与反思——反思社会学导引》，中央编译出版社，1998 年版，第 377 页。

③ 卡尔·曼海姆著，徐彬译：《卡尔·曼海姆精粹》，南京大学出版社，2005 年版，第 40 页。

附录

插图列表

图 2.1　1973—2005 年城市、县镇、农村幼儿园数量的变化曲线图
图 2.2　江苏、江西、新疆三地幼儿园数量变化曲线图
图 2.3　教育部门、其他部门、民办幼儿园数量变化图
图 2.4　1996—2005 年不同部门办园数量的变化趋势图
图 2.5　上海市 1981—2011 年人口出生率变化图
图 2.6　社会结构的各层面与学前教育的关系图
图 2.7　家庭结构的变迁图
图 12.1　教师与幼儿的互动过程图

表格列表

表 1.1　社会学视野中的问题组

表 2.1　日本 1948—2002 年的幼儿园数量

表 4.1　《中国教育报》、《中国青年报》和搜狐网站教育论坛的话语信息

表 13.1　幼儿游戏中象征资本的运作效果

参考文献

一、外国译著类：

1. 安东尼·吉登斯著，赵旭东等译：《社会学》（第 4 版），北京大学出版社，2003 年版。

2. 安东尼·吉登斯著，李康、李猛译：《社会的构成》，生活·读书·新知三联书店，1998 年版。

3. 迪尔凯姆著，胡伟译：《社会学方法的规则》，华夏出版社，1999 年版。

4. 刘易斯·A. 科瑟著，石人译：《社会学思想名家——历史背景和社会背景下的思想》，中国社会科学出版社，1990 年版。

5. 海德格尔著，郜元宝译：《人，诗意地安居》，广西师范大学出版社，2000 年版。

6. 马克斯·韦伯著，韩水法译：《社会科学方法论》，中央编译出版社，2002 年版。

7. 布迪厄、华康德著，李猛、李康译：《实践与反思——反思社会学导引》，中央编译出版社，1998 年版。

8. 布迪厄、帕森隆著，邢克超译：《再生产：一种教育系统理论的要点》，商务印书馆，2002年版。

9. 布迪厄著，蒋梓骅译：《实践感》，译林出版社，2003年版。

10. 米尔斯著，陈强译：《社会学的想象力》，生活·读书·新知三联书店，2001年版。

11. 齐格蒙特·鲍曼著，洪涛译：《立法者与阐释者》，上海人民出版社，2000年版。

12. 约翰逊著，南开大学社会学系译：《社会学理论》，国际文化出版公司，1988年版。

13. 尼尔·波兹曼著，吴燕莛译：《童年的消逝》，广西师范大学出版社，2004年版。

14. 齐美尔著，林荣远译：《社会学：关于社会化形式的研究》，华夏出版社，2002年版。

15. 艾尔·巴比著，邱泽奇译：《社会研究方法（上）》（第8版），华夏出版社，2000年版。

16. 杜威著，王承绪译：《民主主义与教育》，人民教育出版社，2001年版。

17. 戈夫曼著，赵旭东译：《日常生活中的自我表现》，浙江人民出版社，1989年版。

18. M.米德著，周晓虹、周怡译：《文化与承诺——一项关于代沟问题的研究》，河北人民出版社，1987年版。

19. M.兰德曼著，阎嘉译：《哲学人类学》，贵州人民出版社，1988年版。

20. 埃尔德著，田禾等译：《大萧条中的孩子们》，译林出版社，2002年版。

21. 史蒂文·瓦戈著，王晓黎等译：《社会变迁》（第5版），北京大学出版社，2007年版。

22. 让-杜里·玛丽著，汪凌译：《学校社会学》，华东师范大学出版社，2001年版。

23. F.R.艾略特著，何世念等译：《家庭：变革还是继续》，中国人民大学出版社，1992年版。

24. 珍妮·H.巴兰坦著，李舒驰、刘慧珍等译：《美国教育社会学》，春秋出版社，1989年版。

25. 默顿著，何凡兴译：《论理论社会学》，华夏出版社，1990年版。

26. 斯蒂芬·鲍尔著，王玉秋等译：《政治与教育政策制定——政策社会学探索》，华东师范大学出版社，2003 年版。

27. 米歇尔·福柯著，刘北成、杨远婴译：《规训与惩罚》，生活·读书·新知三联书店，2003 年版。

28. 片冈德雄著，贺晓星译：《班级社会学》，北京教育出版社，1993 年版。

29. 卡洛琳·爱德华兹、莱拉·甘第尼、乔治·福尔曼著：《儿童的一百种语言》，南京师范大学出版社，2006 年版。

30. 让-皮埃尔·内罗杜著，张鸿、向征译：《古罗马的儿童》，广西师范大学出版社，2005 年版。

31. 伊万·伊利奇著，吴康宁译：《非学校化社会》，台湾桂冠图书股份有限公司，1996 年版。

32. 零点方案、瑞吉欧儿童，朱家雄、王峥等校译：《让儿童的学习看得见》，华东师范大学出版社，2007 年版。

33. 克利福德·格尔茨著，韩莉译：《文化的解释》，译林出版社，1999 年版。

34. 阿普尔著，黄忠敬译：《意识形态与课程》，华东师范大学出版社，2001 年版。

35. 麦克·F. D. 扬著，谢维和、朱旭东译：《知识与控制：教育社会学新探》，华东师范大学出版社，2002 年版。

二、论著类：

1. 费孝通：《乡土中国，生育制度》，北京大学出版社，1998 年版。

2. 吴康宁：《教育社会学》，人民教育出版社，1998 年版。

3. 吴康宁编：《课程社会学研究》，江苏教育出版社，2004 年版。

4. 吴康宁等著：《课堂教学社会学》，南京师范大学出版社，1999 年版。

5. 谢维和：《教育活动的社会学分析》，教育科学出版社，2001 年版。

6. 孙立平：《现代化与社会转型》，北京大学出版社，2005 年版。

7. 风笑天：《社会学研究方法》，中国人民大学出版社，2001 年版。

8. 陈映芳：《图像中的孩子——社会学的分析》，山东画报出版社，2003 年版。

9. 陆学艺：《当代中国社会流动》，社会科学文献出版社，2004 年版。

10. 许雅惠等著：《幼儿社会学》（谢义勇主编），台湾五南图书出版公司，2006 年版。

11. 简楚瑛：《幼儿教育与保育的行政与政策》，华东师范大学出版社，2005 年版。

12. 中国学前教育史编写组:《中国学前教育史资料选》,人民教育出版社,1995 年版。

13. 中华人民共和国教育部计划财务司:《中国教育成就——统计资料(1949—1983)》,人民教育出版社,1984 年版。

14. 中国学前教育研究会:《中华人民共和国幼儿教育重要文献汇编》,北京师范大学出版社,1999 年版。

15. 王海英:《儿童共同体的建构》,高等教育出版社,2008 年版。

三、期刊类:

1. 陈午晴:《中国人关系的游戏意涵》,载《社会学研究》1997 年第 2 期。

2. 孙立平等:《改革以来中国社会结构的变迁》,载《中国社会科学》1994 年第 2 期。

3. 石人炳:《生育性别选择的新变化及对策建议》,载《人口研究》2006 年第 30 卷第 5 期。

4. 吴康宁:《社会学视野中的教育》,载《教育研究与实验》2005 年第 2 期。

5. 吴康宁:《学校的社会角色:期待、现实及选择——基于社会学的审视》,载《教育研究与实验》2005 年第 4 期。

6. 谢维和:《班级:社会组织还是初级群体》,载《教育研究》1998 年第 11 期。

7. 王海英:《社会史视角下儿童概念的演变》,载《幼儿教育》2008 年第 2 期。

8. 王海英:《20 世纪中国儿童观研究的反思》,载《华东师范大学学报》(教科版)2008 年第 2 期。

9. 王海英:《作为社会控制的儿童玩具》,载《学前课程研究》2007 年第 8 期。

四、英文类:

1. Giddens, A., Sociology: A Brief but Critical Introduction, London: Macmillan Pr. Ltd., 1982.

2. Stevenson, H. Parder, T., Wilkinson, A., Bonnevaux, B., & Gonzalez, m. (1978). Schooling, environment, and cognitive development: A cross-cultural study. Monographs of the Society of Research in Child Development, 43(3), # 175. Chicago IL: University of Chicago Press.

3. Geoff whitty, Tony Edwards and Sharon Gewirtz. Specialisation and Choice in Urban Education: The City Technology College Experiment, Routlege, 1993.

4. Stephen J. Ball. What is Policy? Texts, Trajectories andToolboxes, in Michael Peters and James Marshall. (ed). E-ducation Policy. An Elgar Reference Collection, 1999.

5. William Tyler, School Organization-A Sociological Perspective, Croon Helm London and Sydney,1988.

6. K. Polanyi, The Economyas Instituted Process. In Mark Granovetterand Richard Swedberg (eds.), The Sociology of Economical Life. Boulder, Colo.: Westview Press, 1992.

7. William A. Corsaro: The Sociology Of Childhood, Pine Forge Press, 1997.

8. Michael W. Apple. Making curriculum problematic[J]. The review of Education, 1996,(2).

9. Bernstein B. Class, Codes and Control (vol. 3): Towards a Theory of Educational Transmissions. London: Routledge & Kegan Paul, 1973.

10. Judith E. Kieff & Renee M. Casberggue. playful learning and teaching: An introduction. Boston: Allyn and Bacon, 2000.

11. Zahirun Sayeed & Ellen Guerin. Early year play. London: David Fulton Publishers, 2000.

致谢

本研究是全国教育科学“十五”规划的重点课题，感谢全国教育科学规划办对研究者的信任，无此就不可能开展这样一项研究，也无法形成这样一个研究成果。在本研究中，研究者尝试运用社会学的研究方法与研究技术来解释、分析学前教育中的各种问题与现象，建构了一个初步的解释框架。在这样一个课题的研究过程中，很多人提供了无私的智慧援助与情感支持。感谢吴康宁老师的教育社会学沙龙，感谢学前教育学的博士生沙龙，感谢南师大学前教育系的所有老师和学生，尤其要感谢04级、05级、06级研究生们，感谢02级、05级的本科生们，没有你们在课堂中就一些问题展开的讨论与争论，就没有其中内容的重大调整，谢谢你们！此外，我还要感谢我的研究生王敏，是她帮我完成了其中的许多校对工作。

最后，我要特别感谢我的家人，是你们容忍了我的闭门写作，是你们容忍了我的“撒手不管”，谢谢你们！

王海英

2008年9月2日于随园